監獄行刑法

·2021年最新版·

林茂榮、楊士隆、黃維賢——

著

五南圖書出版公司 印行

八版序

　　監獄行刑，係國家整體刑事政策之執行主體，藉由各項犯罪矯正措施，除消極地將犯罪人從社會環境中，予以暫時隔離，以收嚇阻之效外，更積極地希望能藉由改正犯罪人內在觀念之偏差認知，改變其外在行為表現，使其自新更生。在刑事司法體系中，我們或可運用刑法、刑事訴訟法，對於犯罪者追訴、裁判，但再如何審慎、嚴明之裁判，如無妥善之監獄行刑配合，亦將僅徒具形式，無法真正實現刑事司法之目的。

　　往昔監獄行刑充斥著人治色彩，實務工作者憑藉著一牆之隔，常因陋就簡地自行便宜行事，殊不知不依法行政之後果，往往就是戒護事故或管理弊端叢生之溫床，嚴重關係到人權保障、社會安全與國家形象諸問題。近年來，政府主管部門體認到依法行政之重要，銳意革新獄政，除健全各項獄政管理之典章制度外，並要求獄政基層實務工作同仁要確實依法行政。作者三人，亦認為依法行政，的確為確保刑罰執行、避免濫權與不當管理之不二法門，而熟悉獄政法令，更是依法行政之前提，尤其是位居獄政管理根本大法之監獄行刑法，凡從事犯罪矯正工作者，不可不深研之。為提升受刑人之權益保障，建構現代刑事矯治對策之藍圖，民國109年1月15日總統公布監獄行刑法修正全文156條，109年7月15日亦公告修正監獄行刑法施行細則，吾等為更進一步對該法作深入之探究，乃進行本書之修訂，期有助於獄政基層實務工作同仁法治觀念之釐清。

　　監獄行刑法，規範監獄行刑相關事宜，其與犯罪學、監獄學、刑事政策等學科息息相關，作者等人，思索相關學科之原理，參酌聯合國各相關矯正標準規則，以務實之態度，連結各項行政命令規定，嘗試正確詮釋我國監獄行刑法。同時，更擺脫多數學者逐條註釋之方式，採章節體例，做系統式之整理，使學術研究與實務工作得以接軌。然監獄行刑法，博大精深，主管機關配套辦法有待研修，作者等人所學有限，闕漏或錯誤，自屬難免，尚祈讀者多加指正。

林茂榮、楊士隆、黃維賢　謹識

民國110年4月

contents 目錄

附 錄

第一編

緒　論

第一章　監獄行刑之法制化

第一節　監獄行刑法制之形成

壹　現代監獄行刑法制緣起

在人類早期社會文明逐漸發展出共通刑罰相關法制，以國家法律體制來規範、約束犯罪行為之早期，如閃族法典（Sumerian Codes）及漢摩拉比法典（Hammurabi Codes）之規定，對犯罪者之懲罰均以報復為主，採取嚴厲之身體刑罰，如死刑、肢解四肢、溺刑、焚刑、鞭刑、公開羞辱、苦役等，此時大多僅將罪犯暫時予以拘禁，以待確定刑罰之執行，並無以監禁方法作為對罪犯懲罰之觀念。觀諸歷史文獻，有關監獄之較早記載為西元前64年，義大利羅馬Mamertine監獄，其係以地窖土牢之形式呈現。隨著古羅馬文明之沒落，堅固之城堡、橋墩拱洞等相繼在中世紀期間被援用，基督教循此傳統而將犯罪者囚禁於修道院之獨居室中，促其懺悔。十六世紀期間，英國另成立Bridewell遊民習藝所（Work House）以收容都會中日益增加之遊民、流氓及輕微罪犯。隨著理性興革時代（西元1700年至1800年），啟蒙世紀之來臨，獄政發展思潮亦產生劇烈之變動與成長。受到哲學大師孟德斯鳩（Chales Montesquieu）、福爾泰（Voltaire）、貝加利亞（Cesare Beccaria）、邊沁（Jeremy Bentham）等人強烈抨擊當時合法化凌虐刑罰之論著影響所及，犯罪古典學派揭示罪刑法定原則，主張沒有必要採取嚴厲、過於殘酷之刑罰，刑法應有更仁道化之表現，因此有關犯罪人之刑罰必須提供良好之監禁環境，並依年齡、性別、犯罪之程度予以妥適分類，在應報之觀念下，改以自由刑來代替身體刑。在此時期，後被譽為現代獄政之父之霍華德（John Howard），於西元1773年擔任英國治安官時，目睹當時英國獄政之落伍、不人道，並在其訪問歐陸諸國時，亦發現各國類似之悲慘境況，遂西元1777年乃為文倡議獄政改革。西元1779年英國依據霍華德之強調安全、衛生、作業、禁止濫用刑罰原則，通過監獄法案，同時成立第一個現代化之懲治監獄。在工業革命之後，十九世紀實證主義隨之興起，更進一步地邁入監獄矯正時代。此時由於不定期刑制度之倡議，犯罪人係可茲教

化之理念，乃日受重視。西元1870年，獄政管理及興革者在美國集會討論獄政之發展方向，特別主張感化之理念，同時在紐約建立第一個感化機構，強調學科教育並運用不定期刑制及累進處遇制以感化犯罪人，其後該機構之各項制度廣泛推廣至美國及其他國家監獄。二十世紀以後，監獄之發展受心理學者所導引之個案工作與調查分類技術影響，逐漸朝向仁道化與科學化之道路邁進。由於個別化處理之運用，教化矯治犯罪人成為監禁之重要目標，而且矯治措施從機構式之處遇逐漸走向社區式處遇。

貳 我國監獄行刑法制之沿革

　　我國監獄制度始於夏，歷代雖各設有司治理獄事，並有一定之管理制度，但皆難脫以監獄為消極繫囚作用場所，尚無今日所謂之教化矯正專業可言。直至清末光緒年間，由於國力積弱，西方列強藉口清廷司法黑暗而要求擁有領事裁判權，清廷為求變法維新，光緒28年（1902）依山西巡撫趙爾巽奏議，仿照外國監獄制度，於京師及各省城建立犯罪習藝所，以為改良監獄之基礎，光緒31年（1905）在京師創辦法律學堂並附設監獄專修科，以造就獄政人才，聘請日人小河滋次郎博士主講監獄學並起草「監獄律草案」凡240條，惟未及實施。迄至民國成立，對獄政之興革，尤加注意，在北京政府時期，共成立新監八十處，並根據小河氏之草案，陸續制定諸如「監獄規則」等各種監獄法規，氣象一新。惟民國15年，由於革命軍興，獄政改善工作遂一時受阻。

　　民國16年北伐成功後，國民政府實行五權分立制度，司法行政部為使監獄行刑法制化，於民國17年公布「監獄規則」，就分監管理及教化、作業、給養、衛生醫療、累進制等處遇措施為細密之具體規定，但因抗戰軍興，未能全面實施，抗戰勝利後，為整頓全國監獄，國民政府乃於民國35年1月19日重新制定「監獄行刑法」共98條，於民國36年6月10日施行，至此，我國監獄行刑法制始粲然大備，其後並曾於民國43、46、63、69、81、82、83、86、91、92、94、99、109年前後計13次分別修正部分條文。

第二節　立法理由及修正要旨

壹　立法理由

我國監獄行刑法重新制定之時，正值現代自由刑理論，由於特別預防思想日趨濃厚，而主張行刑應該強調受刑人之矯治功能之際。因此現代監獄之設立，在利用執行自由刑期間，實施各種處遇，使受刑人改悔向上，並增強受刑人在自由社會中之生活能力，使受刑人出監後重新復歸適應自由社會而成為社會上有用之人，此即受刑人之「再教育」與「再社會化」，亦即現代監獄行刑之目的。為求確保我國監獄執行自由刑，能達現代監獄行刑之目的，爰制定監獄行刑法，詳為規範。

貳　歷次修正要旨

一、第一次修正

監獄行刑法於民國43年12月25日修正公布，其修正要旨分列如次（法務部，民79；林茂榮、黃維賢，民89）：

（一）訓練受刑人出獄後謀生之技能以預防再犯為現代國家行刑之共同目的，因此增修第五章「作業」之相關條文：

1. 監獄受刑人作業由手工業逐漸轉為輕便機器工業，且我國以農業為立國基礎，監獄作業亦應兼重農業，故增列第27條第3項，確定工場及農作場所為監獄作業之主要設施。

2. 監獄作業之目的，在使受刑人獲得謀生技能，但因作業技能日新月異，為使受刑人技術能適合時代需要，各監獄除自置導師外，並明定應與有關團體、工廠聯繫合作，聘請指導人員，以宏績效。

3. 受刑人作業「賞與金」之名稱，不合於計工給酬之旨趣，為求鼓勵受刑人作業精勤起見，改稱為「勞作金」，並將「勞作金」略予提高為純益金百分之十，爰修正第32條。

（二）教化建制之加強為革新獄政之第一要務，為使有關教化建制之規定皆具體切實，便於執行，特為如下修正：

1. 各種犯罪性質既有不同，受刑人個性亦多差異，為達教化目的，理應

針對其需要分別予以分類或個別之教誨；又監內受刑人之教育水準各殊，故施以教育自亦以分班為宜，爰增列第37條第2項以期確立分類教誨與分班教育制度，藉收因人施教之實效。

2. 受刑人品類不齊，程度參差，依監獄現行編制監內之少數教誨師，而欲一一化莠為良，殊非易事。為加強感化主義之實行，顯有接受社會協助之必要，爰以第40條明定其旨。

（三）受刑人之給養，應由政府負擔，原無疑義，但若以其自力所收入者作為適當之補助，以改善其生活，不僅合理且亦有獎勵勤勞之意，爰予明文規定。

（四）環境衛生為集體生活之必要條件，原規定多著重於受刑人之一身，實未能盡「衛生」之意，爰將監內外之清潔與衛生事宜，列為監獄各級管理人員之重要職責，促使注意。

（五）關於受刑人之醫藥治療事宜，原規定已頗詳盡，惟監所經費預算有限，添購藥品每苦支絀，延攬醫護人才尤感困難，於不增加國庫負擔之原則而欲求監所醫藥之完備，勢不能不接受當地社會之協助，爰增列第51條第2項。

（六）行刑以感化為目的，應多以鼓勵方式代替懲罰。原第74條所定獎賞之原因事項，宜多列各種特殊善行，以資鼓勵，乃擇要予以補充。至原第75條所舉獎賞方法，亦有未盡，爰從精神與物質兩方面著想，加列公開嘉獎與發給獎章、獎狀、書籍、獎品，及增加成績分數等方法，以便靈活運用。

（七）慎獨監禁，固不失為懲罰方法之一種，但若歷時過久，不免影響受刑人之身體健康。爰將原為第76條所定之日數解為至多不逾七日，以重人道。

（八）累進處遇，為新興制度，亦為促使受刑人改悔向上之良法，與現行刑法所定假釋制度有密切關聯。依刑法第77條之規定，假釋應以悛悔有據為條件，累進處遇之各級生活考核，實不失為測知受刑人是否已悛悔之有效方法。爰於第81條明定「經累進處遇至二級以上」，為准許假釋具體條件之一。

（九）司法保護事項，寓有社會救濟事業之重要意義，現時台灣省雖有司法保護會之組織但尚乏法律之依據；特於第84條增列第2項，對此種組織賦予法律上之依據；並明定出獄人職業之介紹輔導、資送回籍以及生

活之維持等，為其主要任務，以期此類組織可以充分發揮其作用及力量。

二、第二次修正

監獄行刑法於民國46年1月7日再次修正公布，其修正要旨分列如次：

（一）第27條第2項「監獄應按作業性質分設各種工場或農作場所，並得酌令受刑人在監外從事特定作業，監外作業辦法，由司法行政部定之。」為免字義重複，將「監外作業」四字刪去，改以「其」字代之。

（二）第32條第1項「作業者給予勞作金」，但數額未予規定，似嫌簡略，爰增訂「作業者給予勞作金，其平均所得數額，不得低於當地廠商同類成品或雇用同類工人之工價百分之二十」。

（三）受刑人勞作金之給予，其數額在第32條已有明確規定。故原第33條第1項「作業收入以百分之十充作勞作金……」之規定，亦同時修正為「作業收入除作業支出外……」以免矛盾。

三、第三次修正

監獄行刑法於民國63年12月12日再次修正，其修正要旨分列如次：

（一）第11條規定受刑人入監時，應行健康檢查，不合格者，應拒絕收監。衰老、殘廢不能自理生活之受刑人，在監內難達行刑教化之目的，爰於第1項增訂第4款，將之作為拒絕收監之原因之一。至拒絕收監者，應由檢察官斟酌情形，送交醫院、監護人或其他適當之處所。

（二）第14條規定獨居監禁者，在獨居房作業，以及雜居監禁者，夜間應監禁於獨居房，不但在作業上窒礙難行，且事實上現有獨居設備，亦無法配合，將該條件有彈性之修正，以資兼顧。

（三）長期獨居監禁，有害受刑人身心健康，爰將第15條受刑人入監後應先獨居監禁九個月之期限，不分少年犯、成年犯，一律修正為三個月。

（四）第18條第4款原規定精神耗弱者，應予分別監禁，以免影響其他受刑人。惟本法第17條於衰弱疾病或殘廢之受刑人已有分別監禁之規定，為免重複，故將身體衰弱修正為智力低下。並新增第5款規定「依據調查分類之結果，須加強教化者」，亦為分界監禁之原因。

（五）於第26條第2項增訂因天災、事變暫行釋放之受刑人，其按時報到者，在外時間予以計算刑期之規定，以資激勵。

（六）禮為四維之首，孝為百善之端，均為我國固有文化之精華，受刑人在監期間，遇有父母、配偶或子女喪亡時，自宜許其返家拜祭，以重人倫，而彰教化，爰增設第26條之1之規定。受刑人除父母、配偶及子女死亡外，遇有重大事故，必須返家探視者，基於實務上之經驗，亦有授權司法行政部斟酌實際情況予以核准之必要，並於同條第2項規定「受刑人因重大事故，有返家探視必要者，經報請司法行政部核准後，准用前項之規定」，以應事實需要，並符現代感化主義之刑事政策。

（七）修正第34條規定易服勞役之受刑人，在監外無適當作業時，於監獄附設之易服勞役場作業，未設易服勞役場者，應與其他受刑人分界為之，以資隔離。

（八）本法第58條關於受刑人因病保外醫治或保外生產之保證人究應負何種保證責任，並無規定。爰增列準用刑事訴訟法有關具保之規定。

（九）監獄收容之受刑人眾多，為維公共衛生及團體秩序，對於送入之飲食及物品之種類及數量，自得加限制。爰將第70條予以修正。

（十）執行死刑之方法，應合乎人道，減少受刑人之痛苦，爰修正第90條，摒棄絞刑，改採瓦斯刑。

（十一）本法修正後，擬將現行補充規定合併訂立一施行細則，以為適用之依據，爰增訂第93條之1規定本施行細則，由司法行政部定之。

四、第四次修正

院檢分立後司法行政部改制為法務部，法務部組織法同時公布。爰於民國69年12月1日配合將監獄行刑法第5條第1項、第26條之1第2項、第27條第2項、第32條第3項、第33條第2項、第75條第2項、第81條第1項、第90條第1項及第93條之1之「司法行政部」修正公布為「法務部」。

五、第五次修正

為使在監表現良好之受刑人能有返家探視之機會，尤其對於外役作業之受刑人，於辛勞工作之後，能藉由此獎賞與家人共敘天倫，爰於民國81年4月6日修正公布監獄行刑法第75條有關獎賞方法之規定，增列第1項第8款「其他特別獎賞」，並修正第2項為「前項特別獎賞者，得為返家探視或與配偶及直系血親在指定處所及期間內同住之獎勵；其辦法，由法務部定之」。

六、第六次修正

　　為改進監獄管理暨維護受刑人及管教人員之權益，爰於民國82年7月28日檢討修正公布監獄行刑法部分條文，其修正要旨分列如次：

（一）監獄管理人員，當其自身安危受威脅時，允宜列為使用警棍或槍械之時機，爰參照警械使用條例第4條之規定，於本法第24條增列第1項第6款。而其依本法第24條第1項各款規定使用警棍或槍械之行為，為依法令之行為，爰參照警械使用條例第11條之規定，於本法第24條增列第2項。另於本法第24條第1項第5款增列「受刑人」三字。

（二）本法第25條原條文乃監獄遭到天災、事變等非常時期所適用之依據，請求協助對象並涵蓋軍警等單位。然平常時期監獄請求警察協助事項，未有法律依據，且監獄請求警察協助，宜訂定具體辦法，惟此辦法大部分均屬技術性及勤務配置事宜，不宜定於母法以免冗長，可授權由法務部會同內政部定之。為此，增訂第1項，予以法制化，並將原條文移列為第2項。

（三）中國社會祖、孫感情甚為濃厚，類此情況不准返家探視，不僅有違人情，於矯正又無助益，更違背政府以孝治天下之旨意，爰修正本法第26條之1第1項，將祖父母納入返家探視之對象，以彰人倫，並符現代教育刑主義之刑事政策。

（四）本法第31條原條文規定之紀念日意義不明，且社會一般勞動者每週工作總時數不超過四十八小時。爰修正第1項第1款合併原第1項第1款、第2款為國定例假日，涵蓋星期六下午、星期日全天及一般國定例假日，皆停止作業。原第1項第3款移列為第2款，並將「三日至七日」修正為「七日」、「一日至三日」修正為「三日」。原第三項「及釋放前三日」修正為「及釋放前七日」。

（五）為明確界定易服勞役之性質，將本法第34條原條文改列為第1項，並刪除但書規定，限制易服勞役者須於監外作業，並增訂第2項，授權法務部審酌實情釐定易服勞役者之監外作業辦法，以利實施。

（六）目前教化之輔助器材，可使用之種類繁多，例如電影、音樂、錄音、電視、幻燈、錄放影機等等，本法第44條原條文規定「電影、音樂」等詞，已因時代進步必須修正，爰修正為「視聽器材」，以符事實所需。

（七）由於立法委員、社會輿論、監所實務工作者及收容人等基於尊重受刑人權益及杜絕管理上弊端之理由，呼籲政府適度准許受刑人吸菸，爰修正本法第47條，除未滿十八歲之受刑人，恐吸菸影響其身心健康，仍應禁止外，准許年滿十八歲以上之受刑人吸菸，以符人性化之管理原則。惟為確保監獄之安全，維護受刑人教化、作業、生活等之秩序，及盡量減少不吸菸之受刑人因此所受之困擾，爰增列但書，規定應於指定之時間、處所吸菸。另為維護受刑人身心健康，監獄應配合目前社會正進行之戒菸運動及拒抽二手菸運動，加強戒菸宣導，輔導受刑人戒菸，爰增訂第2項、第3項，對於戒菸之受刑人給予適當之獎勵，並授權法務部訂定受刑人吸菸管理及戒菸獎勵辦法。

（八）由於預防傳染病，牛痘已不施種，爰修正本法第51條第1項為實施預防接種等傳染防治措施，且監所設施現均由政府編列預算支應，已無成立策進委員會接受捐助之必要，故修正第2項予以裁撤。

（九）受刑人發受書信，依本法第66條原條文第1項「如認為有妨害監獄紀律者，不許其發受。」易造成監獄長官濫權解釋，爰加修正。

（十）關於受刑人金錢物品之保管，攸關受刑人之財產法益，不可不慎，應由法務部訂定辦法管制之，爰於本法第69條第1項後段，增列「受刑人之金錢及物品保管辦法，由法務部定之」。

（十一）精神疾病患者、傳染病者釋放時，於本法第87條增列通知居住地或戶籍地之衛生主管機關，以期保護更臻周密。

（十二）現行法規定執行死刑採電氣刑、瓦斯刑及槍斃刑等三種，槍斃刑因執行迅速、殘忍性低，實務上執行死刑均採用之，電氣刑及瓦斯刑則形同具文。而注射刑亦不失為最其人道之方法，為美國存置死刑州中使用最多者。爰將本法第90條有關執行死刑之「電氣刑、瓦斯刑及槍斃刑」三種，修正為「藥劑注射或槍斃」。

（十三）國防部所屬軍人監獄同為依法執行刑罰之處所，以準用本法為原則，惟其適用範圍則由國防部定之較為妥適、合理。爰增訂本法第93條之2。

七、第七次修正

刑法第77條修正後，其但書有關假釋必須執行之刑期由原規定「一年」修正為「六月」，本法第19條、第20條亦配合於民國83年6月6日檢討修正公布，

其修正要旨分列如次：

（一）「刑期一年」或「刑期未滿一年」之規定，均配合修正為「刑期六月」或「刑期未滿六月」。

（二）受刑人常有否認其犯行或認其行為並未違法之反應，故於本法第19條第1項「身心狀況」後增加「及受刑反應」等字，俾便管理；而以目前犯罪態樣之複雜多樣性，受刑人個性識別之必要措施，除應依醫學、心理學為之外，應再加入新進發展之「犯罪學」，始足以達矯治犯罪之目的，爰將該條第2項「心理學」後加「及犯罪學」，以落實受刑人之教化。

（三）受刑人能遵守紀律保持善行，僅因身心狀況而和緩處遇者，若其和緩處遇原因已消滅，應回復其累進處遇，以符監獄教化之本意，爰修正本法第20條第3項。

八、第八次修正

為革新獄政，改進監獄管理，並加強受刑人社會化處遇，爰於民國86年5月14日檢討修正公布監獄行刑法部分條文，其修正要旨分列如次：

（一）修正本法第3條，增訂設置少年矯正機構收容少年受刑人之法源。

（二）修正本法第26條之2，明定受刑人外出制度。

（三）修正本法第32條、第33條，調整受刑人作業基金給與比例，並增訂提撥部分金額作為犯罪被害人補償金之規定，

（四）修正本法第35條第1項、第2項，明定由作業基金項下支付受刑人因作業而致傷病或死亡之慰問金。

（五）修正本法第36條，明定受刑人死亡時，無法具領之勞作金或慰問金之處理程序。

（六）修正本法第81條，以落實強制診療之政策。

（七）修正本法第93條，明定設置外役監之宗旨。

九、第九次修正

為期審慎辦理受刑人之保外醫治，爰於民國91年6月12日修正公布監獄行刑法第58條，其修正要旨分列如次：

（一）第4項酌作文字修正。

（二）增訂第5項，明定沒入保證金之執行方式。

（三）為使保外醫治受刑人於保外醫治期間保持善行，並對保外醫治期間違反規定之受刑人有再行收監執行之法源依據，爰增訂第6項規定。

（四）為符合法律保留原則，爰增訂第7項明定保外醫治期間應遵守之事項與廢止許可之要件及程序之授權依據。

（五）原第5項規定移列第8項，並酌作文字修正。

十、第十次修正

監獄組織通則第20條規定，監獄應設假釋審查委員會審議受刑人之假釋事項，爰於92年1月22日修正公布監獄行刑法第81條，將第1項及第3項有關「監務委員會」審議受刑人假釋事項之規定，均修正為由「假釋審查委員會」為之。第1項並修正增列「由監獄」，以明確報請假釋之主體。

十一、第十一次修正

民國94年6月1日總統公布修正監獄行刑法第81條、第83條及第94條條文；並增訂第82條之1條文，要點如下：

（一）擴大強制身心治療或輔導教育受刑人之範圍；並增訂依刑法第91條之1第1項接受強制身心治療或輔導教育之受刑人，如顯有再犯之虞，不得報請假釋之規定。（第81條）

（二）增訂受刑人依刑法第91條之1規定接受強制身心治療但顯有再犯之虞而有施以保安處分之必要者，監所長官應將治療成效及受刑人應繼續接受強制身心治療之鑑定、評估報告，送請檢察官審核後，向法院為強制身心治療之聲請。（第82條之1）

（三）明定法院命受刑人於執行期滿或赦免後接續執行強制身心治療或輔導教育之處分，且該處分應係於獄中接續執行時，受刑人釋放之時間至強制處分令之時間屆滿為止。（第83條）

（四）明定本修正自中華民國95年7月1日施行。（第94條）

十二、第十二次修正

民國99年5月26日總統公布修正監獄行刑法第11條、第17條、第26條之2及第58條條文，要點如下：

（一）酌作文字修正，將「殘廢」用語，修正為「身心障礙」。（第11條、第17條、第58條）

（二）增列受刑人有刑法第91條之1規定受強制處分者不得外出之規定。（第

26條之2）

十三、第十三次修正

　　為提升受刑人之權益保障，建構現代刑事矯治對策之藍圖，109年1月15日總統公布修正全文156條。其修正要點如下：

（一）修正本法立法目的在使監獄行刑達到矯治處遇之目的，促進受刑人改悔向上，以培養其適應社會生活之能力。（修正條文第1條）

（二）增訂監獄人員執行國家之刑罰權，應符合比例原則、尊重受刑人尊嚴及維護其人權，且不得歧視，期使受刑人瞭解其所受處置及刑罰執行之目的。（修正條文第2條）

（三）為純化少年矯正學校學習環境，落實國際公約關於少年犯人應與成年犯人分別拘禁；被剝奪自由之兒童應與成年人分別隔離之規定，並兼顧受刑人之受教育權。（修正條文第4條）

（四）增訂監獄為達矯治處遇之目的，應調查與受刑人有關之資料，並得於必要範圍內蒐集、處理或利用受刑人之個人資料。（修正條文第7條）

（五）為符合兒童權利公約優先考量兒童最佳利益，並運用最大可用資源之意旨，增訂入監或在監婦女請求攜帶子女入監規定。（修正條文第9條）

（六）為防止違禁物品流入，增訂於必要時，可檢驗入監或執行中受刑人之尿液或對其身體為侵入性檢查，惟應符合比例原則，且侵入性檢查應由醫護人員為之。（修正條文第11條）

（七）為使受刑人確實瞭解執行期間之權利與義務，修正監獄除應告知外，並應製作手冊交付其使用。（修正條文第12條）

（八）為免使人產生負面感受，並基於保障受刑人人權，爰將「雜居」修正為「群居」。（修正條文第13條）

（九）增訂和緩處遇之對象及方法。（修正條文第19條、第20條）

（十）增訂對受刑人得施以固定保護之方法，並明確施用戒具、施以固定保護或收容於鎮靜室之要件，並明確授權訂定辦法規範施用戒具、施以固定保護及收容於鎮靜室之程序、方式、規格、時間及其他應遵行事項。（修正條文第22條）

（十一）為保障受刑人權利，並使監獄管理人員明確使用棍、刀、槍及其他經法務部核定器械之種類、使用時機及方法，除修正使用之要件外，並授權法務部以法規命令訂定其相關規範。（修正條文第25條）

（十二）增訂監獄得遴選具有特殊才藝或技能之受刑人，外出參加公益活動、藝文展演、技能檢定、才藝競賽或其他有助於教化之活動，以使受刑人能獲得自信與榮譽，並培養積極進取之態度及再社會化能力。（修正條文第30條）

（十三）增訂受刑人有罹患疾病、入監調查期間、戒護安全或法令別有規定者，可不參加作業之規定；並明確規定作業方式。（修正條文第31條、第34條）

（十四）監獄作業收入基於「取之受刑人，用之受刑人」之精神，修正作業賸餘之提撥比例。（修正條文第37條）

（十五）增訂監獄得設置圖書室，放寬受刑人得閱讀自備之書籍；為顧及受刑人知的權利及娛樂，並開放受刑人得持有、使用收音機、電視機以收聽廣播、收看電視。（修正條文第44條、第45條）

（十六）刪除受刑人動支勞作金作為增進營養之規定。（修正條文第46條）

（十七）增訂監獄應掌握受刑人之身心狀況，辦理受刑人疾病醫療、預防保健、篩檢、傳染病防治及飲食衛生，並得委由醫療機構或其他專業機構辦理。（修正條文第49條）

（十八）修正受刑人舍房與作業場所等處所，應有必要之空間、光線、通風，且有足供受刑人生活所需之衛浴設施。（修正條文第52條）

（十九）增訂縱經受刑人同意亦不得接受可能有損健康之醫學或科學試驗，及受刑人檢體，除法律另有規定外，不得為目的外利用之規定。（修正條文第66條）

（二十）增訂監獄應協助非本國籍受刑人，依其請求與其所屬國或地區之外交、領事人員或可代表其國家或地區之人員接見及通信之規定。（修正條文第67條）

（二一）修正被許可接見者，得攜帶未滿十二歲之兒童；增訂監獄得基於管理、教化輔導、受刑人個人重大事故或其他事由之考量，准許受刑人特別接見；增訂得以電話或其他方式通訊作為接見之規定。（修正條文第69條、第70條、第72條）

（二二）為維護監獄秩序及安全，修正受刑人一般接見應予監看、聽聞並以錄影、錄音方式記錄之。（修正條文第71條）

（二三）為保障受刑人秘密通訊自由，參照司法院釋字第756號解釋意旨，增列監獄檢查受刑人書信之方式。（修正條文第73條）

（二四）基於人權之保障，刪除遞與受刑人之書信應由監獄保管之規定。（現行條文第67條）

（二五）修正對於受刑人釋放或死亡後所遺留之金錢及物品之處理程序，以保障受刑人及其繼承人財產權，另增訂通知領回未於期限內領回或未申請發還之金錢或物品歸屬國庫。（修正條文第78條至第80條）

（二六）增訂非依法律規定，對於受刑人同一事件不得重複懲罰；另刪除強制勞動一日至五日及以減少勞作金作為懲罰之方式。（修正條文第83條、第84條）

（二七）增訂陳情、申訴及聲明異議專章。（修正條文第88條至第108條）

（二八）增訂監獄假釋審查會之設置、成員及審查會決議之方法。（修正條文第112條、第113條）

（二九）增訂受刑人對於廢止假釋、法務部不予許可假釋之決定如有不服，及假釋出監之受刑人以其假釋之撤銷為不當者，得向法務部提起復審，及復審審議小組之設置、復審書之記載、復審委員迴避、向法院聲明異議等規定。（修正條文第116條至第131條）

（三十）因應刑法第91條之1及性侵害犯罪防治法第22條之1性侵害犯罪加害人刑後強制治療制度之實施，且兼顧人權之保障，為期慎重，修正監獄應於刑期屆滿前四月，將受刑人應接受強制治療之鑑定、評估報告等相關資料，送請該管檢察署檢察官，以使檢察官能有更充裕時間為後續之處置。（修正條文第132條）

（三一）因應法務部矯正署之成立，依行政程序法第15條第1項規定，增列假釋之審查、維持、廢止、撤銷、復審審議及其相關事項之權限，得由法務部委任法務部矯正署執行之。（修正條文第133條）

（三二）考量監獄釋放受刑人之人數多寡不一及釋放前準備作業需時，爰參酌美國、紐西蘭等國制度，修正為受刑人刑期終了之當日下午五時前釋放。（修正條文第134條）

（三三）因監獄非醫療機構，爰刪除罹重病之受刑人出監時，得留監醫治之規定（現行條文第86條第3項）。

（三四）修正罹患重病或傳染病受刑人釋放前，監獄應通知相關個人、團體或社會福利機構之規定，以使受刑人可獲得更妥適之照護。（修正條文第137條）

（三五）增訂無人認領之受刑人屍體得以火化方式處理，另為尊重遺體，刪除

醫院或醫學研究機關得請領解剖上開屍體之規定。（修正條文第140
條、現行條文第89條）

（三六）增訂本次修正施行前已受理之申訴事件，尚未作成決定者，適用修正
施行後規定及施行前得提起申訴事件，未逾法定救濟期間者，得於
修正施行後五日內，依本法規定提起申訴。（修正條文第147條）

（三七）因本次修正幅度甚大，且涉及制度面之變革，授權訂定之法規命令甚
多，爰明定本次修正之條文，其施行日期自公布後六個月施行，以
利法律無縫接軌。（修正條文第150條）

本章研究問題

1. 自由刑之觀念，源於何時？現代獄政之父霍華德（John Howard），對於監
獄行刑法制有何貢獻？
2. 監獄矯正時代之理念及發展與我國監獄行刑法之立法理由有何相關？
3. 我國監獄行刑法最近一次修正之要旨為何？

第二章　監獄行刑法之基本概念

第一節　監獄行刑之概念

從監獄設置之目的及就我國監獄行刑法之立法理由言，監獄行刑，應係僅指執行徒刑、拘役之自由刑，不包括其他刑罰之執行，此即所謂狹義之監獄行刑概念，亦為一般學者所認同者；然就我國監獄行刑法對於生命刑之死刑，亦闢有專章（第十六章）及對財產刑之罰金易服勞役，亦設有專條（第3條）規範有關執行事項觀之，則監獄行刑似並不僅係國家基於特別預防之觀點，以拘束自由法益之徒刑、拘役監禁方式矯治管理犯罪行為人，並涵蓋及於生命刑、財產刑之執行，此即所謂廣義之監獄行刑概念。

監獄行刑概念採廣義說者係就我國監獄行刑法之立法體例而論，從條文形式上言，似不無道理，惟監獄行刑法第1條規定「為達監獄行刑矯治處遇之目的，促使受刑人改悔向上，以培養其適應社會生活之能力，特制定本法。」既已揭櫫我國監獄行刑之目的，且監獄之設計，基本上係源於執行自由刑之理念而來，因此監獄行刑之概念當以採狹義解釋為當。至於因現行條文中另有規範死刑及易服勞役二者之執行，生命刑之執行在使受刑人與社會永久隔離，易服勞役之執行則為財產刑之換刑處分，與監獄行刑之目的明顯有別，此等與監獄行刑有別之條文是否應加調整或排除實有待商榷。

第二節　監獄行刑法之意義與功能

監獄行刑法規定之內容，主要為國家基於衡平犯罪惡害及特別預防之觀點，以監禁方式執行制裁及矯治管理自由刑受刑人等相關之事宜。因此，就意義言，監獄行刑法乃係規定國家具體執行自由刑之刑事刑罰所應遵循之法律規範。其主要功能，在於規範監獄執行刑罰權之範圍，確保受刑人之受刑法益，藉監禁措施教育、矯治受刑人，促其再社會化，並嚇阻社會上潛在犯罪人，使不敢犯罪。細分之，監獄行刑法具有下述三大功能。

壹 確保受刑法益

　　監獄雖以強制力拘束受刑人之自由，但並不能剝奪其基本人權。因此，監獄行刑法明定監獄執行國家刑罰權之權限，確保受刑人不受法律規定外之處罰，以及不受有違人道與藐視人性尊嚴之殘虐待遇，由於監獄行刑法具有此種保證作用，因而產生保障受刑人人權之功能。

貳 促使受刑人再社會化

　　受刑人因其反社會行為而觸犯刑罰法令被科處刑罰，必須進入監獄內服自由刑，監獄則藉由隔離監禁來排除受刑人之反社會性，以教育、矯治手段重建受刑人之社會性，使其於復歸社會時，得以適應社會，不再犯罪，由於監獄行刑法具有此種積極教育、矯治作用，因而產生促使受刑人再社會化之功能。

參 防制社會上潛在犯罪人

　　監獄隔離監禁受刑人，拘束其自由，使其不能再侵害他人，亦不能再傳染惡習給他人，同時藉由自由之剝奪，彰顯國法之不可侵犯，使社會上有犯罪傾向之人，因此威嚇而不敢犯罪，由於監獄行刑法具有此種消極之隔離、嚇阻作用，因而產生防制社會上潛在犯罪人之功能。

第三節　監獄行刑法之性質與地位

　　監獄行刑法，就其功能論，實係規範我國監獄行刑之根本大法，如再觀其與其他法律間之關係，我們更可以瞭解到監獄行刑法之性質與在法律制度中所占之地位。茲分述如下：

壹 監獄行刑法與刑法

　　刑法乃規定國家行使刑罰權之刑事實體法，由於刑法之規定，刑罰權之實體範疇，始告明確。刑罰之種類，依現行刑法第32條規定，分為主刑及從刑。

而主刑之種類，依同法第33條規定，分為死刑、無期徒刑、有期徒刑、拘役、罰金五種；從刑之種類，依同法第34條，分為褫奪公權、沒收二種。對於前述各種刑罰種類之執行，其主刑中之罰金及二種從刑，為財產刑、資格刑之性質，執行上不生場所問題，而主刑中之生命刑（死刑）、自由刑（無期徒刑、有期徒刑、拘役）則必須有一定之執行場所，且自由刑之執行，具有教育、矯治之目的，為達此一目的，更必須對執行細節有配套規定，方足以落實。監獄行刑法即因應國家具體執行自由刑等刑事刑罰，規定執行之場所及具體運作內容之法律規範，因此，監獄行刑法係具體實現刑法規定刑罰之刑事法規，與刑法具有密切之關係。

貳　監獄行刑法與刑事訴訟法

刑事訴訟法乃規定國家追訴、處罰犯罪之刑事程序法，透過刑事訴訟法之程序規定，刑法各種實體規定，始能付諸執行。其中對於各種刑罰執行之程序，刑事訴訟法於其第八編列有「執行」專編，然此編之規定亦僅限於執行程序之規定，對於自由刑之執行細節，則交由監獄行刑法來加以規定，因此，就落實刑法之規定而言，監獄行刑法為本諸刑事訴訟法之程序，具體實現刑事刑罰之刑事執行法規，兩者相輔相成，關係極其密切，學者常逕將監獄行刑法列為刑事訴訟法之相關法規。

參　監獄行刑法與行政法

行政法乃規範行政之組織及其作用之國內公法，監獄為執行刑罰之處所，性質上係屬法務行政組織，而監獄工作人員限制受刑人自由之行為亦屬法務行政行為，並非司法審判行為，因此，其執行公務行為實質上係屬法務行政權之作用而非司法權之作用，監獄行刑法既以法務行政行為為其規範內容，本質上即係具有行政法性質之刑事執行法規。

肆　監獄行刑法與其他犯罪矯正法規

根據監獄行刑法所訂定之法規甚多，如少年矯正學校設置及教育實施通則、行刑累進處遇條例、外役監條例、執行死刑規則等是，因此，監獄行刑法

為多數其他犯罪矯正法規之母法；另其他相關之犯罪矯正法規之內容，亦大體參考監獄行刑法之內容或依其子法而訂定，如羈押法、保安處分執行法等是。綜上所述，可知監獄行刑法實係其他犯罪矯正法規之中心。

本章研究問題

1. 監獄行刑之概念為何？
2. 監獄行刑法之意義與功能為何？
3. 監獄行刑與「預防社會上潛在犯罪人」功能之關聯如何？（民82司法丙特）
4. 監獄行刑與受刑人「再社會化」功能之關聯如何？（民82司法丙特）
5. 監獄行刑法之性質與地位如何？
6. 試述監獄行刑法與其他犯罪矯正法規之關係。

第二編

本　論

第一章 總 則

【條文大意】

第一條（監獄行刑之目的）

為達監獄行刑矯治處遇之目的，促使受刑人改悔向上，培養其適應社會生活之能力，特制定本法。

第二條（主管、監督、視察及訪視機關）

本法之主管機關為法務部。

監獄之監督機關為法務部矯正署。

監督機關應派員視察監獄，每季至少一次。

少年法院法官、檢察官執行刑罰有關事項，得隨時訪視少年矯正學校、監獄。

第三條（監獄行刑之執行處所）

處徒刑、拘役及罰金易服勞役之受刑人，除法律另有規定外，於監獄內執行之。

處拘役及罰金易服勞役者，應與處徒刑者分別監禁。

第四條（少年矯正學校）

未滿十八歲之少年受刑人，應收容於少年矯正學校，並按其性別分別收容。

收容中滿十八歲而殘餘刑期未滿三個月者，得繼續收容於少年矯正學校。

滿十八歲之少年受刑人，得依其教育需要，收容於少年矯正學校至滿二十三歲為止。

前三項受刑人滿二十三歲而未完成該級教育階段者，得由少年矯正學校報請監督機關同意，收容至完成該級教育階段為止。

本法所稱少年受刑人，指犯罪行為時未滿十八歲之受刑人。

第一項至第四項所定少年受刑人矯正教育之實施，其他法律另有規定

者，從其規定。

第五條（按性別嚴為分界）

監獄對收容之受刑人，應按其性別嚴為分界。

第六條（基本人權之保障）

監獄人員執行職務應尊重受刑人之尊嚴及維護其人權，不得逾越所欲達成矯治處遇目的之必要限度。

監獄對受刑人不得因人種、膚色、性別、語言、宗教、政治立場、國籍、種族、社會階級、財產、出生、身心障礙或其他身分而有歧視。

監獄應保障身心障礙受刑人在監獄內之無障礙權益，並採取適當措施為合理調整。

監獄應以積極適當之方式及措施，使受刑人瞭解其所受處遇及刑罰執行之目的。

監獄不得對受刑人施以逾十五日之單獨監禁。監獄因對受刑人依法執行職務，而附隨有單獨監禁之狀態時，應定期報監督機關備查，並由醫事人員持續評估受刑人身心狀況。經醫事人員認為不適宜繼續單獨監禁者，應停止之。

第七條（外部視察小組）

為落實透明化原則，保障受刑人權益，監獄應設獨立之外部視察小組，置委員三人至七人，任期二年，均為無給職，由監督機關陳報法務部核定後遴聘之。

前項委員應就法律、醫學、公共衛生、心理、犯罪防治或人權領域之專家學者遴選之。其中任一性別委員不得少於三分之一。

視察小組應就監獄運作及受刑人權益等相關事項，進行視察並每季提出報告，由監獄經監督機關陳報法務部備查，並以適當方式公開，由相關權責機關回應處理之。

前三項視察小組之委員資格、遴（解）聘、視察方式、權限、視察報告之製作、提出與公開期間等事項及其他相關事項之辦法，由法務部定之。

第八條（採訪或參觀）

監獄得依媒體之請求，同意其進入適當處所採訪或參觀；並得依民眾之請求，同意其進入適當處所參觀。

第九條（資料調查）

　　為達到矯治處遇之目的，監獄應調查與受刑人有關之資料。

　　為實施前項調查，得於必要範圍內蒐集、處理或利用受刑人之個人資料，並得請求機關（構）、法人、團體或個人提供相關資料，機關（構）、法人、團體或個人無正當理由不得拒絕。

　　第一項與受刑人有關資料調查之範圍、期間、程序、方法、審議及其他應遵行事項之辦法，由法務部定之。

　　對於與監獄行刑相關，認有一體適用性質之事項或其他特定事項，監獄行刑法分別於通則一章中，做原則性之規定，俾資遵循。

第一節　監獄行刑之目的與主管監督機關

壹　監獄行刑之目的

　　現代化監獄之產生，源於自由刑取代身體刑之理念，更因不定期刑制度之倡議而更邁入監獄矯正時代。雖然依我國監獄行刑法之立法體例，監獄行刑涵蓋生命刑、自由刑及財產刑之執行，但基本上監獄主要係設計用來執行自由刑之處所，因此，我國監獄行刑法第1條即開宗明義地指出監獄行刑之目的。此種標明立法目的之方式，在學理上稱為「目的規定」，藉由此種方式，可增進社會大眾對專業性法律之瞭解，並促使執行法律之人，在適用有限條文於多變之社會事實時，能掌握法條真義，貫徹立法之精神。

　　依該條規定「為達監獄行刑矯治處遇之目的，促使受刑人改悔向上，培養其適應社會生活之能力，特制定本法。」之意涵觀之，我國監獄行刑之目的係以促使受刑人真實獲得矯治（Rehabilitation），成功復歸社會，適應社會生活（Reintegration）為最終目標。此項宣示有別於傳統監獄行刑之目的即應報（Retribution）、嚇阻（Deterrene）與隔離（Incapacitation），而特別彰顯出儒家仁道化之教化思想，並兼顧先進犯罪矯正理念，以強化受刑人之社會適應，避免其再犯為目標。因此，我國監獄行刑之目的包括：

一、消極目的

以監禁設施，剝奪受刑人之自由，使其與社會暫時隔離。

二、積極目的

以處遇措施教育、矯治受刑人，促使其改悔向上，培養其適應社會生活之能力。

（一）促使受刑人改悔向上

運用教誨、教育及各種矯正技術，變化受刑人氣質，促其改邪歸正。

（二）培養受刑人適應社會生活之能力

培養受刑人正確之群己觀念，訓練其謀生技能，提升適應社會生活之能力，以利回歸社會。

改悔向上，為受刑人內在道德認知之提升，屬行為之自我管理、控制層面；適應社會生活則為群己關係之調和，屬環境互動層面。改悔向上者，不見得能適應社會生活，適應社會生活者，亦不見得就已改悔向上，唯有使其改悔向上並適應社會生活，始足以避免受刑人再犯。監獄執行各項矯正處遇措施，均應以此目的為最高原則，因此，監獄行刑法第6條第4項規定「監獄應以積極適當之方式及措施，使受刑人瞭解其所受處遇及刑罰執行之目的」。

「聯合國在監人處遇最低標準規則」第57條至第59條指出：「監禁及其他處分，將受執行人與外界隔離者，在其失去自由及自主權利之事實，寓有痛苦之意味，因此，刑務制度對於受執行人，除出於分類隔離及維持紀律之必要外，不應加重其痛苦。科處監禁或其他類似剝奪自由之處分，其最終目的，在於處置犯罪，防衛社會。欲達此目的，唯有儘量利用監禁期間以確保受刑人於重返社會時，在意志及能力上，均足營守法自立之生活。為達上列之目的，刑事執行機構應發動一切醫療、教育、道德精神等各種力量，以同情協助方式，針對受執行人個別處遇上之需要，予以實施。」事實上，監獄監禁切斷受刑人與社會間之聯繫，將其烙上「罪犯」標籤，並提供學習犯罪次級文化之絕佳機會，無論係就控制理論、標籤理論或學習理論等犯罪學理論觀點言，本質上即阻礙了受刑人改過向上之機會，違反社會化原則。因此，吾人以為，欲真正達到行刑目的，我國應在行刑制度上，多實施社會性處遇來加以補救。

貳　主管與監督機關

一、主管機關

依監獄行刑法第2條第1項規定，本法之主管機關為法務部。

二、監督機關

法務部矯正署因負責督導所屬矯正機關（構）之業務，故同條規定，監獄之監督機關為法務部矯正署（第2項）。監督機關應派員視察監獄，每季至少一次（第3項）。

監督機關視察者，行政機關體系內部走動視察之意，為上級監督機關對所屬下級機關業務推動為動態監督之方式。監獄為執行刑事處分之機構，為貫徹行刑目的，保護受刑人之權益，其業務狀況依「聯合國在監人處遇最低標準規則」第55條規定：「應由主管機關派遣富有經驗之合格視察人員，經常視察，藉以督促該機構依據現行法令實施管理，並能貫徹矯治感化之目的」。基此原則，我國監獄行刑法第2條規定，責由監督機關派員視察。茲分述如次：

（一）視察之機關

法務部矯正署為監獄之監督機關，因此該署應派員視察監獄。換言之，法務部矯正署為視察監獄之機關，目前法務部矯正署係由視察人員分區視察各監獄業務，惟理論上法務部矯正署之視察，並不侷限於此分區視察人員，凡經該署指派視察相關業務者皆屬此之視察。

（二）視察之次數

監督機關應派員視察監獄，每季至少一次，至於上限則無限制。

第二節　監獄行刑之對象、期間與處所

壹　對象

依監獄行刑法第1條、第3條及第十六章規定可知，監獄行刑之對象涵蓋生命刑、自由刑及財產刑三者，其中自由刑之徒刑部分依刑法第33條規定，分為

無期徒刑與有期徒刑二種。因此，監獄行刑之對象，為死刑（生命刑）、無期徒刑（自由刑）、有期徒刑（自由刑）、拘役（自由刑）、罰金易服勞役（財產刑）之受刑人。

貳　期間

依刑法第33條、第42條規定，監獄行刑之期間如次：

一、死刑

死刑於法務部令到三日內執行之（刑事訴訟法第461條），由檢察官於執行期日指揮執行，一經執行即完畢，並無期間可言。

二、無期徒刑

無期徒刑顧名思義即係終身監禁，沒有期間可言，為自由刑中最重者，其原意本在永遠隔離受刑人，理當不存有任何積極教化之意義。然我國對於無期徒刑因設有假釋制度以為救濟，依刑法第77條第1項之規定，受徒刑之執行而有悛悔實據者，無期徒刑逾二十五年，由監獄報請法務部，得許假釋出獄，無期徒刑實質已變成長期之有期徒刑，受刑人在執行一定期間後，如悛悔有據仍有出獄之希望。因此，監獄執行無期徒刑，仍必須以促進受刑人改悔向上，培養其適應社會生活之能力，以達矯治處遇之目的。

三、有期徒刑

有期徒刑為有一定期限之自由刑，剝奪受刑人一定期間之自由法益。依我國刑法規定，以十五年為最長期，二月為最短期，但遇有加減時，得減至二月未滿或加至二十年（刑法第33條第3款）。我國對於有期徒刑設有假釋制度及縮刑制度以為救濟，依刑法第77條第1項之規定，受徒刑之執行而有悛悔實據者，有期徒刑逾二分之一、累犯逾三分之二，由監獄報請法務部，得許假釋出獄。另依行刑累進處遇條例第28條之1規定，累進處遇進至三級以上之有期徒刑受刑人，每月成績總分在十分以上者，得依級別分別縮短其應執行之刑期。

四、拘役

拘役為最輕之自由刑，依我國刑法規定，以一日以上六十日未滿為其期

間，但遇有加重時，得加至一百二十日（刑法第33條第4款）。

五、罰金易服勞役

罰金易服勞役，依我國刑法規定，易服勞役以新臺幣1,000元、2,000元或3,000元折算一日。但勞役期限不得逾一年（刑法第42條第3項）。

參 處所

監獄行刑之處所，依監獄行刑法第3條第1項、第145條第1項之規定，可知：

一、原則

依監獄行刑法第3條第1項明確規定，處徒刑、拘役及罰金易服勞役之受刑人，除法律另有規定外，於監獄內執行之。同法第145條第1項亦規定死刑在監獄特定場所執行之。因此，監獄行刑之處所，原則上，係在監獄內。然由於處徒刑之受刑人，惡性較處拘役及罰金易服勞役之受刑人為重，基於避免惡性傳染及教化處遇程度之考量，自不應使三者混同監禁，爰於監獄行刑法第3條第2項限制規定，處拘役及罰金易服勞役者，應與處徒刑者分別監禁。

所謂分別監禁，依監獄行刑法施行細則第5條之規定，係指於監獄內之不同舍房、工場或指定之區域分別監禁之。至於受刑人於徒刑執行中、執行完畢或假釋後，接續執行拘役或罰金易服勞役者，因其於執行徒刑時已與其他受刑人一起監禁，故依同細則第4條，不適用本法第3條第2項之規定。

有關徒刑與拘役及罰金易服勞役在執行上之同異比較略述如次：

（一）相同點

1. 同為剝奪受刑人自由之刑罰。
2. 皆以監獄為執行之處所。

（二）相異點

1. 行刑期間不同：已見前述。罰金易服勞役雖具財產刑性質，但就期間而言，與拘役同屬短期自由刑性質。
2. 應分別監禁：處拘役及罰金易服勞役者，與處徒刑者應分別監禁於不同之監房、工場或指定之監獄。

3. 執行內容不同：徒刑之執行，依監獄行刑法第18條，適用累進處遇，依刑法第77條、監獄行刑法第115條，適用假釋之規定；拘役及罰金易服勞役之執行，無累進處遇及假釋規定之適用。

4. 執行效果不同：受有期徒刑之執行完畢，或受無期徒刑或有期徒刑一部之執行而赦免後，五年以內再犯有期徒刑以上之罪者，依刑法第47條規定，為累犯，加重本刑至二分之一；拘役及罰金易服勞役執行完畢後，無累犯規定之適用。

二、例外

依監獄行刑法第3條第1項中「除法律另有規定外」之例外條文規定，可知如法律另有規定時，刑罰雖非於監獄內執行，亦可視同為在監獄內執行，予以計算刑期。其情形如次：

（一）天災、事變暫行釋放

依監獄行刑法第27條第2項規定，因天災、事變暫行釋放之受刑人，釋放後按時報到者，在外期間予以計算刑期。

（二）特別返家探視

1. 一般監獄受刑人祖父母、父母、配偶之父母、配偶、子女或兄弟姐妹喪亡時或因重大或特殊事故，依監獄行刑法第28條第1項、第2項規定戒護返家探視者，其在外期間，予以計算刑期。

2. 外役監受刑人遇有祖父母、父母、配偶之父母、配偶、子女或兄弟姐妹喪亡時，依外役監條例第21條第2項規定返家探視者，其在外期間，予以計算刑期。

3. 累進處遇第一級少年受刑人遇有直系血親尊親屬病危或其他事故，依行刑累進處遇條例第29條規定返家探視者，其在外期間，予以計算刑期。

4. 受特別獎勵受刑人依監獄行刑法第84條第2項之規定返家探視者，其在外期間，予以計算刑期。

（三）定期返家探視

外役監受刑人作業成績優良，依外役監條例第21條第1項規定，於例假日或紀念日返家探視者，其在外期間，予以計算刑期。

（四）一定期間內外出

受刑人在監執行逾三月，行狀善良，依監獄行刑法第29條規定，得報請監督機關核准其於一定期間內外出者；或依同法第30條規定，因公益、教化活動外出者，其在外期間，皆予以計算刑期。

（五）監外作業

受刑人在監外工場或其他特定場所作業，依監獄行刑法第31條第4項規定，於指定時間內回監，或必要時向指定處所報到者，其在外期間，予以計算刑期。

（六）外役臨時食宿

外役監受刑人依外役監條例第10條規定或其他監獄承攬外役作業受刑人依同法第25條規定，在臨時食宿處所作息者，其在外期間，予以計算刑期。

（七）戒送醫療機構

受刑人因受傷或罹患疾病，拒不就醫，致有生命危險之虞，監獄依監獄行刑法第60條，逕送醫療機構治療者；或受刑人受傷或罹患疾病，有醫療急迫情形，或經醫師診治後認有必要，監獄依同法第62條戒送醫療機構者，戒送醫療機構醫治期間，皆視為在監執行，即其在外期間，予以計算刑期。

（八）與眷屬同住

1. 各監獄累進處遇第一級受刑人，依行刑累進處遇條例第28條第1項第3款規定，與配偶或直系親屬在指定處所及期間內同住者，其在外期間，予以計算刑期。
2. 外役監受刑人，依外役監條例第9條第2項規定，與眷屬在指定區域及期間內居住者，其在外期間，予以計算刑期。
3. 受特別獎勵受刑人，依監獄行刑法第84條第2項規定，與眷屬在指定區域及期間內同住者，其在外期間，予以計算刑期。

（九）假釋付保護管束

假釋出獄者，依刑法第93條第2項規定，在假釋中付保護管束。在此保護管束期間，如果假釋者違反應遵守事項情節重大，依保安處分執行法第74條之

3第2項規定，得撤銷假釋；或因故意更犯罪，受有期徒刑以上刑之宣告時，依同法第78條規定，應撤銷假釋。如假釋者能依同法第79條規定，在無期徒刑假釋後滿二十年，或在有期徒刑所餘刑期內未經撤銷假釋者，其未執行之刑，以已執行論。因此，假釋付保護管束期間，亦可視同為在監獄內執行，予以計算刑期。

第三節　分監管理

分監管理為現代行刑之重要措施，其主要係依據調查分類結果，將受刑人按其特性，分別監禁於各專業或安全等級之監獄，施以適當之處遇與管理，以發揮行刑矯正效果之制度。分監管理之原則，可見諸「聯合國在監人處遇最低標準規則」第8條規定：各類在監人，應按其性別、年齡、犯行、收押之法定原因及處遇上之必要理由，收容於各別之機構或機構之各別部門，其要點如下：

一、男性與女性應盡可能收容於各別之機構，如在同一機構內男女兼收者則須嚴為分界。

二、未決犯與既決犯應予隔離。

三、民事被管收人應與已決刑事受刑人隔離。

四、少年犯與成年犯隔離。

壹　美國、日本分監管理措施

分監管理制度為各國所採行，日本監獄之分監管理措施，除依受刑人之刑期、罪質、健康狀況、性別、年齡等因素外，尚須考查受刑人之犯罪傾向而予必要之區分。其分類辦法如下（法務部，民77）：

A類：無再犯傾向者。

B類：有再犯傾向者。

F類：外籍人犯。

I類：禁錮犯（主要為交通事故犯罪情節較輕之受刑人）。

M類：精神狀況不甚健全之受刑人。

P類：罹染疾病或殘障之受刑人。

W類：女性受刑人。

LA類：刑期在八年以上無再犯傾向者。

LB類：刑期在八年以上有再犯傾向者。

JA類：十八歲以上未滿二十歲之少年，無再犯傾向者。

JB類：十八歲以上未滿二十歲之少年，有再犯傾向者。

YA類：二十歲以上未滿二十六歲之青年，無再犯傾向者。

YB類：二十歲以上未滿二十六歲之青年，有再犯傾向者。

另外，美國聯邦監獄局自1978年起，將矯正機構安全等級劃分為六級，第一級為低度安全，第二級為中低度安全，第三級為中度安全，第四級為中高度安全，第五級為高度安全，第六級為最高度安全。其戒護安全之指定係依下列因素為基礎（法務部，民74）：

一、周界安全設施：第一級，無；第二級，一道柵欄或以建築物代替；第三級，一或二道柵欄；第四級，雙層柵欄或圍牆；第五級、第六級，雙層捲形鐵刺柵欄或圍牆。

二、崗哨之設置數目：第一級，無崗哨或無人站崗；第二級、第三級，有崗哨但非全天候站崗；第四級，有崗哨但可能全天候站崗；第五級、第六級，全天候站崗。

三、外部巡邏情況：第一級、第二級，無；第三級、第四級，間歇性巡邏；第五級、第六級，經常性巡邏。

四、偵測設備：第一級、第二級，無；第三級、第四級，閉路攝影機及電子感應設施；第五級、第六級，照射燈、閉路攝影機、高壓斷線及其他電子感應設備。

五、房舍之安全程度：第一級，開放式；第二級，開放式至適度開放式；第三級、第四級，出入管制通道及安全建築；第五級、第六級，出入管制通道及安全建築迴廊及鐵窗。

六、舍房之型式：第一級、第二級、第三級、第四級，單人房或小雜房；第五級、第六級，獨居舍房。

七、受刑人與職員之比例：第一級，七點一比一或更高；第二級，七點一比一；第三級、第四級，七點一至三點六比一；第五級，三點五比一；第六級，三點五比一或更低。

貳 我國分監管理措施

一、現況

我國監獄行刑法第4條、第5條、第149條,分別就少年犯、女犯及適宜外役作業之受刑人,規定設置專業監獄執行其刑;並於第17條第2項明定移送指定監獄之情形。茲參照「法務部指定各監獄收容受刑人標準表」扼要敘述我國各專業監獄類別如後:

(一)少年矯正學校

少年受刑人身心發育尚未成熟,智慮淺薄,可塑性大,極易受他人影響而沾染惡習,因此對於未滿十八歲之少年受刑人,應使其與成年受刑人隔離,俾利施教、改善。此所稱少年受刑人,依監獄行刑法第4條,指犯罪行為時未滿十八歲之受刑人(第5項)。

未滿十八歲之少年受刑人,依該條規定,應收容於少年矯正學校,並按其性別分別收容(第1項)。收容中滿十八歲而殘餘刑期未滿三個月者,為避免矯治效果受成人監獄短期收容之負面影響,得繼續收容於少年矯正學校(第2項)。而為維教育之完整性,滿十八歲之少年受刑人,得依其教育需要,收容於少年矯正學校至滿二十三歲為止(第3項)。前三項受刑人滿二十三歲而未完成該級教育階段者,得由少年矯正學校報請監督機關同意,收容至完成該級教育階段為止(第4項)。關於第1項至第4項所定少年受刑人矯正教育之實施,為普通規定,如其他法律(如少年矯正學校設置及實施通則或完成立法後之少年專法)另有規定者,從其規定(第6項)。

我國目前有專責收容少年受刑人之少年矯正學校一所,即位於高雄之明陽中學。少年矯正學校源於法務部為改善少年受刑人及感化教育受處分人之矯治業務,貫徹教育刑之理念,多年前即於少年監獄、少年輔育院附設補習學校,期使一時犯錯之少年,獲得繼續求學之機會,惟因受客觀環境之限制,成效難以彰顯。乃由教育部會同台灣省政府教育廳、高雄市政府教育局協調少年監獄、少年輔育院所在地附近之國民中、小學、高級進修補習學校,將少年監獄、少年輔育院附設補習學校改制為其分校。自少年監獄、少年輔育院實施補校分校教學制度以來,因師資、待遇、福利等相關問題一直無法澈底解決,仍無法貫徹教育刑之理念,有鑑於此,乃進一步研究決定將少年監獄、少年輔

育院改制為學校，爰先行於86年5月14日修正公布監獄行刑法第3條，增訂設置少年矯正機構收容少年受刑人之法源，復於同年月28日制定公布少年矯正學校設置暨教育實施通則。88年7月1日，將台灣高雄少年輔育院改制為少年矯正學校，定名為明陽中學，收容少年受刑人，同時裁撤台灣新竹少年監獄。

少年矯正學校除為收容少年受刑人之少年矯正機構外，並為依少年事件處理法收容感化教育受處分人之少年矯正機構。88年7月1日，於新竹成立之誠正中學，即係專責收容感化教育受處分人之矯正學校。

（二）女監

不同性別受刑人於生理構造及心理狀態上有所差異，各項處遇需求不同，管理照護上亦有隔離之需要，應嚴為分界為各國監獄行刑上基本之分類標準，依監獄行刑法第5條規定，監獄對收容之受刑人，應按其性別嚴為分界。我國目前設有桃園、台中、高雄三所專業之女子監獄專司收容女性受刑人，至於部分監獄，如宜蘭、花蓮、台東監獄，由於任務需要，有附設女監收容女性受刑人之必要，均依法嚴為分界。所謂嚴為分界，依監獄行刑法施行細則第5條，係指以監內建築物、同一建築物之不同樓層或圍牆隔離監禁之。

女性受刑人由於在犯罪類型、層級、社會之角色期待及特殊之生理、心理需求與男性顯有差異，目前先進國家已對女性受刑人在教育、職業訓練、文康活動、各項醫療保健及對其子女之照顧上做較專業化之安排，因此成立獨立且專業化之女子監獄，施以特殊處遇實有必要。我國往昔女性受刑人所占比例較少，因此均採取於各監獄附設女監之方式監禁，由於侷限於監獄之一隅，各方面條件之限制，致使女性受刑人在行刑處遇上難以得到較佳之標準。近年來，女性受刑人人數逐漸增加，因此為了落實分監管理之目的，提升女性受刑人行刑處遇品質，遂先後設置三所專業化女子監獄，並配合裁撤各監獄附設女監，以符合女性特性之犯罪矯正處遇措施，指導並協助女性受刑人改悔向上，達到行刑現代化、專業化之目的。

（三）外役監

為使受刑人從事生產事業、服務業、公共建設或其他特定作業，並實施階段性處遇，使其逐步適應社會生活，依監獄行刑法第149條規定，得設外役監，其管理及處遇之實施另以法律定之。我國目前依外役監條例第2條，設有明德、自強、八德三所外役監獄，另指定台東戒治所、台中女子監獄、台中監

獄、屏東監獄附設外役分監，收容依同條例第4條遴選之受刑人，並兼收監外作業之受刑人。

外役監之設置源於政府對於監外作業之重視，我國監獄受刑人得從事監外作業，最早見諸民國2年12月1日公布之「監獄規則」第36條：「除刑期不滿一年者外，監獄官認為必要時得使在監外服勞役」之規定，當時所謂在監外服勞役，係指在監獄附設之農場工作，並無外役監之設置。迨至民國23年7月10日政府公布「徒刑人犯墾移暫行條例」，復根據該條例相繼制定「徒刑人犯移墾實施辦法」、「移墾人犯累進辦法」、「移墾人犯縮刑辦法」等，並於民國30年10月正式成立四川平武外役監，為第一所依行政命令設置之外役監。政府遷台後，對受刑人監外作業之措施，亦極為重視，尤其民國47年八七水災期間，曾選拔受刑人參與救災，其後各監獄又相繼成立外役隊從事各項公私建築、農作等工作，績效良好。民國51年政府為鼓勵受刑人參加監外作業起見，乃以徒刑人犯墾移暫行條例及其相關辦法為藍本，制定外役監條例，並自民國60年7月1日起相繼成立台東外役監獄（65年改稱武陵外役監獄，88年改為武陵監獄，95年改為台東戒治所，現已非外役監）、明德外役監獄、自強外役監獄、八德外役監獄。

外役監為我國分監管理之重要措施，其特色在於不設圍牆，不置崗哨，使受刑人勞動於大自然環境中，外役監除辦理調查分類、教化、戒護管理等業務與一般監獄相同外，並實施較一般監獄為優渥之處遇，諸如縮短刑期、與眷屬同住、返家探視等措施，以培養受刑人自尊、自愛、自治、守法、重紀律等優良習性，達到化莠為良之目的。

（四）隔離監

依調查分類之結果，各監獄中惡性重大，難以矯治，對於他人顯有不良之影響或須加強教化者，得監禁於隔離監獄。我國目前僅有綠島監獄為隔離監性質。

移送隔離監執行之條件，依「法務部矯正署所屬矯正機關受刑人移送綠島監獄執行注意事項」第1項規定，各矯正機關受刑人有下列各款情形之一者，得造具名冊，檢附有關資料，陳報法務部矯正署核准移送綠島監獄執行：

1. 一年以內有三次以上違規紀錄，或於矯正機關執行期間違規紀錄已達五次以上，惡性重大，對於他人顯有不良之影響或須加強教化者。
2. 於矯正機關執行中脫逃，經法院判決確定者。

3. 曾有脫逃紀錄，於矯正機關執行期間行狀不良，或有事實證明仍有脫逃之虞者。

4. 執行撤銷假釋殘刑，於矯正機關執行期間行狀不良，有二次以上違規紀錄，惡性重大，對於他人顯有不良之影響或須加強教化者。

5. 性行暴戾，有毆辱、威脅或恐嚇管教人員或其他受刑人之情事者。

6. 行狀不良，數次移監執行後，仍有不良行為者；或為綠島監獄移出之受刑人，再行違規者。

7. 集體鬧房、滋事之首謀及情節重大之在場助勢、下手實施或煽惑者。

8. 誣控濫告管教人員，經不起訴、不受理或無罪判決確定，而確有擾亂秩序之行為者。

9. 原屬幫派分子，或在矯正機關籌組或參加幫派，而於矯正機關內有擾亂秩序之虞者。

10. 於矯正機關私自持有、施用毒品或麻醉藥品，經法院判決確定者。

（五）專業病監

對於患病之受刑人需要特殊治療者，應與一般受刑人妥善隔離，由醫療人員在專門機構中給予特別之監視照顧。我國目前對於精神疾病受刑人，設有台北監獄桃園分監（收容女性）、台中監獄醫療專區（收容男性）專責收容治療照顧。另對於肺病受刑人，我國本以基隆監獄為肺病專業監，目前則改以指定台北監獄桃園分監（收容女性）、台中監獄醫療專區（收容男性）專責收容治療照顧。

（六）普通犯監

監獄為重刑犯監或普通犯監，係以其收容對象刑期是否在十年以上為其分類標準，如以刑期未滿十年者為其收容對象時，即歸類為普通犯監。基隆監獄本為肺病專業監，其監獄安全設施由於當時收容任務需求，在設計上即屬低度管理性質，因此在任務變更後，改以收容刑期未滿三年之男性受刑人為原則，歸類為普通犯監。高雄第二監獄以收容刑期未滿十年之初、再犯男性受刑人為原則，亦為普通犯監。

（七）重刑及普通犯監

以收容當地地方法院檢察署檢察官指揮執行之受刑人為原則者，台東、花

蓮監獄屬之。

（八）普通累、再犯監

我國目前以收容刑期未滿十年之累、再犯男性受刑人為原則之普通累、再犯監，計有桃園監獄、彰化監獄。其中，彰化監獄並收容符合十八歲以上，二十五歲未滿之青年監獄收容標準受刑人。

（九）重刑及普通累、再犯監

以收容累、再犯男性受刑人為原則，兼收刑期在十年以上之男性受刑人之監獄歸類為重刑及普通累、再犯監，我國目前計有台北監獄、新竹監獄、台中監獄、雲林監獄、雲林第二監獄、嘉義監獄、台南監獄、高雄監獄、屏東監獄、宜蘭監獄屬之。其中，台北監獄以專區兼收外籍受刑人，台中監獄以專區兼收身心障礙受刑人。

（十）普通及重刑毒品犯監

以收容刑期在五年以上之製造、運輸、販賣、持有及兼施用毒品之男性受刑人為原則之監獄，歸類為普通及重刑毒品犯監，澎湖監獄屬之。

另外，福建金門地區，由於受刑人較少，暫不實施分監管理，因此，目前金門監獄以收容各類受刑人為原則，係綜合收容監獄，並非專業監獄，併此敘明。

二、檢討

由上述專業監獄之分類情形觀之，目前我國監獄雖實施分監管理措施，但因受到監獄超額收容及部分監獄附設看守所、少年觀護所之影響，分監管理並不澈底，筆者等認為法務部應依目前各類受刑人之收容人數及各監獄之環境與設施，參酌美日各國制度，重新規劃分監管理措施，規劃時並應考慮下列事項：

（一）依監獄之安全程度建立戒護人力配置標準，以期更有效地運用有限之警力。

（二）依監獄之安全程度強化各種安全設施，如：

　　1.高度安全以上監獄（重刑犯監、累犯監及隔離犯監）應於舍房與工場間設置受刑人更衣室，受刑人從舍房進工場或從工場進舍房時，須先

進「更衣室」脫光身上之衣物，將衣物置於指定之衣物架上，然後依序通過金屬探測門，詳為檢身後，再進入另一間「更衣室」換穿工作服或家居服，以防止違禁物品於工場、舍房間流串。

2. 高度安全以上監獄之接見室應設置防彈玻璃及金屬探測門，以防止來監接見者挾帶槍械不利於受刑人或危害監獄安全。

3. 中度安全以上之監獄應加強科技監控系統，並指派專人監視，使監獄安全措施構成交叉監控管制，尤其重要通道，應設有電視遙控開門設施，由中央台或戒護科監控，以預防意外戒護事故之發生。同時可代替或輔助戒護人力之不足，即使夜間警力薄弱，亦能掌握全監之動向。

（三）籌設最高度安全管理監獄：據學者研究結果顯示，犯罪案件約百分之五十是由核心犯罪者（累再犯、習慣犯及常業犯）所為，只要將這些危險性犯罪人群予以長期監禁，即可達到預防及減少犯罪之效果。因此，配合研擬提高三犯之刑度及假釋門檻之刑事政策，應同時籌設幾所最高度安全管理監獄，以利收容此類核心犯罪者，同時，亦可疏解嚴重超額收容之現象。

第四節　基本人權保障與透明化原則

監獄雖以強制力拘束受刑人之自由，但並不能剝奪其基本人權；且為保障受刑人之基本權益，應落實透明化原則，促進外界對於矯正機關業務之認識及理解，協助機關運作品質及可用資源之提升。

壹　基本人權保障

依我國監獄行刑法第6條規定，有關受刑人基本人權之保障包括：

一、尊重受刑人之尊嚴及維護其人權

監獄人員執行職務，應尊重受刑人之尊嚴及維護其人權，不得逾越所欲達成矯治處遇目的之必要限度（第1項）。藉此保證作用，產生保障受刑人人權之功能，使受刑人不受有違人道與蔑視人性尊嚴之對待。為保障受刑人之權

益，符合平等原則，監獄行刑法施行細則第2條規定，本法之主管機關與監督機關及監獄，就執行本法事項，應於受刑人有利及不利之情形，一律注意。

二、不得因受刑人特殊身分給予不同對待或處遇

監獄對受刑人不得因人種、膚色、性別、語言、宗教、政治立場、國籍、種族、社會階級、財產、出生、身心障礙或其他身分而有歧視（第2項）。此係參酌「聯合國保護所有遭受任何形式拘留或監禁的人的原則」第5條及「聯合國在監人處遇最低標準規則」第6條規定意旨，避免執行之受刑人因特殊身分而受到不同對待或處遇。其中「種族」一詞，主要是指在生物學或體徵上可辨認的或基因方面的特徵；而「人種」一詞，還包括文化和歷史方面的因素。

三、保障身心障礙受刑人在監獄內之無障礙權益

為保障身心障礙者受刑人權益，監獄應保障身心障礙受刑人在監獄內之無障礙權益，並採取適當措施為合理調整（第3項）。上開「無障礙」權益保障屬整體性之規劃；「合理調整」指根據具體需要（即受刑人個別需求），於不造成監獄過度或不當負擔之情況下，進行必要及適當之修改與調整，以確保身心障礙者得在與其他人平等之基礎上，享有或行使所有人權及基本自由（身心障礙者權利公約第2條、第9條參照）。「合理調整」得包括設備設施、處遇、管理內容或程序、流程上的調整，可考慮不同關係人間之利害平衡，是實例上「合理調整」多屬共同協商之結果。本項之適用，並應參照身心障礙者權利公約、該公約施行法及身心障礙者權益保障法等相關規定。例如保障各項身心障礙者人權規定所需之經費，應優先編列，逐步實施（身心障礙者權利公約施行法第9條參照）。另受刑人依身心障礙者權益保障法及相關規定，向主管機關申請鑑定、需求評估及相關服務者，監獄應為必要之協助，自屬當然。

為使各監獄能有所依循，以落實本法規定，監獄行刑法施行細則第6條規定，依本法第6條第3項規定，監督機關應就相關法令規定，並因應各監獄場域狀況等因素，逐步訂定合理調整之指引。

四、使受刑人瞭解其所受處置及刑罰執行之目的

監獄應以積極適當之方式及措施，使受刑人瞭解其所受處遇及刑罰執行之目的（第4項）。監獄行刑之目的，旨在積極促使受刑人獲得矯治，成功復歸社會，減少再犯，俾達防衛社會安全之功效。因此，矯正機關規劃各項矯治處

遇措施，自當以此目的為最高原則，廣納社會各類協助及教育資源，引進精神醫療及道德勸善團體，適當運用各種教誨教育及技藝學習之機會，於公開說明或潛移默化間，讓受刑人深知所受處置及刑罰執行之目的，期能改善品性，增進知能，強化生活技能，以達改過遷善，適於社會生活之目的。

五、長期單獨監禁受刑人禁止原則

監獄不得對受刑人施以逾十五日之單獨監禁。監獄因對受刑人依法執行職務，而附隨有單獨監禁之狀態時，應定期報監督機關備查，並由醫事人員持續評估受刑人身心狀況。經醫事人員認為不適宜繼續單獨監禁者，應停止之（第5項）。依「聯合國囚犯待遇最低限度標準規則」（曼德拉規則）第43條規定，監所對收容人實施長期單獨監禁屬特別應予禁止之行為，違者有構成酷刑或其他殘忍、不人道或侮辱之處遇或懲罰之虞。我國於第一章中對長期單獨監禁禁止原則予以規範，以表彰對於受刑人基本人權之重視。

單獨監禁，指一日之內對收容人實施欠缺有意義人際接觸之監禁達二十二小時以上。長期單獨監禁指連續超過十五日之單獨監禁（曼德拉規則第44條參照）。單獨監禁屬人際關係孤立之狀態，與本法所定隔離保護、收容於保護室、安置於單人舍房等措施，屬物理上、空間上之區隔，概念上有所不同，惟後者實際執行上可能有伴隨單獨監禁之現象。爰依「公民與政治權利國際公約」第7條禁止酷刑之意旨，於第5項明定監獄不得對受刑人施以逾十五日之單獨監禁。另依同規則第46條意旨，明定監獄因對受刑人依法執行職務，而附隨有單獨監禁之狀態時（例如施以隔離保護或收容於保護室等措施，而伴隨有人際關係孤立之狀態），應由醫事人員持續評估受刑人身心健康狀況，醫事人員認為不適宜繼續單獨監禁者，應停止之，並規定相關備查程序，以保障受刑人之人權。

貳　透明化原則

為保障受刑人權益，我國監獄行刑法有關落實透明化原則之規定，包括：

一、少年法院法官、檢察官訪視

　　訪視者，訪問探視之意，指揮執行刑罰者（少年法院法官、檢察官）藉由親自前往實地探視方式，對於受命執行刑罰機關（少年矯正學校、監獄）是否能妥適確實執行刑罰有關事項，加以全面瞭解，以資強化受刑人之權利保障及行刑透明化。依監獄行刑法第2條第4項，少年法院法官、檢察官執行刑罰有關事項，得隨時訪視少年矯正學校、監獄，並無次數之限制。

二、設置獨立之外部視察小組

　　為落實透明化原則，保障受刑人之權益，促進外界對於矯正機關業務之認識及理解，協助機關運作品質及可用資源之提升，參酌「聯合國囚犯待遇最低限度標準規則」（曼德拉規則）第84條、第85條、日本矯正機關「視察委員會」機制（日本關於刑事設施及被收容人等之處遇法第7條以下、少年院法第8條以下、少年鑑別所法第7條以下參照），以及德國矯正機關「諮詢委員會」制度（德國聯邦監獄行刑法第162條以下參照），監獄行刑法第7條於第1項規定「監獄應設獨立之外部視察小組，置委員三人至七人，任期二年，均為無給職，由監督機關陳報法務部核定後遴聘之」；及第2項規定「前項委員應就法律、醫學、公共衛生、心理、犯罪防治或人權領域之專家學者遴選之。其中任一性別委員不得少於三分之一」。

　　為達設置視察小組之目的，同條第3項規定「視察小組應就監獄運作及受刑人權益等相關事項，進行視察並每季提出報告，由監獄經監督機關陳報法務部備查，並以適當方式公開，由相關權責機關回應處理之」；第4項規定「前三項視察小組之委員資格、遴（解）聘、視察方式、權限、視察報告之製作、提出與公開期間等事項及其他相關事項之辦法，由法務部定之」，以利執行。法務部依此訂定「監獄及看守所外部視察小組實施辦法」（以下簡稱辦法）公布施行。其重點摘述如下：

（一）任務內容（辦法第3條）

　　外部視察小組之任務為落實透明化原則，保障收容人之權益，促進機關與外界之溝通，協助機關運作品質與工作環境改善及可用資源之提升。

（二）小組委員之組成（辦法第4條）

　　1. 人數與任期：機關應設獨立之外部視察小組，置委員三人至七人，任期

二年，任期屆滿得續聘之（第1項）。

2. 資格：擔任外部視察小組委員，應就法律、醫學、公共衛生、心理、犯罪防治或人權領域之專家學者遴選之（第2項）。

3. 建立人才庫：監督機關應依監獄行刑法第7條第2項及羈押法第5條第2項規定，建立外部視察小組專家學者人才庫，經當事人同意後，公開於監督機關之網站，並適時更新，作為遴選擔任機關外部視察小組委員之參考（第3項）。前項人才庫之建置，監督機關應多元化徵詢各相關機關（構）、學校、專業團體推薦、或接受該當專家學者自我推薦（第4項）。

（三）小組委員之遴聘

1. 遴聘方式（辦法第5條）：機關外部視察小組委員，由機關提出擬聘名單，報經監督機關陳報法務部核定後遴聘之（第1項）。監督機關陳報法務部關於待遴聘之外部視察委員名單時，不受原機關所陳報名單之拘束（第2項）。各機關之外部視察小組委員中，任一性別委員不得少於三分之一，並應注意專業領域之平衡（第3項）。

2. 補聘（辦法第6條）：機關外部視察小組委員出缺時，得依前條規定補聘之。但委員人數未達三人時，應予補聘至三人（第1項）。前項補聘委員之任期，至原委員任期屆滿時為止（第2項）。

（四）小組委員之消極資格（辦法第7條）

有下列情形之一者，不得擔任外部視察小組委員：

1. 經判處有期徒刑以上之刑確定，尚未執行、執行未畢、於緩刑期間或執行完畢、緩刑期滿或赦免後未滿五年。

2. 曾受保安處分之裁判確定，尚未執行、執行未畢或執行完畢未滿五年。

3. 受破產宣告，尚未復權。

4. 受監護或輔助宣告，尚未撤銷。

（五）小組委員之迴避（辦法第8條）

現任職於監督機關及其所屬機關之公務人員，不得擔任外部視察小組委員（第1項）。機關員工及收容人之配偶、二親等內血親不得擔任該機關之外部視察小組委員（第2項）。擔任機關之申訴審議小組及假釋審查會委員者，不

得擔任同一機關之外部視察小組委員（第3項）。

（六）小組委員之解聘（辦法第9條）

機關外部視察小組委員有下列情形之一者，監督機關得陳報法務部核定後解聘之：

1. 有前二條所列情形之一。
2. 外部視察小組委員違反第15條有關保密義務之規定，情節重大。
3. 有其他重大情事，不適宜擔任外部視察小組職務。

（七）小組會議方式（辦法第10條）

外部視察小組委員經法務部遴聘後，首次開會由機關長官召集之，經委員互推一人為召集人，主持及召集爾後會議（第1項）。外部視察小組每季至少開會一次，並得定期或不定期召開會議（第2項）。召集人因故不能召集或主持會議時，由召集人指定委員一人代理之；未指定或無法指定代理人者，由委員互推一人代理之（第3項）。外部視察小組開會，得於機關內或機關外召開，並得以視訊會議為之（第4項）。

（八）擬定視察計畫和視察重點，落實視察事務（辦法第11條）

外部視察小組，得擬定每年視察計畫與每季視察重點，及其他落實機關透明化、保障收容人權益之相關視察事務（第1項）。外部視察小組得因應突發或特別事項，進行視察工作（第2項）。外部視察小組開會時，得邀請機關人員列席，並得就特定事項邀請機關人員到場說明（第3項）。

（九）視察行為與相關處置（辦法第12條）

外部視察小組得為下列之行為（第1項）：

1. 進入機關實地訪查。
2. 訪談機關人員、收容人或相關人員。
3. 請機關人員、收容人或相關人員提供書面意見。
4. 調閱、抄錄或複製必要之文件及電子紀錄。
5. 其他與機關運作及收容人權益相關之事項。

前項行為，外部視察小組得共同為之，或指定委員一人或數人為之（第2項）。第1項第2款、第3款之情形，應徵得當事人之同意，機關並應予以適

當之協助（第3項）。進行第1項第2款至第5款之行為時，如涉及該收容人係經禁止接見、通信或受授物件者，外部視察小組應經由機關於偵查中報請檢察官、審判中報請法院同意後為之（第4項）。外部視察小組訪談收容於少年矯正機關未經禁止接見通信之少年收容人，機關應於訪談後，通知該管法院（第5項）。

（十）得使用通訊等設備進行訪查及訪談（辦法第13條）

外部視察小組進行前條第1項第1款及第2款所定訪查及訪談時，得經機關同意下使用錄音（影）、攝影器材；機關如不同意時，應以書面載明具體理由通知外部視察小組（第1項）。外部視察小組為前項錄音（影）、攝影時，應徵得當事人之同意（第2項）。

（十一）機關對外部視察小組執行職務時得為之處理（辦法第13條）

外部視察小組進行前條第1項第2款所定訪談時，機關人員僅得監看而不與聞，且不得逕予錄影及錄音（第3項）。外部視察小組進行前條第1項第3款所定由收容人提供書面意見時，機關人員不得閱讀其內容（第4項）。外部視察小組進行前條第1項各款行為時，如有事實足認有妨害機關秩序或安全之虞者，機關得限制或中止其行為，並以書面載明具體理由通知外部視察小組（第5項）。外部視察小組接獲第1項或前項之書面通知後，如不同意機關之作為者，得請機關長官處理；機關長官不為處理或外部視察小組對機關長官之處理仍有意見時，外部視察小組得送請監督機關處理回復之（第6項）。

（十二）個人資料之保護（辦法第14條）

外部視察小組執行職務如涉及蒐集、處理或利用個人資料時，應依個人資料保護法令規定為之。

（十三）保密義務（辦法第15條）

外部視察小組委員因執行職務知悉之公務機密或其他足以影響機關戒護安全之資訊者，應依規定予以保密（第1項）。外部視察小組委員因執行職務所取得之資料，除其他法令另有規定外，不得對外使用於與視察業務無關之事務（第2項）。外部視察小組取得之資料應依檔案法及相關法令交由機關歸檔。

其中涉及隱私或其他個人資料，有保密之必要者，應以密件保存（第3項）。

（十四）收受陳情之處理（辦法第16條）

外部視察小組收受監獄行刑法第92條及羈押法第84條之陳情，得依陳情內容是否具體、是否屬外部視察小組權限、陳情內容與視察重點之關連性及外部視察小組人力負荷等因素，決定是否依外部視察程序處理，或交由機關處理。

（十五）視察報告之公開（辦法第17條）

外部視察小組應每季提出視察報告，提經外部視察小組會議通過後，由機關報經監督機關陳報法務部備查，並以刊登監督機關網站或其他適當方式公開（第1項）。視察報告之公告內容，涉及個人資料或其他足以影響戒護安全之資訊者，應由外部視察小組或監督機關為適當之遮蔽（第2項）。機關應儘速就視察報告為適當之處理，回復所屬外部視察小組及監督機關。如報告內容涉及相關機關之權責者，機關應自行或報由上級機關移由該管機關處理回復後，將處理結果回應外部視察小組（第3項）。

（十六）機關提供必要協助（辦法第18條）

外部視察小組就其視察業務請求機關協助時，機關應給予人力、物力、行政及其他必要之協助。

三、監獄得同意採訪或參觀

監獄為行刑之場所，基於下列考量，原則上不宜開放一般人參觀或採訪：

（一）受刑人基本之人格尊嚴，應予適當之保護，如未做限制，任令外界參觀採訪，將使受刑人無地自容，加深其對社會之仇恨心理。

（二）受刑人矯治工作之進行，應有其運作之空間，如教誨、教育、輔導、調查分類等業務，不宜受到外界任意之打擾，而影響其執行成效。

（三）在無限制下，任令外界參觀採訪，將增加受刑人與外界不當接觸之機會，造成受刑人利用外界參觀採訪時，私通訊息、製造冤屈假象或夾藏違禁、危險物品，影響戒護安全管理。

為落實透明化原則，促進外界對於矯正機關業務之認識與理解，參酌曼德

拉規則第74條第2項「監獄管理部門應經常設法喚醒管理人員和公眾之認識，使其始終確信這項工作是極其重要的社會服務；為此目的，應利用一切向公眾宣傳的適當工具」，監獄行刑法第8條規定，監獄得依媒體之請求，同意其進入適當處所採訪或參觀；並得依民眾之請求，同意其進入適當處所參觀。有關規定分述如下：

（一）民眾或媒體請求參觀（監獄行刑法施行細則第7條）

1. 書面申請：民眾或媒體依本法第8條規定請求參觀時，應以書面為之（第1項）。前項書面格式由監督機關定之（第2項）。

2. 參觀動線：監獄應事先審慎規劃參觀動線，以避免侵害受刑人之隱私或其他權益（第3項）。

3. 應遵守事項：監獄於民眾或媒體參觀前，應告知並請其遵守下列事項：(1)提出身分證明文件，並配合依本法第21條規定所為之檢查；(2)穿著適當服裝及遵守秩序，不得鼓譟或喧嘩；(3)未經監獄許可，不得攜帶、使用通訊、錄影、攝影及錄音器材；(4)依引導路線參訪，不得擅自行動或滯留；(5)禁止擅自與受刑人交談或傳遞物品；(6)不得違反監獄所為之相關管制措施或處置；(7)不得有其他妨害監獄秩序、安全或受刑人權益之行為（第4項）。參觀者有違反前項規定之行為者，監獄得停止其參觀（第5項）。

4. 未成年人參觀之陪同：未滿十八歲之人請求參觀者，應由其法定代理人、監護人、師長或其他適當之成年人陪同為之（第6項）。

（二）媒體請求採訪（監獄行刑法施行細則第8條）

1. 書面申請：媒體依本法第8條請求採訪，應以書面申請，經監獄同意後為之。書面格式由監督機關定之（第1項）。

2. 境外媒體請求採訪或採訪內容於境外報導：境外媒體請求採訪或採訪內容於境外報導時，監獄應陳報監督機關核准後為之（第2項）。

3. 採訪涉及監獄人員或個別受刑人者：媒體採訪涉及監獄人員或個別受刑人者，監獄應取得受訪者之同意始得為之（第3項）。媒體採訪時，監獄得採取適當措施，維護受刑人或相關人員之尊嚴及權益（第4項）。

4. 法令有限制或禁止報導之規定者：媒體採訪對象或內容如涉及兒童或少年、性犯罪或家暴、疾病或其他法令有限制或禁止報導之規定者，應遵

循其規定（第5項）。

5. 有影響監獄安全或秩序之情形者：媒體進行採訪時，如有影響監獄安全或秩序之情形，得停止其採訪（第6項）。

6. 報導前之告知與要求更正或澄清：媒體採訪後報導前應事先告知監獄或受刑人。報導如有不符合採訪內容及事實情形，監獄或受刑人得要求媒體更正或以適當方式澄清（第7項）。

第五節　受刑人資料調查

監獄為配合受刑人個案需要，擬具有效解決問題之個別處遇計畫，於受刑人入監時，即應蒐集行刑處遇之各項參考資料，俾供研判。依監獄行刑法第9條規定，為達到矯治處遇之目的，監獄應調查與受刑人有關之資料（第1項）。為實施前項調查，得於必要範圍內蒐集、處理或利用受刑人之個人資料，並得請求機關（構）、法人、團體或個人提供相關資料，機關（構）、法人、團體或個人無正當理由不得拒絕（第2項）。第1項與受刑人有關之資料調查之範圍、期間、程序、方法、審議及其他應遵行事項之辦法，由法務部定之（第3項）。分述如下：

壹　與受刑人有關之資料

所謂「與受刑人有關之資料」，依行刑累進處遇條例第11條第1項、妨害性自主罪與妨害風化罪受刑人強制身心治療及輔導教育實施辦法第9條規定，監獄為達專業矯正之目的，於受刑人入監時，須蒐集、處理或利用相關機關所持有有關受刑人之基本資料、家庭、生理、社會、心理、職業等狀況、性犯罪歷程、犯罪前科紀錄等相關資料，且須將其相關資料輸入獄政資訊系統建檔，於前揭人員陳報假釋、出監時，再視個案情形將在監各項處遇資料函知該直轄市、縣（市）性侵害防治中心、觀護人等以為參考，俾利出監後之轉銜輔導與治療。

準此，監獄調查與受刑人有關之資料，不限於入監時，尚包括執行中及出監前。

貳 資料調查之方式

　　為實施前項調查，得於必要範圍內蒐集、處理或利用受刑人之個人資料，並得請求機關（構）、法人、團體或個人提供相關資料，機關（構）、法人、團體或個人無正當理由不得拒絕，以落實矯治處遇，協助受刑人復歸社會之立法意旨。資料調查之方式，包括：

一、得於必要範圍內蒐集、處理或利用受刑人之個人資料。

二、得請求機關（構）、法人、團體或個人提供相關資料。

（一）機關（構）：得向為判決之法院調閱受刑人偵查或審判過程之訴訟文件；或請警察機關或其他中央、地方有關機關學校，如受刑人居住所所在地之警察分局或曾收容過之少年觀護所、公立育幼院、軍事單位、就讀過之各級學校等機關提供報告。

（二）法人：指依法律所創設之一種權利義務主體，由於法律有所謂「公法」、「私法」之別，所以法人就其創設所依據法律之不同，首先應可區分為以下「公法人」與「私法人」兩大類。並依照其成立之基礎分有財團法人與社團法人，最終依其設立目的分為營利法人與公益法人。如請受刑人曾任職之財團法人基金會提供報告。

（三）團體：指自治團體，如請受刑人居住所所在地之鄉鎮市區公所提供報告。

（四）個人：指與受刑人有親屬、雇傭或保護關係者，如請配偶、工廠老闆或監護人提供報告。

　　前述機關（構）、法人、團體或個人無正當理由不得拒絕，以落實矯治處遇，協助受刑人復歸社會之立法意旨。

參 受刑人資料調查辦法之訂定

　　法務部依監獄行刑法第9條第3項規定，訂定「受刑人資料調查辦法」公布施行（以下簡稱辦法）。其重點摘述如下：

一、資料調查之範圍（辦法第3條）

　　調查與受刑人有關之資料範圍如下（第1項）：

（一）名籍資料。

（二）身心狀況。

（三）犯罪前科及狀況。

（四）社會、心理及家庭狀況。

（五）職業及技能狀況。

（六）社會福利及保護需求。

（七）出監後住居所、未來共居者、家庭支持度、就業轉介、更生保護及扶助等事項。

（八）其他依法規應調查之事項。

（九）其他可作為處遇參考事項。

受刑人於入監前曾受羈押者，其於羈押期間之調查資料，除由看守所依羈押法第108條規定附送，或另一併移交者外，監獄於必要時，亦得向原羈押之看守所調取其在所期間之調查資料，作為調查之參酌（第2項）。

二、調查小組之組成（辦法第4條）

監獄應設調查小組，由調查分類、教化、作業、衛生、戒護、總務等業務人員及其他相關人員組成。由調查分類科科長或經監獄長官指定之主管人員擔任組長。

三、資料調查之方法（辦法第5條）

調查事項依下列方法為之（第1項）：

（一）直接調查：由調查小組人員以觀察或晤談之方式實施調查，記錄於調查表，並由調查者簽名。

（二）間接調查：向相關機關（構）、法人、團體、個人查詢，或請求提供相關資料。

（三）心理測驗：施以智力、性向、興趣、人格、行為及情緒等測驗。

前項心理測驗項目得依調查需求擇定之，施測人員應具備相關測驗之資格或經專業訓練合格（第2項）。

四、資料調查之期間（辦法第6條）

受刑人資料調查，分為入監調查、在監複查及出監調查（第1項）。入監調查於受刑人新入監後二十日內完成直接調查，間接調查及心理測驗之施測不得逾二個月。刑期未滿一年之受刑人，其入監調查得以簡式方式行之（第2項）。在監複查於受刑人入監後每二年複查一次，必要時得隨時為之（第3

項）。出監調查於受刑人期滿前三個月，或提報假釋前為之，必要時，得於釋放前再予覆查（第4項）。前四項調查之格式，由監督機關定之（第5項）。

五、資料調查之程序

（一）入監調查之程序（辦法第7條）

調查小組應就第3條第1項第1款至第6款、第8款及第9款辦理入監調查（第1項）。調查小組應就前項入監調查所得之資料，聽取受刑人意見並考量各監獄之條件及資源後，於受刑人新入監後三個月內，訂定其個別處遇計畫，並適時修正。受刑人有特殊處遇需求，因各監獄之條件及資源無法滿足者，應於個別處遇計畫載明之（第2項）。前二項受刑人入監調查資料及個別處遇計畫，應提調查審議會議審議（第3項）。

（二）在監複查之程序（辦法第8條）

調查小組應就入監調查資料及受刑人個別處遇計畫予以檢視或調查相關資料，依實際需求修正個別處遇計畫，作成在監複查資料，並提調查審議會議審議。

（三）出監調查之程序（辦法第9條）

監獄人員應就第3條第1項第6款至第8款及本法第139條至第142條所定相關之事項進行調查，作成出監調查資料，並提調查審議會議審議。

六、資料調查應作成書面紀錄（辦法第10條）

調查小組辦理入監調查、在監複查、出監調查，得由監獄長官先行指派相關監獄人員為之，並作成書面紀錄，由受刑人閱覽後簽名。受刑人有意見時，應予以更正或加註其意見；受刑人拒絕簽名者，應記明其事由。

七、資料調查之審議

（一）調查審議會議之組成（辦法第11條）

調查審議會議應由監獄長官或其指派人員主持，並由秘書以上人員、監內業務科室主管及相關專業人員出席（第1項）。監獄得商請心理、教育、社會、法律、犯罪學、監獄學等領域之專家學者及社會團體之人士，就受刑人之調查資料、個別處遇計畫為必要之參與或協助（第2項）。

（二）會議審議事項（辦法第12條）

調查審議會議審議事項如下（第1項）：

1. 受刑人入監調查資料及個別處遇計畫。

2. 在監複查資料。

3. 出監調查資料。

調查審議會議應每月至少召開會議一次（第2項）。

本章研究問題

1. 監獄行刑法第1條開宗明義地指出，監獄行刑矯治處遇之目的，在促使受刑人改悔向上，培養其適應社會生活之能力。試分析說明「改悔向上」和「培養其適應社會生活之能力」兩者之意義和關係。（民107司法三等）

2. 試述徒刑與拘役及罰金易服勞役在執行上之同異比較。

3. 試述少年矯正機構之收容對象。（民80司法丙特）

4. 試述女監之收容對象、方式及設置專業化女子監獄之理由。

5. 我國重新規劃分監管理措施時，應考慮何事項？試抒己見。

6. 何謂外役監？其設置之意義為何？開放式處遇制度有哪些優缺點？請分述之。（民100司法三等）

7. 根據監獄行刑法第3條第1項之規定：「處徒刑、拘役及罰金易服勞役之受刑人，除法律別有規定外，於監獄內執行之。」試說明自由刑之執行處所例外情形為何？其法令依據為何？（民104司法三等）

第二章 入 監

【條文大意】

第十條（入監應備文書）

受刑人入監時，指揮執行之檢察署應將指揮書附具裁判書及其他應備文件，以書面、電子傳輸或其他適當方式送交監獄。

前項文件不具備時，得拒絕收監，或通知補送。

第一項之應備文件，於少年受刑人入少年矯正學校或監獄時，應包括其犯罪原因、動機、境遇、學歷、經歷、身心狀況及可供處遇之參考事項。

第十一條（入監調查）

對於新入監者，應就其個性、身心狀況、經歷、教育程度及其他相關事項，加以調查。

前項調查期間，不得逾二個月。

監獄應於受刑人入監後三個月內，依第一項之調查資料，訂定其個別處遇計畫，並適時修正。

第十二條（婦女攜帶子女）

殘餘刑期在二個月以下之入監或在監婦女請求攜帶未滿三歲之子女，監獄得准許之。

殘餘刑期逾二個月之入監或在監婦女請求攜帶未滿三歲之子女，經監獄檢具相關資料通知子女戶籍所在地直轄市、縣（市）社會福利主管機關評估認符合子女最佳利益者，監獄得准許之。

前項直轄市、縣（市）社會福利主管機關評估期間以二個月為限，並應將評估報告送交監獄。

在前項評估期間，監獄得於監內暫時安置入監或在監婦女攜入之子女。

子女隨母入監最多至滿三歲為止。但經第二項社會福利主管機關評估，認在監符合子女最佳利益者，最多得延長在監安置期間至子女滿三歲六個月為止。

安置在監之子女有下列情形之一，監獄應通知子女戶籍所在地直轄市、縣

（市）社會福利主管機關進行訪視評估，辦理轉介安置或為其他必要處置：

一、子女出現畏懼、退縮或其他顯不適於在監安置之狀況。

二、滿三歲或前項但書安置期間屆滿。

三、經第二項評估認在監安置不符合子女最佳利益。

四、因情事變更須離開監獄。

受刑人於監獄內生產之子女，適用前六項規定；其出生證明書不得記載與監獄有關之事項。

為照顧安置在監子女，監獄應規劃活動空間及提供必要之設施或設備，並得洽請社會福利及相關機關（構）、法人、團體或個人協助受刑人育兒相關教育與指導。子女戶籍所在地直轄市、縣（市）社會福利主管機關對於在監子女照顧安置事項，應提供必要之協助。

子女戶籍所在地直轄市、縣（市）社會福利主管機關於必要時得委託其他直轄市、縣（市）社會福利主管機關辦理第二項、第三項、第五項、第六項及前項所定事項。

第十三條（入監健康檢查）

受刑人入監時，應行健康檢查，受刑人不得拒絕；有下列情形之一者，應拒絕收監：

一、有客觀事實足認其身心狀況欠缺辨識能力，致不能處理自己事務。

二、現罹患疾病，因執行而不能保其生命。

三、懷胎五月以上，或生產未滿二月。

四、罹患法定傳染病，因執行有引起群聚感染之虞。

五、衰老、身心障礙，不能於監獄自理生活。

施行前項檢查時，應由醫師進行，並得為醫學上必要處置。經檢查後認有必要時，監獄得委請其他專業人士協助之。

第一項之檢查，在監獄內不能實施者，得戒送醫院為之。

前三項之檢查未能於當日完成者，監獄得同意暫時收容。但收容檢查期間不得逾十日。

收容檢查結果符合第一項所列各款拒絕收監之情形者，其收容檢查之日數，以一日抵有期徒刑或拘役一日，或刑法第四十二條第六項裁判所定之罰金額數。

第一項被拒絕收監者，應送交檢察官斟酌情形為具保、責付、限制住

居、限制出境、出海或為其他適當之處置，並準用刑事訴訟法第九十三條之二第二項至第四項、第九十三條之五第一項前段及第三項前段、第一百十一條之命提出保證書、指定保證金額、限制住居、第一百十五條至第一百十六條、第一百十八條第一項之沒入保證金、第一百十九條第二項、第三項之退保、第一百二十一條第四項准其退保及第四百十六條第一項第一款、第三項、第四項、第四百十七條、第四百十八條第一項本文聲請救濟之規定。

第十四條（入監安全檢查）

　　為維護監獄秩序及安全，防止違禁物品流入，受刑人入監時，應檢查其身體、衣類及攜帶之物品，必要時，得採集其尿液檢驗，並得運用科技設備輔助之。

　　前項檢查身體，如須脫衣檢查時，應於有遮蔽之處所為之，並注意維護受刑人隱私及尊嚴。男性受刑人應由男性職員執行，女性受刑人應由女性職員執行。

　　非有事實足認受刑人有夾藏違禁物品或有其他危害監獄秩序及安全之虞，不得為侵入性之檢查；如須為侵入性檢查，應經監獄長官核准，並由醫事人員為之。

　　為辨識受刑人身分，應照相、採取指紋或記錄其他身體特徵，並得運用科技設備輔助之。

第十五條（入監講習）

　　受刑人入監講習時，應告知下列事項，並製作手冊交付其使用：

一、在監應遵守事項。

二、接見及通信事項。

三、獎懲事項。

四、編級及累進處遇事項。

五、報請假釋應備條件及相關救濟事項。

六、陳情、申訴及訴訟救濟之規定。

七、衛生保健及醫療事項。

八、金錢及物品保管之規定。

九、法律扶助事項之宣導。

十、其他應注意事項。

受刑人為身心障礙者、不通中華民國語言或有其他理由，致其難以瞭解前

項各款所涉內容之意涵者,監獄應提供適當之協助。

　　與受刑人在監服刑權利義務相關之重要法規、行政規則及函釋等,宜以適當方式公開,使受刑人得以知悉。

　　入監,為監獄行刑之始,受刑人入監服刑時,必須先清點人數,確認其身分,並實施檢查、調查等各項程序,建立個案資料,充分瞭解受刑人行刑需要,俾利行刑個別化處遇之實施。另亦期藉由入監講習,使受刑人瞭解行刑期間應遵守之權利與義務,安定受刑人新入監接受監禁初期之情緒,俾利日後之管理、教化。依監獄行刑法暨其施行細則相關之規定,受刑人入監時之程序如下:

一、准許入監前之程序

(一)確認身分

1. 查點入監之人數。
2. 調查入監應備之文件。

(二)實施健康檢查

1. 拒絕收監。
2. 發給收受受刑人之證明文件。

二、准許入監後之程序

(一)入監調查

(二)攜帶子女之處理

(三)實施安全檢查

1. 檢查受刑人身體、衣類及攜帶之物品;必要時得採集其尿液檢驗。
2. 金錢或貴重物品,應指定人員代為保管。

(四)建立名籍資料

1. 照相、採取指紋或記錄其他身體特徵。

　　2. 編列號數。

　　3. 編製名籍簿及身分簿。

（五）實施入監講習

　　1. 告以應遵守之事項及在監服刑接受處遇相關事項。

　　2. 沐浴、更衣、理髮並給與用品、分配監房。

第一節　確認身分

　　監獄行刑，攸關人權，必須慎重，嚴防濫用誤用。因此，為避免發生執行錯誤，必須於受刑人入監當時，先行查點入監人數並確認受刑人個別之身分。由於受刑人之送監執行，在作業上，有個別為之，亦有整批為之者，因此，監獄人員在接收新收受刑人時，必須確實清點新收入監受刑人數，以防錯誤。至於確認身分之方式，依監獄行刑法第10條第1項規定「受刑人入監時，指揮執行之檢察署應將指揮書附具裁判書及其他應備文件，以書面、電子傳輸或其他適當方式送交監獄。」可知，係指對相關文件之調查，「聯合國在監人處遇最低標準規則」第7條之2亦指出：「任何人非經驗明命令收押之有效文件，不得由執行機關予以收受，有關命令收押之文件內容，應預先詳為登記。」

壹　應具備之文件

　　依監獄行刑法第10條第1項規定，應具備之文件包括：

一、裁判書

　　「裁判書」，包括判決書及定執行刑之裁定書等。法院確定有罪判決書為行刑權之基礎，判決書上除記載受刑人之姓名、年籍、職業、住址、身分證號碼外，依刑事訴訟法第308條至第310條之規定，並應分別記載裁判之主文（諭知之主刑、從刑、易科標準、保安處分及期間）與理由（證據認定、科刑審酌、加重減輕、適用法律）及犯罪事實，受刑人入監時，監獄人員應逐項查對。部分受刑人因減刑、撤銷減刑或裁定應執行刑者，其裁定書亦應加以查對。

二、指揮書

依刑事訴訟法第457條規定，執行裁判原則上由為裁判法院之檢察官指揮之。指揮執行，依刑事訴訟法第458條規定，應以指揮書附具裁判書或筆錄之繕本或節本為之。指揮書上所載受刑人姓名、年籍、職業、身分證號碼、判決日期、確定判決之法院及日期、刑期起算日期、羈押及折抵日數、執行期滿日期等，監獄人員應注意調查核對是否與受刑人其他身分證件、裁判書相符。

三、其他應備文件

其他應備文件，指人相表、身分單及性行報告或監督機關核准移解之文件。人相表、身分單及性行報告，為羈押被告在看守所之資料；監督機關核准移解之文件，指如係法務部基於分監管理或其他原因核准移解他監執行者，其核准移解之文件。此項應備文件，於少年受刑人入少年矯正學校或監獄時，依監獄行刑法第10條第3項，應包括其犯罪原因、動機、境遇、學歷、經歷、身心狀況及可供處遇之參考事項。

貳 文件送交方式

配合監獄科技化趨勢，監獄行刑法第10條第1項後段明定，上述各項相關文件得以書面、電子傳輸或其他適當方式送交監獄。

參 文件不具備之處理

依上述調查結果，如文書不具備時，監獄人員依監獄行刑法第10條第2項規定「前項文件不具備時，得拒絕收監，或通知補送」，應為如下之處理：

一、得拒絕收監

受刑人入監時，如無指揮書附具裁判書及其他應備文件，得拒絕收監。但其中，無指揮書者，依監獄行刑法施行細則第9條前段規定，應拒絕收監。換言之，無指揮書者，一律拒絕收監，無通知補正可言。

二、通知補送

入監時，如無指揮書附具裁判書及其他應備文件亦得不拒絕收監而通知補

送。受刑人入監時，如裁判書及其他應備文件有欠缺時，依監獄行刑法施行細則第9條後段規定，得通知補正。

第二節　入監調查

為求落實行刑個別化處遇之原則，實施入監調查。依監獄行刑法第11條規定，對於新入監者，應就其個性、身心狀況、經歷、教育程度及其他相關事項，加以調查（第1項）。前項調查期間，不得逾二個月（第2項）。監獄應於受刑人入監後三個月內，依第1項之調查資料，訂定其個別處遇計畫，並適時修正（第3項）。分述如下：

壹　對於新入監受刑人實施

本條所指「新入監」者，係指監獄依本法第10條辦理受刑人入監，不包含本法第17條由其他監獄移監之情形（監獄行刑法施行細則第10條）。所指「受刑人」，不分男、女、成年、少年，皆包括之。至於調查期間，係指受刑人經准許入監以後而言，但由於調查作業過程非一時可以完成，因此並不以入監當時為限。

貳　由監獄調查小組人員辦理

監獄為辦理是項調查事宜，依受刑人資料調查辦法第4條規定，設調查小組，由調查分類、教化、作業、衛生、戒護、總務等業務人員及其他相關人員組成。由調查分類科科長或經監獄長官指定之主管人員擔任組長。

參　應調查與受刑人相關事項

對於新入監者，應就其個性、身心狀況、經歷、教育程度及其他相關事項，加以調查。即係指行刑累進處遇條例第3條規定所稱之「個性、心身狀況、境遇、經歷、教育程度及其他本身關係事項」。其中，調查受刑人之個性及心身狀況，依同條例第4條規定，應依據醫學、心理學、教育學及社會學等

判斷之。受刑人資料調查辦法第3條進一步規定，調查與受刑人有關之資料範圍如下：一、名籍資料；二、身心狀況；三、犯罪前科及狀況；四、社會、心理及家庭狀況；五、職業及技能狀況；六、社會福利及保護需求；七、出監後住居所、未來共居者、家庭支持度、就業轉介、更生保護及扶助等事項；八、其他依法規應調查之事項；九、其他可作為處遇參考事項。受刑人於入監前曾受羈押者，其於羈押期間之調查資料，除由看守所依羈押法第108條規定附送，或另一併移交者外，監獄於必要時，亦得向原羈押之看守所調取其在所期間之調查資料，作為調查之參酌。

肆 調查期間

前項調查期間，不得逾二個月。行刑累進處遇條例第3條亦規定，對新入監者之調查期間，不得逾二月。受刑人資料調查辦法第6條第2項進一步規定，入監調查於受刑人新入監後二十日內完成直接調查，間接調查及心理測驗之施測不得逾二個月。刑期未滿一年之受刑人，其入監調查得以簡式方式行之。

伍 訂定個別處遇計畫

因考量聯合國矯正規章於1950年代即有個別處遇之要求，監獄行刑法第11條第3項規定，監獄應於受刑人入監後三個月內，依第1項之調查資料，訂定其個別處遇計畫，並適時修正，俾利協助受刑人復歸社會。

依本法第11條第3項為受刑人訂定之個別處遇計畫，於入監後，由監獄所設之調查小組擬具，提調查審議會議審議後，由相關單位人員執行之，並應告知受刑人。個別處遇計畫修正時，亦同（監獄行刑法施行細則第11條）。

陸 調查之方式

監獄實施受刑人入監調查之方式，依受刑人資料調查辦法第5條規定，有三：

一、直接調查：由調查小組人員以觀察或晤談之方式實施調查，記錄於調查表，並由調查者簽名。

二、間接調查：向相關機關（構）、法人、團體、個人查詢，或請求提供相關

　　資料。

三、心理測驗：施以智力、性向、興趣、人格、行為及情緒等測驗。前項心理
　　測驗項目得依調查需求擇定之，施測人員應具備相關測驗之資格或經專
　　業訓練合格。

第三節　攜帶子女之處理

　　基於現代行刑理念，罪不及妻孥，刑止一身，故入監服刑者，本即以受刑
罰之諭知者為限。惟如受刑之人，係負有哺育嬰兒任務之婦女，由於其遽然入
監，卻造成襁褓中之子女頓失母親哺育，使無辜嬰兒之成長因母親入監服刑
而受到傷害，則有違監獄行刑卹因育幼之仁愛觀念。因此，監獄行刑法特於
第12條就婦女受刑人請求攜帶子女者，規定得予准許，其相關法令規定分述如
下：

壹　攜帶子女之准許

一、入監或在監婦女之請求

　　攜帶子女，除由於入監婦女之請求外，已在監之婦女受刑人因家屬或親友
無法繼續代為撫育子女者，亦可請求。至於離婚、喪偶之男性受刑人，雖可能
亦同樣有子女無親朋可寄託之情形，但基於准予攜帶子女之原意著重在婦女哺
育嬰兒之天職，因此，男性受刑人不得為攜帶子女之請求。

二、子女以未滿三歲者為限

　　監獄為受刑人服刑之處所，並不適合作為受刑人教育子女之處所，因
此，准予入監婦女或在監婦女攜帶之子女，必須有所限制。從發展心理學之觀
點作觀察，人類身心發育程度，在三歲以後，兒童逐漸脫離母親之襁褓，社會
互動行為日趨發達，自我觀念逐漸形成，學習模仿能力日益增加，此時如容
留於監獄內，恐對兒童身心產生不良影響。因此，在顧及兒童身心發展之考量
下，入監或在監婦女請求攜帶之子女，以未滿三歲者為限。

三、殘餘刑期逾二個月之入監或在監婦女請求者，應經評估

（一）評估對象

殘餘刑期在二個月以下之入監或在監婦女請求攜帶未滿三歲之子女，監獄得准許之（第1項）。殘餘刑期逾二個月之入監或在監婦女請求攜帶未滿三歲之子女，經監獄檢具相關資料通知子女戶籍所在地直轄市、縣（市）社會福利主管機關評估認符合子女最佳利益者，監獄得准許之（第2項）。因此，殘餘刑期逾二個月之入監或在監婦女請求者，應經評估。

（二）評估期間

前項直轄市、縣（市）社會福利主管機關評估期間以二個月為限，並應將評估報告送交監獄（第3項）。

（三）監內暫時安置

在前項評估期間，監獄得於監內暫時安置入監或在監婦女攜入之子女（第4項）。

貳 攜帶子女之期限

子女隨母入監最多至滿三歲為止。但經第2項社會福利主管機關評估，認在監符合子女最佳利益者，最多得延長在監安置期間至子女滿三歲六個月為止（第5項）。

參 攜帶子女之轉介安置

安置在監之子女有下列情形之一，監獄應通知子女戶籍所在地直轄市、縣（市）社會福利主管機關進行訪視評估，辦理轉介安置或為其他必要處置（第6項）：

一、子女出現畏懼、退縮或其他顯不適於在監安置之狀況。
二、滿三歲或前項但書安置期間屆滿。
三、經第2項評估認在監安置不符合子女最佳利益。
四、因情事變更須離開監獄。

肆 在監生產子女之適用與保護

　　受刑人於監獄內生產之子女，適用前六項規定；其出生證明書不得記載與監獄有關之事項（第7項）。由於入監婦女如懷胎五月以上，應拒絕收監，因此，此處所指之在監生產情形，應係指婦女受刑人因懷胎未滿五月而入監，或因在監表現優良，依監獄行刑法第84條，受與配偶同住或返家探視之獎勵而懷孕，且未依監獄行刑法第63條保外生產，而在監生產者。

　　為避免對子女造成不良之「標籤」，因此，受刑人在監生產之子女，其證明文件不得記載與監獄有關之事項。由於受刑人在監生產時，實務上監獄皆依監獄行刑法第62條之規定派員戒送醫院生產，在醫院開具出生證明時，有可能記載與監獄有關之事項，因此，監獄人員應告知醫院醫師注意此項之規定；至於非在監生產之攜入子女，由於其出生本即係在監外，尚不致發生此問題。

伍 攜帶子女之收容處所

　　哺育子女如於普通監房內為之，既無必要之保護設施，對其他受刑人亦將造成干擾，因此，為照顧安置在監子女，監獄應規劃活動空間及提供必要之設施或設備，並得洽請社會福利及相關機關（構）、法人、團體或個人協助受刑人育兒相關教育與指導。子女戶籍所在地直轄市、縣（市）社會福利主管機關對於在監子女照顧安置事項，應提供必要之協助（第8項）。

陸 地方社會福利主管機關之歸屬

　　子女戶籍所在地直轄市、縣（市）社會福利主管機關於必要時得委託其他直轄市、縣（市）社會福利主管機關辦理第2項、第3項、第5項、第6項及前項所定事項（第9項）。基於子女最佳利益考量，宜統一由子女戶籍所在地主管機關主政，理由如下：

一、兒童是否適宜入監之評估期間為二個月，在此期間兒童得暫住監獄，由子女戶籍所在地主管機關主政評估，對兒童適應情況較為瞭解，執行職務亦較便利。

二、兒童如經准許入監，安置期間原則為至滿三歲止，此期間統一規定由子女戶籍所在地主管機關為照顧兒童之窗口，對兒童適應情況較為瞭解，執

行職務亦較便利,不會有各戶籍地主管機關各自為政,照顧不一或權責不清之問題。

三、兒童在監適應不良或滿三歲須出監安置時,為考量兒童最佳利益,宜以子女戶籍所在地主管機關主政轉介安置,因對於兒童出監之適應及發展較為清楚。

四、兒童及少年福利與權益保障法施行細則第18條第2項規定:「依本法處理兒童及少年個案時,當地主管機關應通知其居住地及戶籍所在地主管機關提供資料;認為有續予救助、輔導或保護兒童及少年之必要者,得移送兒童及少年戶籍所在地之主管機關處理。」就兒童保護個案之處理,由戶籍所在地之主管機關處理,與上開規定意旨相符。

柒 攜帶子女之給養

由於攜帶之子女並非監獄服刑之對象,而係一種囧因育幼之權宜措施,因此,依監獄行刑法第47條之規定,攜帶入監或在監生產之受刑人子女,其食物、衣類及必需用品,均應由受刑人自備;無力自備者,得由監獄提供之。

第四節 入監健康檢查

新入監受刑人經清點人數且經調查文書確認身分無訛後,依監獄行刑法第13條規定,應行健康檢查。

壹 健康檢查之目的

「聯合國在監人處遇最低標準規則」第24條指出:「醫護人員對於每一新收之在監人,應儘速實施檢查,如必要時應隨時為之,其檢查應注意下列之目的:發現身體上及精神上之疾病,並為適當之治療,對於可疑為傳染病患者,予以隔離;查明在監人身體上、精神上足以妨礙其改善自新之病患;並決定在監人之體力,以為選擇作業之標準。」我國監獄行刑法規定之健康檢查,除具上述之目的外,並在瞭解新入監者之身心狀況,健康情形和各部位特徵,以作為收監或者拒絕收監之衡酌標準,或作為日後是否和緩處遇之依

據，另亦藉由察看其有無外傷、紋身等情況，以明管理之責任。因此，依監獄行刑法第13條第1項規定，受刑人入監時，應行健康檢查，受刑人不得拒絕，俾利監獄維護其身心健康並提供適當照護與管理。

貳　健康檢查之實施

　　受刑人入監時，應行健康檢查，健康檢查之實施方式，依監獄行刑法第13條規定分述如下：

一、由醫師進行

　　施行健康檢查時，應由醫師進行，並得為醫學上之必要處置。經檢查後認有必要時，監獄得委請其他專業人士協助之（第2項）；因監獄係屬人口密集機關，基於防疫與受刑人之利益，爰參酌道路交通管理處罰條例第35條第5項規定、刑事訴訟法第205條之2規定及日本「關於刑事設施及被收容人等之處遇法」第61條第2項，對於施行第1項檢查時，得為如抽血等醫學上之必要處置。經檢查後認有必要時，監獄得委請其他專業人士協助之，以符實際需要。

二、得戒送醫院

　　健康檢查在監獄內不能實施者，得戒送醫院為之（第3項）；鑑於部分監獄醫療設備不足，原則上由監獄醫師行之，其因設備關係，不能實施健康檢查者，得護送至當地醫院為之。

三、得同意暫時收容

　　健康檢查無法於當日完成者，監獄得同意暫時收容，但收容檢查期間不得逾十日（第4項）；鑑於實務上受刑人係先入監健康檢查發現有第1項各款之情形，始拒絕收監，且拒絕收監之評估應由監獄衛生科人員進行初評且經醫師專業判定，倘符合拒絕收監規定者，即應通知發監執行之法警帶回。是以，為保障受刑人權益，十日內應決定是否收容。

　　受刑人收容檢查之日數，同屬拘束人身自由之期間，應得予以抵有期徒刑或拘役之日數或罰金之數額，始為合理。因此，收容檢查結果符合第1項所列各款拒絕收監之情形者，其收容檢查之日數，以一日抵有期徒刑或拘役一日，或刑法第42條第6項裁判所定之罰金額數（第5項），以保障受刑人權益。

參 健康檢查結果之處置

經實施健康檢查結果，應為如下處置：

一、拒絕收監

受刑人入監健康檢查結果有下列情形之一者，依監獄行刑法第13條第1項後段之規定，應拒絕收監。依同法施行細則第12條規定，監獄應記明其原因，並依同條第6項規定處理之：

（一）有客觀事實足認其身心狀況欠缺辨識能力，致不能處理自己事務

受刑人如有客觀事實足認其身心狀況欠缺辨識能力，致不能處理自己事務，對之實施刑罰並無實質意義。所謂欠缺辨識能力，係指無法辨識其行為之社會意義或法律效果而言，可能因其不能辨識其行為，致不能處理自己事務而妨礙監獄之秩序與管理，並有不符人道處遇之虞。

（二）現罹患疾病，因執行而不能保其生命

所謂現罹疾病因執行而不能保其生命，應由醫師從醫學專業觀點，就其所患疾病之實際狀況做判斷，如客觀上確已病重垂危，自不應收監執行，致其喪生。

（三）懷胎五月以上，或生產未滿二月

1. 所謂懷胎五月以上，指婦女懷孕五月以後（包括五月之本數），生理狀態產生重大變化，基於保護孕婦及胎兒之健康考量，自不應令其入監服刑。由於此處係指五月以上，因此，雖懷胎而未滿五月，即不得加以拒收。

2. 所謂生產未滿二月，指婦女產後未滿二月，身體虛弱，宜特別加以照顧，基於仁愛觀點，亦不應令其入監服刑。由於係指未滿二月，因此，如受刑人生產已滿二個月，即不得加以拒收。而受刑人如係保外待產者，應於其生產後滿二個月之次日，令其返監繼續執行（參照67年9月6日司法行政部台67函監字第07843號函）。

上述懷胎或生產期間之計算與認定，均應以公私立醫院所開具之診斷或出

生證明書為依據。

（四）罹患法定傳染病，因執行有引起群聚感染之虞

所謂法定傳染病，係指依現行傳染病防治法第3條規定之五類法定傳染病而言。由於法定傳染病患者依該法規定，於檢查發現時即必須做妥善之隔離處理，以防傳染，監獄既為受刑人集體收容之處所，如因該等罹法定傳染病者入監執行，有引起群聚感染之虞時，即應加以拒收，並交由衛生主管機關為適當之處置。

（五）衰老、身心障礙，不能於監獄自理生活

衰老、身心障礙，不能於監獄自理生活者，係指受刑人衰老或身心障礙之程度，已達不能於監獄自理生活之情形而言，所謂「不能自理生活」，當謂不能自行處理其日常生活，如吃飯、穿衣及大小便等，於入監時應核實認定。至斷一臂、缺一腿及盲啞人，應按實際情形判斷其能否自理生活，作為應否拒絕收監之衡量標準，不能僅以有該缺陷即遽認為不能自理生活（64年2月7日司法行政部台64函監字第01217號函參照）。

以上所列經檢查結果應拒絕收監之規定，適用於新入監之受刑人及以新入監論（撤銷假釋或脫逃後再入監者）之受刑人；但執行中之受刑人，因偵審借提寄禁或經法務部核准移監者，原則上均不得依此拒收。

被拒絕收監之受刑人，依同條第6項規定，應送交檢察官斟酌情形為具保、責付、限制住居、限制出境、出海或為其他適當之處置，並準用刑事訴訟法第93條之2第2項至第4項、第93條之5第1項前段及第3項前段、第111條之命提出保證書、指定保證金額、限制住居、第115條至第116條、第118條第1項之沒入保證金、第119條第2項、第3項之退保、第121條第4項准其退保及第416條第1項第1款、第3項、第4項、第417條、第418條第1項本文聲請救濟之規定。

二、發給收受受刑人之證明文件

監獄經清點受刑人人數正確，且經調查文書確認受刑人之身分無訛，並實施健康檢查結果，未發現有拒絕收監之理由後，即應准予受刑人入監執行。

監獄人員應立即填發指揮執行書或移解名冊之回證，交付解送之法警人員攜回，以為收受受刑人之證明。

第五節　入監安全檢查

　　安全檢查之目的，在防止各種違禁物品之流入，致危害監獄管理之秩序與安全。為維護監獄秩序及安全，防止違禁物品流入，依監獄行刑法第14條第1項規定，受刑人入監時，應檢查其身體、衣類及攜帶之物品，必要時得採集其尿液檢驗，並得運用科技設備輔助之。而配合此項安全檢查之實施，對於不許受刑人隨身攜帶之物品，亦應指定人員代為保管。有關規定分述如下：

壹　違禁物品之定義

　　實質危險性違禁物品，如槍械、彈藥、刀械、繩索、鋸條等對監獄戒護管理有實質危險威脅之物品；潛在危險性違禁物品，如毒品、酒類、錢幣等為相關法令查禁，對戒護管理有潛在危險威脅之物品。依監獄行刑法施行細則第19條規定，本法第14條第1項、第3項、第72條第2項及第74條第1項所稱違禁物品，指在監獄禁止或限制使用之物品。監督機關得考量秩序、安全及管理等因素，訂定違禁物品之種類及管制規範（第1項）。監獄應將前項違禁物品及其管制規範，以適當方式公開，使受刑人、監獄人員及其他准予進入戒護區之人員知悉（第2項）。

貳　安全檢查之實施

一、檢查方式

（一）檢查其身體

　　應實施全身檢查。除以金屬探測門或金屬探測器輔助外，並以雙手碰觸之方式對受刑人之頭髮、口耳、鼻孔、假牙、四肢、指甲、肛門及身體各隱微處予以詳細檢查。因檢查之必要，要求其脫衣時，應避免在公開場所為之，以尊重其人格。

（二）檢查其衣類

　　衣類凡用來遮蔽身體之物品皆屬之，如內外衣褲、胸罩、鞋襪等。檢查

衣類時，應注意領、袖、襟、袋及縫綴等處，如疑有物件藏匿，得解縫檢查之。

（三）檢查其攜帶物品

攜帶物品指受刑人隨身攜帶之物品，檢查時應鉅細靡遺，詳加翻查。除必需物品准予攜入外，對於攜帶之財物，經檢查後，由監獄代為保管。

（四）必要時得採集其尿液檢驗

由於毒品危害防制條例及特定人員尿液採驗辦法，已規範矯正機關對收容人實施之尿液檢驗方式，必要時得採集其尿液檢驗。

（五）得運用科技設備輔助

考量監獄科技化、智慧化趨勢，明定得運用科技設備輔助檢查工作。

二、檢查之限制

（一）脫衣檢查應於有遮蔽處所為之

為維護受刑人人權，檢查身體，如須脫衣檢查時，依監獄行刑法第14條第2項前段規定，應於有遮蔽處所為之，並注意維護受刑人隱私及尊嚴。

（二）檢查身體由同性別職員執行

由於男女有別，為顧及受刑人之尊嚴及人格，依監獄行刑法第14條第2項後段規定，男性受刑人應由男性職員執行，女性受刑人應由女性職員執行。由於實務上之檢查工作亦有由醫事人員為之，因此「職員」並不侷限於「管理員」。

（三）侵入性檢查由醫事人員為之

非有事實足認受刑人有夾藏違禁物品或有其他危害監獄秩序及安全之虞，依監獄行刑法第14條第3項規定，不得為侵入性之檢查；如須為侵入性檢查，應經監獄長官核准，並由醫事人員為之。

參　金錢或貴重物品，應指定人員代為保管

　　「聯合國在監人處遇最低標準規則」第43條指出：「屬於在監人之一切金錢、貴重物品、衣服等，依規定不許其隨身攜帶者，在初入機構時，應即送庫妥為保存，並置備物品目錄，由該在監人簽名。」我國對受刑人入監時所攜帶之金錢及物品，依監獄行刑法第76條第1項規定，經檢查後，由監獄代為保管。因此，監獄負責檢查人員應在檢查前，先行告知受刑人依規定不許其隨身攜帶之財物應交付保管之規定，經檢查發現受刑人未經許可持有之金錢或物品，依同法第79條規定，監獄應予以歸屬國庫、毀棄或另為其他適當之處理；其金錢或物品持有人不明者，亦同。違規之受刑人則依同法第86條施以懲罰。

第六節　建立名籍資料

　　受刑人入監後，為便於識別其身分及管理其行刑資料，必須即時建立個別名籍資料。「聯合國在監人處遇最低標準規則」第7條指出：「執行收押之處所，應製備裝訂成冊之登記簿，標明頁數，記載下列有關被押者之事項：一、識別被收押人身分之事項。二、命收押之原因及主管機關。三、收受及釋放之時日。」我國監獄行刑法及其施行細則，就建立受刑人之個別名籍資料，亦為如下之相關規定：

壹　照相、採取指紋或記錄其他身體特徵

　　受刑人需有辨識身分之機制，以防止冒名或誤釋情事，相片及指紋皆係目前識別受刑人個別身分之科學方法，另受刑人身體特徵，亦可作為監獄辨識受刑人身分之輔助資料。因此，受刑人入監時，監獄行刑法第14條第4項規定，為辨識受刑人身分，應照相、採取指紋或記錄其他身體特徵，並得運用科技設備輔助之。

一、照相

　　以照相機拍攝之。照相時，實務上一般皆令受刑人於胸前手持書寫有號數、姓名之名條後，拍攝其上半身。法務部有鑑於部分矯正機關於製作收容

人名籍相片時，因採仰角拍攝，以致在實際目視時產生失真現象，特於89年9月30日法89矯司字第001339號函提示，爾後各監院所校為收容人拍攝名籍相片時，照相機鏡頭應與收容人之眼部等高，且應分入監院所校前之長髮、入監院所校後之光頭與短髮（指理光頭髮後，至下次理髮前已蓄之短髮）等三種；另光頭及短髮之相片，每年均應拍攝存檔。

二、採取指紋

以指紋表捺印十指之方式為之。捺印指紋用印色或油墨，捺印指紋之位置緊接於姓名之下。實務上在辦理入監手續時，皆係以油墨為之；以指紋代簽名時，始以印色為之。由於受刑人服刑期間，時常有以指紋代簽名之情形，因此，印捺指紋之方式為應捺印左姆指指紋，左姆指不能使用時，改捺右姆指指紋。左右姆指俱不能使用時，依左右食、中、無名或小指順序按捺一枚，由承辦人附註該指名稱。

三、記錄其他身體特徵

受刑人身體特徵，諸如眼球虹膜、掌形、掌紋、胎記、刺青、疤、痣等亦可作為監獄辨識受刑人身分之輔助資料，應加記錄，俾供入出監時核對使用。

四、得運用科技設備輔助

考量監獄科技化、智慧化趨勢，明定得運用科技設備輔助辨識受刑人身分。

貳　編列號數

受刑人入監後，為達行刑之嚴正公平性，並有利於戒護之統一管理，監獄行刑法施行細則第13條第1項乃規定，受刑人入監後應編列號數。

參　編製名籍簿及身分簿

為管理受刑人之行刑資料，在受刑人入監時，依監獄行刑法施行細則第13條之規定，並編製身分簿及名籍資料（第1項後段）。前項身分簿及名籍資料得以書面、電子或其他適當方式為之（第2項）。有關名籍簿及身分簿之內容

包括：

一、身分簿

包括指揮書、判決書、調查表、作業表、賞與表、懲罰表、書信表、接見表、編級名冊、成績記分總表、人相表、指紋表、身分單、性行報告及戶籍資料等文件。

二、名籍資料

包括號數簿、入監簿、行刑簿、釋放曆簿及出監簿。

第七節　入監講習

監獄具有隔離、應報、嚇阻及教化之機能，隔離之作用在使其暫時離開社會環境；應報之作用在衡平其罪責，以伸張社會正義；嚇阻之作用在使其及他人知所畏懼不敢犯罪；教化之作用在促其自省，以導正偏差，重新適應社會生活。此些機能，在本質上皆能帶給受刑人一定程度失去自由之壓力及痛苦，同時受刑人也將被迫改變以往之生活模式，產生各種適應型態，如果受刑人之反應及適應係正面、有益者，則有助於矯正工作之推動；如係負面、有害者，則易因而發生脫逃、自殺、暴行或各種違規之行為。因此，監獄在受刑人新收入監時，為協助受刑人面對壓力及痛苦，發展正面之適應型態，達成監獄矯正之目的，應實施入監講習。依監獄行刑法第15條規定，分述如下：

壹　講習對象

由於新入監之受刑人，對於監獄一切陌生，為協助其安心服刑，始有講習之必要，因此，監獄行刑法第15條所稱「受刑人入監講習時」，即指受刑人經准許入監後，開始執行之初而言，移監或寄禁者不包括之。

貳　講習人員

入監講習，由監獄指定人員對新入監之受刑人為講解。

參　講習方式

　　監獄行刑法第15條第1項所稱「並製作手冊交付其使用」，即指各監獄應配合法務部「落實獄政管教計畫」所編訂之生活手冊範本，印發給受刑人，人手一冊，作為入監講習教材並供受刑人日常生活隨時查閱運用。各監獄於受刑人入監時，應派專人或以錄影播放方式實施入監講習，講解生活手冊內容。講習時，應以講習紀錄表，書明講習事項、講習日期、講習人，交由受刑人確認對講習事項已無疑問後，始令其簽名捺印，並將該紀錄表留存於其個案資料中。

　　另為維護身心障礙者等特殊族群權益，並加強受刑人對其權利義務之瞭解，在同條第2項、第3項分別規定受刑人為身心障礙者、不通中華民國語言或有其他理由，致其難以瞭解前項各款所涉內容之意涵者，監獄應提供適當之協助（第2項）。同法施行細則第36條第2項亦規定，監獄就不通中華民國語言或有其他理由，致其難以了解監獄所為相關事務內容之意涵者，得提供適當之協助。與受刑人在監服刑權利義務相關之重要法規、行政規則及函釋等，宜以適當方式公開，使受刑人得以知悉（第3項）。

肆　講習內容

　　依監獄行刑法第15條第1項規定，受刑人入監講習時，應告知下列事項：

一、在監應遵守事項。
二、接見及通信事項。
三、獎懲事項。
四、編級及累進處遇事項。
五、報請假釋應備條件及相關救濟事項。
六、陳情、申訴及聲明異議之規定。
七、衛生保健及醫療事項。
八、金錢及物品保管之規定。
九、法律扶助事項之宣導。
十、其他應注意事項：除前述內容講解外，對於其他有關行刑法令中與受刑人切身利害有重大影響之事項，如保外就醫、返家探視（奔喪）、調服服務員、外役監遴選等相關事項，亦應扼要加以說明。

伍 講習後之處理

受刑人在經過入監講習後，心中對於監獄服刑之各項規定，已然明瞭，可安心服刑。為配合監獄團體生活，並顧及受刑人衛生保健，即由監獄管理人員進行最後之收監處理：

一、沐浴

沐浴之目的在清潔受刑人之身體，維護個人衛生，避免細菌之滋生、散播，並寓有從此新生之意。依監獄行刑法第53條及同法施行細則第42條規定，要求受刑人沐浴及理剃鬚髮，以維持公共衛生或個人健康為原則。

二、更衣

即換穿監獄囚服，受刑人穿著囚服，一方面方便管理，另方面為達行刑之嚴正公平性，與編列號數有異曲同工之用意。

三、理髮

理髮之目的與沐浴同。

四、給與用品

依監獄行刑法第46條規定，為維護受刑人之身體健康，監獄應供給飲食，並提供必要之衣類、寢具、物品及其他器具。

五、分配監房

依監獄行刑法第16條規定，受刑人入監後，以分配於多人舍房為原則。監獄得依其管理需要配房（第2項）。所稱監獄得依其管理需要配房之情形，例如依受刑人身心狀況或特殊情事不宜群居者、惡性重大顯有影響他人之虞者，或罹患疾病不宜群居者，監獄得斟酌情形安置於單人舍房或病舍。因此，應依以多人舍房為原則，單人舍房或病舍為例外之規定，適當分配其監房，實施監禁。

本章研究問題

1. 監獄針對新收受刑人實施健康檢查，發現受刑人某甲罹患皮膚病、某乙為愛滋病帶原者、某丙已高齡八十歲且有高血壓、糖尿病，請問甲、乙、丙

三人，何者監獄得拒絕收監？監獄健康檢查後，拒絕收監之要件為何？受刑人經拒絕收監後應如何處置？請依監獄行刑法及其相關規定論述之。（民106司法三等）

2. 受刑人入監時之收監程序為何？應查驗哪些文件？當應查驗文件有欠缺時，該如何處理？試依監獄行刑法及其施行細則之規定說明之。（民94司法四等）

3. 某甲因無故侵入住宅竊盜犯罪，判處二年七個月有期徒刑確定，遂持台北地方法院判決書與自己的相關證明文件，親自到台北監獄報到，稱自己願意儘速入監服刑。請問：台北監獄是否可以拒絕收監？理由何在？請依監獄行刑法及其相關規定分析之。（民103司法三等）

4. 婦女負有哺育嬰兒之任務，根據監獄行刑法與相關法令，對於婦女攜帶子女入監有哪些相關規定？並說明這些規定主要的目的為何？（民104司法三等）

5. 受刑人入監時，實施安全檢查的重點項目為何？（民97第二次司法四等）

6. 受刑人入監後，應建立何種名籍資料？

7. 我國監獄行刑係依教育刑思想，特別是少年犯處遇，請依監獄行刑法對於少年受刑人之特別規定詳述之。（民93司法四等、民101司法三等）

8. 受刑人入監講習之內容為何？試依監獄行刑法及其施行細則之規定說明之。（民96第一次司法四等）

第三章 監　禁

【條文大意】

第十六條（監禁之方式）

監禁之舍房分為單人舍房及多人舍房。

受刑人入監後，以分配於多人舍房為原則。監獄得依其管理需要配房。

第十七條（移監）

監獄受刑人人數嚴重超額時，監督機關視各監獄收容之實際狀況，必要時得機動調整移監。

有下列情形之一者，監獄得報請監督機關核准移送指定之監獄：

一、受刑人有特殊且必要之處遇需求，而本監無法提供相應之資源。

二、監獄依據受刑人調查分類之結果，認須加強教化。

三、受刑人對於其他受刑人有顯著之不良影響，有離開本監之必要。

四、因不可抗力，致本監須為重大之施工、修繕；或有急迫之安全或衛生危險。

五、出於其他獄政管理上之正當且必要之理由。

六、經受刑人主動提出申請，經監獄認為有正當且必要之理由。

前二項移監之程序與條件、受刑人審查條件、移送之審查程序、辦理方式、對受刑人本人、家屬或最近親屬之告知、前項第六款得提出申請之資格條件及其他相關事項之辦法，由法務部定之。

第十八條（累進處遇）

對於刑期六月以上之受刑人，為促使其改悔向上，培養其適應社會生活之能力，其處遇應分為數個階段，以累進方法為之。但因身心狀況或其他事由，認為不適宜者，得暫緩適用累進處遇。累進處遇事項及方法，另以法律定之。

第十九條（和緩處遇）

前條適用累進處遇之受刑人有下列情形之一者，監獄得給予和緩處遇：

一、患有疾病經醫師證明需長期療養。

二、有客觀事實足認其身心狀況欠缺辨識能力，致不能處理自己事務，或
其辨識能力顯著減低。

三、衰老、身心障礙、行動不便或不能自理生活。

四、懷胎期間或生產未滿二月。

五、依其他事實認為有必要。

依前項給予和緩處遇之受刑人，應報請監督機關核定之。

和緩處遇原因消滅後，回復依累進處遇規定辦理。

第二十條（和緩處遇之方法）

前條受刑人之和緩處遇，依下列方法為之：

一、教化：以個別教誨及有益其身心之方法行之。

二、作業：依其志趣，並斟酌其身心健康狀況參加輕便作業，每月所得之
勞作金並得自由使用。

三、監禁：視其個別情況定之。為維護其身心健康，並得與其他受刑人分
別監禁。

四、接見及通信：因患病或於管理教化上之必要，得許其與最近親屬、家
屬或其他人接見及發受書信，並得於適當處所辦理接見。

五、給養：罹患疾病者之飲食，得依醫師醫療行為需要換發適當之飲
食。

六、編級：適用累進處遇者，依行刑累進處遇條例之規定予以編級，編級
後之責任分數，依同條例第十九條之標準八成計算。

刑期未滿六個月之受刑人，有前條第一項各款情形之一者，得準用前項第
一款至第五款之規定。

監禁者，係指監獄執行刑罰，所採取之拘禁管理方式也。現代法治國家之
監獄，為達到處置犯罪，防衛社會之最終目的，不但利用消極之拘禁設備來剝
奪受刑人之自由，使其與社會隔離，並針對受刑人之性質，藉由積極之分類
管理及累進處遇方法，來勵其自新。因此，監禁除消極拘禁受刑人外並係監
獄矯治受刑人之手段，具有積極行刑之意義。十八世紀中葉以前，刑罰以生
命刑、身體刑及流刑為主，尚無自由刑之概念，監獄所監禁之對象，不分性
別、年齡、身分，一律混同雜居，非但毫無人道處遇之可言，且使監獄成為犯

罪學習之處所。其後隨著刑事政策之發展，自由刑逐漸取代身體刑及流刑，使刑罰之觀念脫離往昔單純報應、懲罰色彩，監獄行刑，更由消極限制受刑人之自由，進而具有使受刑人改悔向上，適於社會生活之積極目的。因此，現代法治國家之監獄必須針對行刑對象之性質，採取對應之妥適監禁管理方式，俾期能達到監獄行刑個別處遇之目的。

受刑人初入監獄監禁時，由於監獄之強制性結構，本即具有剝削（Deprivation）及身分貶抑（Status Degradation）之特性，因此將遭遇五大痛苦：自由之剝奪、物質與受服務之剝削、異性關係之隔離、自主性之剝奪與安全感之喪失（Gresham Sykes, 1958），從而產生各種生活適應型態，發展出監獄特殊之次級文化及價值觀（林茂榮、楊士隆，民87）。因此，對受刑人實施監禁，必須避免其負面影響，我國監獄行刑法即基於現代法治國理念，為達到監獄行刑之目的，對於受刑人之監禁，兼採單人舍房與多人舍房方法，並配合分類管理，運用分級處遇制度，將受刑人之處遇分成數個階段，依其表現逐次進級，給予逐漸寬和之待遇，以鼓勵受刑人保持善行，達到整體行刑之效果，符合現代法治國家行刑之要求。

第一節　監禁方式

監獄監禁之方式，依「聯合國在監人處遇最低標準規則」第9條指出：「一、在監人住宿於獨居房者，每人夜間應獨處一室，倘有特殊原因，如一時人犯擁擠之情事，中央獄政當局必須予以例外處置時，亦不宜僅使二人同居一室。二、在監人住宿於群居室者，每一寢室所配住之人，應經妥慎選擇，須使性質適合者群居一處，並按收容機構之性質，於夜間施以該機構通常應用之管理監督。」可知，係以舍房監禁人數作為區分標準，計分成獨居、群居二種。分述如下：

壹　獨居監禁

獨居監禁，即獨自監禁受刑人一個人於一間舍房內之謂，倘有特殊原因，如一時人犯擁擠之情事，中央獄政當局必須予以例外處置時，依「聯合國

在監人處遇最低標準規則」第9條之規定，亦不宜僅使二人同居一室。獨居監禁之作用在使監獄工作人員能清楚地觀察個別受刑人之行為表現，瞭解其個別之需要，加以分類後擬定適於受刑人之個別處遇計畫，並排除受刑人相互間傳染惡習之機會，促使受刑人在監獄控制之情境下，接受各項矯正處遇安排，獨自懺悔，靜思己過，符合行刑個別化之目的。故監獄如講求感化政策者，似以此收效較宏；惟因獨居所需人力、物力過鉅，且因離群索居有違人類群居之天性，除對受刑人身心會有不良影響（如易造成精神疾病）外，更不利受刑人之復歸社會，故對受刑人實施獨居監禁時，應有一定之條件限制，且應勤加巡視。

獨居監禁，在各國監獄制度發展過程中，依其寬嚴程度，可再區分成絕對獨居監禁與相對獨居監禁兩種制度（丁道源，民78），分述如下：

一、絕對（嚴正）獨居監禁制

絕對獨居監禁制，又稱嚴正分房制（Separate System）或稱賓夕凡尼亞制（Pennsylvania System）。此制肇始於美國賓州，以獨居隔離方式矯治受刑人為其最大特色。亦即受刑人日夜完全與其他受刑人隔離，不互相接觸，所有活動如教育、教誨、康樂活動、作業、作息等均在舍房內進行，以避免惡習感染，受刑人啟迪、悔改、反省為其主要目的。然而此制因限制過多，管理過於嚴苛，忘卻人類係社會性群居動物，而受到批評。

二、相對（寬和）獨居監禁制

相對（寬和）獨居監禁制，又稱寬和分房制或沉默制（Silent System）。肇始於美國紐約州之奧本監獄，故又稱奧本制（Auburn System）。其係要求受刑人在晚間隔離監禁，但准許其在白天群聚，惟值得注意者，此制要求受刑人在群聚期間（如作業、用膳時）嚴禁交談及傳遞訊息，嚴格之紀律要求及強調作業，乃其主要特色。此制與賓夕凡尼亞制最大之不同為舍房係睡覺之處所而非工作之地方，此乃基於完全監禁於舍房可能使受刑人更加疏懶之假設。

貳　群居監禁

群居監禁，指將多數（三人以上）之受刑人群居於一間舍房內之謂。如係僅將受刑人二人監禁於一處，既不利個人之反省且不符增進受刑人團體適應能

力之環境，「聯合國在監人處遇最低標準規則」第9條特別指出，不宜僅使二人同居一室，故此之群居監禁，應係指以三人以上同居一室而言。群居監禁之作用，在促使受刑人適應團體群居生活，藉由與他人之互動，學習社交技巧，有利於受刑人日後之回歸社會，且因節省空間及人力，便於實施管理、作業及技能訓練，符合行刑社會化及經濟化之目的。惟由於聚集多數受刑人於一室，容易衍生惡習及產生相互欺凌之問題，故對受刑人實施群居監禁時，必須配合調查結果，妥予分類監禁。

群居監禁，在各國獄政制度發展過程中，隨著刑罰觀念之改變，可再區分為混合群居與分類群居兩種制度（丁道源，民78），分述如下：

一、混合群居制

混合群居制，即不分男、女、老、幼、罪刑、職業、身分、犯次，甚至不分已決、未決，民事或刑事，一律混合群居於一舍房內之謂。在十八世紀中葉以前之刑罰，係以生命刑、體刑和流刑為主，當時尚無自由刑之觀念，故監禁採簡單易行，漫無限制之混同群居，雖然能夠減少經費支出，然卻造成良莠不分，惡性傳染，毫無矯治效果可言，此制隨著刑事政策之發展，早已為現代法治國家所不採。

二、分類群居制

分類群居制，即依受刑人之性別、年齡、罪名、刑期、職業、身分、犯次、身心狀況等加以區分監禁之謂。此制之優點在於建築費用低廉，人事、經費節省，作業、戒護管理方便，符合行刑社會化之旨趣；缺點則因多人聚居一室，惡習傳染難免，同一性質收容，易有集體要脅行為發生，且不符行刑個別化之原則。

參　我國監禁方式之規定

一、單人舍房及多人舍房

有鑑於「聯合國囚犯待遇最低限度標準規則」（曼德拉規則）所稱「單獨監禁」，指囚犯於一日之內無人際接觸之時間在二十二小時以上，與僅係使收容人獨居於舍房，不影響其教化、給養、醫療照護、接見通信等處遇有別，且獨居未必對受刑人不利，國外亦有因重視收容人隱私，明定原則上一人一房

之例（如德國）。是以，為避免「獨居」之用語，易使人誤會係指聯合國矯正規章管制之單獨監禁，及「群居」之用語，易使人產生負面感受，且實務上將受刑人配住於單人舍房，其教化、給養、醫療照護、接見通信等處遇未與一般受刑人區隔，與上開聯合國標準規則（曼德拉規則）所稱「單獨監禁」尚有不同。因此，我國監獄行刑法第16條第1項規定，監禁之舍房分為單人舍房及多人舍房。

二、以分配於多人舍房為原則

我國監獄行刑法第16條第2項規定，受刑人入監後，以分配於多人舍房為原則。監獄得依其管理需要配房。考量人類群居之天性與復歸社會之行刑社會化理念，及監獄空間有限，受刑人入監後，以分配於多人舍房為原則，採行分類群居制。又所稱監獄得依其管理需要配房之情形，例如依受刑人身心狀況或特殊情事不宜群居者、惡性重大顯有影響他人之虞者，或罹患疾病不宜群居者，監獄得斟酌的情形安置於單人舍房或病舍。

監獄依其管理需要，依本法第16條第2項分配舍房時，應注意本法第6條第2項之規定，並避免發生欺凌情事（同法施行細則第14條）。監獄依管理需要進行受刑人配房事宜，雖得審酌舍房空間、收容現況、內部秩序安全維持之必要等情形，安排受刑人舍房，並適時調整之，惟仍不得因受刑人特殊身分而為歧視待遇。另監獄按其管理需要分配舍房時，對於身心障礙受刑人應注意其身心需求，妥適安排與其同住受刑人，以免其有遭受欺凌情事。

三、機動移監或移送指定監獄

依監獄行刑法第17條規定，監獄受刑人人數嚴重超額時，監督機關視各監獄收容之實際狀況，必要時得機動調整移監（第1項）。或受刑人有下列情形之一，監獄得報請監督機關核准移送指定之監獄：（一）受刑人有特殊且必要之處遇需求，而本監無法提供相應之資源。（二）監獄依據受刑人調查分類之結果，認須加強教化。（三）受刑人對於其他受刑人有顯著之不良影響，有離開本監之必要。（四）因不可抗力，致本監須為重大之施工、修繕；或有急迫之安全或衛生危險。（五）出於其他獄政管理上之正當且必要之理由。（六）經受刑人主動提出申請，經監獄認為有正當且必要之理由（第2項）。

前二項移監之程序與條件、受刑人審查條件、移送之審查程序、辦理方式、對受刑人本人、家屬或最近親屬之告知、前項第6款得提出申請之資格條

件及其他相關事項之辦法，由法務部定之（第3項）。

法務部依此訂定「監獄受刑人移監作業辦法」（以下簡稱辦法）公布施行。其重點摘述如下：

（一）用詞定義摘要（辦法第2條）

1. 嚴重超額：指監獄實際收容人數逾核定容額百分之二十。
2. 機動調整移監：指監督機關為紓解監獄嚴重超額狀態，將嚴重超額監獄收容之受刑人移送至其他監獄收容。

（二）機動調整移監作業之程序與遴選受刑人之消極要件（辦法第3條）

1. 監獄收容基準（第1項）：各監獄收容受刑人類別、容額、指揮執行基準，由監督機關報請法務部核定。
2. 機動調整移監作業時，應審酌之事項（第2項）：監督機關應審酌前項各監獄核定容額、收容類別、舍房配置情形、收容現況、收容人數增減趨勢及相關情事，核定相關監獄移出及移入人數，辦理機動調整移監作業。
3. 通知移出監獄核定人數（第3項）：監督機關應通知移出監獄依前項核定人數，擇定受刑人移送至其他監獄收容。
4. 機動調整移監之消極條件（第4項）：受刑人有下列各款情形之一者，移出監獄不得依本法第17條第1項機動調整移監之規定，將其移送至其他監獄收容：(1)由其他監獄移入執行未滿六個月。(2)殘餘刑期未滿二個月。(3)已符合假釋要件。(4)符合刑法第77條第2項第2款所定情形。(5)有本法第13條第1項各款所定情形或最近一個月內有依本法第62條第1項戒送醫療機構醫治情形。(6)持有衛生福利部疾病管制署核發之全國醫療服務卡。

（三）因有特殊且必要之處遇需求，移送指定監獄（辦法第4條）

本法第17條第2項第1款所稱特殊且必要之處遇需求，指下列各款情形之一（第1項）：

1. 犯刑法第91條之1所列之罪之處遇。

2. 犯家庭暴力防治法第2條第2款所定家庭暴力罪及同法第61條所定之違反保護令罪之處遇。

3. 因應其他特定處遇。

前項第1款及第2款處遇之受刑人，其移監之資格條件、審查程序、移監程序與辦理方式、告知對象與方式及其他與移監有關之事項，於其他法令或授權訂定之處遇計畫另有規定者，從其規定（第2項）。為強化處遇之提供，監督機關得指定監獄，提供特定處遇（第3項）。

（四）基於受刑人調查分類之結果，移送指定監獄（辦法第5條）

本法第17條第2項第2款之情形，指基於受刑人調查分類之結果，依第3條第1項所定各監獄收容受刑人之類別，將受刑人送至適當之監獄，以利強化其個別處遇計畫及其他教化事項。

（五）因對於其他受刑人有顯著不良影響，移送指定監獄（辦法第6條）

本法第17條第2項第3款之情形，指下列各款情形之一：

1. 最近一年內，在本監有三次以上妨害監獄秩序或安全之行為，經監獄依本法第86條第1項施以懲罰。

2. 對執行職務之人員或受刑人有施強暴或脅迫之行為。

3. 有脫逃、騷動或暴動之行為。

4. 有事實而合理懷疑有妨害監獄秩序或安全之虞。

（六）報請移送指定監獄之審查（辦法第7條）

監獄依本法第17條第2項第1款至第5款規定報請移監者，應檢具移監名冊、受刑人基本資料及足資證明文件，送請監督機關審查（第1項）。前項移監審查，監督機關應審酌監獄核定容額、收容類別、舍房配置情形、收容現況、受刑人之戶籍地、接見情形、移監紀錄及刑期等情形，綜合判斷（第2項）。前二項審查，監督機關認有必要者，得請相關矯正機關提供意見（第3項）。

（七）受刑人主動提出移監申請之資格條件（辦法第8條）

受刑人有下列各款情形之一，得依本法第17條第2項第6款規定，向監獄申請移監（第1項）：

1. 受刑人之父母、配偶年滿六十五歲或有子女未滿十二歲。
2. 受刑人之祖父母、父母、配偶或子女因疾病或身心障礙，領有全民健康保險重大傷病證明或身心障礙證明。
3. 受刑人符合移入監獄所辦理補習教育、進修教育、推廣教育或職業訓練之招生資格。
4. 受刑人符合移入監獄所辦理視同作業之遴選資格。
5. 受刑人有特殊且必要之處遇需求，本監無法提供相應之資源，而移入監獄可提供。

前項第1款及第2款受刑人應符合下列各款條件（第2項）：

1. 新入監執行已逾三個月或由其他監獄移入執行已逾六個月。
2. 殘餘刑期逾四個月。
3. 無假釋案件在審查中。

第1項第3款及第4款之招生及遴選資訊，監獄應以適當方式公開，使受刑人知悉（第3項）。

（八）受刑人主動移監申請之審查（辦法第9條）

受刑人有前條第1項第1款及第2款情形之一，得檢具最近一個月內戶籍證明及其他足資證明文件，向監獄申請移入指定之監獄（第1項）。監獄應依前條及前項規定審查受刑人移監資格，按月檢具受刑人名籍資料、移監合格名冊及相關證明文件，陳報監督機關審查（第2項）。監獄接獲受刑人以外之人送交第1項之相關文件後，應即轉交受刑人，並記明接獲及轉交之時間（第3項）。

（九）受刑人主動移監申請之核准（辦法第10條）

監獄依第8條第1項第1款及第2款陳報之移監案件，監督機關經審查符合下列各款規定者，得核准移送指定之監獄（第1項）：

1. 受刑人符合指定之監獄收容標準。
2. 指定之監獄收容人數未逾核定容額。

3. 本監與指定之監獄非屬同一直轄市、縣（市）。

4. 指定之監獄無本法第17條第2項第4款所定情形。

受刑人因指定之監獄不符前項第1款、第2款或第4款之情形者，監督機關得依其意願，核准移送與指定之監獄在同一地區之其他監獄（第2項）。前項之同一地區劃分表，由監督機關核定之（第3項）。

（十）移監作業之辦理

1. 辦理期限（辦法第11條）

監獄應於接獲監督機關機動調整移監或核准移監通知一個月內完成移監作業，並將移監名冊報請監督機關備查。但有正當理由認無法完成者，得報請監督機關延長之。

2. 由移出監獄負責，應注意戒護安全（辦法第12條）

受刑人移監作業由移出監獄負責。但有正當理由者，得報請監督機關決定之（第1項）。監獄辦理受刑人移監作業時應注意戒護安全，對於移監日期之天候、路況等應詳加掌握，移監路程除有正當且必要理由外，不得停靠於監獄以外之其他處所（第2項）。

3. 寄禁鄰近監獄之處置（辦法第13條）

移監受刑人因故於當日無法到達移入監獄者，其在候機、候船或其他等待期間，應寄禁於鄰近之監獄，並與寄禁監獄之受刑人分別監禁（第1項）。前項受刑人寄禁後之戒護事項，由移出監獄人員負責，並受寄禁監獄長官監督；其給養、衛生及醫療事項，由寄禁監獄負責辦理（第2項）。

4. 核對移入受刑人（辦法第14條）

移入監獄於辦理移入受刑人之接收時，應立即核對下列事項：(1)受刑人身分。(2)受刑人之移監事由及資格條件。

5. 移監作業瑕疵之處置（辦法第15條）

移入監獄辦理接收時，發現受刑人有不符前條各款事項者，應請移出監獄接回之（第1項）。前項受刑人有本法第13條第1項各款所定情形，或最近一個月內有依本法第62條第1項戒送醫療機構醫治情形者，移入監獄應先行收容，施以適當醫治，並為下列處置：(1)經醫師評估健康狀況已有顯著改善者，得檢具診斷證明報請監督機關核准，由移出監獄接回；(2)不能或無法為適當之醫治者，得依本法第62條移送病監或依本

法第63條保外醫治（第2項）。移出監獄應將前二項情形陳報監督機關（第3項）。

6. 移監通知（辦法第16條）

移出監獄應於移監當日通知受刑人將移入之監獄，並於移監作業完成後三日內以書面、電話、傳真、資訊網路或其他適當方式，通知受刑人家屬或最近親屬，並作成紀錄。但不能通知者，不在此限（第1項）。前項家屬或最近親屬有數人者，得僅通知其中一人（第2項）。

（十一）移監受刑人移返之原則與除外（辦法第17條）

移入監獄接收依本法第17條第2項各款移監之受刑人後，有下列各款情形之一者，得報請監督機關核准移返之（第1項）：

1. 不符移監事由或資格條件。
2. 移監事由消滅。
3. 其他特殊情事，以移返移出監獄為適當。

移入監獄接收依本法第17條第2項第3款移監之受刑人後，受刑人再有同款情形者，移入監獄不得報請監督機關將該受刑人移監至前一移出監獄（第2項）。

第二節　分類監禁之執行

分類監禁乃執行受刑人個別處遇之必要制度，「聯合國在監人處遇最低標準規則」第67條指出：「分類監禁之目的在於：一、基於受執行人之犯罪紀錄或不良品格，足認對於他人可能發生不良影響者，應將其隔離。二、將受執行人分類組合以便處置，使能重新適應社會生活。」同規則第63條指出：「為達受刑人個別處遇之目的，必須有分類組合受執行人之彈性制度，經分類組合之受執行人，應按照各組處遇上之必要情形，分配於各自分立而適於處遇各該組之刑事執行機構。」同規則第68條並認為：「在可能範圍內，不同組別之受執行人，應於分立之機構內或於同一機構分立部門內處遇之。」我國監獄行刑法及其施行細則相關條文中，對於分類監禁之執行，即分別為如下之規定：

壹 嚴為分界

所謂嚴為分界，依監獄行刑法施行細則第5條之解釋，為「指以監內建築物、同一建築物之不同樓層或圍牆隔離監禁之」，亦即在監獄內以建築物、同一建築物之不同樓層或圍牆為界限，將行刑對象加以分隔收容。依監獄行刑法第5條規定：「監獄對收容之受刑人，應按其性別嚴為分界」，係指將不同性別受刑人以監內建築物、同一建築物之不同樓層或圍牆隔離分界之謂，符合「聯合國在監人處遇最低標準規則」第8條之精神。

貳 分別監禁

所謂分別監禁，依監獄行刑法施行細則第5條之解釋，為「指於監獄內之不同舍房、工場或指定之區域分別監禁之」，亦即係針對不同類型之受刑人，將之分別監禁於不同之處所，乃分類監禁之必要措施。應分別監禁之受刑人有如下幾類：

一、處拘役及罰金易服勞役之受刑人與處徒刑之受刑人間

由於處徒刑之受刑人，惡性自較處拘役及罰金易服勞役之受刑人為重，基於避免彼此惡性傳染及教化處遇程度之考量，自不應使兩者混同監禁，爰於監獄行刑法第3條第2項為「處拘役及罰金易服勞役者，應與處徒刑者分別監禁於不同之舍房」之規定。

二、不宜與其他受刑人群居之和緩處遇受刑人

和緩處遇係指比一般累進處遇較為寬和緩進之處遇措施，其適用對象多係因病或其他特殊原因者，依監獄行刑法第20條第1項第3款「監禁：視其個別情況定之。為維護其身心健康，並得與其他受刑人分別監禁。」之規定，監禁時，如此類之受刑人不因生理上之殘疾衰老，而有不適宜與其他受刑人群居之情形，可為一般性之分類群居；惟如其生活起居之不便，不宜再與其他受刑人群居監禁，此時在矜恤殘疾老弱及實務運作之考量下，得將之分別監禁。

參 分區管理教化

配合分類監禁之執行，監獄應指派人員負責各類受刑人之管理教化工

作，我國於監獄行刑法施行細則中規定，監獄得為如下管理教化措施：

一、組織分區教輔小組，實施分區管理教化

依監獄行刑法施行細則第15條規定，監獄應將受刑人監禁區域依其活動性質，劃分為教區、工場、舍房或其他特定之區域（第1項）。監獄應按監內設施情形，劃分區域，實施受刑人分區管理教化工作；指派監內教化、作業、戒護及相關人員組成分區教輔小組，執行有關受刑人管理、教化及其他處遇之事項（第2項）。前項教輔小組，應每月至少開會一次，就所屬分區內之管理、教化、輔導或其他重要事務等，研商合理性、公平性之處遇方式並執行之（第3項）。監獄應每季邀集分區教輔小組成員，舉行全監聯合教輔小組會議，處理前項事務（第4項）。

二、妥善安排受刑人作息時間

監獄為順利執行行刑矯治處遇之目的並有效維持內部秩序及經營，自應視受刑人處遇執行之需求，兼維持監獄管理之必要，妥適安排其作息。監獄行刑法施行細則第16條規定，監獄應安排受刑人作業、教化、文康、飲食、醫療、運動及其他生活起居作息（第1項）。前項作息時程表，監獄應以適當方式公開，使受刑人得以知悉（第2項）。

第三節　累進處遇

累進處遇制度（Progressive Treatment System）係指將收容人之累進處遇，分成數個階段，按其在犯罪矯正機構內執行期間之表現，漸次進級（等），級（等）數愈高，處遇愈優，以促其改悔向上，適於社會生活之犯罪矯正制度。此制度源於西元1787年，時為英國流放受刑人之殖民地──澳洲，其獄政當局為促使囚情穩定，預防騷動，遂將受刑人之處遇分為四個階段：第一階段，新收受刑人一律收容於刑罰殖民地（Penal Settlement），嚴飭從事勞動作業；第二階段，作業成績優良者，編入受刑人開墾地，予以相當自由；第三階段，行狀善良者，改配於自由殖民地；第四階段，一段時間後，如無不良行為，得於一定條件下予以假釋，此做法即為累進處遇制度之最原始型態。西元1857年勞役刑罰（Penal Servitude）興起，上述累進處遇方法演變為自由刑執行方法之一種，並經克魯夫東氏（Sir Walter Crofton）加以修正後，施行於愛爾

蘭，此即著名之愛爾蘭制。嗣後，1870年、1890年及1905年相繼舉行之國際監獄會議及國際刑務會議，均承認累進處遇方法之價值，自此以後，各國獄政當局相繼採行。

我國於夏、商、周三代時期，行刑觀念首尚感化，當時即有「能改者上罪三年而舍，中罪二年而舍，下罪一年而舍」等分級處遇之做法。惜秦漢以迄明清，行刑成君王高壓統治之工具，累進處遇方法不復存在，直至民國17年公布之「監獄規則」，始就受刑人之累進處遇制度為具體之規定，惟並未實施，23年間，山東少年監獄訂頒階段處遇規程，24年間，上海第二特區監獄訂頒階段待遇表，惟施行範圍皆僅限於各該監獄。29年7月15日，行政院與司法院會銜公布施行移墾人犯累進辦法，施行於全國各地，但亦非正式立法。35年1月19日國民政府重新制定監獄行刑法時，於該法第20條明定受刑人累進處遇制度，同年3月6日並依據監獄行刑法第20條第2項制定公布「行刑累進處遇條例」規範累進處遇之方法，於36年6月10日施行，並於64年8月18日頒訂施行細則，至此我國之行刑累進處遇制度，終告確立（林茂榮、楊士隆，民87）。

有關我國行刑累進處遇制度之重要內涵，謹就監獄行刑法及行刑累進處遇條例相關規定，說明如次：

壹　行刑累進處遇之對象

依監獄行刑法第18條第1項前段之規定，對於刑期六月以上之受刑人，為促使其改悔向上，培養其適應社會生活之能力，其處遇應分為數個階段，以累進方法為之。因此，行刑累進處遇之對象，即為刑期六月以上之受刑人。所謂「刑期六月以上」，係指宣告刑而言，若有因羈押期間之折抵，致殘餘刑期不滿六月者，仍應適用累進處遇，然並不限一罪之宣告刑，對有二以上刑期之受刑人，行刑累進處遇條例施行細則第15條規定，應本分別執行合併計算之原則，由指揮執行之檢察官於執行指揮書上註明合併計算之刑期，以定其責任分數。亦即，一人有二以上未滿六月之宣告刑（如竊盜罪四月、侵占罪五月、背信罪五月），從個別罪之宣告刑觀之，似非行刑累進處遇之對象，然合併計算刑期結果達六月以上（合併一年二月），仍屬行刑累進處遇之對象。

然並非所有刑期六月以上之受刑人，皆為行刑累進處遇之對象，依監獄行刑法第18條第1項但書規定，因身心狀況或其他事由，認為不適宜者，得暫緩適用累進處遇。經暫緩適用累進處遇之受刑人，嗣後如其暫緩事由消失，自得

依同法第11條第3項，適時修正其個別處遇計畫之規定，回復依累進處遇規定辦理。

貳　行刑累進處遇之目的

行刑累進處遇制度之設計，在藉由嚴而寬之階段性處遇，鼓勵受刑人遵守紀律保持善行，以勵自新，其目的不外：

一、實現受刑人個別化處遇原則

對於受刑人之矯正工作，由於受刑人特殊之行為態樣及犯罪類型而面臨諸多考驗與挑戰，降低處遇障礙並強化教化效果之有效方法為個別化處遇策略。個別化之處遇，嘗試鑑別犯罪者之基本特性與其內在心理之需求，俾以採行適切之處遇措施，協助受刑人更生，因而有調查分類制度之產生。然在應用科學方法研究、分析受刑人個別差異，擬定個別處遇計畫據以執行時，更必須借助階段性處遇方法來加實現，始足強化行刑之效果，因此，實現受刑人個別化處遇原則，即為行刑累進處遇制度之首要目的。

二、促使受刑人遵守紀律保持善行

受刑人由於其無律行為入監服刑，監獄矯正之任務即在以他律之手段使其行為從無律轉變為自律。在此行為矯正過程上，監獄以他律之方法約束受刑人行為，使其養成遵守紀律保持善行之習慣，習慣成自然結果，自律之行為於焉形成。而行刑累進處遇制度，視受刑人之表現，以累進之方式，給予差別待遇，受刑人為期能得到更優渥之待遇，必須遵守紀律保持善行，以取得更高之處遇分數及級數，無形中，經由此制度之設計，養成受刑人自我約束之能力。因此，行刑累進處遇制度具有促使受刑人遵守紀律保持善行之目的。

三、促使受刑人改悔向上，培養其適應社會生活之能力

監獄行刑法第18條第1項前段規定，對於刑期六月以上之受刑人，「為促使其改悔向上，培養其適應社會生活之能力」，其處遇應分為數個階段，以累進方法為之。蓋監獄行刑之目的，在促進受刑人改悔向上，以培養其適應社會生活之能力，為監獄行刑法第1條所明定。為達此一行刑目的，累進處遇制度乃斟酌受刑人之刑期，分成數個階段，依受刑人保持善行之程度，依序予以進級，依其進級結果，由嚴而寬，由劣而優，逐步緩和其刑罰，優待其處遇，激

勵受刑人從內心中奮發向上，棄惡從善；並在其惡性漸消，良知重現時，導以自治之試驗及社會生活之訓練，配合假釋制度，利用自由刑之彈性，提供受刑人學習及適應外在社會環境。因此，行刑累進處遇制度具有促使受刑人改悔向上，培養其適應社會生活之能力，以達成行刑目的之目的。

參 累進處遇事項及方法

累進處遇事項及方法，依監獄行刑法第18條第2項之規定，另以法律定之。而由行刑累進處遇條例第1條規定「依監獄行刑法……受累進處遇者，適用本條例之規定」可知，行刑累進處遇條例即為依監獄行刑法制定，用來規範受刑人累進處遇事項之法律。由於行刑累進處遇條例源自於監獄行刑法，從法源關係上觀之，監獄行刑法係「母法」，行刑累進處遇條例為「子法」；而由行刑累進處遇條例第2條規定「關於累進處遇之事項，本條例未規定者，仍依監獄行刑法之規定」可知，凡有關受刑人行刑累進處遇事項，優先適用行刑累進處遇條例之規定，該條例未規定者，仍依監獄行刑法之規定辦理，在法律適用關係上，行刑累進處遇條例優先於監獄行刑法，因此，監獄行刑法係「普通法」，行刑累進處遇條例為「特別法」。行刑累進處遇條例有關行刑累進處遇方法之規定，分述如下：

一、級別之規定

依行刑累進處遇條例第13條規定，累進處遇分為四級，自第四級依次漸進：第四級─第三級─第二級─第一級。換言之，以第四級為始，依四、三、二、一順序逐次進列級別。

二、逕編三級之條件

依行刑累進處遇條例第14條規定，受刑人如富有責任觀念，且有適於共同生活之情狀時，經監務委員會議之議決，得不拘前條（第13條）規定，使進列適當之階級。該條例施行細則第10條規定，對於入監前曾受羈押之受刑人，應依看守所移送之被告性行考核表等資料，於調查期間內切實考核其行狀，如富責任觀念，且有適於共同生活之情狀時，經監務委員會之決議，得使其進列適當之階級。但不得進列二級以上（第1項）。依前項規定進列適當之階級者，應檢具有關資料及監務委員會會議紀錄報請法務部核定（第2項）。換言之，在入監前曾受羈押之受刑人符合下列條件者，在編列級別時，可跳過第四級直

接進列第三級，以第三級為始，依三、二、一順序逐次進列級別：

（一）以未編級之受刑人為限

受刑人編級時，應編列四級或得逕編三級，由監獄依行刑累進處遇條例規定之法定要件酌予編列，故受刑人是否逕編三級，係監獄對尚未編級之受刑人所為之編級處分，自以未編級之受刑人為限（法務部70年1月7日法70監決字第0135號函參照）。

（二）富有責任觀念，且有適於共同生活之情狀

依法務部94年8月11日法矯字第0940902500號函示，富有責任觀念，且適於共同生活之標準如下：

1. 羈押期間之性行考核在乙等以上之月數，初犯及再犯應占羈押月數二分之一以上，累犯應占三分之二以上。
2. 入監後無違反紀律之行為，並嚴守紀律，行狀善良者。

（三）入監前曾受羈押達一定之期間

依法務部94年8月11日法矯字第0940902500號函示，入監前必須曾受如下期間之羈押（羈押期間一律以檢察官執行指揮書記載為準）：

1. 依行刑累進處遇條例第19條第1項附表第三至第十一類別之受刑人，即宣告刑在三年以上三十年未滿，其羈押期間超過其宣告刑六分之一者。
2. 依行刑累進處遇條例第19條第1項附表第十二類別以上之受刑人，即宣告刑在三十年以上或無期徒刑之受刑人，其羈押期間在五年以上者。

對有二以上刑期之受刑人，行刑累進處遇條例施行細則第15條規定，應本分別執行合併計算之原則，由指揮執行之檢察官於執行指揮書上註明合併計算之刑期，以定其責任分數，故上述規定之宣告刑涵蓋合併計算之刑期。至於宣告刑或合併計算之刑期為三年未滿者，並不適用逕編三級之規定。

（四）經監務委員會議之議決，報請法務部核定

此要件為程序要件，受刑人符合前述三項逕編三級之實體要件後，應先提經監務委員會議討論，獲得結論後作成決議，再由監獄檢具有關資料及監務委員會會議紀錄報請法務部核定，始得據以逕編三級。由於受刑人於核定逕編三級後，如因執行刑期變更致原據以逕編三級之羈押日數已不符逕編三級之規

定,應予以重新編級,故監獄在對於逐編三級受刑人審核時,應特別注意是否另有刑期或有另案待決(法務部70年4月21日法70監決字第5329號函參照)。

三、責任分數與成績分數

行刑累進處遇制度,對於受刑人行為改善程度,係以分數核計方式為客觀之量化標準。受刑人編級後,在執行中之具體行為表現,由管教人員依據日常考核按月評給成績分數,表現愈優,成績分數愈高,每月成績分數可用來抵銷本級之責任分數,抵銷淨盡者,即可脫離原有級別,進列較高之級別,受到更寬和之待遇,如本級責任分數抵銷淨盡後,尚有多餘之成績分數,則併入所進之級別計算。因此所謂責任分數,即為受刑人依其刑期類別,應以每月具體行為表現所取得之成績分數,逐次抵銷之各級別預定分數;成績分數則為受刑人每月以具體行為表現實際所取得之分數。關於責任分數與成績分數之核計,分述如下:

(一)責任分數之計算標準

依行刑累進處遇條例第19條之規定,累進處遇依受刑人之刑期及級別,定其責任分數。計算標準依該條各項規定如下:

1. 一般受刑人之責任分數如下表:

類別	刑名及刑期	第一級	第二級	第三級	第四級
一	有期徒刑六月以上一年六月未滿	36分	30分	24分	18分
二	有期徒刑一年六月以上三年未滿	60分	48分	36分	24分
三	有期徒刑三年以上六年未滿	144分	108分	72分	36分
四	有期徒刑六年以上九年未滿	180分	144分	108分	72分
五	有期徒刑九年以上十二年未滿	216分	180分	144分	108分
六	有期徒刑十二年以上十五年未滿	252分	216分	180分	144分
七	有期徒刑十五年以上十八年未滿	288分	252分	216分	180分
八	有期徒刑十八年以上二十一年未滿	324分	288分	252分	216分
九	有期徒刑二十一年以上二十四年未滿	360分	324分	288分	252分
十	有期徒刑二十四年以上二十七年未滿	396分	360分	324分	288分

類別	刑名及刑期	第一級	第二級	第三級	第四級
十一	有期徒刑二十七年以上三十年未滿	432分	396分	360分	324分
十二	有期徒刑三十年以上三十三年未滿	468分	432分	396分	360分
十三	有期徒刑三十三年以上三十六年未滿	504分	468分	432分	396分
十四	有期徒刑三十六年以上三十九年未滿	540分	504分	468分	432分
十五	有期徒刑三十九年以上	576分	540分	504分	468分
十六	無期徒刑	612分	576分	540分	504分

2. 少年受刑人之責任分數，按一般受刑人責任分數標準減少三分之一計算。

3. 累犯受刑人之責任分數，按一般受刑人責任分數標準逐級增加其責任分數三分之一。關於受刑人犯次之認定，依行刑累進處遇條例施行細則第8條規定，由調查人員對於適用累進處遇之受刑人，依據有關資料，分別初犯、再犯、累犯。稱初犯者，指無犯罪前科者而言；稱再犯者，指有犯罪前科，但不合刑法第47條之規定而言；稱累犯者，指合於刑法第47條之規定者而言。其中再犯者責任分數與初犯者同。

4. 撤銷假釋受刑人責任分數，按一般受刑人責任分數標準逐級增加責任分數二分之一。所稱撤銷假釋受刑人，依行刑累進處遇條例施行細則第17條規定，指執行撤銷假釋殘餘刑期之受刑人而言。撤銷假釋受刑人之殘餘刑期，如有本條例第19條第3項（累犯）之情形者，其殘餘刑期應依本條例第19條第4項（撤銷假釋受刑人責任分數標準）定其責任分數，即按一般受刑人責任分數標準逐級增加責任分數二分之一。

（二）成績分數之計算標準

1. 一般受刑人：各級受刑人每月之成績分數，依行刑累進處遇條例第20條規定，依下列標準分別記載：
   (1) 教化結果最高分數四分。
   (2) 作業最高分數四分。
   (3) 操行最高分數四分。
   監獄管理人員對於各級受刑人之成績分數，行刑累進處遇條例施行細則

第21條規定，應依照累進處遇由嚴而寬之原則，嚴加核記。各級受刑人每月教化、操行成績分數，在下列標準以上者，應提出具體事證，監務委員會並得複查核減之：

(1) 第四級受刑人教化、操行二‧五分。

(2) 第三級受刑人教化、操行三分。

(3) 第二級受刑人教化、操行三‧五分。

(4) 第一級受刑人教化、操行四分。

2. 受徒刑執行之學生（少年受刑人）：受徒刑執行之學生，依少年矯正學校學生累進處遇分數核給辦法第8條規定，各級每月成績最高分數如下：

(1) 輔導成績最高五分。

(2) 操行成績最高四分。

(3) 學習成績最高三分。

矯正學校各級管教人員對於執行徒刑各級學生之成績分數，少年矯正學校學生累進處遇分數核給辦法第10條規定，應依照累進處遇由嚴而寬之原則，嚴加核記。各級學生每月輔導、操行成績分數，在下列標準以上者，應提出具體事證，學生處遇審查委員會並得複查核減之：

(1) 第四級學生輔導三‧五分、操行二‧五分。

(2) 第三級學生輔導四分、操行三分。

(3) 第二級學生輔導四‧五分、操行三‧五分。

(4) 第一級學生輔導五分、操行四分。

（三）成績分數之評給人員

1. 一般受刑人：受刑人之教化、作業、操行各項成績分數，行刑累進處遇條例施行細則第22條規定，分別由下列人員依平日實際情形考核記分：

(1) 作業成績分數：由作業導師會同工場主管考查登記，由作業科長初核。

(2) 教化成績分數：由教誨師會同監房及工場主管考查登記，由教化科長初核。

(3) 操行成績分數：由監房及工場主管考查登記，由戒護科長初核。

成績分數經初核後，由累進處遇審查會複核，監務委員會審定之。

2. 受徒刑執行之學生（少年受刑人）：學生之操行、輔導、學習各項成績分數，少年矯正學校學生累進處遇分數核給辦法第13條規定，分別由下

列人員依其平日表現考核記分：

(1) 操行成績分數：由導師會同教導員考核登記，由訓導主任初核。

(2) 輔導成績分數：由輔導老師會同教導員考核登記，由輔導主任初核。

(3) 學習成績分數：由各科老師、技士會同導師考核登記，由教務主任初核。

成績分數經初核後，由學生處遇審查委員會決議之。

第四節　和緩處遇

所謂和緩處遇，指較一般累進處遇寬和緩進之處遇措施。有鑑於不為累進處遇，對於部分身心狀況雖不適合一般累進處遇但能遵守紀律保持善行之受刑人，因而不能得到假釋、縮短刑期等權益，將有違監獄行刑之目的。因此，監獄行刑法第19條規定，得給予和緩處遇。換言之，給予較一般累進處遇寬和緩進之處遇，使其仍能藉由遵守紀律保持善行，達到改悔向上之目的。

壹　和緩處遇之條件

一、以受刑人身心狀況為考量基準

和緩處遇對象之考量，係以受刑人「身心狀況」為基準，且其「身心狀況」無礙於其遵守紀律保持善行之可能。監獄行刑法第19條第1項規定，前條適用累進處遇之受刑人有下列情形之一者，監獄得給予和緩處遇：

（一）患有疾病經醫師證明需長期療養。

（二）有客觀事實足認其身心狀況欠缺辨識能力，致不能處理自己事務，或其辨識能力顯著減低。

（三）衰老、身心障礙、行動不便或不能自理生活。

（四）懷胎期間或生產未滿二月。

（五）依其他事實認為有必要。

二、不限於入監編級之始即應具有和緩處遇條件

適用和緩處遇之受刑人，既以其「身心狀況」為判斷基準，解釋上自不

限於入監編級之始即應具有和緩處遇條件，縱係已經為一般累進處遇之受刑人，其後發現或發生有得為和緩處遇之情形，亦得再予更改為和緩處遇。

三、應經評估認定後報請監督機關核定

給予和緩處遇之受刑人，依監獄行刑法第19條第2項規定，應報請監督機關（法務部矯正署）核定之。同法施行細則第17條規定，本法第19條第1項各款得給予和緩處遇情形，應參酌診斷書、身心障礙證明、健康檢查報告或相關醫囑證明文件，並由醫師評估受刑人之身心狀況後認定之。必要時，監獄得委請其他專業人士協助評估（第1項）。前項情形，監獄應將有關資料及名冊報請監督機關核定之。如監督機關認不符合者，應回復一般處遇（第2項）。第1項文件，除明列效期者外，以提出前三個月內開立者為限（第3項）。

而適用和緩處遇之受刑人，於其和緩處遇原因消滅後，依監獄行刑法第19條第3項規定，回復依累進處遇規定辦理，此時即非和緩處遇之對象。

貳 和緩處遇之方法

受和緩處遇受刑人之處遇，監獄行刑法第20條第1項規定，依下列方法為之：

一、教化

以個別教誨及有益其身心之方法行之。

二、作業

依其志趣，並斟酌其身心健康狀況參加輕便作業，每月所得之勞作金並得自由使用之。

三、監禁

視其個別情況定之。為維護其身心健康，並得與其他受刑人分別監禁。

四、接見及通信

因患病或於管理教化上之必要，得許其與最近親屬、家屬或其他之人接見及發受書信，並得於適當處所辦理接見。

五、給養

　　罹患疾病者之飲食，得依醫師醫療行為需要換發適當之飲食。

六、編級

　　適用累進處遇者，依行刑累進處遇條例之規定予以編級，編級後之責任分數，依同條例第19條之標準八成計算。

參　刑期未滿六個月受刑人之準用

　　刑期未滿六個月之受刑人，監獄行刑法第20條第2項規定，有前條第1項各款情形之一者，得準用前項第1款至第5款之規定。此乃考量刑期未滿六個月而不適用累進處遇之受刑人，有前條第1項各款得給予和緩處遇之情形者，亦有實施較為寬和緩進處遇措施之需要。

本章研究問題

1. 試說明監獄監禁之意義及我國監獄行刑法對監禁之理念。
2. 試說明監獄監禁之方式並比較其優缺點。
3. 試說明我國監獄監禁之方式。
4. 何謂分類監禁？其目的為何？
5. 配合分類監禁之執行，監獄得為何種管教措施？
6. 何謂累進處遇？又行刑累進處遇條例與監獄行刑法有何關係？（民85司法四等）
7. 何謂行刑累進處遇之責任分數、成績分數？一般受刑人與其他各類受刑人計算之標準有何不同？請說明之。（民95司法三等）
8. 何謂和緩處遇？我國現行法令對和緩處遇之條件和處遇方式有何規定？試詳細說明之。（民96司法三等）
9. 監獄受刑人入監後，依其宣告刑之刑期，將徒刑之執行分為四個階段，並自第四級開始編級，其例外狀況為何？請詳述之。（民102司法三等）
10. 看守所對羈押被告實施性行考核，主要考核內容為何？其與送監執行時累進處遇編級有何關係？試依羈押法、行刑累進處遇條例及相關法規之規定詳述之。（民108司法三等）

第四章　戒　護

【條文大意】

第二十一條（戒護之原則）

監獄應嚴密戒護，並得運用科技設備輔助之。

監獄認有必要時，得對受刑人居住之舍房及其他處所實施搜檢，並準用第十四條有關檢查身體及辨識身分之規定。

為戒護安全目的，監獄得於必要範圍內，運用第一項科技設備蒐集、處理、利用受刑人或進出人員之個人資料。

監獄為維護安全，得檢查出入者之衣類及攜帶物品，並得運用科技設備輔助之。

第一項、第二項與前項之戒護、搜檢及檢查，不得逾必要之程度。第一項至第四項科技設備之種類、設置、管理、運用、資料保存及其他應遵行事項之辦法，由法務部定之。

第二十二條（隔離保護之施用）

有下列情形之一者，監獄得施以隔離保護：

一、受刑人有危害監獄安全之虞。

二、受刑人之安全有受到危害之虞。

前項隔離保護應經監獄長官核准。但情況緊急時，得先行為之，並立即報告監獄長官。

監獄應將第一項措施之決定定期報監督機關備查。監獄施以隔離保護後，除應以書面告知受刑人外，應通知其家屬或最近親屬，並安排醫事人員持續評估其身心狀況。醫事人員認為不適宜繼續隔離保護者，應停止之。家屬或最近親屬有數人者，得僅通知其中一人。

第一項隔離保護不得逾必要之程度，於原因消滅時應即解除之，最長不得逾十五日。

第一項施以隔離保護之生活作息、處遇、限制、禁止、第三項之通知及其他應遵行事項之辦法，由法務部定之。

第二十三條（戒具、固定保護或保護室之施用）

受刑人有下列情形之一，監獄得單獨或合併施用戒具、施以固定保護或收容於保護室：

一、有脫逃、自殘、暴行、其他擾亂秩序行為之虞。

二、有救護必要，非管束不能預防危害。

前項施用戒具、施以固定保護或收容於保護室，監獄不得作為懲罰受刑人之方法。施以固定保護，每次最長不得逾四小時；收容於保護室，每次最長不得逾二十四小時。監獄除應以書面告知受刑人外，並應通知其家屬或最近親屬。家屬或最近親屬有數人者，得僅通知其中一人。

戒具以腳鐐、手銬、聯鎖、束繩及其他經法務部核定之戒具為限，施用戒具逾四小時者，監獄應製作紀錄使受刑人簽名，並交付繕本；每次施用戒具最長不得逾四十八小時，並應記明起訖時間，但受刑人有暴行或其他擾亂秩序行為致發生騷動、暴動事故，監獄認為仍有繼續施用之必要者，不在此限。

第一項措施應經監獄長官核准。但情況緊急時，得先行為之，並立即報請監獄長官核准之。監獄應定期將第一項措施實施情形，陳報監督機關備查。

受刑人有第一項情形者，監獄應儘速安排醫事人員評估其身心狀況，並提供適當之協助。如認有必要終止或變更措施，應即報告監獄長官，監獄長官應為適當之處理。

第一項施用戒具、固定保護及收容於保護室之程序、方式、規格、第二項之通知及其他應遵行事項之辦法，由法務部定之。

第二十四條（戒護外出之施用戒具）

監獄戒護受刑人外出，認其有脫逃、自殘、暴行之虞時，得經監獄長官核准後施用戒具。但不得逾必要之程度。

第二十五條（武器之使用）

有下列情形之一，監獄人員得使用法務部核定之棍、刀、槍及其他器械為必要處置：

一、受刑人對於他人之生命、身體、自由為強暴、脅迫或有事實足認為將施強暴、脅迫時。

二、受刑人持有足供施強暴、脅迫之物，經命其放棄而不遵從時。

三、受刑人聚眾騷動或為其他擾亂秩序之行為，經命其停止而不遵從時。

四、受刑人脫逃，或圖謀脫逃不服制止時。

五、監獄之裝備、設施遭受劫奪、破壞或有事實足認為有受危害之虞
　　時。

監獄人員使用槍械，以自己或他人生命遭受緊急危害為限，並不得逾必要
之程度。

前二項棍、刀、槍及器械之種類、使用時機、方法及其他應遵行事項之辦
法，由法務部定之。

第二十六條（請求警察或其他相關機關協助）

監獄遇有重大特殊情形，為加強安全戒備及受刑人之戒護，必要時得請求
警察機關或其他相關機關協助。

遇有天災、事變，為防護監獄設施及受刑人安全時，得由受刑人分任災害
防救工作。

第二十七條（天災事變之處置）

遇有天災、事變在監獄內無法防避時，得將受刑人護送於相當處所；不及
護送時，得暫行釋放。

前項暫行釋放之受刑人，由離監時起限四十八小時內，至該監或警察機關
報到。其按時報到者，在外時間予以計算刑期；逾期不報到者，以脫逃罪論
處。

第二十八條（返家探視）

受刑人之祖父母、父母、配偶之父母、配偶、子女或兄弟姐妹喪亡時，得
經監獄長官核准戒護返家探視，並於二十四小時內回監；其在外期間予以計算
刑期。

受刑人因重大或特殊事故，有返家探視之必要者，經報請監督機關核准
後，準用前項之規定。

受刑人返家探視條件、對象、次數、期間、費用、實施方式、核准程
序、審查基準、核准後之變更或取消及其他應遵行事項之辦法，由法務部定
之。

第二十九條（外出制度）

受刑人在監執行逾三月，行狀善良，得報請監督機關核准其於一定期間內

外出。但受刑人有不適宜外出之情事者，不在此限。

經核准外出之受刑人，應於指定時間內回監，必要時得向指定處所報到。

受刑人外出期間，違反外出應遵守規定或發現有不符合第五項所定辦法有關資格、條件之規定者，得變更或取消其外出之核准；外出核准經取消者，其在外期間不算入執行刑期。外出期間表現良好者，得予以獎勵。

受刑人外出，無正當理由未於指定時間內回監或向指定處所報到者，其在外期間不算入執行刑期，並以脫逃罪論處。

受刑人外出之資格、條件、實施方式及期間、安全管理方式、應遵守規定、核准程序、變更、取消及其他相關事項之辦法，由法務部定之。

第三十條（公益、教化活動外出）

監獄得遴選具有特殊才藝或技能之受刑人，於徵得其同意後，報請監督機關核准，戒護外出參加公益活動、藝文展演、技職檢定、才藝競賽或其他有助於教化之活動。

戒護者，警戒保護也，其為監獄行刑獨特之用語。監獄為達成監禁受刑人之任務，維持監內秩序，保護受刑人之安全，乃有戒護之制度與設施，其目的在以強制力使受刑人確實履行監獄法令上之義務，因此監獄戒護之行使，具有強制之權限，其權限所能支配之區域，即俗稱之「戒護區」。由於監獄係一特殊機構，只有在安全保障無虞之境況下，方能確保國家刑罰權之執行，因此，監獄不僅對內要維持受刑人之規律秩序，防範受刑人有自殺、脫逃、暴行或其他擾亂秩序之行為及保護受刑人基本權益，使不致受到不法之干涉，更要防衛外來之不法侵擾與破壞，以維護受刑人監禁安全。隨著刑事政策之演變，現代矯正觀念除講求威嚇、應報外，並應對受刑人實施教化、輔導，因此，監獄戒護工作必須從消極性之防止脫逃、鎮壓、威嚇進而轉變為積極、主動配合推展各項處遇措施，成為監獄推動矯正工作之基礎工作及達成監獄行刑目的之重要手段。綜言之，監獄戒護具有如下作用（嚴密戒護之目的）：

一、消極方面

（一）排除任何不法之內外侵擾破壞，確保監獄設施安全。

（二）維護監內秩序，防範受刑人有自殺、脫逃、暴行或其他擾亂秩序之行

為。

（三）保護受刑人基本權益，使不致受到不法之干涉。

二、積極方面

（一）管理受刑人生活，使養成良好之生活習慣，俾利更生。

（二）協助推動各項矯正業務，達成矯正受刑人之目的。

第一節　戒護勤務

　　監獄戒護人員，為達成戒護管理之任務，以適當之方法與配合為手段，從事各種實際活動，以確保刑罰有效執行，減少事故發生，就是戒護勤務。依監獄行刑法第21條第1項規定，監獄應嚴密戒護，並得運用科技設備輔助之。可知，監獄不論晝夜均應嚴密戒護，故戒護勤務之實施，不論颱風下雨，不分晝夜時令，都必須持續進行，永不間斷，且得運用科技設備作為輔助，以加強戒護能力、彌補人力管控之不足及防止不法情事發生。

　　而此所謂監獄戒護人員，指配置於戒護科服勤之工作人員，戒護科在組織上包括有科長、專員、科員、主任管理員、管理員、矯正役役男等人員，而以科員、主任管理員、管理員、矯正役役男為實際執行戒護勤務者，其中矯正役役男執行之勤務，限定為非直接接觸受刑人之勤務（如崗哨、門衛、中央門、巡邏、安全監視、監聽、檢查站、外接見室等戒護必要之勤務）、助勤勤務（如工場、舍房、炊場、合作社、外役隊、運動、集會、沐浴、接見提帶、外醫、看病等助勤）、特殊專長及文書勤務（如水電、土木、電腦、技訓指導、協助辦理保管名籍、少年矯正學校炊事等勤務）。

壹　戒護勤務之種類

　　戒護勤務若從各種角度觀察，可為如下不同之分類：

一、經常性勤務與特別勤務：從勤務之性質上分

（一）經常性勤務：指監獄戒護人員每日定時、定式執行之勤務。如內勤、管教小組、工場、教室、舍房、炊場、合作社、伙食團、營繕、清掃、

農藝、畜牧、搬運、水電、外役隊、運動、集會、沐浴、看病、醫院、接見室、監聽、崗哨、門衛、巡邏、安全監視等。

（二）特別勤務：指監獄戒護人員於天災事變或偶發戒護事故發生時，臨時編組或個別執行之緊急應變勤務。如火災、水災、地震、颱風、受刑人食物中毒等天災事變處理或逃亡追捕、暴動鎮壓等偶發戒護事故之應變勤務。

二、日間勤務與夜間勤務：從勤務之時間上分

（一）日間勤務：指戒護人員於白天開封期間，配合監獄各項矯正業務運作所執行之勤務。如管教小組、工場、舍房、炊場、接見室等勤務。

（二）夜間勤務：指戒護人員於晚上收封期間，配合監獄警備需要所執行之勤務。如夜間巡邏、崗哨、門衛等勤務。

三、管理勤務與警備勤務：從勤務之方式上分

（一）管理勤務：指戒護人員直接涉及受刑人之生活管理及性行考核，維持監獄秩序並協助各項業務推展所執行之勤務。如工場、舍房、炊場等勤務。

（二）警備勤務：指戒護人員警察戒備監獄設施及受刑人安全所執行之勤務。如檢查、安全監視、巡邏、崗哨、門衛等勤務。

貳 戒護勤務制度

戒護勤務制度，涉及勤務配置問題，關係到戒護工作之成敗至大，必須在不浪費人力及不使服勤時間過長之間取得平衡點，盡可能運用較少之人力，以收較大之效果。我國及相關各國之戒護勤務制度，分述如下：

一、我國戒護勤務制度（王雨三，民55；法務部，民79）

（一）現行台灣監所戒護勤務制度

採日勤主管制及夜勤隔日制之混合制度，此制度源自於日治時代之舊制。

1. 日勤主管制：在日間受刑人於工場、舍房或其他工作場所活動時間內，指派具豐富戒護經驗並有領導能力之管理人員（主任管理員或管理

員），擔任負責直接管理、考核受刑人事務或其他行政支援之勤務，在整體戒護勤務中，占著極重要之地位。每日服勤時間，自上午八時起至下午六時止，計十小時。服勤時，上、下午各有一小時之交待休息時間。上班日與一般公務員同，遇國定例假日時休息。

2. 夜勤隔日制：原則上分二班或三班隔日輪班值勤，每日服勤時間二十四小時，上午八時交接班。服勤時，日間上、下午各有一小時交代休息，收封後則分二組輪值，在下午六時至八時每組值勤、休息各一小時，俾便用餐、沐浴，晚間八時起每三小時交互輪值。上班日週而復始，無國定例假日，但分成二班隔日輪班值勤者，平均在相當一週之上班時間內，可休息二日；分成三班隔日輪班值勤者，由於每一班值一日夜後，第二天、第三天固定輪休，故每二十一天內再補班一天，以符週休二日之精神。

現行戒護勤務制度，有如下優缺點：

1. 優點
   (1) 以專人擔任日勤主管，能充分瞭解受刑人行狀，有利管教工作之推行。
   (2) 開封期間，能集中日夜勤大量人力，有利勤務之調遣。
   (3) 收封後，仍能保有備勤人力，俾應付突發狀況。

2. 缺點
   (1) 日勤主管責任過重，勞逸難以平均。
   (2) 夜勤人員晨昏顛倒，長期上夜班，有違正常作息習慣，體力容易透支。

（二）四八戒護勤務制度

過去大陸時期監所警衛工作，自何時採行四八勤務制度已無從查考，台灣則於光復以後，部分監所為擺脫日治時代之陰影曾實施此制，但由於人力配置不敷調配，目前已不採行。四八勤務制度，顧名思義，即某一固定崗位由三人或四人，或二崗位由七人，以勤四息八之方法輪流日夜繼續值勤之制度。此種方法，各員每日平均勤務八小時，休息十六小時。過去大陸監所因員額編制少，加以業務繁雜，無法指派專人辦理戒護雜項事務，故實行上列勤務輪流方法外，尚設有備勤制度，即利用四八制休勤人員之時間，擔任戒護接見及送入物品等瑣碎雜務，致每一值勤人員每日平均服勤少者九小時半，多者十小時

半，勤務較為辛苦。此制度有如下優缺點：

1. 優點

(1)每班次勤四息八，能顧及睡眠，不致過勞。

(2)每一崗位由三人或四人輪流值勤，每人工作負荷不重，合於勞逸平均原則。

(3)每日勤務時間固定（通常每週變換值勤時間一次），接班時間劃分明確，責任分明。

2. 缺點

(1)勤務時間固定，過於呆板，值勤人員易感乏味。

(2)如無備勤制度，則人力無法集中，難以應付非常事變；另設備勤，則服勤時間加長，少者九小時半，多者十小時半，勤務負荷過重。

(3)勤務人員無例假日之規定，以料理私務或外宿。

(4)在人少事繁之監所，難以採行。

（三）四八分組責任戒護勤務制

有鑑於台灣各地監所戒護勤務中之夜勤隔日制，使得勤務人員過於疲勞，民國45年，當時主管監所業務之台灣高等法院，在徵詢各監所意見後，曾統一訂頒「四八分組責任制」一種，呈准通令各監所試行，但由於各監所環境不同，人員編制不敷支配，使此項制度未能順利推行。四八分組責任制，將勤務分區進行，把監所收容人分組編配於劃定之舍房及工場，擔任舍房及工場值勤人員亦編為一組，分區管理。勤務之分配，在每一區內除依業務性質配置有日勤主管人員外，其餘必須日夜輪流之夜勤勤務崗位人員，則以勤四息八方式行之，每隔三日輪值工場助勤四小時後當日可以輪休及外宿，值勤人員除輪休及外宿者外，任何事由之外出與外宿，必須經過准許。換言之，此制即為日勤主管制與夜勤四八制之混合制度。此制度有如下優缺點：

1. 優點：兼具日勤主管制與夜勤四八制之優點

(1)勤務分區編組進行，日夜勤務人員均能充分瞭解收容人心理，有利管教。

(2)夜勤人員勤四息八，有充分之休息，每日勤務時間固定（通常每週變換值勤時間一次），接班時間劃分明確，勞逸平均，責任分明。

2. 缺點

(1)目前各監所普遍人少事繁，採行此制，各監所之員額必須大幅增

加，事實上不符人力經濟之原則。

(2) 各監所設施不盡相同，工場及舍房數量比例不等，此制將監所內之工場及舍房合一區實施分區值勤，事實上有困難。

二、外國戒護勤務制度簡述（矯訓所，民87；張伯宏，民77）

（一）美國戒護勤務制度

美國之監獄制度是依各州而異，很難加以一般性之概論。基本上，監獄戒護人員不擔任作業工場主管工作，而係由作業導師負責運作經營並監督工場，戒護人員只是執行巡邏及戒護層面之監視工作。戒護人員每天之勤務是採「三八制」，值班之時間則是各不相同，聯邦政府之監獄是採早上八時至下午四時，下午四時至夜晚十二時，夜晚十二時至早上八時之三班制，因為白天裡，受刑人之活動比較多，故分派在白天值班之戒護人員相對地較其他時段多。在聯邦政府之監獄，是採「工作五日，休息二日」之制度（不分星期六、星期日），但在德克薩斯等州，則未必一定能獲得連續兩日之休假。在一天八小時之勤務中，有些地方之監獄有給三十分鐘之進餐與休息時間；但是在德克薩斯等州，則是完全沒有正式之休息時間。

（二）日本戒護勤務制度

日本各監所目前所實施之戒護勤務制度與我國至為相同，此乃因現今我國各監所實施之戒護勤務制度係源自於日治時代之故。日本戒護勤務制度，大類分成日勤主管制及夜勤隔日制：

1. 日勤戒護主管之值勤時間與一般公務人員相同，採八小時上班制。
2. 夜勤隔日制人員之值勤時間，從上午八時至翌日八時，共計二十四小時，白天勤務時間，每隔二小時即可交代休息三十分鐘，下午五時收封後至翌日八時為夜間勤務。全部夜勤人員分成四組，以一組輪休、一組值勤、二組與其他日勤人員值白天勤務之方式，依次輪換，在四天之中有一天須服日夜勤、一天輪休、二天值白天勤務。目前日本監所勤務班次均不盡相同，視其戒護警力之多寡，有將每組夜勤人員分成二班者，亦有分成四班者。分成二班者，夜間勤務從晚間九時起至翌日八時，每四個半小時輪值一班；分成四班者，如以每組十六人值夜勤為例，從上午八時至晚間九時全組十六人共同值勤，晚間九時起分成四班，每班四

人，至翌日晨一時止由第一班四人值勤，第二班四人在監所內睡眠休息，晨一時至五時改由第二班值勤，第一班睡眠休息，第三班及第四班共八人則於晚間九時至翌日五時在監所內備勤，上午五時至八時十六人再一同值勤，依次輪換。

（三）韓國戒護勤務制度

韓國各監所目前所實施之戒護勤務制度與我國類似，亦採日勤主管制與夜勤隔日制之混合制度，惟其值勤時間與我國大不相同。在夜勤之隔日制勤務方面，時間從上午九時接班至翌日上午九時交班，共二十四小時。其間白天勤務每隔二小時即有三十分鐘之休息交代時間，下午六時至翌日上午六時，戒護人員分班值夜間勤務，第一班從下午六時至凌晨一時值勤，另一班休息；第二班凌晨一時接班後，第一班人員再輪換休息，翌日上午六時至九時，兩班人員同時值勤。另外，在韓國各監所外圍，均派駐有軍隊協助監所外圍之安全警戒工作，此種由軍警協助支援監所警戒勤務之做法，為我國倣效作為改進監所戒護勤務之參考：法務部曾於80年9月6日邀請內政部與警政署代表，共同研商訂定「法務部所屬監院所商請保安警察支援警戒勤務暫行方案」，警政署同意自80年10月29日起，指派保一總隊機動保安警力一分隊四十名員警，支援台灣台北看守所擔任警戒勤務。81年8月1日起配合接管流氓感訓處分執行業務，警政署再指派保安警察一百名支援相關各監獄，負責外圍警戒勤務，其中宜蘭監獄四十名，花蓮、綠島、泰源監獄各二十名。惟此項支援措施，在實施期間，由於指揮管理問題，造成雙方各自為政，勤務格格不入，事實上並未達到預期之支援效果。直至89年，法務部因應兵役替代役之規劃，提出矯正役之需求，各監所始改由替代役役男接手協助監所戒護勤務工作，矯正役之實施，亦源自於韓國做法之啟示，且進一步地將役男融入於監所行政管理體系中，避免發生類似保警支援措施之格格不入現象，實施迄今，對監所戒護勤務，產生很大助益。

參　戒護勤務配置之原則

戒護勤務之配置，關係到戒護工作之成敗，必須因人、因事、因時、因地、因物制宜，俾以較少之人力達到較大之效果。監獄行刑法施行細則第18條第1項指出，監獄為達本法第21條第1項嚴密戒護之目的，應依警備、守衛、巡

邐、管理、檢查等工作之性質，妥善部署。其配置之原則如下：

一、應充分掌握各個勤務人員之靜態及動態資料，瞭解個人之優缺點，用其長處避其短處，使人盡其才。

二、分配勤務，應把握「由外圍警戒到內部管理，由小崗位到大崗位」之原則，循序漸進安排，讓勤務人員增加歷鍊機會，培養戒護經驗。

三、夜勤勤務人員之日、夜間勤務崗位，應考量到責任繁重程度之均勻調配，如夜間擔任重要勤務崗位者，其日間之勤務量不宜過重，使勞逸得以平均，發揮工作效率。

四、勤務安排，務求日夜間能循環銜接各戒護重點，不可使其中斷致生戒護漏洞。

五、對於值勤人員之休息、睡眠時間，應作合理之安排。

六、警力集中控制，以利勤務調遣，並預留警力，以備不時之需。

七、熟悉各項勤務應變計畫及步驟，機動靈活應變。

八、重點時間，加派巡邐，嚴密戒護。

肆　戒護勤務執行之原則

　　監獄戒護勤務執行者應為一切必要之措施來達到維護監獄安全之目標，此即為監獄戒護勤務執行之原則，依監獄行刑法第21條規定，分述如下：

一、嚴密戒護

　　為強化戒護，監獄應嚴密戒護，並得運用科技設備輔助之（第1項）。

二、搜檢受刑人舍房及其他處所

　　為維護監獄秩序及安全，防止違禁物品流入及更新受刑人之辨識資料，監獄認有必要時，得對受刑人居住之舍房及其他處所實施搜檢，並準用第14條有關檢查身體及辨識身分之規定（第2項）。

三、蒐集、處理、利用受刑人或進出人員之個人資料

　　為戒護安全目的，監獄得於必要範圍內，運用第1項科技設備蒐集、處理、利用受刑人或進出人員之個人資料（第3項）。

四、檢查出入者之衣類及攜帶物品

監獄為維護安全，得檢查出入者之衣類及攜帶物品，並得運用科技設備輔助之（第4項）。

五、符合比例原則

第1項、第2項與第4項之戒護、搜檢及檢查，應注意符合比例原則，其實施方式不得逾必要之程度（第5項）。

伍 戒護勤務執行應注意之事項

一般而言，執行戒護勤務，應注意如下事項：

一、以人道管理方式執行勤務

1979年聯合國大會採用之「執法人員行為準則」第2條指出：「警察官、刑務官等執法人員執行職務應以維護人權為本旨」，1990年聯合國大會採用之「被拘禁者處遇之基本原則」第1條亦指出：「所有被拘禁者之人類尊嚴與價值應受到尊重。」另「聯合國在監人處遇最低標準規則」第45條指出：「解送受刑人時應儘量勿使其暴露於社會公眾，並應採取適當措施，以保障其免於輕侮、注目及避免任何形式之公開。」因此，以人道管理方式執行勤務，為世界各國之共識，我國監獄行刑法同樣於第6條規定，監獄人員執行職務，應尊重受刑人之尊嚴及維護其人權，不得逾越所欲達成矯治處遇目的之必要限度（第1項）。監獄對於受刑人不得因人種、膚色、性別、語言、宗教、政治立場、國籍、種族、社會階級、財產、出生、身心障礙或其他身分而有歧視（第2項）。然值勤人員如因教育訓練不夠或觀念不正確，出現有不人道之不當管教行為時，衍生戒護事故之情事即在所難免，因此，法務部特於86年3月13日核定之「落實獄政管教計畫」中要求各監院所在常年教育中增訂輔導、領導統御課程，以提升管教品質，此外，並應經常利用各種集會，邀請當地地檢署檢察官前來演講，加強管教人員法治教育，而各級督、查勤人員更應勤於巡視場舍，積極追究處理不人道之不當管教行為。

二、隨時掌握囚情動態

由於受刑人之情緒變化，影響戒護安全秩序至鉅，執勤人員如能細心觀察

受刑人之情緒變化，常可由其端倪中預先得知戒護事故可能發生之訊息，從而採取必要之疏導、防制措施。另外，通常比較容易發生狀況或事故者，往往係少數之特殊受刑人，若能加以有效管理，掌握住關鍵少數，囚情自然安定。故值勤人員平日應注意受刑人之情緒變化及監內一切狀況，尤其對於特殊個案，應加強考核，重點列管，如發現異常，立即進行瞭解、疏處，必要時報告處理。

三、確保受刑人在自己視線範圍內

執行戒護勤務人員，應確保受刑人在自己視線範圍內，且其視線範圍，必須為執勤者實力所能加以控制者。因此，選擇最適當位置值勤，非常重要，勤務位置不適當，將造成戒護死角，致生戒護事故。因此，勤務位置須能觀察到受刑人整個活動範圍，且足以應付任何突發之狀況。

四、確實做好清點工作

無論在任何場合，都必須做好如下清點工作：

（一）對人之清點

戒護受刑人應隨時清查人數。即應定時及不定時清點、核對、交接勤務範圍內所及之受刑人，另外，對於進出戒護區之工作人員、來賓、廠商，亦應確實掌控人數，以防脫逃等事故發生。

（二）對事之清點

應定時及不定時清點、核對、交接勤務範圍內已辦或未辦之事項，確保勤務之連貫性。

（三）對物之清點

應定時及不定時清點、核對、交接勤務範圍內之工具、材料、設備、配備，落實安全管制。

五、確實實施檢查工作

安全檢查之目的，一方面在防止違禁、危險物品之流入，另一方面在防止戒護設施被破壞或不當利用，以確保監獄安全。因此，必須確實實施如下檢查工作：

（一）對人身之檢查

受刑人出入監獄、收封、各種活動進出時，對其身體應實施全身檢查。至於受刑人以外之人員出入監獄時，依監獄行刑法第21條第4項規定，監獄為維護安全，得檢查出入者之衣類及攜帶物品，並得運用科技設備輔助之。惟僅限於衣物之檢查，不得對其身體實施全身檢查。

依法務部「戒護區之淨化實施計畫」，提示對於收容人之各項檢身及出入戒護區人員衣物檢查之工作要領如下：

1. 對收容人檢身之工作要領：收容人出入監院所時，應實施全身檢查，除需通過金屬探測門外，所有頭髮、口耳、鼻孔、假牙、四肢、指甲、肛門及各隱微等處，均應詳細檢查（女性收容人由女性管理員為之）。穿著衣類物品，應注意領、袖、袋及縫綴等處，如疑有物件藏匿，得解縫檢查之。在檢查工作完成前，避免其與雜役接觸，已受檢查與尚待檢查之收容人應加區隔，以防傳遞違禁物品。

2. 對出入戒護區人員衣物檢查之工作要領：監院所應於進入戒護區門前醒目處標示「出入戒護區請自動接受檢查」字樣，凡出入戒護區之人員，除部長、法務部體系以外獲准進入之來賓、依法執行公務之人員及被告之辯護律師外，應指派適當人員對其衣服、鞋帽及攜帶物品一律實施檢查，作成紀錄，檢查時，應注意態度、禮貌，請其自行掀開口袋、外套、鞋帽、物品包裝等，以供察看（女性由女性管理人員為之）。

實務上，遇緊急狀況或對於法務部及監督機關督導長官、執行公務之法官、檢察官與隨同人員、執行突擊檢查勤務之「安檢督導考核小組」及其徵集人員，因時間之緊迫或人數眾多且必須於短時間進入戒護區，實質上無法施以詳細檢查，因此，同法施行細則第18條規定，出入戒護區者應接受檢查。但有緊急狀況或特殊事由，經監獄長官之准許，得免予檢查（第2項）。監獄人員或經監獄准予進入戒護區之人員，除依法令或經許可攜入，或因其進入戒護區目的所需之物品外，應將其攜帶之其他物品，存置於監獄指定之處所（第3項）。前項人員有下列各款情形之一者，監獄得禁止其進入戒護區或命其離開：1.拒絕或逃避檢查。2.未經許可攜帶或使用通訊、攝影、錄影或錄音器材。3.酒醉或疑似酒醉或身心狀態有異常情形。4.規避、妨害或拒絕監獄依傳染病防治法令所為之傳染病監控防疫措施。5.有其他妨害監獄秩序或安全之行為（第4項）。

另依同法施行細則第20條規定，為維護監獄秩序及安全，監獄得要求受刑人穿著一定之外衣，以利人員辨識。

（二）對物品、車輛之檢查

對於受刑人持有、攜入、攜出及外界寄送入予受刑人之任何物品，作業材料成品、合作社貨品、受刑人主副食品及運送物品進出車輛，應澈底檢查。受刑人以外之人員出入監獄時，有必要並得檢查其衣服及攜帶物品，已見前述。「戒護區之淨化實施計畫」中，對於收容人之寄送入物品、車輛之檢查，更詳細規定建立複檢制度。

（三）對場所設施之檢查

對於受刑人之監禁、作業場所，及戒護區內各項安全設施應定期、不定期檢查。依「戒護區之淨化實施計畫」規定，每日應實施舍房、工場例行安全檢查，並設簿登記。每月至少二次集中戒護警力不定期實施突擊檢查。法務部視察人員並不定時至各監院所實施突擊檢查。其次，對於戒護區內職員休息室、置物櫃，每週至少一次不定期由副首長或秘書會同政風單位及戒護單位派員實施突擊檢查。

六、確實上鎖

監獄內門戶及出入口應經常關閉。妨害戒護安全之物品，應鎖藏於固定處所。如有開啟或使用之必要，應隨時派員戒護。監獄為防止受刑人脫逃及便於區隔，於房舍、工場、通道等門戶及出入口，均裝置有門鎖管制，另對於妨害戒護安全之物品，亦均鎖放於固定之倉庫內，但門鎖如未能確實隨時上鎖，即形同虛設。因此，對於各處門鎖應確實上鎖，其啟閉應由值勤人員親自為之，不可假手他人（尤其是受刑人），且每次啟閉後應再確認是否上鎖。而領用之鑰匙應妥慎保管，隨身攜帶，嚴防遺失，不可轉借他人或擅自仿造，若不慎遺失應立即報告處理。

七、嚴格管制服務員

監獄確有調用合適之受刑人擔任服務員，協助辦理房舍、工場、教室、合作社等單位之有關文書、福利、清潔等工作之實際需要，但往往由於管理人員之私自調用、疏於管理及考核不實，致所調用之服務員滋生事端，危及紀律。因此，依規定條件及方式調用適格、適量之服務員，嚴加管理及考核，足

以減少戒護事故之發生。對於服務員之遴調、管理及考核，應確實依「法務部矯正署所屬矯正機關遴調服務員及視同作業收容人注意事項」規定辦理，不可私自調用。

八、依勤務規定認真服勤

值勤人員對被指派擔任勤務崗位之勤務規定，應就「監所管理人員服勤應行注意事項」、「戒護手冊」事先加以熟悉，預做演練，以認真、謹慎之態度，落實執行。

陸 女監勤務之限制

基於男女嚴為分界之原則，「聯合國在監人處遇最低標準規則」第54條指出：「一、在男女兼收之機構，其收容婦女之部分，應設置女性主管人員，負責管理該部分之事務，並保管該部分之所有鑰匙。二、收容婦女之處所，男性職員非由女性職員伴隨，不得擅入。三、女性在監人應由女性職員管理監督之，但男性職員，如教師、醫師等必須在收容婦女之處所執行其職務者，自不在限制之列。」我國監獄行刑法，除於第5條明示受刑人應按其性別嚴為分界之原則外，並基於「聯合國在監人處遇最低標準規則」之精神，於同法第14條第2項後段規定，女性受刑人入監時檢查身體，該項檢查應由女性職員執行。

一般之觀念，認為男性只能在男子監獄工作，女性只能在女子監獄工作。然研究發現，女性管教人員之存在能提供管教上之益處，因此，在美國，女性戒護管理人員在男性監獄執行勤務，係根據聯邦法律受到保障，是理所當然之事。澳洲亦有許多州採取女性戒護管理人員在男監執勤之方式，菲律賓雖未將女性戒護管理人員配置在男監戒護區內，但配置在門衛、接見檢查之例子則漸增多（盧秋生，民89）。我國法令上亦未禁止女性戒護管理人員在男監執勤，惟實務上做法，仍認為女性戒護管理人員不宜在男監執行直接管理勤務，至於類似菲律賓之配置在門衛、接見檢查，甚或內勤、巡邏、崗哨等警備勤務則尚非不可。而男性戒護管理人員在女性監獄執行勤務，原則上，各國皆基於「聯合國在監人處遇最低標準規則」之精神加以限制。

柒　得運用科技設備輔助戒護

　　監獄得運用科技設備輔助戒護，依監獄行刑法第21條第1項規定「監獄應嚴密戒護，並得運用科技設備輔助之。」、第3項規定「為戒護安全目的，監獄得於必要範圍內，運用第一項科技設備蒐集、處理、利用受刑人或進出人員之個人資料。」、第4項規定「監獄為維護安全，得檢查出入者之衣類及攜帶物品，並得運用科技設備輔助之。」其目的在加強戒護能力、彌補人力管控之不足及防止不法情事發生。

　　但由於監獄運用科技設備所攝錄之影音資料，涉及受刑人及第三人之個人資料，為妥適管理及運用科技設備，並符合法律保留原則，同條第6項規定「第一項至第四項科技設備之種類、設置、管理、運用、資料保存及其他應遵行事項之辦法，由法務部定之。」授權法務部另訂辦法規範科技設備管理運用等事項，以資周延。法務部依此訂定「監獄及看守所科技設備設置與使用及管理辦法」（以下簡稱辦法）公布施行。其重點摘述如下：

一、用詞定義摘要（辦法第2條）

（一）科技設備：指運用科技技術、工具或系統，替代或輔助機關及其人員維護機關安全、監督或監控受刑人及執行其他公務之軟、硬體設備。

（二）個人生物特徵識別資料：指具個人特有之表徵，可資識別個人屬性之資料。包含生理特徵、行為特徵；生理特徵如指紋、掌紋、掌型、臉型、虹膜、聲音、靜脈等特徵；行為特徵如簽名、走路姿勢、行為動作等特徵。

二、科技設備之種類（辦法第3條）

　　本辦法所指科技設備種類如下（第1項）：

（一）監控設備：指以影音或數據資料傳輸等方式，進行監看、監測、影音監錄、定位追蹤等管控之設備。

（二）檢查設備：指以接觸或非接觸方式，對相關之人、物或其他設施進行檢查之設備。

（三）採集設備：指以接觸或非接觸方式，對人員進行蒐集、處理或利用個人生物特徵識別資料之設備。

（四）辨識設備：指以接觸或非接觸方式，並運用生物或非生物辨識科技，對

人員、車輛、物品等進行相關特徵識別之設備。

(五)門禁設備：指以電磁感應方式、或運用前款辨識功能，進行人員、車輛、物品管制之設備。

科技設備具前項數款功能者，機關得採用作為複合式設備（第2項）。

三、科技設備之設置及運用

（一）運用應符合比例原則（辦法第4條）

1. 機關運用科技設備應以維護機關安全或戒護為目的，並注意受刑人及相關人員之尊嚴，不得逾越所欲達成戒護目的之必要限度（第1項）。

2. 機關運用科技設備蒐集、處理或利用進出人員之個人生物特徵識別資料時，應考量進出人員之身分、進出頻率、進出場所、資料之敏感性及當事人對隱私權之合理期待等因素，不得逾越戒護安全目的之必要範圍，並禁止有廣泛性蒐集、處理或利用之情形（第2項）。

（二）設備建置、維護之委任（辦法第5條）

機關科技設備之設置等相關事項，得委由相關機關（構）、法人或團體建置、維護，並提供專業技術服務辦理之。

（三）監控設備之運用及設置處所（辦法第6條）

機關得於下列處所設置監控設備，以輔助機關人員對所轄之處所、人員、物品、車輛等進行監看、監測、影音監錄及管控進出：

1. 舍房、教室、工場、炊場、作業場所、勤務中心、候診區、大門、中控門、車檢站、接見室。

2. 通往前款處所之通道。

3. 內外巡邏道及崗哨。

4. 存放槍械或器械處所、機房進出口。

5. 其他經機關認為必要之處所。

（四）檢查設備之運用及設置處所（辦法第7條）

機關得於下列處所設置檢查設備，以輔助機關人員對所轄之處所、人員、物品、車輛等進行檢查：

1. 大門、中控門、車檢站、接見室。

2. 勤務中心、新收中心。

3. 複驗站、搬運隊、清潔隊、營繕隊、炊場、合作社等視同作業單位。

4. 其他經機關認為必要之處所。

（五）採集設備之運用及設置處所（辦法第8條）

機關得於新收中心、調查中心、勤務中心或其他合適處所設置採集設備，以輔助機關人員蒐集、處理或利用受刑人及其他進出人員之個人生物特徵識別資料。

（六）辨識設備之運用及設置處所（辦法第9條）

機關得於下列處所設置辨識設備，以輔助機關人員對人員、物品、車輛等進行相關特徵識別：

1. 禁止接見、通信被告之舍房或其通道門。

2. 大門、中控門、車檢站。

3. 勤務中心、新收中心、調查中心。

4. 存放槍械或器械處所、機房進出口。

5. 其他經機關認為必要之處所。

（七）門禁設備之運用及設置處所（辦法第10條）

機關得於下列處所設置門禁設備，以輔助機關人員對所轄處所進行進出管制：

1. 禁止接見、通信被告之舍房或其通道門。

2. 大門、中控門、車檢站、接見室。

3. 存放槍械或器械處所、機房進出口。

4. 其他經機關認為必要之處所。

（八）對外出受刑人之使用（辦法第11條）

受刑人外出至機關外從事活動時，機關得運用監控設備監控之（第1項）。前項監控設備得與戒具併同施用之（第2項）。機關接獲第1項設備之異常訊號或通報，應即進行判讀及查證，並為適當之處理（第3項）。機關未派員戒護受監控受刑人，其於監控期間遇有危及身體、生命等緊急狀態，非拆除設備無以防止者，應於拆除後立即向機關或當地警察機關報告（第4項）。

（九）運用科技設備蒐集、處理個人生物特徵識別資料（辦法第
　　　12條）

　　機關得運用科技設備蒐集、處理受刑人之個人生物特徵識別資料（第1
項）。蒐集、處理前項以外機關員工、進出人員之個人生物特徵識別資料，應
於蒐集前告知資料之蒐集範圍、使用目的及保存期限（第2項）。

四、科技設備資料之保存

（一）個人生物特徵識別資料（辦法第13條）

　　科技設備儲存之個人生物特徵識別資料，機關應指派人員辦理維護作業
（第1項）。前項資料應至遲於下列所定原因發生之翌日起三十日內，銷燬或
刪除之（第2項）：

　　1. 受刑人資料，除其他法規別有規定外，於該資料使用目的消失後。
　　2. 員工資料，除其他法規別有規定外，於其調、離職後。
　　3. 非屬前二款人員之資料，於其結束與機關之業務關係後。

（二）監控設備儲存影音資料或科技設備所儲存之非影音資料
　　　（辦法第14條）

　　機關監控設備所儲存之影音資料，應至少保存三十日（第1項）。除前條
規定外，運用科技設備所儲存之非影音資料，應至少保存九十日（第2項）。

（三）科技設備資料之複製保存（辦法第15條）

　　機關知悉有依法規提出之陳情、申訴或訴訟等事件，或相關機關正依法進
行調查中，其所涉及之事證或資料與機關科技設備儲存之資料有關者，應先將
該儲存之資料予以複製保存。

（四）科技設備儲存資料之調取（辦法第16條）

　　法務部矯正署為行使指揮、監督或調查職權時，得調閱、複製或即時監看
所屬機關之各項科技設備所傳輸、儲存之影音及其他資料。

五、科技設備之管理

（一）訂定內部操作管理規定（辦法第17條）

　　機關應依其科技設備之種類、數量、性質、規模及其他因素，訂定內部科技設備操作及管理之規定，其內容應至少包含下列事項：

1. 機關科技設備使用目的，各設備需蒐集個人生物特徵識別資料之項目及對象。
2. 科技設備使用權限劃分及各權限可使用之範圍。

（二）進行維護等作業（辦法第18條）

　　機關應對所屬之科技設備適時維護、清點、檢測、保養及維修。

（三）辦理資訊安全管理作業（辦法第19條）

　　機關應依資通安全管理相關法令，法務部及法務部矯正署所定資訊安全相關規定，辦理科技設備之開發、設置、營運、資料存取、通訊等安全管理作業（第1項）。機關得委由相關機關（構）、法人或團體辦理前項科技設備之安全管理作業（第2項）。

六、保密義務（辦法第20條）

　　任何人因職務或業務持有機關科技設備儲存資料，除法規另有規定外，應予保密。

第二節　隔離保護之使用

　　對於受刑人有危害監獄安全之虞或受刑人本身之安全有受到危害之虞者，依監獄行刑法第22條規定，監獄得施以物理上、空間上之隔離保護，以維護監獄秩序及安全，並保障受刑人權益。隔離保護為未必屬於曼德拉規則所管制之單獨監禁，但由於隔離保護在拘束受刑人行動自由，監獄行刑法為符法律保留原則，於同條第5項規定，「第一項施以隔離保護之生活作息、處遇、限制、禁止、第三項之通知及其他應遵行事項之辦法，由法務部定之。」即授權法務部另訂辦法規範施以隔離保護之生活作息、處遇等事項，以利執行。法

務部依此訂定「監獄及看守所施以隔離保護辦法」（以下簡稱辦法）公布施行。

隔離保護之使用，依監獄行刑法第22條及相關辦法規定，分述如下：

壹 施以隔離保護決定之原則

對受刑人施以隔離保護之決定，應依下列原則為之（辦法第3條）：
一、施以隔離保護應有助於目的之達成。
二、有多種同樣能達成目的之方法時，施以隔離保護為對受刑人權益損害最少者。
三、施以隔離保護所造成之損害不得與欲達成目的之利益顯失均衡。

貳 隔離保護之施用要件

為維護監獄秩序及安全，並保障受刑人權益，爰明定有下列情形之一者，監獄得施以隔離保護（第22條第1項）：

一、受刑人有危害監獄安全之虞

所稱受刑人有危害監獄安全之虞，指受刑人有下列各款情形之一者（辦法第4條第1項）：
（一）對他人施以強暴或脅迫，有危害監獄安全之虞。
（二）有騷動或暴動之行為，或教唆、煽惑他人為騷動或暴動之行為。
（三）有其他事實足認其行為對監獄安全有造成危害之虞。

二、受刑人之安全有受到危害之虞

所稱受刑人之安全有受到危害之虞指受刑人有下列各款情形之一者（辦法第4條第2項）：
（一）有自殘行為。
（二）舉發受刑人或他人之不法行為，因認有施以隔離保護之必要。
（三）有事實足認與其他受刑人分配於多人舍房時，其生命、身體、自由有受到危害之虞。

前二項所定情形，應就客觀事實認定之（辦法第4條第3項）。

參　隔離保護舍房之設置與管理

一、應設置隔離保護舍房

　　為確實保護監獄或受刑人之安全，監獄應設置隔離保護舍房（辦法第5條），隔離保護受刑人以與其他受刑人分別收容為原則，惟如監獄僅有單獨一名隔離保護受刑人，或隔離保護受刑人因健康因素需他人協助照護，監獄得依個案情況，於不違背隔離保護之目的下，於隔離保護舍房配住其他受刑人。

二、應訂定作息時間表

　　監獄為達行刑矯治處遇之目的，並有效維持內部秩序及經營，自應視受刑人處遇執行之需求，兼維持監獄管理之必要，妥適安排其作息，包含餐飲、輔導、運動及其他生活起居作息等。故監獄應訂定隔離保護受刑人作息時間表，報請監督機關（法務部矯正署）核定後實施（辦法第6條）。

三、提供保護協助措施

　　監獄施以隔離保護時，得視情形提供下列保護協助措施（辦法第10條）：
（一）生命、身體之保護協助。
（二）醫療協助或心理輔導。
（三）法律諮詢管道之提供。
（四）其他必要之協助。

四、隔離保護期間之限制、禁止事項

　　受刑人施以隔離保護期間之限制、禁止事項如下（辦法第12條）：
（一）得暫停作業。
（二）得禁止吸菸。
（三）得限制或禁止持有或使用衣被及盥洗用具等日常生活必需品以外之物品。
（四）得限制或禁止持有或使用電器物品。

肆　隔離保護之施用程序

　　前項隔離保護應經監獄長官核准。但情況緊急時，得先行為之，並立即報

告監獄長官（第22條第2項）。施用之程序如下：

一、應經監獄長官核准

監獄施以隔離保護應由監獄人員填寫收容人施以隔離保護報告表，經監獄長官核准後，始得為之（辦法第7條第1項前段）。

二、情況緊急時，得先行為之，並立即報告監獄長官

當監獄或受刑人之安全受到危害可能之情況緊急，事實上來不及先得到監獄長官核准時，監獄人員自得先行實施，並立即報告監獄長官（辦法第7條第1項但書）。

伍 隔離保護之報備、通知與評估

監獄應將第1項措施之決定定期報監督機關備查。監獄施以隔離保護後，除應以書面告知受刑人外，應通知其家屬或最近親屬，並安排醫事人員持續評估其身心狀況。醫事人員認為不適宜繼續隔離保護者，應停止之。家屬或最近親屬有數人者，得僅通知其中一人（第22條第3項）。隔離保護後之報備、告知和通知、評估義務分述如下：

一、報備

監獄應將第1項措施之決定定期報監督機關（法務部矯正署）備查。亦即監獄應每月五日前，依指定方式登載前月份執行隔離保護情形，陳報監督機關備查（辦法第14條）。

二、告知和通知

監獄施以隔離保護後，除應以書面告知受刑人外，應通知其家屬或最近親屬，家屬或最近親屬有數人者，得僅通知其中一人。亦即監獄施以隔離保護後，應以電話、視訊或其他適當方式，通知受隔離保護者之家屬或最近親屬；家屬或最近親屬有數人者，得僅通知其中一人；其不能或無法通知者，得免通知。另製作受刑人施以隔離保護書（一式三聯），第一聯交由受刑人本人簽收，其拒絕或無法簽收者，應記明事由；第二聯送達其指定之家屬或最近親屬，不能或無法送達者，得免送達；第三聯留機關存查（辦法第7條第3項）。

三、評估

安排醫事人員持續評估其身心狀況。醫事人員認為不適宜繼續隔離保護者，應停止之。

（一）評估時機

1. 施以隔離保護後

亦即監獄施以隔離保護後，應通知衛生科安排合適之醫事人員評估收容人身心狀況。醫事人員評估後，認有不適宜繼續隔離保護者，應停止之（辦法第7條第2項）。

2. 有危害受刑人身心健康疑慮時

受刑人施以隔離保護期間，機關應按日填寫隔離保護受刑人觀察紀錄表陳報監獄長官。如認有危害受刑人身心健康疑慮時，應即通知醫事人員進行評估（辦法第8條第1項）。監獄或醫事人員認有妨害收容人身心健康疑慮者，應停止隔離保護（辦法第8條第3項）。

3. 施以隔離保護後，每滿五日

受刑人施以隔離保護後，每滿五日監獄應安排醫事人員進行訪視。醫事人員認有必要時，亦得隨時訪視並進行評估（辦法第8條第2項）。監獄或醫事人員認有妨害收容人身心健康疑慮者，應停止隔離保護（辦法第8條第3項）。

（二）進行評估得為事項

醫事人員為進行評估，得為下列事項（辦法第9條）：

1. 訪談受刑人。
2. 觀察受刑人行為。
3. 查閱受刑人健康資料。
4. 向其他相關人員詢問該受刑人狀況。
5. 請求監獄安排該受刑人進行必要之門診或健康檢查。
6. 請求監獄為完成評估之必要協助。

陸　隔離保護之限制

第1項隔離保護不得逾必要之程度，於原因消滅時應即解除之，最長不得

逾十五日（第22條第4項）。另監獄受刑人施以隔離保護期間，因戒送外醫住院治療、罹患疾病經醫師診斷需療養或有其他特別事由無法移入隔離保護舍房者，停止隔離保護之執行（辦法第13條）。故隔離保護之實施有如下限制：

一、應符合比例原則

隔離保護不得逾必要之程度，於原因消滅時應即解除之。

二、最長期限

最長不得逾十五日。

三、因特別事由停止隔離保護之執行

為確保因病或其他事由無法移入隔離保護舍房之受刑人健康權益或安全，如受刑人有特別事由無法移入隔離保護舍房者，停止隔離保護之執行。

柒 施以隔離保護應注意事項

監獄施以隔離保護時，應注意下列事項（辦法第11條）：

一、不得以隔離保護作為歧視或懲罰待遇。

二、施以隔離保護，最長不得逾十五日，並應隨時觀察受刑人行狀，已無第4條第1項或第2項所列情形者，應即解除隔離保護。

三、僅得為物理上、空間上隔離之保護措施，其輔導、給養、衛生醫療、運動、接見通信及其他必要之處遇仍應依監獄行刑法或相關矯正法規規定辦理，不得有差別待遇。

四、受刑人移入隔離保護舍房時，監獄人員應檢查其身體、衣類及攜帶之物品。

五、如有其他可行之替代隔離保護方法，應適時解除隔離保護，改為其他適當之處遇。

第三節 戒具、固定保護與保護室之使用

監獄戒護之作用，無論從其積極面或消極面言，其目的皆在追求安全，安全涵蓋人（執勤人員、受刑人、其他進出人員）、物（建築物、設備、工

具）之安全。為達成此戒護安全之目的，必須講求預防性、制止性及鎮壓性之戒護手段，監獄除以戒護勤務之安排為基本戒護手段外，戒具、固定保護與保護室之使用，亦皆係戒護上必要之法定手段。其中，戒具之使用，原係為刑罰工具之一種，如古代對人犯所使用之枷具或鎖具，為加重自由刑之方法，其後，並被當作監獄懲罰受刑人之手段。時至今日，隨著人權觀念之演進，戒具成為達成行刑目的不得已之手段，由於戒具使用之不得已性，對於受刑人身心或多或少會有不良影響，其形式及使用，應受到必要之限制。「聯合國在監人處遇最低標準規則」第33條指出：「各種戒具如手梏、鏈條、腳鐐、胸枷不得作為懲處之用，鏈條、腳鐐並不得用為戒護器具，其他戒具非合於下列情形之一，不得使用：一、押解在監人時，為警戒脫逃而使用者，但在司法機關或行政機關出庭時，應即解除。二、基於醫療上之原因，經醫務人員指揮使用者。三、為防止在監人自傷、傷人或毀損財物，經使用其他方法無效而由機構之長官命令使用者，在此情形下，該長官應即與醫務人員研商，並報告上級行政監督機關。」；第34條指出：「戒具之形式及使用方法，應由中央監獄主管官署決定之，其使用之時間，應不超過絕對必要之限度。」

我國同樣於監獄行刑法中，對於戒具之形式及施用（施用者，為使用之實際作為），予以明文限制。並對於得施用戒具之受刑人，因其行為表現，如認為有更進一步穩定其情緒之必要時，規定得單獨或合併施用戒具、固定保護或收容於保護室。且規定施用戒具、施以固定保護或收容於保護室，監獄不得作為懲罰受刑人之方法，使用有其限制且不得逾必要之程度。凡此，皆係以之為監獄戒護不得已之保護手段。

由於施用戒具、固定保護及收容於保護室均在拘束受刑人行動自由，監獄行刑法爰參酌「聯合國在監人處遇最低標準規則」第34條前段並為符法律保留原則，於其第23條第6項規定，第1項施用戒具、固定保護及收容於保護室之程序、方式、規格、第2項之通知及其他應遵行事項之辦法，由法務部定之。法務部依此訂定「監獄施用戒具與施以固定保護及保護室收容管理辦法」（以下簡稱辦法）公布施行。

壹 戒具之施用

一、法定原因

為防止監獄人員濫用職權或侵害人權，戒具之施用應以具有一定之法定

原因者為限。依監獄行刑法第23條第1項「受刑人有下列情形之一，監獄得單獨或合併施用戒具、施以固定保護或收容於保護室：一、有脫逃、自殘、暴行、其他擾亂秩序行為之虞；二、有救護必要，非管束不能預防危害。」換言之，受刑人依一定之行為表現及就客觀存在事實之認定，現在有產生脫逃、自殘、暴行或其他擾亂秩序行為之可能顧慮或有救護必要，非管束不能預防危害時，即符合對之施用戒具之法定原因。另監獄行刑法第24條規定「監獄戒護受刑人外出，認其有脫逃、自殘、暴行之虞時，得經監獄長官核准後，施用戒具。但不得逾必要之程度。」因此，戒護受刑人外出，亦為施用戒具之法定原因。分述之如下：

（一）有脫逃之虞

指受刑人有以非法之手段，脫離監獄之拘禁，回復自由行為之可能時。從受刑人一定之行為表現及就客觀存在事實認定，其有脫逃之企圖或預備行為，如私藏脫逃計畫書、路線圖或向他人表示脫逃之想法；或監獄評估戒護情勢後認定受刑人有脫逃之機會，如受刑人借提、出庭、移監、外醫、外役、返家奔喪時；或受刑人前有脫逃紀錄現仍有脫逃之可能，皆為施用戒具之法定原因。惟為順應民意並兼顧戒護安全，法務部於83年11月11日以法83監字第24504號函示，遇受刑人返家奔喪時，除年齡逾七十歲、行動不便者應免施用戒具外，輕刑犯亦得免予施用。

（二）有自殘之虞

指受刑人有以違反自然法則之手段，殘害自己身體、生命行為之可能時。從受刑人一定之行為表現及就客觀存在事實認定，其有自殘之企圖或預備行為，如草擬遺書或向他人表示自殘之想法；或受刑人曾多次自殘未遂現仍有自殘之可能，皆為施用戒具之法定原因。

（三）有暴行之虞

指受刑人有以暴力之手段，攻擊他人或毀損物品行為之可能時。從受刑人一定之行為表現及就客觀存在事實認定，其有暴行之企圖或預備行為，如向他人約定決鬥、私藏作業工具準備互毆；或曾多次對他人暴行現仍有暴行之可能，皆為施用戒具之法定原因。

（四）有其他擾亂秩序行為之虞

指受刑人有除上述列舉之脫逃、自殘、暴行行為以外，其他擾亂監獄秩序行為之可能時。從受刑人一定之行為表現及就客觀存在事實認定，其有其他擾亂秩序行為之企圖或預備行為，如互相約定集體鬧房、絕食、拒絕收封、拒絕作業；或曾多次擾亂秩序現仍有擾亂秩序之可能，皆為施用戒具之法定原因。

（五）有救護必要，非管束不能預防危害

指受刑人可能因身心障礙或一時情緒失控，陷於無法控制自我之狀態，從受刑人一定之行為表現及就客觀存在事實認定，其有救護必要，非管束不能預防危害，如以頭部撞擊設施情形，皆為施用戒具之法定原因。

（六）戒護受刑人外出

戒護受刑人外出，實務上，係監獄執行之一般例行性勤務，但次數頻繁、時間急迫，監獄職員仍須承擔受刑人可能脫逃之風險，乃有採暫時施用戒具手段且在任務完成後隨即解除戒具施用之必要。監獄行刑法第24條規定，監獄戒護受刑人外出，認其有脫逃、自殘、暴行之虞時，得經監獄長官核准後施用戒具，但不得逾必要之程度（第1項）。受刑人外出或於監獄外從事活動時，監獄得運用科技設備，施以電子監控措施（第2項）。旨在防止監獄職員濫用，而違反比例原則，並配合監獄科技化、智慧化趨勢，明定受刑人外出或於監獄外從事活動時，監獄得運用科技設備，施以電子監控措施，以取代戒具之施用。

二、施用時間

受刑人符合上述法定原因後，監獄有權決定是否採取施用戒具及施用何種戒具。至於其施用戒具之時間，監獄行刑法第23條第3項後段規定，施用戒具逾四小時者，監獄應製作紀錄使受刑人簽名，並交付繕本；每次施用戒具最長不得逾四十八小時，並應記明起訖時間，但受刑人有暴行或其他擾亂秩序行為致發生騷動、暴動事故，監獄認為仍有繼續施用之必要者，不在此限。

依監獄行刑法施行細則第22條規定，本法第23條第3項所稱暴動，指受刑人集體達三人以上，以強暴、脅迫方式，而有下列行為之一，造成監獄戒護管理失控或無法正常運作（第1項）：

（一）實施占據重要設施。

（二）控制監獄管制鑰匙，通訊或其他重要安全設備。

（三）奪取攻擊性器械或其他重要器材。

（四）脅持受刑人、監獄人員或其他人員。

（五）造成人員死亡或重大傷害。

（六）其他嚴重妨害監獄秩序或安全之行為。

本法第23條第3項及第25條第1項第3款所稱騷動，指受刑人聚集三人以上，以作為或不作為方式，遂行妨害監獄秩序或安全之行為，其規模已超越一般暴行或擾亂秩序，經命其停止而不遵從，尚未達暴動所定之者（第2項）。前二項情形是否達於本法第23條第3項繼續施用戒具之程度，監獄仍應斟酌各項狀況綜合判斷之，不得逾越必要之程度（第3項）。

至於因戒護受刑人外出而施用戒具之情形，在任務完成後應隨即解除其戒具之施用。

三、種類

戒具之種類，自古至今，形式繁多，如不加規範，將難以避免不人道形式之戒具，我國監獄行刑法第23條第3項規定，戒具以腳鐐、手銬、聯鎖、束繩及其他經法務部核定之戒具為限。依「監獄配備戒具種類規格表」（辦法第5條第2項），分述如下：

（一）腳鐐

1. 規格：以金屬、塑膠或其他合適之素材製作，重量以二公斤為限，如有必要，得加至三公斤。少年受刑人以一公斤為限，如有必要，得加至二公斤。
2. 功能：用以拘束受刑人腳踝，以管束其活動之器材。

（二）手銬

1. 規格：以金屬、塑膠或其他合適之素材製作，重量不得超過半公斤。
2. 功能：用以拘束受刑人手腕，或聯結其他適當之固定物，以管束其活動之器材。

（三）聯鎖

1. 規格：以金屬、塑膠或其他合適之素材製作，重量以二公斤為限，如有必要，得加至三公斤。少年受刑人以一公斤為限，如有必要，得加至二公斤。
2. 功能：圍鎖於受刑人腰間，並互相聯結或聯結其他適當之固定物，用以拘束受刑人行動自由，以管束其活動之器材。

（四）束繩

1. 規格：以塑膠或其他合適之素材製作。
2. 功能：用以拘束受刑人手腕或腳踝，以管束其活動之器材。

（五）其他經法務部核定之戒具

除腳鐐、手銬、聯鎖及束繩以外，用於限制受刑人行動之器材，其種類及核定程序由法務部定之。

對於受刑人施用戒具，以上述列舉之四種法定戒具及其他經法務部核定者為限，監獄不得使用其他任何未經法務部核定之器具拘束受刑人之行動自由，以維護受刑人之自尊與權益。監獄因勤務需要須增購戒具，應將規劃購買之原因、戒具樣式、規格及數量陳報監督機關核定後，始可購置（辦法第9條）。至於壓舌板之使用，法務部77年7月9日法77監字第0850號函示，認為屬醫療器材，遇有人犯罹患精神或生理疾病如癲癇症發作等情形時，為防止其自行傷及舌、牙或高聲叫喊致影響監內安寧秩序而無法防止時，權宜使用之，尚無關法定戒具之施用。

四、施用之程序

在發生施用戒具之情況，經初步判斷有施用之必要時，應經如下之程序：

（一）應經或得經監獄長官核准

依監獄行刑法第23條第4項前段規定，施用戒具應經監獄長官核准；同法第24條規定，得經監獄長官核准。換言之，原則上，監獄對受刑人施用戒具，應經或得經監獄長官核准，始得對其施用。此處所指監獄長官，指監獄之首長及其授權人而言（辦法第2條），授權人包括監獄副首長、秘書、戒護主管及

其他經核定之督勤人員等。

（二）緊急時得先行使用

依監獄行刑法第23條第4項但書規定，情況緊急時，得先行為之，並立即報告監獄長官核准之。換言之，使用戒具之情況，有可能非常緊急，時間上不允許先得到監獄長官核准再行施用，此時，基於緊急排害原則，基層戒護管理人員斟酌情況得先行施用，並應即補行前項程序，立即向監獄長官報告（辦法第3條）。監獄長官得到報告後，如認為無使用之必要，自得命令解除，如認為須繼續施用，則應加核准。

五、報備與評估

為保障受刑人權益、維護受刑人身心健康，依監獄行刑法第23條規定，施用戒具後之報備與評估義務分述如下：

（一）報備

監獄應定期將第1項措施實施情形，陳報監督機關備查（第4項後段）。亦即監獄應每月五日前，依指定方式登載前月份施用戒具、施以固定保護及保護室收容情形，陳報監督機關備查（辦法第20條第2項）。

（二）評估

受刑人有第1項情形者，監獄應儘速安排醫事人員評估其身心狀況，並提供適當之協助。如認有必要終止或變更措施，應即報告監獄長官，監獄長官應為適當之處理（第5項）。亦即監獄長官核准施用戒具、施以固定保護或收容於保護室後，應通知衛生科安排合適之醫事人員評估受刑人身心狀況。醫事人員評估後，認有必要終止或變更措施，應即報告監獄長官處理（辦法第3條第3項）。

六、施用限制

（一）施用原則之限制

監獄對受刑人施用戒具、施以固定保護或收容於保護室之決定及所採之施用方式，應依下列原則為之（辦法第4條第1項）：

1. 施用戒具、施以固定保護或收容於保護室及所採之方式應有助於目的之

達成。

2. 有多種同樣能達成目的之方法時，施用戒具、施以固定保護或收容於保護室及所採之方式為對受刑人權益損害最少者。

3. 施用戒具、施以固定保護或收容於保護室及所採之方式所造成之損害不得與欲達成目的之利益顯失均衡。

（二）懲罰使用之限制

施用戒具依「聯合國在監人處遇最低標準規則」第33條規定，各種戒具如手銬、鏈條、腳鐐、胸枷不得作為懲處之用，依監獄行刑法第23條第2項規定「前項施用戒具、施以固定保護或收容於保護室，監獄不得作為懲罰受刑人之方法。」符合上述聯合國在監人處遇最低標準規則之意旨。

（三）種類、時間和必要程度之限制

由於施用戒具、施以固定保護或收容於鎮靜室，係最後不得已手段，其形式及使用，應受必要之節制，依此，除監獄行刑法第23條第3項規定戒具種類及施用戒具時間限制外，同法第24條第1項但書，亦對監獄戒護受刑人外出施用戒具部分規定不得逾必要之程度，以防止濫用。

七、應製作書面資料及記錄內容

施用戒具之核准、變更與終止過程，及起訖時間與原因，應記錄於受刑人施用戒具紀錄表。施用戒具逾四小時者，監獄應使受刑人於受刑人施用戒具紀錄表上簽名，並交付紀錄表繕本，受刑人拒絕或無法簽收者，監獄應於紀錄表上記明事由（辦法第6條）。

經監獄認為受刑人有暴行或其他擾亂秩序行為致發生騷動或暴動事故，而有繼續施用戒具之必要者，應於施用屆滿四十八小時前填寫受刑人繼續施用戒具報告表，經監獄長官核准後，始得繼續施用，每次不得逾二十四小時。前項經核准繼續施用戒具者，監獄人員應每日將觀察情形記明於受刑人繼續施用戒具觀察紀錄表（辦法第7條）。此所指監獄人員，指監獄之戒護人員（辦法第2條）。

八、施用應注意事項

施用戒具應注意下列事項（辦法第8條）：

（一）應隨時觀察受刑人行狀，已無本法第23條第1項、第3項但書所列情形

者,應即終止。

(二) 施用戒具應由監獄人員為之。

(三) 應避免使用破損或不潔之戒具。

(四) 應避免過緊或姿勢不當造成疼痛。

(五) 應提供適當材質護套,以避免因施用戒具後摩擦頻繁而造成其他傷害。

(六) 如施用戒具已成傷,應改變施用方式或終止之。

(七) 施用戒具不得遮蔽受刑人之視線。

(八) 受刑人如有以頭部撞擊牆壁等自殘行為時,監獄得施用以泡棉或其他防撞素材製作之護具,保護其頭部之安全。但不得逾必要之程度,且應注意護具之清潔衛生。

九、戒具之管理維護

監獄應規劃指定處所存放戒具,指派專人負責維護,控管其數量、領用及歸還情形,並設簿登記(辦法第20條第1項)。

十、戒具施用指引與訓練

為使各監獄人員對於施用戒具有所依循,建立監獄人員於實務上施用戒具之正確觀念,監督機關應訂定戒具之施用指引,並提供監獄人員相關之教育訓練(辦法第21條)。

貳 固定保護之使用

一、法定原因

依監獄行刑法第23條第1項之規定,「受刑人有下列情形之一,監獄得單獨或合併施用戒具、施以固定保護或收容於保護室:一、有脫逃、自殘、暴行、其他擾亂秩序行為之虞;二、有救護必要,非管束不能預防危害。」換言之,使用之法定原因,除戒護受刑人外出不適用外,餘與戒具、保護室同。對於部分意圖脫逃、自殘、暴行、鬥毆、精神錯亂行為瘋狂及其他認為必須緊急救護管束之受刑人,顯有施用法定戒具仍無法防制,而有即時處置之必要時,將之暫時予以固定保護,但不得逾達成執行目的之必要程度。

二、施用方式

　　固定保護，係針對有使用戒具之必要，但單純施用法定戒具仍無法防制，而有即時處置之必要時，所為之暫時處置措施。依法務部「強化戒護及醫療管理實施計畫」中，明定固定保護之實施方式為：

（一）應固定保護於病床（置有輪子可隨意移動），嚴禁使用擔架。

（二）固定保護前後，得依法使用戒具。

（三）固定保護時，酌參精神病醫院保護室使用之棉布條固定之，手部宜一上一下（十五至二十分鐘左右變換一次）或兩手均往下垂放，不宜兩手均往上固定，頭部如有必要則配戴安全帽保護之。

　　監獄施以固定保護，得以保護性約束工具，拘束受刑人身體或四肢。保護性約束工具種類及規格如下（辦法第10條）：

（一）四肢約束帶：指以棉、布或其他合適之素材製作，用以拘束保護受刑人手腕或腳踝，限制其四肢活動或固定於病床之器材。

（二）胸部約束帶：指以棉、布或其他合適之素材製作，用以拘束保護受刑人胸部，限制其身體活動或固定於病床之器材。

（三）腹腰部約束帶：指以棉、布或其他合適之素材製作，用以拘束保護受刑人腹部或腰部，限制其身體活動或固定於病床之器材。

（四）約束手套：指以棉、布或其他合適之素材製作，用以拘束保護受刑人手掌，限制其手掌活動之器材。

（五）其他經監督機關核定之保護性約束工具。

三、施用時間

　　施以固定保護，依監獄行刑法第23條第2項之規定，每次最長不得逾四小時。

四、施用之程序、報備與評估

　　與戒具、保護室同。

五、通知

　　監獄除應以書面告知受刑人外，並應通知其家屬或最近親屬。家屬或最近親屬有數人者，得僅通知其中一人（監獄行刑法第23條第2項後段）。監獄施以固定保護後，應以電話、視訊或其他適當方式，通知受固定保護者之家屬或

最近親屬；家屬或最近親屬有數人者，得僅通知其中一人；其不能或無法通知者，得免通知。另製作受刑人施以固定保護書（一式三聯），第一聯交由受刑人本人簽收，其拒絕或無法簽收者，應記明事由；第二聯送達其指定之家屬或最近親屬，不能或無法送達者，得免送達；第三聯留監獄存查（辦法第11條第2項）。

六、施用限制

除監獄戒護受刑人外出不適用外，與戒具、保護室同。

七、應製作書面資料及記錄內容

施以固定保護之核准、變更與終止過程，及起訖時間與原因，應記錄於受刑人施以固定保護紀錄表（辦法第11條第1項）。監獄應指派專人觀察及錄影，記錄受固定保護者之行狀，每十五分鐘將受固定保護者之情緒反應、行為表現、生命徵象、肢體血液循環等情形，於受刑人施以固定保護觀察紀錄表記明之（辦法第12條第1項）。

八、使用應注意事項

施以固定保護應注意下列事項（辦法第13條）：
（一）施以固定保護，每次不得逾四小時，並應隨時觀察受刑人行狀，已無本法第23條第1項所列情形者，應即終止。
（二）施以固定保護應由監獄人員為之。
（三）施以固定保護前，監獄人員應檢查受刑人身體、衣類及保護處所。
（四）應將受刑人固定保護於推（病）床，並嚴禁固定於擔架上。
（五）應注意受刑人頭部、身體或四肢之安全。
（六）應避免使用破損或不潔之保護性約束工具。
（七）受刑人肢體上有動靜脈瘻管者，應避免於該肢體使用保護性約束工具。
（八）保護性約束工具之使用應注意鬆緊適宜。
（九）施以固定保護不得遮蔽受刑人之視線。
（十）受刑人如有以頭部撞擊牆壁等自殘行為時，監獄得施用以泡棉或其他防撞素材製作之護具，保護其頭部之安全。但不得逾必要之程度，且應注意護具之清潔衛生。

九、終止或變更保護措施

經觀察發現前項受刑人之肢體血液循環不良如腫脹、膚色變化或發紺，或生命徵象不穩定等情形者，應立即終止或變更保護措施，並安排醫事人員提供適當之協助（辦法第12條第2項）。

另有下列情形之一者，不宜施以固定保護，已施用者應即終止之（辦法第14條）：

（一）有癲癇發作史。

（二）肢體或脊髓有神經或骨骼之問題，施以固定保護將使該問題惡化。

十、固定保護工具之管理維護

監獄應規劃指定處所存放固定保護工具，指派專人負責維護，控管其數量、領用及歸還情形，並設簿登記（辦法第20條第1項）。

十一、固定保護施用指引與訓練

為使各監獄人員對於施以固定保護有所依循，建立監獄人員於實務上施以固定保護之正確觀念，監督機關應訂定固定保護之施用指引，並提供監獄人員相關之教育訓練（辦法第21條）。

參 保護室之使用

一、法定原因

依監獄行刑法第23條第1項之規定，「受刑人有下列情形之一，監獄得單獨或合併施用戒具、施以固定保護或收容於保護室：一、有脫逃、自殘殺、暴行、其他擾亂秩序行為之虞；二、有救護必要，非管束不能預防危害。」換言之，保護室使用之法定原因，除戒護受刑人外出不適用外，餘與戒具同。惟保護室，顧名思義，較適於情緒極端激動或有嚴重攻擊傾向之受刑人使用，在施用戒具仍無法防制，而有進一步處置之必要時，保護室提供了另一種選擇。

二、設置形式

保護室為經特殊設計之保護處所，保護室採單人舍房方式設置，應有適當之通風及光線，並應保持清潔。其牆壁、天花板及房門地板之外表，應裝設防撞軟墊或其他保護性設施、隔音及對講設施（辦法第15條）。

三、施用時間

收容於保護室,依監獄行刑法第23條第2項之規定,每次最長不得逾二十四小時。

四、施用之程序、報備與評估

與戒具、固定保護同。

五、通知

監獄除應以書面告知受刑人外,並應通知其家屬或最近親屬。家屬或最近親屬有數人者,得僅通知其中一人(監獄行刑法第23條第2項後段)。監獄將受刑人收容於保護室後,應以電話、視訊或其他適當方式,通知收容於保護室者之家屬或最近親屬;家屬或最近親屬有數人者,得僅通知其中一人;其不能或無法通知者,得免通知。另製作受刑人收容於保護室書(一式三聯),第一聯交由受刑人本人簽收,其拒絕或無法簽收者,應記明事由;第二聯送達其指定之家屬或最近親屬,不能或無法送達者,得免送達;第三聯留監獄存查(辦法第16條第2項)。

六、施用限制

除監獄戒護受刑人外出不適用外,與戒具、固定保護同。

七、應製作書面資料及記錄內容

收容於保護室之核准、變更與終止過程,及起訖時間與原因,應記錄於受刑人收容於保護室紀錄表(辦法第16條第1項)。監獄應指派專人觀察收容於保護室者之行狀,每小時將觀察情形於受刑人收容於保護室觀察紀錄表記明之(辦法第17條第1項)。收容於保護室合併施以固定保護者,受刑人之行狀觀察及記錄,依第11條、第12條及第14條之規定行之(同條第2項)。

八、使用應注意事項

監獄對收容於保護室之受刑人,應注意下列事項(辦法第18條):
(一)收容於保護室,每次不得逾二十四小時,並應隨時觀察受刑人行狀,已無本法第23條第1項所列情形者,應即終止。
(二)收容於保護室前,監獄人員應檢查受刑人之身體、衣類及攜帶之物品。

（三）接見方式得以視訊接見行之。

九、收容於保護室之受刑人應遵守事項

收容於保護室之受刑人，應遵守下列事項（辦法第19條）：

（一）不得使用電器物品。

（二）不得持有或使用衣被及盥洗用具等日常必需用品以外之物品。

（三）不得吸菸。

第四節　戒護器械之使用

戒護器械除了棍、刀、槍之使用外，尚包括電擊棒、瓦斯槍等戒護裝備或器械。「聯合國在監人處遇最低標準規則」第54條之1指出：「機構之職員，對於在監人非因自衛、防止脫逃或排除其對於合法命令之消極或積極抵抗，不得使用強制力，在使用時，不得超過絕對必要之範圍，並應立即報告其事由於機構之長官」。同條之3指出：「在職務上直接與在監人接觸之人員，除遇有特別情形外，不得攜帶戒護器械。更有宜加注意者，職員非曾受戒護器械使用訓練者，絕不應配受戒護器械」。換言之，棍、刀、槍及其他經法務部核定之器械之使用，係不得已之強制力手段，無論在攜帶人員或使用時機上，皆應受嚴格之限制；且棍、刀、槍、器械等使用方法亦有需要規定，以保障受刑人權利。

棍、刀、槍及其他經法務部核定之器械，皆屬具有殺傷力之戒護器械，與戒具同為戒護上對受刑人使用強制力時必要之法定器具。依監獄行刑法第25條第3項規定「前二項棍、刀、槍及器械之種類、使用時機、方法及其他應遵行事項之辦法，由法務部定之。」其目的在防範戒護器械之濫用，避免侵害人權。法務部依此訂定「監獄及看守所器械使用辦法」（以下簡稱辦法）公布施行。

壹　戒護器械之種類

所稱戒護器械，指依監獄行刑法第25條第1項經法務部核定之棍、刀、槍及其他器械（辦法第3條第1項）。前項器械之種類及規格，經法務部核定如附

表（監獄及看守所配備器械種類規格表）（辦法第3條第2項）。

貳 使用攜帶人員

　　由監獄行刑法第25條第1項「監獄人員得使用棍、刀、槍及其他經法務部核定之器械為必要處置」之規定中可知，監獄人員為依法受允許使用棍、刀、槍及其他經法務部核定之器械之監獄職員。棍、刀、槍及其他經法務部核定之器械使用之基本條件為使用者必須係曾受戒護器械使用訓練且被允許攜帶者。我國監獄職員中，曾受過戒護器械使用訓練且被允許攜帶者，為直接負責戒護管理之人員，包括管理員、主任管理員、科員、專員、戒護科長及典獄長。

　　監獄於發生重大特殊情形，需緊急調用戒護人員以外之人員支援時，得經機關長官允許並在其指揮監督下，使用附表所列之器械，並遵行本辦法所規定之事項（辦法第14條）。

參 使用之時機

　　由於棍、刀、槍及其他經法務部核定之器械之使用係不得已之強制力手段，因此，非不得已，應儘量避免使用。依監獄行刑法第25條第1項規定，有下列事項之一，得使用為必要處置：

一、受刑人對於他人生命、身體、自由為強暴、脅迫或有事實足認為將施強暴、脅迫時（第1款）

　　所謂「他人」，指受刑人以外之其他任何人，不限於其他受刑人或監獄工作人員。所謂「強暴」，指暴力行為，但不以腕力為限。所謂「脅迫」，指威脅逼迫行為，即以勢力強迫他人服從己意。為強暴、脅迫或有事實足認為將施強暴、脅迫時，指受刑人對於他人之生命、身體、自由，已施暴力（不以腕力為限），或已有施暴之脅迫行為發生，或有事實足認為將施強暴、脅迫，非使用棍、刀、槍及其他經法務部核定之器械為必要處置無法予以防止而言。

二、受刑人持有足供施強暴、脅迫之物，經命其放棄而不遵從時（第2款）

所稱足供施強暴、脅迫之物，經命其放棄而不遵從時，指受刑人持有足以實施強暴、脅迫之液體、氣體、固體或其他化學物品，經命其放棄，而仍不放棄之事實發生而言。

三、受刑人聚眾騷動或為其他擾亂秩序之行為，經命其停止而不遵從時（第3款）

所稱受刑人聚眾騷動或為其他擾亂秩序之情形，指受刑人多眾集合、騷動擾亂、意圖不軌、不服制止之行為發生時而言。

四、受刑人脫逃或圖謀脫逃不服制止時（第4款）

所稱受刑人脫逃之情形，指除受刑人自身脫逃行為外，他人以強暴方法劫奪受刑人或幫助受刑人脫逃之行為亦包括之。所稱受刑人圖謀脫逃不服制止之情形，指受刑人圖謀脫逃而抗拒逮捕，或不服制止而仍脫逃之行為發生時而言。

五、監獄之裝備、設施遭受劫奪、破壞或有事實足認為有受危害之虞時（第5款）

所稱監獄之裝備、設施遭受劫奪、破壞或有事實足認為有受危害之虞時，指監獄之裝備、設施正遭受監獄內外人為劫掠搶奪、故意破壞或有事實足認為有裝備、設施可能遭受人為危害（人力造成之阻礙及損害）之緊急狀況發生。

肆 使用之原則

監獄人員對受刑人使用器械時，應依下列原則為之（辦法第5條第1項）：
一、使用器械應有助於目的之達成。
二、有多種同樣能達成目的之方法時，使用器械為對收容人權益損害最少者。
三、使用器械所造成之損害不得與欲達成目的之利益顯失均衡。
前項判斷，監獄人員應依使用器械當時之合理認知，並考量事件輕重、急

迫程度及器械危害程度等，審慎為之（辦法第5條第2項）。

伍 使用之限制

依監獄行刑法第25條第1項，監獄人員使用棍、刀、槍及其他經法務部核定之器械「為必要處置」之規定。即使用應注意下列之限制：

一、監獄人員使用器械應事先警告。但情況急迫者，不在此限（辦法第6條第1項）。使用器械原因已消滅者，應即停止使用（辦法第6條第2項）。

二、監獄人員使用器械時，如非情況急迫，應注意勿傷及其人致命部位，並應注意勿傷及其他之人（辦法第7條）。

三、監獄人員使用器械時，如有必要得同時使用二種以上（辦法第8條）。

四、監獄人員使用器械時，應顯示足資識別之標誌或證件。但情況急迫或遇重大特殊情形時，不在此限（辦法第9條）。

五、監獄人員於使用器械後，有下列情形之一者，應即報告機關長官（辦法第10條第1項）：

（一）以器械施加於對方或造成身體傷害。

（二）持器械命受刑人停止舉動或服從指示。

監獄人員使用器械後，對方如有不適或外傷者，監獄應即安排醫師診治或戒送醫療機構醫治（辦法第10條第2項）。

第1項情形，機關人員應於三日內填寫使用器械報告表，陳報監獄長官。但第1項第2款情形僅使用警棍者，不在此限（辦法第10條第3項）。

六、監獄人員使用器械因而致人於死或重傷者，監獄應即向監督機關通報（辦法第11條第1項）。前條第3項使用器械報告表，應按月陳報監督機關（辦法第11條第2項）。

由於槍械之使用容易有致命可能，因此相較於其他器械之使用，應更加嚴謹審慎，因此，監獄行刑法第25條第2項規定，監獄人員使用槍械「以自己或他人生命遭受緊急危害為限，並不得逾必要之程度。」以防範有濫用之情事。

陸 依規定使用之法律效果

監獄管理人員依監獄行刑法第25條規定使用棍、刀、槍或其他器械之行

為，為依法令之行為。換言之，依法正確使用警棍或槍械之監獄管理人員，因未逾使用之必要程度，其行為即具社會相當性，得阻卻違法，自不待言。

柒 器械之保管維護

監獄應劃定特定處所依規定存放器械，指派專人負責維護，控管其數量、領用及歸還情形，並予以記錄（辦法第12條）。

捌 使用指引與教育訓練

監督機關應訂定器械使用及管理之指引，並提供監獄人員相關之教育訓練（辦法第13條）。

第五節 天災事變之應變處置

監獄聚集大量之受刑人，動輒數百人、數千人，一旦遭受外來侵擾、內部騷亂，為防衛受刑人生命及維護機關安全必須立即加以排除；另如遭遇到諸如地震、風災、水災等天然災害之襲擊，或突然發生諸如戰爭、失火等事出突然，令人措手不及之重大變故情事時，亦必須立即採取行動救護防衛受刑人。因此，在平常戒護之外，監獄對於天災、事變發生時之特殊狀況，應有加強戒護之應變處置。依監獄行刑法相關規定，應變之時機及處置方式如下：

壹 應變之時機

一、天災發生時

所謂天災指天然之災害，凡足以危害監獄安全及受刑人生命之非人為因素所造成之災害皆屬之。如地震、風災、水災等是。

二、事變發生時

所謂事變指事出突然之變故，凡由人為因素所造成，足以危害監獄安全及

受刑人生命者皆屬之。如戰爭、空襲、失火、外界滋擾等是。

貳 應變之處置方式

一、天災、事變發生前之防範措施

（一）訂定應變計畫，辦理應變演習

為處理天災、事變所引發之各種事故，監獄應預先訂定各項處理事故之緊急應變計畫，辦理各項應變演習。法務部進一步於86年3月24日以法86監決字第07963號函頒之「落實獄政管教計畫」中提示，各監院所應依該計畫所附重大事故處理要點提示原則，自行擬定各種應變計畫，定時舉行演練，使同仁熟悉應變編組及技巧。

（二）請求警察機關或其他相關機關協助加強安全戒備及受刑人之戒護

在預知或經研判天災、事變可能發生時，監獄應調度人力加強安全戒備及受刑人之戒護。依監獄行刑法第26條第1項規定「監獄遇有重大特殊情形，為加強安全戒備及受刑人之戒護，必要時得請求警察機關或其他相關機關協助。」換言之，監獄在以本身警力加強安全戒備及受刑人之戒護後，仍有不足，必要時得依該條規定請求警察機關或其他相關機關協助。此項規定，係平時基於防範天災、事變可能發生，諸如受刑人移監執行、外界滋擾可能引發事故之考量，請求警察機關或其他相關機關協助所適用之法律依據。監獄行刑法施行細則第23條亦規定，監獄應依本法第26條第1項規定與警察機關或其他相關機關保持聯繫。必要時，並得洽訂聯繫、支援或協助之相關計畫或措施，以利實際運作。

法務部與內政部警政署曾針對保安警察警力支援收容人移監勤務，舉行共同研討會議，會議結論為（法務部88年9月4日法88矯決字第034240號函示）：

1. 大規模、特殊性（有治安顧慮）之移監，移送機關所屬警力不足時，得請求警方協助，一般、例行性任務則由移送機關之警力負責。
2. 未來內政部警政署保安警力完全配賦地方警察機關，惟在必須執行之政策下，前述大規模、特殊性移監，歸屬地方警察機關協助，如勤務需跨

越縣市界，則請當地相關警察局及分局引導、支援，以防萬一。

3. 各監、院、所與當地警察局，平時有支援協定，根據此協定，大規模、特殊性移監，可逕向當地警察局提出支援請求，並副知內政部警政署，俾通報相關單位提供協助。

至於因其他情況有請求警察機關或其他相關機關協助之必要者，各監獄自可根據監獄行刑法之規定，逕向當地警察機關或其他相關機關提出支援請求。

二、天災、事變發生時之處置

（一）依應變計畫實施應變

在天災、事變發生時，各監獄應依事先擬訂之應變計畫實施應變，迅速妥善處理。為增進犯罪矯正機關處理較容易發生之暴動、火災、地震、脫逃等重大事故之技巧，法務部矯正署特頒訂有「所屬矯正機關處理重大事故作業要點」以為規範。

（二）得令受刑人分任災害防救工作

監獄遭遇天災、事變，如係基於共同之安全為防衛性災害防救工作時，在斟酌本身員工人力調度及災情之嚴重性後，為防護監獄設施及受刑人安全時，依監獄行刑法第26條第2項規定，得由受刑人分任災害防救工作。惟如依本條令受刑人分任災害防救工作時，應注意受刑人之安全並須防備其趁機滋事或脫逃；至於有無請求軍警協助防衛之必要，應由典獄長判斷決定。

（三）得將受刑人護送於相當處所，並得暫行釋放

天災、事變情形嚴重，縱為一切之防衛工作，仍無法有效防避時，監獄在不得已之情形下，必須為進一步之緊急疏散處置。依監獄行刑法第27條第1項規定，遇有天災、事變在監內無法防避時，得將受刑人護送於相當處所；不及護送時，得暫行釋放。換言之，天災、事變災情擴大，如將受刑人置於監內，恐員工與受刑人之生命都將不保，此時，典獄長得斟酌實際狀況，將受刑人撤離監獄護送至相當處所，所謂相當處所，係指監獄外安全且利於戒護之處所；如情勢急迫，來不及護送時，基於緊急避難考量並得採取暫行釋放，令其自行逃生。典獄長依監獄行刑法第27條第1項之規定處置時，依矯正機關處理

重大事故作業要點，應先報經法務部矯正署核准後，始得為之。所謂暫時釋放，乃令受刑人暫時脫離公權力之拘禁，其係基於監獄緊急避難之命令所為之暫時處置，受刑人之身分並未因此而變更。因此，本條第2項規定「前項暫時釋放之受刑人，由離監時起限四十八小時內，至該監或警察機關報到。其按時報到者，在外期間予以計算刑期；屆期不報到者，以脫逃罪論處。」換言之，四十八小時為暫時釋放之合法時間，如逾四十八小時之報到時限，則受刑人脫離公權力拘禁之狀態，將被視同脫逃，而由法律以脫逃罪論處。另此處所謂警察機關，指任何處所之警察單位（如警察局、分局、分駐所、派出所等），並不以監獄所在地者為限。

（四）注意通報

監獄遇有天災事變、脫逃、殺傷、死亡、暴動等事故時，除應即妥為處理外，依矯正機關處理重大事故作業要點，矯正機關發生重大事故時，危機處理小組應立即做必要處置，並於事發半小時內以電話或其他最迅速之方式報告法務部矯正署。此項要求迅速通報之目的，乃在使法務部矯正署能有效掌握事故實況，俾利危機之處理。

第六節　返家探視

受刑人與其家庭間之關係，為雙方利益計，必須保持者，對於彼關係之維持與增進，機構應予特別注意。此見諸於「聯合國在監人處遇最低標準規則」第79條。因此，在受刑人之家庭有特別事故時或受刑人有特別獎勵時，給予一定期間之探視假，對於受刑人與其家庭間關係之維持與增進，有極大之助益。我國有關受刑人得返家探視之規定，最早見諸於民國29年7月15日公布之「徒刑人犯移墾實施辦法」第17條「第二級以上之受刑人，得不加監視遣居農舍，並得許其省視眷屬或與眷屬同居」之規定，其後始陸續於行刑累進處遇條例、外役監條例暨監獄行刑法中予以規定。我國對於受刑人之返家探視，大致上可分成因特別事由之返家探視及因行狀表現之返家探視。受刑人返家探視條件、對象、次數、期間、費用、實施方式、核准程序、審查基準、核准後之變更或取消及其他應遵行事項之辦法，由於涉及受刑人權益，監獄行刑法第28條第3項規定，由法務部定之。法務部依此訂定「受刑人及被告返家探視辦法」

（以下簡稱辦法）公布施行。

壹 因特別事由之返家探視

　　受刑人雖非表現良好，但因其家庭發生特別事故，基於孝道倫理之考量，給予一定期間之探視假，可藉以安定其情緒，並維持其與家庭間之互動關係。相關法規中對於受刑人特別返家探視之規定，有如下三種：

一、一般監獄受刑人之特別返家探視

　　一般監獄受刑人，依監獄行刑法第28條規定，有下列情形，得經監獄長官核准戒護下返家探視：

（一）申請返家探視之要件

1. 受刑人之祖父母、父母、配偶之父母、配偶、子女或兄弟姐妹喪亡時（第1項）（辦法第3條）

   此所謂祖父母，指父或母之父母；所謂父母，除指己身所從出者外並包括養父母，但繼父母依民法之規定係屬姻親而非其父母，不包括之（64年6月24日前司法行政部台64函監字第05396號函參照）；所謂配偶，指有合法婚姻關係存在者；所謂子女，除從己身所出者外並包括養子女。受刑人依本項准許返家奔喪者，對同一事故准許之次數，應以一次為限（71年3月2日法務部法71監字第2509號函參照），若其事故不同，如喪亡者之入殮、出殯非同時辦理，自可酌情分別核定（73年3月26日法監73字第3358號函參照）。受刑人依此情形申請返家探視，得經監獄長官核准戒護返家探視，由各監獄自行核辦，勿須報法務部矯正署核准。惟各監獄於辦理後，仍應報法務部矯正署備查（64年1月13日前司法行政部台64函監字第00309號函參照）。

2. 受刑人因重大或特殊事故，有返家探視之必要時（第2項）（辦法第4條）

   此所謂重大或特殊事故，指下列情形之一而言：

   (1) 收容人之祖父母、父母、配偶之父母、配偶、子女或兄弟姊妹，有生命危險。

   (2) 因災害防救法第2條第1款所列災害，致收容人之祖父母、父母、配

偶之父母、配偶、子女或兄弟姊妹遭受重大傷害。

受刑人以重大或特殊事故為理由，請求返家探視者，監獄斟酌實際情形，認確有必要時，經報請監督機關（法務部矯正署）核准後，準用第1項返家探視之規定。換言之，監獄僅審查其是否必要，至於核准權在監督機關。

（二）申請返家探視之程序、期限及次數

1. 程序（辦法第5條第1項）

   前二條之返家探視，應由收容人或其親友提出申請書向機關申請之。由收容人親友申請者，機關應於接獲相關文件後，立即轉交收容人，並記明接獲及轉交時間，經收容人確認同意返家探視後辦理之。

2. 期限（辦法第5條第2項）

   前項申請，應於下列各款所定期間內向機關提出：

   (1)第3條之返家探視，應於死者亡故日起至喪葬前二日。

   (2)前條第1款之返家探視，應於醫療機構開立之病危通知書或其他足資證明生命危險文件之三日內。

   (3)前條第2款之返家探視，應於災害發生後三十日內。

   第1項之申請，如遇交通阻斷或其他特殊重大情事，機關長官得視情形不受前項各款所定日數之限制。

3. 次數（辦法第5條第3項）

   返家探視之申請，同一事由以一次為限。

（三）申請返家探視之應備文件、文件補正及傳送方式

1. 依第3條申請返家探視應檢附文件（辦法第6條）

   (1)死者之死亡證明書。

   (2)訃聞或其他足資證明喪葬日期及地點之文件。

   (3)足資證明收容人與死者關係之戶政或其他相關文件。

2. 依第4條第1款申請返家探視應檢附文件（辦法第7條）

   (1)醫療機構開立之診斷書。

   (2)醫療機構開立之最近三日內病危通知書或其他足資證明病危之文件。

   (3)足資證明收容人與探視對象關係之戶政或其他相關文件。

3. 依第4條第2款申請返家探視應檢附文件（辦法第8條）

(1) 醫療機構開立之診斷書，或其他足資證明重大傷害之文件。

(2) 足資證明探視對象遭受災害防救法第2條第1款所列災害之文件。

(3) 足資證明收容人與探視對象關係之戶政或其他相關文件。

4. 文件補正及傳送方式（辦法第9條）

申請人依第6條至前條提出之申請文件不備時，機關應限期通知其補正（第1項）。第6條至前條之文件，得以傳真、網際網路或其他適當方式傳送之。

（四）不予核准及處理

1. 不予核准之情形（辦法第10條第1項）

有下列情形之一者，應不予核准返家探視之申請：

(1) 由親友申請返家探視，而收容人不同意。

(2) 未依第5條規定提出申請書或檢附相關文件，不能補正；或依前條規定限期補正，屆期不補正。

(3) 申請探視對象與收容人間，不符第3條或第4條各款所定之關係。

(4) 申請返家探視之事由，不符第3條或第4條各款規定。

(5) 同一事由業經核准並已返家探視完竣。

(6) 申請時已逾第5條第2項所定期間。

(7) 偽造或變造第6條至第8條各款之文件。

(8) 返家探視處所與機關間，路程往返所需時間，顯逾二十四小時。

(9) 有事實足認核准返家探視有脫逃，或嚴重危害公共秩序、社會安全之虞。

2. 受理申請之處理（辦法第10條第2項）

機關受理第4條之申請，除認為有前項各款情形而不予核准者外，應儘速檢附相關文件陳報監督機關辦理。

（五）申請返家探視日期及處所變更之處理（辦法第11條）

收容人返家探視之日期及地點經核准後，有正當理由認非變更無法為返家探視時，其依第3條規定申請者，應經機關長官核准；依第4條各款申請者，應報請監督機關核准，始得變更。

（六）申請返家探視之費用（辦法第12條）

收容人因返家探視所生之個人交通費及其他必要費用，應由收容人自行負擔。

（七）返家探視之取消（辦法第13條）

經核准之返家探視，有下列各款情形之一，得取消之（第1項）：

1. 收容人撤回申請或同意。
2. 第3條及第4條各款所定返家探視之事由消滅或依客觀事實已無返家探視之必要者。
3. 於返家探視路程中，收容人有監獄行刑法第25條第1項第1款至第4款所定之情形。
4. 於返家探視路程中遭遇天災、事變、突發事件或其他不可抗力因素，致無法續為返家探視。

返家探視係由機關長官核准者，前項取消由機關為之；返家探視係由機關報請監督機關核准者，機關應立即報請監督機關依前項規定取消之（第2項）。

（八）返家探視之限制

一般監獄受刑人，依監獄行刑法第28條規定返家探視並於二十四小時內回監者，其在外期間，予以計算刑期。由於受刑人係在戒護管理人員之戒護下返家探視，因此二十四小時內回監之限制，乃係顧慮受刑人在外安全及食宿問題，為監獄核准或審查受刑人申請返家探視是否必要必須考量之因素，而非受刑人可請求逗留在外之權利，負責戒護任務之管理人員，應掌握時間儘速回監，不可做不必要之逗留。

而在外期間，予以計算刑期之規定，屬於監獄行刑法第3條第1項「除法律另有規定外」之情形，受刑人在返家探視過程中，如有擅自脫離戒護管理人員戒護之行為者，即應依其情節追究脫逃罪責。

二、外役監受刑人之特別返家探視

外役監受刑人，遇有祖父母、父母、配偶之父母、配偶、子女或兄弟姐妹喪亡時，本即可依上述監獄行刑法之規定返家探視，惟因外役監條例性屬監獄行刑法之特別法，依特別法優於普通法之法理，應優先適用該條例第21條第

2項之規定；至於因重大或特殊事故，有返家探視之必要時，由於外役監條例並無特別規定，仍應適用監獄行刑法第28條之相關規定。外役監受刑人，遇有祖父母、父母、配偶之父母、配偶、子女或兄弟姐妹喪亡特別返家探視時，依「外役監受刑人返家探視辦法」第4條第3項，同一事由以一次為原則。其返家探視期間，依該辦法第5條，每次最多不得超過四十小時。但例假日或紀念日有連續三日以上時，得延長二十四小時。如無正當理由未於指定期日回監者，依外役監條例第21條第3項規定，其在外日數不算入執行刑期。其故意者，並以脫逃論罪。

三、第一級少年受刑人之特別返家探視

累進處遇進至第一級之少年受刑人，遇有直系血親尊親屬病危或其他事故時，依行刑累進處遇條例第29條第1項規定，得經監務委員會議決議，限定期間，許其離監。此條例之規定，係針對第一級少年受刑人，所為之特別返家探視規定，應優先於監獄行刑法之一般規定而適用。所謂其他事故，原則上，宜認定為視同監獄行刑法第28條之重大或特殊事故；所謂限定期間，亦宜認定為視同監獄行刑法第28條之二十四小時內回監；所謂許其離監，係指毋庸戒護管理人員戒護，許其自行離監。第一級之少年受刑人經許離監者，依同條例第29條第2項規定，在指定期間內未回監者，其在外日數不算入執行刑期。換言之，在指定期間內回監者，其在外日數算入執行刑期；未回監者，其在外日數不算入執行刑期。此處並無如外役監條例第21條第3項，以脫逃論罪之規定，因此對其未在指定期間內回監應查明其原因，依其情節追究其違規責任，不宜遽以脫逃論罪。

貳　因行狀表現之返家探視

受刑人在監獄執行一定期間後，因為行狀良好，由監獄依其表現給予一定期限之探視假，以鼓勵其保持善行並有助於維持其與家庭間之互動關係。相關法規中對於受刑人因行狀表現良好給予返家探視之規定，有如下二種：

一、外役監受刑人之定期返家探視

外役監受刑人，作業成績優良者，依外役監條例第21條第1項規定，得許於例假日或紀念日返家探視。「外役監受刑人返家探視辦法」進一步為如下之

規定：

（一）申請之條件

外役監受刑人有直系血親、配偶或其他共同生活之親屬而合於下列各款規定者，得依申請准於例假日或紀念日返家探視（辦法第2條）：

1. 移入外役監執行期間，作業成績連續二個月均達法定最高額百分之八十以上者。
2. 申請返家探視前二個月均無違規紀錄且教化、操行成績均無減分紀錄者。

此之所謂例假日或紀念日指下列各款之日（辦法第3條）：

1. 星期六、日。
2. 應放假之紀念日及其他經中央人事主管機關規定應放假之日。

（二）次數之限制

受刑人返家探視，刑期未滿三年，每月一次。刑期三年以上七年以下，每二個月一次。但累進處遇進至第二級以上，得每月一次。刑期逾七年未滿十五年而累進處遇第三級，每三個月一次。但累進處遇進至第二級，得每二個月一次；其進至第一級，得每月一次。刑期十五年以上而累進處遇第二級，每三個月一次。但累進處遇進至第一級，得每二個月一次。無期徒刑，每三個月一次（辦法第4條第1項）。

六十五歲以上之受刑人，得每月申請返家探視一次，不受前項第2款至第4款規定之限制（辦法第4條第2項）。

（三）期間之限制

受刑人返家探視，由外役監指定期日並發給返家探視證明書（辦法第4條第4項）。返家探視期間，每次最多不得超過四十小時，但例假日或紀念日有連續三日以上時，得延長二十四小時。以上時間不包括在途時間，外役監應依受刑人返家探視路程訂定在途時間，並告知受刑人（辦法第5條）。受刑人返家探視，如遇有：1.因天災或其他不可避之事變，致交通中斷或急需處理者；2.突染疾病，經公、私立醫院證明住院醫療或隔離者；等情形發生，可認定為具外役監條例第21條之正當理由未於指定期日回監者，此時受刑人應於原指定回監期日內向原執行外役監報告。外役監接獲前項報告後，應另行指定受刑人

回監期日，並令其定時回報。前項回監期日，以外役監認定已無正當理由後之八小時為限（辦法第7條）。

（四）活動之限制

受刑人申請返家探視須附家屬同意書，獲准返家探視後應持返家探視證明書向返家當地警察機關報到（辦法第6條第1項）。前項返家探視之活動範圍，除往返行程所必要外，以申請所在地之直轄市或縣（市）境內為限（辦法第6條第2項）。受刑人返家探視前，外役監應辦理講習，發給返家探視應遵守事項及家屬聯絡簿供其持用，並發函返家當地警察機關，請其協助查訪（辦法第6條第3項）。前項家屬聯絡簿應由家屬記載受刑人返家期間之生活情形及到、離家時間（辦法第6條第4項）。外役監應按在途期間規定返家探視受刑人到家及離家時回報時間，並抽查受刑人在家活動情形（辦法第6條第5項）。

（五）無正當理由逾期回監之處置

返家探視之受刑人無正當理由，未於指定期日回監者，依外役監條例暨外役監受刑人返家探視辦法規定，外役監應為如下之處置：

1. 以脫逃論罪，移送偵辦

   無正當理由未於指定期日回監者，依外役監條例第21條第3項規定，其在外日數不算入執行刑期。其故意者，並以脫逃論罪。換言之，受刑人於指定期日或再指定期限內回監者，其在外日數即算入執行刑期自不待言，惟如無正當理由因過失未於指定期日回監者，其在外日數不算入執行刑期；因故意未於指定期日回監者，不但其在外日數不算入執行刑期，且以脫逃論罪。因此，外役監應即移送該管法院檢察署偵辦及通知返家當地警察機關，並陳報法務部矯正署（辦法第8條第1項）。

2. 解送他監，施以懲罰

   外役監受刑人無正當理由未於指定期日回監者，應依外役監條例第18條規定處理（辦法第8條第2項），即經監務委員會議之決議，報請法務部核准後，解送他監，並得依監獄行刑法之規定，施以懲罰。

3. 縮刑回復

   外役監受刑人無正當理由未於指定期日回監者，應將其逐月逐級縮短之日數全部回復（辦法第8條第2項）。

二、受刑人特別獎勵之返家探視

受刑人有監獄行刑法第83條各款之優良表現行為之一，依同法第84條為其他特別獎勵時，得為返家探視之獎勵。其辦理依受刑人獎勵實施辦法之規定如下：

（一）累進處遇進至二級以上，有期徒刑執行逾三分之二，且最近一年內無懲罰紀錄之受刑人，或刑期未滿一年、拘役或易服勞役執行期間無懲罰紀錄之受刑人，得給予返家探親之獎勵。受刑人另案經禁止接見通信者，不適用之（辦法第3條）。返家探親每次不得超過三十六小時，監獄應於受刑人返家前告知其預定應返監之時間。前項期間，不包括在途期間。其在途期間，由監獄考量受刑人返家探親路程決定（辦法第6條第2、3項）。

（二）返家探視之受刑人，其在外期間，算入刑期內。但在指定期間內無正當理由而未回監者，其在外日數不算入刑期內（辦法第8條第1項）。

第七節　外出制度

「聯合國在監人處遇最低標準規則」第60條指出：「在受執行人執行期滿以前，宜採必要之措施，使能逐漸回復社會生活，此項目標之實現須視案情而採適當之方法，通常可運用該機構內所設之『開釋前寬待措施』，或運用『監視性之試驗開釋』等方法為之，關於監視不得假手於警察機關，惟應與得力之社會救助保護團體通力合作。」如英國1964年監獄規則有「暫時釋放」之規定，符合一定條件之受刑人，不論為何種特別目的或為就業、就學、訓練或是更生計畫，皆許其暫時釋放。西德1976年行刑法有「拘禁休假」之規定，受刑人在服刑滿十年後，得予以一年內二十一個日曆天之休假，而終身監禁之受刑人在服刑滿十年後，亦得給予休假。法國1959年行刑法有「半自由制」與「歸休制」之規定，適用半自由制之受刑人得於白天外出從事自由勞動、接受教育、職訓或醫療，而歸休制則為遇重大變故或接近釋放預做準備，准其外出一小時或數小時。奧地利1969年之行刑法有「外出」之規定，對受刑人申請外出者，規定應斟酌其人格、前科、行狀、外出理由、外出住宿處所及生計確保等，並考慮其釋放日期後，得許其外出一次或二次，每次最多三日。瑞典1974

年之行刑法有「短期休假」與「釋放休假」之規定，短期休假為經嚴格條件審核後，許其短期間自機構外出；釋放休假為準備釋放或實施機構外處遇，給予長期間之休假（盧秋生，民89）。

我國監獄行刑法為落實使受刑人能逐漸回復社會生活之社會化處遇措施，亦實施受刑人外出制度。於第29條第1項規定，受刑人在監執行逾三月，行狀善良，得報請監督機關核准其於一定期間內外出。但受刑人有不適宜外出之情事者，不在此限。所謂受刑人外出制度，是符合一定條件之受刑人，因就學、職業訓練、謀職或從事公益工作之需要，得在無戒護人員之陪同下，允許其白天離開監獄之一種開釋前之寬待措施，有助於受刑人回歸社會。受刑人外出之資格、條件、實施方式及期間、安全管理方式、應遵守規定、核准程序、變更、取消及其他相關事項之辦法，依監獄行刑法第29條第5項規定，由法務部定之。法務部依此訂定「受刑人外出實施辦法」（以下簡稱辦法）公布施行。

壹 外出之資格

受刑人必須符合下列資格，始得經監務委員會之決議，報請監督機關（法務部矯正署）核准於一定期間內外出：

一、積極資格：在監執行逾三月，行狀善良

得報請監督機關核准外出之受刑人，應具下列資格：

（一）在監執行逾三月：無期徒刑執行逾十五年，或有期徒刑執行逾三分之一，且在監執行期間逾三個月以上（辦法第3條第1項第1款）。

（二）行狀善良：指受刑人執行中最近六個月內無妨害監獄秩序或安全之行為而受懲罰（辦法第3條第1項第2款）。

二、消極資格：無不適宜外出之情事

受刑人必須係無下列情形之一者（辦法第3條第1項第3款）：

（一）因撤銷假釋而入監執行。

（二）犯刑法第161條所列之罪。

（三）犯毒品危害防制條例之罪。但初犯或犯同條例第10條及第11條之罪，不在此限。

（四）犯刑法第91條之1第1項所列之罪。

（五）犯家庭暴力防治法第2條第2款所稱之家庭暴力罪或同法第61條所稱違反保護令罪。

貳　外出之條件

依本法第29條第1項得報請監督機關核准於一定期間內外出之條件者如下（辦法第4條）：

一、就學

指參加由教育主管機關或其授權單位統一舉辦之各級學校入學考試，取得就學資格而須至監外就讀。

二、職業訓練

監獄未開設相關職類，認須外出至職業訓練機構受訓，並參加證照檢定。

三、參與公益服務

指政府各級機關或民間團體與監獄合作辦理之公益服務工作方案。

四、參與社區矯治處遇

指公私立社會福利或戒癮治療機構與監獄合作，基於處遇需要，認須外出參與家庭支持或物質濫用者復健方案。

五、其他經監督機關審酌認為宜予外出之特別情事。

參　外出之申請

受刑人申請外出時，依下列程序辦理（辦法第5條）：

一、以書面提出

受刑人外出之申請，應以書面提出，並具體載明其外出規劃，包含外出目的之處所、聯絡人、期間、行程計畫，與個別處遇計畫之間的關聯性等事項（第1項）。

二、監獄審核與陳報

監獄受理前項之申請，除依第3條審核後而不予核准者外，應儘速檢附相關文件並加具審核意見陳報監督機關辦理（第2項）。

三、監督機關核定

（一）不予核准之情形（第3項）

有下列情形之一者，監督機關得不予核准外出：1.不符合第3條外出之資格或第四條外出之條件。2.執行中有脫逃行為或有事實足認有脫逃之虞。3.有事實足認核准外出，有嚴重危害公共秩序、社會安全之虞。4.外出規劃與個別處遇計畫間缺乏適切關聯性。5.其他經監督機關認不適合外出之情事。

（二）核准外出者發給證明文件（第4項）

經核准外出者，應發給證明文件，並載明受刑人應遵守之事項。

（三）資格或條件有變更之處理（第5項）

受刑人申請外出資格或條件有變更者，依前四項規定辦理。

（四）核准後撤回申請之處理（第6項）

申請外出經核准後，受刑人撤回其申請者，由監獄報監督機關備查。

肆　外出應遵守規定

一、應遵守事項（辦法第6條第1項）

受刑人外出時無須戒護，並應遵守下列規定：
（一）不得有違反法令之行為。
（二）未經監獄許可，不得從事與其外出條件不符之活動。如須變更時，應依前條辦理。
（三）應主動與監獄保持聯繫，不得無故失聯。
（四）不得對被害人、告訴人、告發人、證人或其他利害關係人實施危害、恐嚇、騷擾、跟蹤、糾纏或其他不法行為。
（五）不得違反外出目的之處所所規定之相關事項。

（六）其他經監獄認為應遵守之事項。

二、得施以電子監控（辦法第6條第2項）

監獄如認為有於外出期間隨時掌握受刑人行蹤之必要，在不妨礙外出目的之限度內，得依本法第24條第2項規定，對受刑人施以電子監控措施。

伍 外出之變更、取消與獎勵

依監獄行刑法第29條第3項規定，受刑人外出期間，違反外出應遵守規定或發現有不符合第5項所定辦法有關資格、條件之規定者，得變更或取消其外出之核准。外出核准經取消者，其在外期間不算入執行刑期。外出期間表現良好者，得予以獎勵。

另依辦法第7條規定，受刑人有不符第3條、第4條之情形，監獄得經審核後報監督機關變更其外出；受刑人違反前條第1項之規定者，經審核後報監督機關取消其外出，其在外期間不計入刑期（第1項）。前項情形，應通知外出目的處所之聯絡人（第2項）。有急迫狀況者，監獄得暫時先行停止該受刑人外出，再行報監督機關處理（第3項）。

陸 外出之時間限制

一、以一定期間內為限

受刑人外出，依監獄行刑法第29條第1項，指對有外出必要者，核准其於一定期間內外出。受刑人每日外出時間，自當日上午六時至下午九時之間為原則，由監獄依受刑人申請外出條件，斟酌實際需要決定之（辦法第8條第1項）。

二、應於指定時間內回監

受刑人外出後，依監獄行刑法第29條第2項規定，應於指定時間內回監，必要時得向指定處所報到。此所謂「必要時」，指受刑人外出地點離監較遠，當日無法回監者，依辦法第8條規定，外出受刑人有於監外留宿必要者，監獄得指定其留宿處所，並報監督機關核准（第2項）。前項留宿處所以監獄為限（第3項）。受刑人外出無正當理由，未於指定期間內回監或向指定之監

獄、看守所或其他指定處所報到者,依監獄行刑法第29條第4項規定,其在外期間不算入執行刑期,並以脫逃罪論處。此時,監獄應陳報監督機關及通知當地警察機關,並移送該管檢察機關偵辦(辦法第13條)。

三、有正當理由應再指定回監時間

受刑人有正當理由不能於指定時間內回監或向指定處所報到者,受刑人應儘速報告監獄長官。監獄長官接獲報告後,應另行指定受刑人回監或報到之時間,必要時得指定暫行報到處所,並報監督機關備查(辦法第12條)。

柒 外出受刑人之管理

一、依其管理需要配房與實施安全檢查(辦法第9條)

核准外出之受刑人,監獄得依其管理需要配房。外出回監時,應檢查其身體、衣類及攜帶物品,並得實施毒(藥)物、酒精檢測及尿液檢驗。

二、查訪與考核受刑人情狀(辦法第10條)

監獄應派員考核外出受刑人之情狀,將其在監服刑情形告知外出目的處所之聯絡人並保持聯繫,以協助考核及管理受刑人(第1項)。監獄應依核准外出案之性質,決定是否派員查訪外出受刑人之情狀,或請外出目的處所所在地之警察機關,協助查訪或其他事項(第2項)。外出目的處所應協助考核受刑人外出時之情狀,由監獄記明之(第3項)。

三、外出費用以自付為原則(辦法第11條)

受刑人外出期間所需費用,應自行負擔(第1項)。受刑人參與公益服務,不得收取任何報酬,其必要費用得由監獄或相關機關(構)、團體負擔(第2項)。

捌 受刑人公益、教化活動外出

監獄依監獄行刑法第30條規定,得遴選具有特殊才藝或技能之受刑人,於徵得其同意後,報請監督機關核准,戒護外出參加公益活動、藝文展演、技職檢定、才藝競賽或其他有助於教化之活動。

此條規定之目的在使受刑人能藉由外出參與公益活動、藝術表演，甚至參加競賽活動之機會，獲得自信與榮譽，俾以培養積極進取之態度及再社會化能力，惟為求慎重，明定須事先徵得其同意後並報請監督機關法務部矯正署核准，且全程派員戒護下始得為之。

第八節　與眷屬同住

與眷屬同住（Family Visiting Program），指受刑人於執行期間，行狀善良，得准其於一定期間內與家屬在指定之處所（懇親宿舍）同住之謂。受刑人入監服刑後，家庭之聯繫及與配偶之性關係因而斷絕，為鼓勵改悔向上及維持和加強受刑人與家庭之凝結力，以期受刑人更能接受矯正處遇，在瑞典、拉丁美洲及我國均設有與眷屬同住之制度（法務部，民81）。有關我國之與眷屬同住制度，依監獄受刑人與眷屬同住辦法及受刑人獎勵實施辦法之規定，分述如次：

壹　適用對象

一、各監獄累進處遇第一級受刑人（監獄受刑人與眷屬同住辦法第2條）。
二、外役監受刑人（監獄受刑人與眷屬同住辦法第2條）。
三、受刑人受其他特別獎勵者（受刑人獎勵實施辦法第3條）。

貳　具備條件

一、各監獄累進處遇第一級受刑人及外役監受刑人（監獄受刑人與眷屬同住辦法第2條）

（一）在最近三個月，成績分數在九分以上。
（二）未受停止戶外活動之懲罰者。
（三）經監務委員會決議；如有另案在偵查或審理中者，監務委員會應予詳查後決定之。

二、受刑人受其他特別獎勵者（受刑人獎勵實施辦法第3條）

指下列有監獄行刑法第83條各款行為之一，應予以獎勵而依同法第84條給予其他特別獎勵之受刑人：

（一）累進處遇進至三級以上，有期徒刑執行逾三分之一，無期徒刑執行逾十五年，且最近一年內無懲罰紀錄之受刑人。

（二）刑期未滿一年、拘役或易服勞役執行期間無懲罰紀錄之受刑人。

參　同住對象

申請與眷屬同住之眷屬，依監獄行刑法第84條第2項、行刑累進處遇條例第28條第2項、監獄受刑人與眷屬同住辦法第2條、受刑人獎勵實施辦法第2條之規定，係指配偶或直系血親。

肆　同住之次數及期限

一、第一級受刑人及外役監受刑人

與眷屬同住，以每月一次，每次不逾七日為原則。但有特殊事由者，每次得准延長一日至三日。是否延長，應經監務委員會之決議（監獄受刑人與眷屬同住辦法第3條）。

二、受刑人受其他特別獎勵者

每次以三日為限（受刑人獎勵實施辦法第4條第2項）。

伍　同住應遵行事項

一、第一級受刑人及外役監受刑人

各監獄累進處遇第一級受刑人及外役監受刑人，與其同住之眷屬，均應遵守下列事項（監獄受刑人與眷屬同住辦法第5條）：

（一）與受刑人同住之眷屬，應提出國民身分證或其他足以證明其身分之證件，辦理登記。

（二）宿舍內設備應妥為保管，離開宿舍時，並應負責點交管理人員，如有損壞或短少，應照價賠償。

（三）出入宿舍，應遵守啟閉時間。

（四）受刑人應按照作息時間工作休息。

（五）宿舍內，不得有賭博、飲酒或其他不正當之行為。

（六）居住人應自行打掃宿舍內外及其周圍，保持環境整潔。

（七）居住不得持有違禁物品，私有財物應自行檢點保管。

（八）同住期間屆滿，應即按時離開宿舍，不得藉故拖延。

（九）各監獄累進處遇第一級受刑人，與眷屬同住之宿舍，無廚房設置者，不得在宿舍內自炊。

（十）與受刑人同住之眷屬，應依戶籍法規定，自行向戶政機關申報流動人口登記。

二、受特別獎勵受刑人

與眷屬同住時應遵行事項如下（受刑人獎勵實施辦法第5條第1項）：

（一）處所內設備應妥為保管，如有損壞或短少，應照價賠償。

（二）受刑人應配合監獄作息。

（三）於處所內，不得有賭博、飲酒或其他不正當之行為。

（四）處所使用人應維護環境整潔。

（五）不得持有違禁物品，私有財物應自行檢點保管。

（六）同住期間屆滿，應即按時離開指定處所，不得藉故拖延。

（七）同住處所倘無炊煮設備，不得在處所內炊煮。

（八）同住眷屬應自備飲食。

（九）傳染病流行期間應配合監獄各項防疫措施。

（十）其他應遵行事項。

陸 同住之撤銷或停止

一、同住之撤銷（監獄受刑人與眷屬同住辦法第6條）

各監獄累進處遇第一級受刑人及外役監受刑人，與其同住之眷屬，如有行為不檢，或不遵守前條規定情事，典獄長得隨時撤銷其同住之許可，並提報監

務委員會。

二、同住之停止（受刑人獎勵實施辦法第5條第2項）

與眷屬同住期間之受刑人或眷屬有違背前項情事，監獄得隨時停止其同住，並報請監督機關備查。如有犯罪行為，監獄應陳報監督機關，並移送該管檢察署偵辦。

本章研究問題

1. 對受刑人實施安全檢查之時機、方式與限制為何？試依監獄行刑法之規定說明之。（民90司法三等）
2. 戒護勤務有哪些種類？我國現行之戒護勤務制度內容及優缺點為何？
3. 監獄教化與戒護工作均為矯正受刑人的重要業務，兩者在實務運作上是否會有衝突產生？如何求得平衡？試申論之。（民100司法三等）
4. 戒護勤務配置有何原則？
5. 戒護勤務執行之原則為何？試簡述之。
6. 試述監獄行刑法相關法規對女監戒護勤務之限制規定。
7. 為維護監獄管理秩序，保護受刑人安全，防止危害發生或擴大，「戒具」是戒護管理作為上必要的法定手段，請問壓舌板、約束衣是否為戒具？在何種情形下可以施用戒具？施用戒具之最長期間？管理人員施用戒具時應注意哪些事項？請依監獄行刑法及其相關規定論述之。（民106司法三等）
8. 試述使用保護室之方式、時機、程序與應注意事項。
9. 試述使用固定保護之方式、時機、程序與應注意事項。
10. 請依監獄行刑法及其施行細則，說明警棍、槍械使用之人員、時機、限制與法律效果？（民102司法四等）
11. 監獄應有戒護事件之應變計畫，遇有天災事變脫逃、殺傷、死亡、暴動、暴行等事故發生時，依監獄行刑法之規定，該如何處置？（民90司法三等、民94司法四等、民101司法四等、民108司法三等）
12. 在監獄服刑中之受刑人，可否行使縣市長的投票選舉權？又受刑人之直系親屬喪亡，返家探視時值縣市長選舉投票日，可否前往投票？（民82司法丙特）
    針對此一問題，簡要補充如下：

一、在監獄服刑中之受刑人，未被宣告褫奪公權者，依據現行公職人員選罷法規定，仍係有投票選舉權，但因在監獄內服刑，事實上無法行使其權利而已。

二、在監獄服刑中之受刑人，因直系親屬喪亡，由戒護管理人員戒護返家奔喪，若適遇縣市長選舉投票日，准其前往投票，不但有違返家奔喪係重視人道倫理之立法本意且在戒護安全上不無顧慮，對其他事實上無法行使投票權之受刑人更是不公平。

三、如該受刑人係外役監受刑人，在其返家探視時，或係經核准日間外出之受刑人，在其外出時，因無需戒護人員戒護，若時值選舉日前往投票，而於規定期限內回監者，事實上亦無從禁止之。

13. 受刑人（包括外役監受刑人）其返家探視之相關法令規定為何？請說明之。（民101司法四等）

14. 為培養受刑人出獄後具備一技之長，法務部矯正署鼓勵所屬監獄積極實施受刑人日間外出制度。試依監獄行刑法及其相關規定，說明受刑人得日間外出制度的條件、不得外出之限制條件以及外出期間應該遵守之事項為何？請分別說明之。（民103司法三等）

15. 日間外出與監外作業制度具有行刑社會化，促進受刑人復歸社會之效果，請依監獄行刑法及相關法規命令說明二種制度之意義、差異及受刑人報請日間外出的條件及不得報請日間外出的限制為何？（民106司法三等）

16. 何謂「與眷屬同住」？並說明其對象、條件與限制。

17. 受刑人某甲陳情，舍房內監視器的監視運作，讓他倍感壓力，且每次因案出庭回到監獄，要接受全身檢查，覺得沒有尊嚴；此外，教師某乙抱怨進入監獄戒護區時，他的隨身提包要掀開接受檢查，認為不受尊重。請問監獄戒護管理之目的？安全檢查之對象？在戒護安全與人權保障，二者間如何平衡？請分別依監獄行刑法及其相關規定論述之。（民106司法三等）

第五章 作 業

【條文大意】

第三十一條（作業之選定）

　　受刑人除罹患疾病、入監調查期間、戒護安全或法規別有規定者外，應參加作業。為落實復歸社會目的，監督機關得商洽勞動部協助各監獄發展作業項目，提升作業效能。

　　監獄對作業應斟酌衛生、教化、經濟效益與受刑人之刑期、健康、知識、技能及出獄後之生計定之，並按作業性質，使受刑人在監內、外工場或其他特定場所為之。監獄應與受刑人晤談後，於個別處遇計畫中訂定適當作業項目，並得依職權適時調整之。

　　受刑人從事炊事、打掃、營繕、看護及其他由監獄指定之事務，視同作業。

　　受刑人在監外作業，應於指定時間內回監，必要時得向指定處所報到。其無正當理由未於指定時間內回監或向指定處所報到者，在外期間不算入執行刑期，並以脫逃罪論處。

　　第二項在監內、外作業之項目、遴選條件、編組作業、契約要項、安全管理方式及其他應遵行事項之辦法，由法務部定之。

　　監督機關得商洽勞動部協助各監獄發展職業訓練項目，提升訓練效能。

第三十二條（作業時間）

　　作業時間應斟酌教化、數量、作業之種類、設備之狀況及其他情形定之，每日不得逾八小時。但有特殊情形，得將作業時間延長之，延長之作業時間連同正常作業時間，一日不得超過十二小時。

　　前項延長受刑人作業時間，應經本人同意後實施，並應給與超時勞作金。

第三十三條（作業課程與指導）

　　受刑人之作業，以勞動能率或作業時間作為課程；其勞動能率應依一般人平均工作產能酌定。

監獄得延聘具有專業之人員協同指導受刑人之作業。

第三十四條（作業方式）

監獄作業方式，以自營、委託加工、承攬、指定監外作業或其他作業為之。

前項作業之開辦計畫及相關契約，應報經監督機關核准。

第三十五條（停止作業日）

有下列情形之一者，得停止受刑人之作業：

一、國定例假日。

二、受刑人之配偶、直系親屬或三親等內旁系親屬喪亡。但停止作業期間最長以七日為限。

三、因其他情事，監獄認為必要時。

就炊事、打掃及其他需急速之作業者，除前項第二款外，不停止作業。

第一項之情形，經受刑人請求繼續作業，且符合監獄管理需求者，從其意願。

第三十六條（勞作金之給與）

參加作業者應給與勞作金。

前項勞作金之計算及給與，應將勞作金總額依比率分別提撥，並依受刑人實際作業時間及勞動能率合併計算給與金額。其提撥比率設定及給與分配等相關事項之辦法，由法務部定之。

第三十七條（作業收入之分配）

作業收入扣除作業支出後稱作業賸餘，分配如下：

一、提百分之六十充前條勞作金。

二、提百分之十充犯罪被害人補償費用。

三、提百分之十補助受刑人飲食費用。

四、其餘充受刑人職業訓練、改善生活設施及照顧受刑人與其家屬之補助費用。

五、如有賸餘，撥充法務部矯正機關作業基金（以下簡稱作業基金）循環應用。

前項第二款提撥犯罪被害人補償費用，應專戶存儲，並依犯罪被害人保護

法規定支付。

第三十八條（補償金之發給）

　　受刑人因作業或職業訓練致受傷、罹病、重傷、失能或死亡者，應發給補償金。

　　前項補償金由作業基金項下支付；其受傷、罹病、重傷、失能認定基準、發給金額、申請程序、領受人資格及其他應遵行事項之辦法，由法務部定之。

第三十九條（死亡時勞作金及補償金之歸屬）

　　受刑人死亡時，其勞作金或補償金，經依第八十一條及第八十二條第一項第四款規定處理而未領回或申請發還者，歸入作業基金。

　　監獄作業，以訓練受刑人謀生技能，養成勤勞習慣，陶冶身心為目的。因此，從社會復歸之觀點言之，作業與教化交互運用，為促使受刑人得以復歸社會最具體之矯正處遇方法。

　　受刑人應強制令其作業，為學者、專家及社會大眾所公認與強調，「聯合國在監人處遇最低標準規則」第71條亦作如是規定，綜其理由，不外係基於如下考量：

一、勞動是日常生活之基本要素，作業提供受刑人勞動機會，免其終日無所適事，滋生管理問題。

二、參與作業可使受刑人體會到勞動生產之意義，從而認知到自己所存在之社會價值。

三、參與作業可使受刑人從消費者成為生產者，減少國庫之支出，增加國庫之收入。

四、作業活動可改變受刑人原有好逸惡勞之行為習慣，確立形成勤奮有益之習慣。

五、作業活動可培養受刑人責任觀念及堅強之意志力。

六、藉由作業技術之學習，可培養受刑人謀生技能，有利其復歸社會。

　　惟強制令受刑人作業，「聯合國在監人處遇最低標準規則」第71條、第72條指出，須由醫務人員認定其身心狀況是否適合，不應令受刑人感受痛苦，必須以其本身之利益及職業訓練為主要目的，不得因圖財政上之利潤，而予忽略，且應在可能範圍內，使受刑人能維持並增進其釋放後之謀生能力。

　　作業既為監獄實施矯治處遇之一環，受刑人有接受矯治處遇之義務，故受刑人以參加作業為原則。監獄行刑法第31條第1項規定，受刑人除罹患疾病、入監調查期間、戒護安全或法規別有規定者外，應參加作業。另依監獄行刑法第3條第1項規定，處徒刑、拘役及罰金易服勞役之受刑人，除法律別有規定外，於監獄內執行之。基本上，既同屬受刑人，其作業方式並無不同。

第一節　作業之實施

　　監獄行刑法第31條規定，監獄應按作業性質，使受刑人在監內、外工場或其他特定場所為之（第2項）。受刑人從事炊事、打掃、營繕、看護及其他由監獄指定之事務，視同作業（第3項）。第2項在監內、外作業之項目、遴選條件、編組作業、契約要項、安全管理方式及其他應遵行事項之辦法，由法務部定之（第5項）。法務部依此訂定「受刑人作業實施辦法」（以下簡稱辦法）公布施行。

壹　監內作業

　　監內作業指受刑人於監獄管理之固定作業場所工作，作業場所包含於戒護區內之監內工場及戒護區外之監外工場（辦法第2條）。監內作業方式包含委託加工、自營作業、視同作業及舍房作業：

一、委託加工作業

　　受刑人未被分派自營作業、視同作業、舍房作業及監外作業項目者，監獄得安排其從事適當之委託加工作業（辦法第13條）。

二、自營作業

　　監獄應事先於各場舍公開關於遴選自營作業受刑人之報名資訊，並就具有下列各款條件之一者遴選之（辦法第14條）：
（一）具備特殊知識、技能，符合作業需求。
（二）曾參與相關職業訓練課程，表現良好。
（三）因監獄未開設相關職業訓練課程而未能參與課程，但具學習意願。

三、視同作業

視同作業指受刑人從事炊事、打掃、營繕、看護及其他由監獄指定之事務（辦法第2條）。監獄內受刑人之生活起居、飲食炊事、環境清潔打掃、生病看護及其他事務本應係由監獄人員經手辦理。惟有鑑於此等事務必須耗費大量人力，受刑人既因觸犯國法接受制裁，不應再於服刑期間浪費國家資源，享受服務。因此，對於該等事務，通常由監獄遴調或配置合適之受刑人充之。由於上述經遴調之受刑人與一般受刑人同樣需付出勞力，且其服務成果為全體受刑人所共同享受，基於同工同酬之觀點，監獄行刑法第31條第3項乃規定將之視同作業，亦即準用作業之規定辦理。

（一）視同作業受刑人之遴選

1. 人數及配置（辦法第15條）

遴選視同作業受刑人之人數及配置，由監獄視實際需要報監督機關核定後為之。

2. 消極條件（辦法第16條）

受刑人有下列情形之一者，不得遴選擔任視同作業（第1項）：

(1) 有脫逃紀錄或有事實足認有脫逃之虞。

(2) 幫派分子。

(3) 最近三個月內曾因妨害監獄秩序或安全之行為而受懲罰。

(4) 有妨害監獄秩序或安全之行為而受懲罰二次以上。

監獄得依作業性質及其需求，將視同作業受遴選人所需之專長、能力或適宜條件，以適當方式公開，並得視需用單位之需求揭露報名資訊（同條第2項）。

3. 暫時遴選（辦法第17條）

監獄得因業務需要，由相關單位簽報監獄長官核定後，暫時遴選具有特殊專長之受刑人擔任視同作業，期間不得逾三個月，不受前二條規定之限制。

（二）視同作業名冊應公開（辦法第18條）

監獄應將各作業單位視同作業者名冊公開於該作業之場舍，遇有人員異動時應即時更新。

四、舍房作業

舍房作業指因特殊情形無法參加工場作業之受刑人，監獄安排一定之作業項目使其在舍房內作業（辦法第2條）。受刑人因特殊情形無法參加工場作業，監獄得分派其參加舍房作業（辦法第19條第1項）。監獄應依參加舍房作業受刑人之條件，安排合適之作業項目（同條第2項）。

貳 監外作業

監外作業指受刑人在非監獄管理之其他特定場所工作，包括戒護監外作業和自主監外作業。戒護監外作業指監獄須派員戒護受刑人之監外作業；自主監外作業指受刑人自主往返作業及監禁處所，監獄無須派員戒護之監外作業（辦法第2條）。其中，實施自主監外作業時，應將訂立之契約書、受刑人名冊及相關文件，報請監督機關核准（辦法第30條）。

一、作業項目由監獄指定（辦法第21條）

受刑人從事監外作業，以監獄指定之作業協力單位者為限（第1項）。從事監外作業之受刑人，得在監獄同意下，由作業協力單位協助投保相關保險（第2項）。作業協力單位指監獄承攬公私經營單位之作業定作者，或其他經與監獄協議而接受受刑人勞務提供之公私經營單位（辦法第2條）。

二、得為人力調撥（辦法第22條）

監獄承攬工程，需用作業人數不敷時，得報請監督機關核准向鄰近監獄調撥。

三、得為外膳或留宿（辦法第23條）

監外作業受刑人在離監較近地區作業者，得視作業情形回本監或於監外用餐（第1項）。監外作業受刑人在離監較遠地區作業，有於監外留宿必要者，監獄得指定其留宿處所，並報監督機關核准（第2項）。前項留宿處所以監獄設置者為限（第3項）。

四、就醫處置（辦法第24條）

從事監外作業受刑人遇有急病或重大意外傷害時，在場監獄人員或作業協力單位應立即護送醫療機構治療，並即通知監獄。

五、重點管理（辦法第25條）

　　監外作業受刑人，監獄得依其管理需要配房。回監時，應檢查其身體、衣類及攜帶物品，並得實施毒（藥）物、酒精檢測及尿液檢驗。

六、酌增副食費（辦法第26條）

　　監外作業受刑人得酌增副食費，在監外作業支出項下開支。

七、監外作業之積極條件

（一）戒護監外作業（辦法第27條）

　　受刑人從事戒護監外作業，應就具有下列各款條件者遴選之（第1項）：
　　1. 在監執行逾一個月。
　　2. 健康情形適於監外作業。
　　3. 最近六個月內無妨害監獄秩序或安全之行為而受懲罰。
　　拘役或易服勞役之受刑人具有前項第2款及第3款之條件，得遴選其從事戒護監外作業（第2項）。

（二）自主監外作業（辦法第28條）

　　受刑人從事自主監外作業，應就具有下列各款條件者遴選之：
　　1. 符合前條第1項第2款、第3款規定。
　　2. 於本監執行已逾二個月。
　　3. 刑期七年以下，殘餘刑期未逾二年或二年內可達陳報假釋條件；或刑期逾七年，殘餘刑期未逾一年或一年內可達陳報假釋條件。
　　4. 具參加意願。
　　拘役或易服勞役之受刑人具有前條第1項第2款、第3款及前項第2款與第4款之條件，得遴選其從事自主監外作業。

八、監外作業之消極條件（辦法第29條）

　　受刑人有下列各款情形之一者，不得從事監外作業：
（一）執行中有脫逃行為或有事實足認有脫逃之虞。
（二）犯刑法第161條所列之罪。
（三）犯毒品危害防制條例之罪。但初犯或犯同條例第10條及第11條之罪，不在此限。

（四）犯刑法第91條之1第1項所列之罪。

（五）犯家庭暴力防治法第2條第2款所稱之家庭暴力罪或同法第61條所稱違反保護令罪。

九、自主監外作業之管理

（一）考核受刑人監外作業時之行狀（辦法第31條）

監獄應與自主監外作業協力單位保持聯繫，以利監獄及作業協力單位掌握受刑人狀況。如作業協力單位有需監獄協助處理之事項，監獄應派員前往處理（第1項）。監獄應定期或不定期派員向自主監外作業協力單位查訪受刑人在外行狀（第2項）。自主監外作業協力單位應協助考核受刑人監外作業時之行狀，由監獄記明之（第3項）。

（二）自主監外作業時，應遵守事項（辦法第32條）

受刑人自主監外作業時，應遵守下列規定：

1. 不得有違反法令之行為。

2. 未經監獄許可，不得從事與其監外作業事由不符之活動。

3. 不得對被害人、告訴人、告發人、證人或其他利害關係人實施危害、恐嚇、騷擾、跟蹤、糾纏或其他不法行為。

4. 不得違反作業協力單位之處所所規定之相關事項。

5. 其他經監獄認為應遵守之事項。

（三）停止其監外作業之事由（辦法第33條）

自主監外作業受刑人有下列情形之一者，停止其監外作業，並報監督機關備查：

1. 發現其不符合第28條遴選規定。

2. 發現其有第29條不得遴選之情形。

3. 違反前條規定情節重大。

4. 其他不適宜從事監外作業之情形。

（四）指定在外時間與指定處所報到

依監獄行刑法第31條第4項前段規定，受刑人在監外作業，應於指定時間內回監，必要時得向指定處所報到。分述如下（辦法第34條）：

1. 指定在外時間：監獄對於從事自主監外作業受刑人，應指定其每日在外時段，必要時得令受刑人向指定處所報到（第1項）。前項指定時段，自當日上午六時至下午九時，由監獄斟酌實際需要規定之。但經監獄、作業協力單位及受刑人同意，不在此限（第2項）。
2. 指定處所報到：受刑人遇有天災或其他不可避免之事變，事實上無法於指定時段回監者，應儘速報告監獄（同條第4項）。監獄接獲前項報告後，應另行指定受刑人回監時間，並報監督機關備查（第5項）。
3. 違反者之法律後果：受刑人監外作業，依監獄行刑法第31條第4項後段規定，其無正當理由未於指定時間內回監或向指定處所報到者，在外期間不算入執行刑期，並以脫逃罪論處。因此，從事自主監外作業受刑人有本法第31條第4項後段之情形時，監獄應陳報監督機關及通知當地警察機關，並移送該管檢察機關偵辦（第3項）。

（五）出外期間交通及飲食自理（辦法第35條）

自主監外作業受刑人，應自理其出外期間交通及飲食，必要時監獄得給予協助。

（六）返家探視及與眷同住相關規定（辦法第36條）

自主監外作業受刑人，符合下列各款條件者，得向監獄申請核准於適當期日返家探視（第1項）：
1. 於監外作業屆滿三個月。
2. 申請前三個月作業成績均達法定最高分數額百分之八十以上。
3. 申請前三個月無妨害監獄秩序或安全之行為而受懲罰。

前項返家探視，每一個月以一次為限，每次最多不得超過四十小時（第2項）。自主監外作業受刑人，於監外作業屆滿一個月，得經監獄核准與配偶或直系血親在指定之宿舍同住，每一個月一次，每次不逾七日為原則（第3項）。外役監受刑人返家探視辦法、監獄受刑人與眷屬同住辦法關於返家探視及與眷屬同住之規定，與前三項規定不相牴觸者，準用之（第4項）。

第二節　作業之制度

監獄作業制度，依日本法務省矯正局綜合各國報告及國際勞動局出版之資料，將之區分為與民間企業有關聯者及無關聯者兩大類（林茂榮、楊士隆，民87）：

壹　與民間企業有關聯之作業制度

一、合約業制（The Contract System）

由監獄與民間廠商訂定合約，除受刑人之戒護及各項生活管理由監獄負責外，廠商應供給材料、器械和派遣監工，並依合約按人數每天給付監獄一定金額之制度。此制容易衍生廠商只顧本身利益，強制受刑人長期勞役現象，且廠商派遣人員直接與受刑人接觸，很難避免違禁物品之流入，同時易發生官員與合約廠商藉機勾結，貪贓枉法。

二、委託業制（The Piece Price System）

此制為合約業制之改良制，廠商僅供給材料、器械，按成品數量支付工資，場所及受刑人之戒護、各項生活管理及作業課程均由監獄負責，為作業制度中最簡便之一種制度。此制之缺點在於監獄未受委託前，受刑人無事可做，一旦委託作業積累過多，則又生日夜加班趕工之情形。另此制雖可避免廠商人員與受刑人之直接接觸，但仍無法避免官商勾結之弊端。

三、租賃業制（The Lease System）

此制即將受刑人租於廠商，由廠商帶離監獄，負起受刑人之戒護、各項生活管理責任，再按受刑人人數給付監獄一定金額之制度。此制由於廠商有使役受刑人之權利，比合約制更容易發生虐待受刑人及官商勾結情事，最為人所詬病。

貳　與民間企業無關聯之作業制度

一、國營業制（官司業制）（The Public Account System）

此制係指監獄之一切作業事務，由監方扮演廠商之角色自己經營，諸如作業導師之遴聘、器械材料之購置、成品之發售及其他相關作業事務，均由監獄自行辦理。惟此制常因缺乏生產設備、資本、運輸工具及產品品質低劣，無法與外界競爭而難以維持。目前西歐各國多採此制。

二、官用業制（The State-use System）

此制與國營業制相同，均由監獄自行經營生產事業，惟其產品只能供給公務機關消費，不能直接與私人廠商競爭，以維民商利益。雖然此制能得到自由勞工組織之支持與合作，但因產品質劣價高，導致公務機關不願購買，影響作業之推展。

三、公共事業制（The Public Work and Ways System）

此制為從事建築公共建築物、公園、道路、橋樑與防洪、造林、保護土壤、墾荒及其他富有公益價值之工程等修建維護，係官用業制之一種。由於此制給予受刑人服務社會之機會，藉其勞力增進公共利益，頗值得推行。

理想之作業制度，應能增進受刑人身心健康、使受刑人習得謀生技能、有助於管理、給予政府經濟利益、避免與自由勞工和私人企業競爭。採用與民間企業有關聯之作業制度，雖能供給受刑人長期固定之作業，有助於管理並給予政府經濟利益，然因廠商唯利是圖，難以避免與自由勞工和私人企業競爭，容易產生傷害受刑人身心健康與官商勾結弊端，且無法提供受刑人技能訓練之機會，不符監獄作業在促使受刑人復歸社會之目的。至於與民間企業無關聯之作業制度，由監獄自行經營，因自由勞工和私人企業之壓力而受到限制，容易造成受刑人懶惰、缺乏競爭力，然在作業之安排上，可顧及受刑人之身心健康、適應受刑人之個別興趣與需要，使受刑人習得謀生技能，從整體而言，由監獄自行經營之作業制度，較能符合行刑之要求。

「聯合國在監人處遇最低標準規則」第72條之1指出：「刑事執行機構之作業工場及農場，應由機構直接經營，不可交由私人承攬。」我國監獄之作業方式，依監獄行刑法第34條第1項規定，以自營、委託加工、承攬、指定監外

作業或其他作業為之。換言之，作業原則上以由監獄直接經營、接受廠商委託加工、承攬、指定監外作業或其他作業方式為之，立法上兼顧上述處遇最低標準。而此之所謂委託加工、承攬、指定監外作業或其他作業，主權仍操之於監獄，與私人前來包攬監獄工場為其工作有別，並此敘明。依監獄行刑法第34條第2項之規定，前項作業之開辦計畫及相關契約，應報經監督機關核准。同法施行細則第25條亦規定，監獄得依本法第34條及相關法令規定，承攬公、私立機關（構）、團體或個人之勞務或成品產製。蓋因監獄在承攬外界作業時，基於下列之考量，允宜慎重：

一、作業科目是否有技術性或富有公益。

二、工作有無危險性，對受刑人之身心健康有無不良影響。

三、工資報酬是否合理。

四、作業器具及材料成品，對於戒護管理之安全有無影響。

五、是否會因勞動人力充足、工資低廉而產生與民爭利之情形。

目前我國實務上，監獄公辦自營作業普遍推行不易，為求便利管理，多採簡便之委託業制方式辦理。為保障受刑人作業報酬，強化監獄承攬作業廠商委託加工之監督管理機制，同法施行細則第26條規定，監獄辦理本法第34條之委託加工，應定期以公開方式徵求委託加工廠商，並注意廠商財務、履約能力及加工產品之市價情形，以取得委託加工之合理價格（第1項）。承攬委託加工前，得先行試作，以測試作業適性及勞動能率（第2項）。

第三節　作業之安排

壹　作業項目

一、作業項目之選定

監獄安排受刑人作業，應先選定作業項目，依監獄行刑法第31條第2項規定，監獄對作業應斟酌衛生、教化、經濟效益與受刑人之刑期、健康、知識、技能及出獄後之生計定之。因此，監獄設置作業項目，應斟酌下列因素：

（一）衛生因素

即應斟酌該項作業項目，對於受刑人之身心有無不良之影響。監獄對作業應注意維護受刑人健康及安全，並促進其復歸社會（辦法第4條第1項）。監獄或作業協力單位應依實際作業之項目，在合理可行範圍內提供職業安全衛生相關法規所要求之設備及措施（同條第2項）。受刑人應依其實際作業之項目，遵守相關之衛生、安全、職業訓練、專業證照、職業倫理等從業規範（同條第3項）。

（二）教化因素

即應斟酌該項作業項目，是否可配合教化工作之實施。

（三）經濟效益因素

監督機關及監獄對作業項目之選定，宜衡量經濟發展及市場供需狀況，徵詢勞動、產業或相關之公私立機關（構）、團體之意見後為之，並尋求其協助或合作（辦法第3條）。且依聯合國囚犯待遇最低限度標準規則第103條之精神，受刑人作業應能獲致合理報酬，避免有剝削勞動力之情事，因此，監獄辦理自營、委託加工、承攬、指定監外作業或其他作業，依監獄行刑法施行細則第27條，得組成自營作業成品及勞務承攬評價會議，評估相關價格，報監獄長官核定後為之（第1項）。前項情形，監獄得先行派員進行訪價，以供前項評價會議評估價格之參考（第2項）。監獄與作業協力單位訂定作業契約，應考量為受刑人爭取較優之待遇及福利。監獄訂定作業契約應注意事項如下（辦法第5條第1項）：

1. 作業人數及報酬給付。
2. 依本法第32條第1項規定訂定作業時間。
3. 缺料停工期間應給付最低基本報酬。
4. 廠商履約能力及保證金。
5. 攜帶違禁物品進入戒護區域之違約責任。
6. 遵守出口規定，產品不得銷往禁止受刑人製造加工物品輸入之國家。
7. 遵守智慧財產權相關法規。

（四）受刑人個別因素

即應斟酌該作業項目，是否適合於大部分受刑人之刑期、健康、知識、技

能及出獄後之生計。

二、作業項目之發展

而為落實復歸社會目的，我國監獄行刑法第31條第1項後段明文規定，監督機關（法務部矯正署）得商洽勞動部協助各監獄發展作業項目，提升作業效能。

貳 配業與轉業

一、分派作業

監獄行刑法第31條第2項後段規定，監獄應與受刑人晤談後，於個別處遇計畫中訂定適當作業項目，並得依職權適時調整之。受刑人於調查完竣後，依行刑累進處遇條例第36條規定，應即使其作業。所謂應即使其作業，依同條例施行細則第35條規定，指受刑人由接收組擬訂之個別處遇計畫核定後，應即依其處遇參加作業。參加作業前應先分派其作業，受刑人作業之分派，依個別處遇計畫為之。如作業項目有調整之必要，個別處遇計畫應修正並敘明作業項目調整之理由（辦法第6條第1項）。

二、另予配業

受刑人經分派作業後，監獄應對作業受刑人加以管理及考核。如受刑人不適於該項作業，得另予配業（辦法第6條第2項）。惟受刑人轉業，依特別法優於普通法之原則，應優先適用行刑累進處遇條例及外役監條例各相關規定：

（一）第四級及第三級之受刑人原則上不許轉業。但因處遇上或其他轉業之必要時，不在此限（行刑累進處遇條例第37條）。所稱處遇上或其他轉業之必要時，指受刑人不適於初訂個別處遇計畫所指定之作業，提經累進處遇審查會複核變更原處遇，有使其從事其他適當作業之必要者而言（行刑累進處遇條例施行細則第36條）。

（二）第一級、第二級受刑人，作業熟練者，得許其轉業（行刑累進處遇條例第42條、第46條）。

（三）外役監受刑人有下列各款情事之一者，應經監務委員會議之決議，報請法務部核准後，解送其他監獄執行（外役監條例第18條）：

1. 違背紀律或怠於工作，情節重大，屢誡不悛者。

2.其他重大事故，不宜於外役監繼續執行者。

既經解送其他監獄執行，即為轉業。

參　作業時間及停止作業日

「聯合國在監人處遇最低標準規則」第74條指出：「受刑人作業每日或每週最多之工作時間，應參酌當地雇用自由職工之規則及習慣，以法律或命令定之。」並指出：「在工作時間之法令規定上，每週應有一天休息日，並應有充分時間以實施教育及為其他處遇教化上必要活動之用。」我國監獄行刑法對於作業時間及停止作業日之規定，符合此標準：

一、作業時間

（一）一般受刑人作業時間：依監獄行刑法第32條之規定，作業時間應斟酌教化、數量、作業之種類、設備之狀況及其他情形定之，每日不得逾八小時。但有特殊情形，得將作業時間延長之，延長之作業時間連同正常作業時間，一日不得超過十二小時（第1項）。前項延長受刑人作業時間，應經本人同意後實施，並應給與超時勞作金（第2項）。換言之，一般受刑人每日之作業時間以八小時為限，但有特殊情形時，例外得延長作業時間，合計一日不得超過十二小時，以符實際。

（二）外役監受刑人作業時間：依外役監條例第17條之規定，每日工作八小時，必要時，典獄長得令於例假日及紀念日照常工作。換言之，每日工作八小時係外役監受刑人之基本作業時間，如有必要，更可令其在例假日及紀念日照常工作。

二、停止作業日

（一）原則規定：受刑人遇有下列情形之一者，依監獄行刑法第35條第1項之規定，得停止作業。

1.國定例假日：包括週休日及依規定應放假之紀念日或節日。使受刑人作業之目的，並不是在施加奴役、凌虐或剝削其勞力，因此，作業應顧及受刑人之休息時間，使受刑人身心能有適度之舒緩與調劑機會；另方面，監獄職員亦需休息放假，故在國定例假日停止作業，理所當然。

2. 受刑人之配偶、直系親屬或三親等內旁系親屬喪亡，但停止作業期間最長以七日為限：配偶、直系親屬或三親等內旁系親屬，與受刑人關係密切，一旦喪亡，受刑人內心悲痛自不在話下。此時，如仍令其作業，既有失哀矜體恤之常情，且因受刑人心神恍惚，作業難以正確，易生作業傷害事件，故在一定時日內停止其作業，既全其孝道、有助教化，且能顧及作業安全。

3. 因其他情事，監獄認為必要時：除前述二項列舉事由外，如有其他如受刑人生病、受傷或有天災、事變等足以影響受刑人作業之情事發生，監獄認為必要時，自應令其停止作業。

（二）例外規定：監獄或基於作業性質或基於受刑人請求，依監獄行刑法第35條之規定，例外允許其不停止作業。

1. 作業性質：就炊事、打掃及其他需急速之作業者，除前項第2款（親人喪亡）外，不停止作業（第2項）。

2. 受刑人請求：第1項之情形（停止作業日），經受刑人請求繼續作業，且符合監獄管理需求者，從其意願（第3項）。

肆 作業訓練

「聯合國在監人處遇最低標準規則」第72條指出：「刑事執行機構內之作業組織與方式，應盡可能與外界同種作業相類似，以使受執行人能適應正常之職業生活。」並指出：「受執行人作業，應以其本身之利益及職業訓練為主要目的，不得圖財政上之利潤，而予忽略。」我國監獄行刑法對於作業課程及作業訓練之規定，符合此標準：

一、課程

作業課程即受刑人於每日規定之作業時間內所應完成之工作量。受刑人之作業，依監獄行刑法第33條第1項規定，以勞動能率或作業時間作為課程；其勞動能率應依一般人平均工作產能酌定。其訂定標準如下：

（一）勞動能率：應依一般人平均工作產能酌定，所謂平均工作產能，係指普通人平均工作量而言。

（二）作業時間。

二、訓練之指導與協助

（一）訓練之指導

作業訓練，除由作業導師負責指導外，依監獄行刑法第33條第2項之規定，監獄得延聘具有專業之人員，協同指導受刑人之作業。

（二）訓練之協助

依監獄行刑法施行細則第24條規定，監獄為辦理本法第31條所定之作業或職業訓練，得使具有專門知識或技能之受刑人，協助辦理相關作業或職業訓練事務。

三、訓練項目之發展

為落實復歸社會目的，依監獄行刑法第31條第6項規定，監督機關得商洽勞動部協助各監獄發展職業訓練項目，提升訓練效能。

伍 考核與獎勵

一、考核

有關作業成績之記分標準，依行刑累進處遇條例施行細則第37條之規定如下：

（一）一般受刑人作業以一般勞動能率（工作數量）為課程時，其每日成績分數依下列標準記分：

　　1.課程超過者四分。

　　2.課程終結者三・五分。

　　3.課程完成十分之八以上未終結者三分。

　　4.課程完成十分之六以上未滿十分之八者二・五分。

　　5.課程完成十分之四以上未滿十分之六者二分。

　　6.課程完成十分之二以上未滿十分之四者一分。

　　7.課程完成十分之二者零分。

（二）一般受刑人作業以工作時間為課程時，其每日成績分數依下列標準記分：

1. 提前完工繼續工作者四分。

2. 按時完工者三・五分。

3. 定時工作延誤一小時未滿者三分。

4. 定時工作延誤二小時未滿者二・五分。

5. 定時工作延誤三小時未滿者二分。

6. 定時工作延誤四小時未滿者一分。

7. 定時工作延誤五小時者零分。

（三）作業成績不能以等級規定者（例如工場雜役清理工作等），參酌其勤惰記分。

（四）少年受刑人作業成績，比照一般受刑人記分標準四分之三比率計算。少年受刑人因學業依規定不參加作業者，依行刑累進處遇條例施行細則第38條之規定，以每月之學業成績分數為其作業分數，依下列標準記分：

1. 月考成績總平均在八十分以上者，二・五分至三分。

2. 月考成績總平均在七十分至七十九分者，二分至二・四分。

3. 月考成績總平均在六十分至六十九分者，一・五分至一・九分。

4. 月考成績總平均在五十分至五十九分者，一分至一・四分。

5. 月考成績總平均在四十分至四十九分者，零・五分至零・九分。

6. 月考成績總平均在三十九分以下者，零分至零・四分。

受刑人每日作業得分於月末相加後，依行刑累進處遇條例施行細則第39條第1項規定，以該月之就業日數相除，所得分數為本月作業成績分數。其中停止作業之日數，依同條第2項規定，應予扣除，但受刑人無故不作業者，不在此限。

二、獎勵

（一）辦理獎勵

1. 作業成績優良者：符合監獄行刑法第83條第1項第4款之條件，可依同法第84條辦理獎勵。外役監受刑人並依外役監條例第21條，得許於例假日或紀念日返家探視。

2. 對作業技術、產品、機器、設備有特殊設計，足資利用者：符合監獄行刑法第83條第1項第6款之條件，可依同法第84條辦理獎勵。

（二）獎勵方法

1. 受刑人作業成績優良者得依下列獎勵基準辦理獎勵（受刑人獎勵實施辦法第3條第2項附表）：(1)得公開表揚。(2)得增給成績分數：增加當月成績總分一分以上，至多二分。(3)得給與書籍或其他獎品。(4)得增加接見或通信次數一次。(5)得發給獎狀。(6)得給與相當數額之獎金：新臺幣五百元以上，二千元以下。(7)得給予其他特別獎勵。

2. 對作業技術、產品、機器、設備、衛生、醫藥等有特殊設計，足資利用者得依下列獎勵基準辦理獎勵（受刑人獎勵實施辦法第3條第2項附表）：(1)得公開表揚。(2)得增給成績分數：增加當月成績總分一分以上，至多四分。(3)得給與書籍或其他獎品。(4)得增加接見或通信次數一次。(5)得發給獎狀。(6)得給與相當數額之獎金：新臺幣五百元以上，二千元以下。(7)得給予其他特別獎勵。

陸　給與勞作金

依監獄行刑法第36條規定，參加作業者應給與勞作金（第1項）。所謂勞作金即受刑人參加作業之報酬，與社會一般勞動者之工資，並無二致；其與在初公布之監獄行刑法（民國35年1月19日制定公布）中所稱之賞與金，含有國家恩給之意思者，截然不同。王濟中氏（民74）曾整理學者見解，將勞作金之給予性質，歸為四類：第一為國權主義說，此說認為監獄作業乃國家經營之事業，作業收益自應歸屬國庫，監獄令受刑人作業，乃基於公權力之作用，非私法上之契約關係，故不生報酬之問題；第二為權利主義說，此說認為監獄作業，除國家資本外，尚需受刑人之勞力，作業收入概歸國庫，難謂公平，受刑人有請求給予工資之權利；第三為均利主義說，此說認為監獄作業，除國家資本和受刑人之勞力外，監獄官員之經營亦為重要因素，為使權利義務相等，作業盈餘應由三者均分，而國家所得之三分之一，尤應用於保護事業方面；第四為獎勵主義說，承認監獄作業為國家事業，收入概歸國庫，惟為鼓勵受刑人勤勞工作，由監獄對每一從事作業之受刑人，規定一相當之課程，課程內之盈餘概歸國家，課程外之盈餘則歸自己。

「聯合國在監人處遇最低標準規則」第76條指出：「一、對於受執行人之作業，報酬應有公平合理之制度。二、在前項報酬制度下，應准許受執行人至

少先用一部分作業報酬所得，以購買奉准之物品供自己之用，並准其寄送一部分所得，供給家用。三、報酬制度並應規定受執行人所得之一部分報酬，由機構當局予以劃撥保管，作為儲金，於其釋放時交其本人。」依此最低標準規則，即係採權利主義說。我國立法原採國權主義，規定為給予「賞與金」，現則受權利主義說之影響，改稱「勞作金」，本質上視同工資。

依監獄行刑法第36條第2項規定，勞作金之計算及給與，應將勞作金總額依比率分別提撥，並依受刑人實際作業時間及勞動能率合併計算給與金額。其提撥比率設定及給與分配等相關事項之辦法，由法務部定之。法務部依此訂定「監獄及看守所作業勞作金給與辦法」（以下簡稱辦法）公布施行。其重點摘述如下：

一、用詞定義（辦法第3條）

（一）作業收入：指銷貨收入、勞務收入、租金收入及其他作業收入等。
（二）作業支出：指銷貨成本、勞務成本項下之材料及製造費用、出租資產成本、其他作業成本、行銷、業務、管理及總務費用等。
（三）作業賸餘：指作業收入扣除作業支出。
（四）作業單位：指機關開辦之自營單位、委託加工單位、承攬單位、指定監外作業單位、視同作業單位及其他作業單位。
（五）作業時間勞作金：指按實際作業時間計算給與之勞作金。
（六）勞動能率勞作金：指按實際勞動能率計算給與之勞作金。

二、勞作金總額計算方式（辦法第4條）

勞作金總額計算方式，應按監獄行刑法第37條第1項第1款或羈押法第30條第1項第1款規定，作業收入扣除作業支出後，提百分之六十計算之。

三、作業時間勞作金提撥比率及分配方式（辦法第5條）

作業時間勞作金總額計算方式，按勞作金總額提百分之三十計算之（第1項）。前項之分配方式採點數制，以每日作業時間四小時以內為一點；超過四小時至八小時以內為二點；超過八小時至十二小時以內為四點（第2項）。

四、勞動能率勞作金提撥比率及分配方式（辦法第6條）

勞動能率勞作金總額計算方式，按勞作金總額提百分之七十計算之（第1項）。前項之分配方式採勞動能率制，依下列方式擇一辦理：

（一）按實際完成工作數量。

（二）按實際工作日數。

（三）無法依前二款辦理者，由作業承辦人員斟酌作業性質、難易程度、作業產能、作業者辛勞程度及其他情形，提教輔小組審議。

五、作業者勞作金之計算步驟（辦法第7條）

（一）作業時間勞作金：1.先按作業時間勞作金總額及機關點數總和，計算每點數平均額。2.再按作業者應得點數，依每點數平均額計算其個別額。

（二）勞動能率勞作金：1.先按各作業單位賸餘計算占總作業賸餘之比率。2.次按勞動能率勞作金總額，依各作業單位賸餘所占比率，計算各作業單位分配額。3.再按作業者勞動能率之情形，依各作業單位分配額，計算其個別額。

（三）前二款計算之總和為作業者勞作金。

六、勞作金之公布與儲存（辦法第8條）

勞作金給與清冊應由機關審議通過後，於適當地點公布周知（第1項）。前項勞作金應存入受刑人或被告個別保管專戶（第2項）。

七、釋放時之勞作金給與及計算方式（辦法第9條）

受刑人或被告釋放時，如當月損益未及結算，應按其實際作業情形，於離開機關當日結清並給與勞作金（第1項）。前項勞作金，可得依第7條規定計算者，按其實際作業情形為之；無法依第7條規定計算者，應依下列方式為之（第2項）：

（一）自營作業部分：依該作業單位上一年度參與作業者，每人每月平均勞作金，乘當月實際作業日數占應作業日數之比率，取至整數，小數點後無條件捨去。

（二）委託加工、承攬、指定監外作業、視同作業或其他作業部分：依該作業單位之前三個月參與作業者，每人每月平均勞作金，乘當月實際作業日數占應作業日數之比率，取至整數，小數點後無條件捨去。

八、作業收入之分配方式之準用（辦法第10條、監獄行刑法施行細則第28條）

（一）外役監受刑人：關於作業收入之分配方式，於外役監條例第23條修正施

行前，得準用監獄行刑法第37條之規定（第1項）。

（二）強制工作受處分人：關於作業收入之分配方式，於保安處分執行法第57條之1修正施行前，得準用監獄行刑法第37條之規定（第2項）。

柒 勞作金之使用與保管

一、勞作金之使用

受刑人按其累進處遇級別，得於每月所得作業勞作金之一定範圍內自由使用：

（一）第四級受刑人，得准其於每月所得作業勞作金五分之一範圍內，自由使用（行刑累進處遇條例第38條）。

（二）第三級受刑人，得准其於每月所得作業勞作金四分之一範圍內，自由使用（行刑累進處遇條例第38條）。

（三）第二級受刑人，得准其於每月所得作業勞作金三分之一範圍內，自由使用（行刑累進處遇條例第41條）。

（四）第一級受刑人，得准其於每月所得作業勞作金二分之一範圍內，自由使用（行刑累進處遇條例第45條）。

二、勞作金之保管

依「監獄及看守所作業勞作金給與辦法」第8條第2項規定，勞作金應存入受刑人個別保管專戶。

釋放時，依「監獄及看守所收容人金錢與物品保管及管理辦法」第8條規定，機關應結算其保管金及勞作金交付之，並使收容人於領取文件（一式二聯）簽名或捺印，第一聯交收容人收執，第二聯由機關留存（第1項）。前項交付之結餘款合計超過新臺幣十萬元者，機關得以代購郵政匯票或開立國庫支票方式交付（第2項）。

如受刑人死亡時，其勞作金依監獄行刑法第39條之規定，經依第81條及第82條第1項第4款規定處理而未領回或申請發還者，歸入作業基金。

捌 作業賸餘分配

作業收入扣除作業支出後稱為作業賸餘，依監獄行刑法第37條第1項規定，以下列方式分配：

一、提百分之六十充前條勞作金。

二、提百分之十充犯罪被害人補償費用。

三、提百分之十充受刑人飲食補助費用。

四、其餘充補助受刑人職業訓練、改善生活設施及照顧受刑人與其家屬之補助費用。

五、如有賸餘，撥充法務部矯正機關作業基金循環應用。

玖 犯罪被害人補償費用之管理

依監獄行刑法第37條第2項規定，前項第2款（作業賸餘百分之十）提撥犯罪被害人補償費用，應專戶存儲，並依犯罪被害人保護法規定支付。緣因我國為建立犯罪被害人補償金制度，特於民國86年5月14日修正監獄行刑法，增列規定勞作金總額，部分提撥犯罪被害人補償費用，並規定提撥犯罪被害人補償之費用，於犯罪被害人補償法公布施行後提撥，專戶存儲。民國87年5月27日犯罪被害人保護法制定公布，於該法第4條明定，監所作業者之勞作金總額提撥部分金額為犯罪被害補償金經費來源之一。民國87年9月28日法務部公布之犯罪被害人保護法施行細則第21條規定，由法務部設置犯罪被害補償金專戶。

拾 補償金之發給

「聯合國在監人處遇最低標準規則」第74條指出：「一、關於保護自由職工安全與健康之一切措施，在刑事執行機構之作業，應同等適用。二、對於作業所受之工作損傷，應訂賠償辦法，其優遇程度，須不低於法律對自由職工所訂之條件。」我國監獄行刑法為保障受刑人權益，對於受刑人因作業或職業訓練致受傷、罹病、重傷、失能或死亡者，亦於監獄行刑法第38條第1項規定應發給補償金。並於第2項規定，前項補償金由作業基金項下支付；其受傷、罹病、重傷、失能認定基準、發給金額、申請程序、領受人資格及其他應遵行事項之辦法，由法務部定之。法務部依此訂定「受刑人及被告補償金發給辦

法」（以下簡稱辦法）公布施行。其重點摘述如下：

一、用詞定義摘要（辦法第2條）

（一）受傷：指重傷、失能以外之身體損傷。

（二）罹病：指罹患疾病並符合勞工保險條例第34條職業病種類。

（三）重傷：指失能以外其他於身體或健康有重大不治或難治之傷害。

（四）失能：指受傷而經治療後症狀固定，再行治療仍不能期待其治療效果，經醫院診斷為永久失能，並符合勞工保險失能給付標準。

二、補償金之種類及金額（辦法第3條）

（一）種類：補償金種類分為醫療補償金、失能補償金及死亡補償金。醫療補償金指收容人因就醫而自付金額，但不包含自費項目（第1項）。

（二）金額：收容人因作業或職業訓練致死亡者，發給死亡補償金新臺幣（以下同）一百萬元；致失能者，發給失能補償金最高金額不得逾四十五萬元，依勞工保險失能給付標準之等級給付之；致重傷者，發給醫療補償金最高金額不得逾三十萬元；致受傷或罹病者，發給醫療補償金最高金額不得逾二十萬元（第2項）。前項有二種以上情形者，得合併發給之（第3項）。

三、補償金之申請（辦法第4條）

（一）醫療補償金：應檢具下列文件向原執行機關申請，由機關作業基金業務外費用項下支付（第1項）：

1. 醫療機構出具之診斷書。

2. 醫療相關收據正本。

（二）申請失能或死亡補償金：應由機關檢具下列文件報請法務部矯正機關作業基金管理會核准後發給（第2項）：

1. 申請補償金報告表。

2. 醫療機構出具之失能等級證明書或死亡證明書及載有死亡日期之戶籍證明資料。

前項申請報告表應敘明失能或死亡原因及處理情形（第3項）。

四、補償金之領受（辦法第5條）

補償金應由收容人本人或最近親屬領受，死亡者機關應通知繼承人領

受，無法通知者，應公告之（第1項）。前項補償金之發給，經受通知人拋棄或通知後逾六個月或公告後逾一年無人領受者，歸入作業基金（第2項）。補償金由最近親屬領受時，應按收容人之配偶、直系血親卑親屬、父母、兄弟姊妹、祖父母之順序發給之（第3項）。

五、補償金之不予發給與減發（辦法第6條）

意外事故係因收容人故意所致者，不予發給補償金；因重大過失所致者，減發百分之五十（第1項）。故意或重大過失認定，由監督機關依事實調查或依有關機關之鑑定報告辦理（第2項）。

六、應自補償金減除之情形（辦法第7條）

有下列情形之一者，應自補償金中減除之（第1項）：

（一）受有損害賠償給付。

（二）受訂約廠商或機關為其投保之相關保險給付。

（三）職業訓練勞保給付。

前項若有二款以上者，合併減除之（第2項）。

第四節　作業之經營

我國受刑人之作業原則上由監獄直接經營，接受廠商委託或向外界承攬作業僅係作為輔助，已如前述。因此，為期妥善經營受刑人作業，依受刑人作業實施辦法，監獄得為如下措施：

壹　作業管理

一、編組作業

受刑人作業依其性質得採編組作業，各組人數依實際需要定之（辦法第7條）。

二、指定作業場所及範圍

監獄應指定受刑人之作業場所，並明確劃定其活動範圍，於作業前告知受

刑人不可逾越（辦法第8條）。

三、監內作業安全管理

　　監內作業安全管理，應注意下列事項（辦法第11條）：

（一）作業工具及危險物料應妥善保管，列冊定期保養清點。

（二）訂定作業科目相關安全規定，並實施教育訓練。

（三）建立標準作業流程，作業場所及機具設備張貼警語。

（四）發生重大傷病事故立即通報勤務中心及監督機關，並妥為處置。

四、遵守規範與服從指示

　　受刑人作業時，應遵守該作業場所之規範，服從場舍管理人員及作業指導人員之指示（辦法第12條）。

貳　設置成品推銷處所

　　作業成品之產製應符合相關法規規定，並注意其品質及銷路（辦法第9條第1項）。監獄得單獨或聯合設置作業成品銷售處所（同條第2項）。

參　企業管理

　　監獄辦理作業，應有通盤妥善之經營計畫，採用企業管理方法，並注意資源及人力之有效運用（辦法第10條）。茲就目前監獄作業之缺失及改進之道分述如下：

一、監獄作業之缺失

　　檢視目前我國監獄作業實務上，尚存有如下之問題，影響及作業之經營，亟待突破：

（一）作業管理體制不健全，作業難推展

　　我國雖已成立「作業基金管理委員會」，惟以作業基金之性質（循環基金）及委員會之組織而言，其功能實難以發揮。因此，整體作業管理制度似應改弦易轍，以期健全管銷體制，發揮企業經營之功能。

（二）重委託加工作業，自營作業有待開發

委託加工作業之特色為勞力密集，不但符合監獄環境而且具作業勞動之價值。因此，各國監獄受刑人參加委託加工作業均居大宗，惟委託加工作業缺乏技術性，無法訓練受刑人一技之長，有必要同時發展具技術取向之自營作業，或參加有意義之國家公共建設或敦親睦鄰之社區服務，藉以提供多元化之作業方向及價值。

（三）職業訓練效果不彰，受刑人參訓比例低

目前各監獄雖依法附設職業訓練中心，辦理職業訓練及檢定業務，但受限於主客觀條件，致績效不顯著。茲臚列其缺失如下：職類不符產業需求且重疊性高、訓練場地狹小、技能檢定術科場地不符評鑑標準、機具設施老舊、師資欠缺、符合本機關職類之參訓資格者有限、經費不足致參訓比例低及出獄後運用習得技能之就業率低。

（四）出獄人就業率低，就業輔導有待強化

受刑人出獄後，常遭受社會拒絕，致謀職困難，更生保護會亦未能設置專任更生輔導人員，於受刑人出監前實施入監輔導，出監後予以就業輔導，致受刑人就業率低。根據追蹤調查結果顯示：受刑人出獄後運用參訓職種所習得技能之就業率僅占百分之五左右。因此，為提高出獄人之就業率、降低再犯率，實有必要強化出獄人就業輔導。

二、監獄作業之改進

有鑑於此，依編者淺見，監獄作業之經營應加強下列作為：

（一）成立專責機構推動監獄作業

新加坡於1976年成立「新加坡矯正作業公司」（SCORE）負責推動矯正作業，該公司隸屬於內政部，其主要目的在提供收容人作業、技能訓練及更生保護工作，以協助收容人復歸社會，成為有用之人。該公司除設有主任委員及執行秘書外，下設行政及會計部門、矯正服務部門以及生產部門，其主管及職員中有公務員亦有民間人士，該公司由於組織完整及功能健全，無論在提升作業、技能訓練及更生保護工作，均著有績效。美國亦於1978年成立「聯邦監獄作業公司」（UNICOR），以企業化經營矯正機構之作業，績效斐然，均值得

我國參考。

（二）分區發展主題式之自營作業

自營作業所遭遇到最大問題是銷售問題，且經常遭到外界廠商以「與民爭利」一詞來抗爭。因此，監獄可依全國各地理位置，劃分為數區域，分區發展主題式之自營作業，並規定各矯正機關所需之物品與設備，應向監所購買，以扶持自己監所之自營作業。另外，技能訓練應與自營作業相互配合，藉由技訓來培育高素質之勞動力，藉由作業來提升受刑人之工作滿意度，如此，在兩方面相互配合之下，不但可以使受刑人成就感提高，進而達到教化處遇之目的，亦可提高監所作業之層次與產品之品質。

（三）成立作業產品門市部

為促使社會大眾瞭解收容人在監所從事作業之情形，未來可成立作業產品門市部，負責統籌展覽、銷售各矯正機關自營生產之作業成品，並承攬公私經營之作業，分交有關監所製作，以促進各矯正機關自營作業之發展。

（四）參與國家公共建設

目前國家各項公共建設勞工短缺，均仰賴外籍勞工。監獄勞力充沛，似宜依外役監條例及監外作業辦法之規定參與國家公共建設，或於國家遇有重大災害時，參與災區之重建工作或其他地方建設工作，這對受刑人及監獄功能均具有相當之意義。

（五）外役監發展精緻農業與畜牧業

目前外役監，大都以農作、蔬果、飼養牲畜等為主，俱屬相同作業科目，事先均未妥善規劃，宜聘請專家，就各別具備之條件加以評估，努力發展精緻農業與高經濟價值之畜牧業，提升外役監之功能。

（六）成立職業訓練專區

岩灣、東成及泰源三所技能訓練所擁有專任職業訓練師，附設職業訓練中心規模大、職種多、設備新穎。倘再將岩灣、東成技訓所第二期工程部分，改建為職業訓練場地，應可成立東部職業訓練專區。成立專區可集中資源（師資、預算、職種、設備）增開班次，以提升訓練績效。參訓者可採聯合招訓方

式，將各監獄有意參訓之受刑人，依各職類參訓條件予以遴選，再移送專區施訓，以因應訓練需求。配合監獄組織，增置職業訓練師，可於北、中、南部再成立職業訓練專區，以提升受刑人參訓之比例。

（七）實施外出職業訓練制度

協調各公共職訓中心於各職類開班時保留名額，供監獄遴選行狀善良且符合外出條件之受刑人參加，以增加受刑人參訓之比例。

（八）加強就業輔導

1. 各監獄應尋求與民間企業建教合作，遴選行狀善良，且有就業意願之受刑人參加職訓後，實施監外作業或外出就業制度，以使作業、職訓及就業輔導相互結合。
2. 各監獄應主動與就業服務機構聯繫，取得就業資訊，加強就業輔導，對具有就業意願之受刑人應於其出監前二個月，造具名冊，連同就業意願調查表，函送各更生保護分會，各更生保護分會亦應置專任更生輔導員，實施入監輔導制度，以強化就業輔導。

本章研究問題

1. 依監獄行刑法原則上對受刑人採「強制作業」之理由為何？又監獄作業生產性低之原因為何？請分述之。（民100司法四等）
2. 試述受刑人之作業目的、方式？受刑人配業計畫之依據及強制作業之例外情形？另受刑人每日之作業時間暨作業課程之標準依據為何？請依監獄行刑法及其施行細則申述之。（民107司法三等）
3. 試述監外作業之定義？並比較監外作業受刑人與外役監受刑人在遴選條件與處遇上之相異之處？請分述之。（民102司法三等）
4. 作業之制度分成幾類？以何種制度較符合行刑之要求？
5. 某丙入監服刑一段時間後，兒子來監告知其母過世，某丙一時心情沮喪，想讓自己靜一靜不想參加作業，試就監獄對於停止作業之條件為何？又其不停止作業及得免作業之條件各為何？在監受刑人從事作業其作業收入依相關規定又應如何分配？請依監獄行刑法及其相關規定詳述之。（民101司法三等）

6. 請說明監獄作業之種類、作業時間之限制及停止作業之情形為何？（民102司法四等）

7. 受刑人發生何種情況，監獄應發給補償金？受刑人死亡時，其補償金應如何處置？

8. 監獄遇有天災、事變為防衛工作時，得採行哪些應變處置？令受刑人分任工作導致傷亡，準用有關作業災害，給予補償金之理由？（民100司法三等）

9. 為期妥善經營受刑人作業，依法令監獄得為何種措施？

10. 目前我國監獄作業實務上，尚存有何種問題，影響及作業之經營？應如何突破？

第六章　教化及文康

【條文大意】

第四十條（教化之實施與種類）

對於受刑人，應施以教化。

前項教化，應參酌受刑人之入監調查結果及個別處遇計畫，施以適當之輔導與教育。

前項輔導內容，得委由心理學、社會工作、醫療、教育學、犯罪學或法律學等相關領域專家設計、規劃，並得以集體、類別及個別輔導等方式為之。

第二項之教育，監獄得自行或與學校合作辦理補習教育、進修教育或推廣教育；其辦理方式、協調支援、師資、課程與教材、學習評量、修業期限、學籍管理、證書之頒發、撤銷、廢止及其他相關事項之辦法，由法務部會同教育部定之。

第四十一條（宗教宣導）

受刑人有信仰宗教之自由，不得限制或禁止之。但宗教活動有妨害監獄秩序或安全者，不在此限。

監獄得依受刑人請求安排適當之宗教師，實施教誨。

監獄得邀請宗教人士舉行有助於受刑人之宗教活動。

受刑人得持有與其宗教信仰有關之物品或典籍。但有妨害監獄秩序、安全及管理之情形，得限制或禁止之。

第四十二條（調解及修復）

監獄得安排專人或轉介機關（構）、法人、團體協助受刑人與被害人進行調解及修復事宜。

第四十三條（社會參與原則）

監獄得聘請或邀請具矯治處遇相關知識或熱誠之社會人士，協助教化活動，並得延聘熱心公益社會人士為志工，協助教化工作。

前項志工，由監獄報請監督機關核定後延聘之。

第四十四條（閱讀圖書、自備文具與文康活動）

監獄得設置圖書設施、提供圖書資訊服務或發行出版物，供受刑人閱讀。

受刑人得自備書籍、報紙、點字讀物或請求使用紙筆及其他必要之用品。但有礙監獄作息、管理、教化或安全之虞者，得限制或禁止之。

監獄得辦理圖書展示，供受刑人購買優良圖書，以達教化目的。

監獄得提供適當之資訊設備予受刑人使用。

為增進受刑人之身心健康，監獄應適時辦理各種文化及康樂活動。

第四十五條（視聽器材之使用）

監獄得提供廣播、電視設施、資訊設備或視聽器材實施教化。

受刑人經監獄許可，得持有個人之收音機、電視機或視聽器材為收聽、收看。

監獄對身心障礙受刑人應考量收容特性、現有設施狀況及身心障礙者特殊需求，提供視、聽、語等無障礙輔助措施。

前二項收聽、收看，於有礙受刑人生活作息，或監獄管理、教化、安全之虞時，得限制或禁止之。

由於民主自由思潮之發達，社會福利國理念及人道主義之闡揚，刑罰之手段，由消極之懲罰趨向於積極之教育。在近代教育刑之理念下，監獄行刑之目的，在於促使受刑人改悔向上，順利復歸社會。為達此目的，「聯合國在監人處遇最低標準規則」第59條指出：「監獄應發動一切醫療、教育、道德精神等各種力量，以同情協助方式，針對受刑人個別處遇上之需要，予以實施。」我國監獄行刑法第6條第4項規定，監獄應以積極適當之方式及措施，使受刑人瞭解其所受處遇及刑罰執行之目的；同法第40條第1項規定，對於受刑人應施以教化，與聯合國在監人處遇最低標準規則互相呼應。由此可知，我國監獄之教化工作，即係本諸政府仁恕愛民及同情協助受刑人之考量，依受刑人個別情況與需要，以國家強制力所實施適當之矯正與輔導措施，為受刑人矯治教育之核心工作。

第一節　教化之原則與目標

壹　教化之原則

一、個別處遇原則

對受刑人實施教化，依監獄行刑法第40條第2項規定，應參酌受刑人之入監調查結果及個別處遇計畫，施以適當之輔導與教育。此種依據調查所得結果，及瞭解其個別情況與需要之個別處遇計畫，予以施教之規定，即所謂個別處遇原則。

二、達成監獄行刑目的原則

監獄行刑之目的，旨在積極促使受刑人獲得矯治，成功復歸社會，減少再犯，俾達防衛社會安全之功效。監獄行刑法第6條第4項規定，監獄應以積極適當之方式及措施，使受刑人瞭解其所受處遇及刑罰執行之目的。因此，矯正機關規劃各項矯治處遇措施，自當以此目的為最高原則，廣納社會各類協助及教育資源，引進精神醫療及道德勸善團體，適當運用各種教誨教育及技藝學習之機會，於公開說明或潛移默化間，讓受刑人深知所受處置及刑罰執行之目的，期能改善品性，增進知能，強化生活技能，即所謂達成監獄行刑目的原則。

三、社會參與原則

監獄教化之最終目的，既在促使受刑人復歸社會時，不再危害社會，則監獄教化工作，自不能脫離社會現實而閉門造車。社會人士之參與，不但可豐富教化內容，且可使監獄教化與社會接軌，符合行刑社會化之要求。監獄行刑法第43條規定，監獄得聘請或邀請具矯治處遇相關知識或熱誠之社會人士，協助教化活動，並得延聘熱心公益社會人士為志工，協助教化工作（第1項）。前項志工，由監獄報請監督機關核定後延聘之（第2項）。凡此，即係善用社會資源，鼓勵社會人士參與監獄教化之原則。

貳 教化之目標

一、促使受刑人改悔向上

有鑑於受刑人之所以犯罪，與其道德認知發展不成熟有極大之關係。為期受刑人能改悔向上，達成監獄行刑法第1條揭諸之行刑目的，必須增進受刑人之智慧、啟發其理性，藉由各種他律手段，重建其道德認知過程，使其行為能從無律狀態發展形成足以自律。

二、培養其適應社會生活之能力

受刑人往往因缺乏社會生活必需之知識與技能而導致犯罪，為期受刑人能順利復歸社會，達成監獄行刑法第1條揭櫫之行刑目的，應從教授其社會生活必需之知識與技能，培養其適應社會生活之能力著手。

三、協助達成修復式正義

依監獄行刑法第42條，監獄得安排專人或轉介機關（構）、法人、團體協助受刑人與被害人進行調解及修復事宜。「修復式正義」或稱「修復式司法」（Restorative Justice），旨在藉由有建設性之參與及對話，在尊重、理解及溝通之氛圍下，尋求彌補被害人之損害、痛苦及不安，以真正滿足被害人之需要，並修復因衝突而破裂之社會關係。

第二節 教化之施教方式

受刑人施以教化，依監獄行刑法第40條第2項規定，應參酌受刑人之入監調查結果及個別處遇計畫，施以適當之輔導與教育。因此，監獄教化之施教方式，可區分成輔導與教育兩個部分，兩者相輔相成。

壹 輔導

輔導者，藉由他律手段，重建受刑人之道德認知，使養成守法自律習慣之處遇方法也。前項輔導內容，依監獄行刑法第40條第3項得委由心理學、社會工作、醫療、教育學、犯罪學或法律學等相關領域專家設計、規劃，並得以集

體、類別及個別輔導等方式為之。除以教誨師為輔導人員外，依監獄行刑法第43條規定，監獄得聘請或邀請具矯治處遇相關知識或熱誠之社會人士，協助教化活動，並得延聘熱心公益社會人士為志工，協助教化工作。因此，受監獄聘請、邀請或延聘從事或協助教化之人亦可為此之輔導人員。其實施方式，參酌監獄行刑法施行細則第29條第1項規定如下：

一、集體輔導：以群體為單位實施輔導，以授課、演講、視聽教材或其他適當之方式行之。

二、類別輔導：依共通性處遇需求，分類實施之輔導，以分組授課、團體工作、小組討論或其他適當之方式行之。

三、個別輔導：輔導人員針對受刑人個別狀況，以晤談或其他適當方式行之。

前項輔導，應於適當場所為之，並留存紀錄（同條第2項）。

貳 教育

教育者，配合輔導工作之實施，依受刑人之教育程度，編入適當班級，授予生活上必需之知識與技能，以期增進受刑人之智能和啟發其理性，為貫徹教育刑思想之具體方法。依監獄行刑法第40條第4項規定，第2項之教育，監獄得自行或與學校合作辦理補習教育、進修教育或推廣教育；其辦理方式、協調支援、師資、課程與教材、學習評量、修業期限、學籍管理、證書之頒發、撤銷、廢止及其他相關事項之辦法，由法務部會同教育部定之。法務部依此會同教育部訂定「受刑人教育實施辦法」（以下簡稱辦法）公布施行。其重點摘述如下：

一、監獄辦理各級教育之方式（辦法第2條）

（一）監獄補習及進修教育（第1項）

監獄得自行或與學校合作，辦理國民補習教育及高級中等學校進修教育。

（二）大學推廣教育（第2項）

監獄得委託大專校院或空中大學，依大學法及空中大學設置條例等相關規

定辦理推廣教育或其他型態之教育。

前二項教育應以在監方式為之，屬合作辦理者應由監獄與合作者簽訂合作協議，報請法務部矯正署核准之（第3項）。

第1項終止辦理或變更科、學程，應於學年度開始六個月前提出，並由監獄報請矯正署及該主管教育行政機關核准之（第4項）。

二、教師支援授課之協調與獎勵（辦法第3條）

中央及監獄所在地方主管教育行政機關應協調監獄鄰近學校合適教師支援授課，並給予參與協助與合作之學校及教師適當獎勵。

三、師資應具資格（辦法第4條）

（一）監獄補習及進修教育

監獄補習及進修教育教師應由具有各該教育階段、類科合格教師證書者擔任（第1項）。

（二）大學推廣教育

監獄委託大專校院或空中大學辦理推廣教育之師資，應由具有專科以上學校教師、專業技術人員或專業技術教師資格之一者擔任（第2項）。

四、課程實施方式（辦法第5條）

（一）監獄補習及進修教育

應以面授或結合廣播、電視設施、資訊設備或視聽器材等傳輸媒體於監獄內實施教學，並參考中央主管教育行政機關公布之課程規範訂定課程計畫（第1項）。前項課程計畫之訂定及實施，中央及監獄所在地方主管教育行政機關應依學校所提需求，提供教育訓練、諮詢輔導及相關專業資源之協助（第2項）。

（二）大學推廣教育

監獄委託大專校院或空中大學辦理推廣教育，以面授或結合廣播、電視設施、資訊設備或視聽器材等傳輸媒體於監內實施教學，由合作學校規劃課程並審查每學年度各班次開班計畫（第3項）。

監獄各級教育課程計畫之實施，得考量監獄安全管理、學生學習需求及矯正教育之目的，合理調整計畫內容（第4項）。

五、學籍管理相關事宜（辦法第6條）

（一）監獄補習及進修教育

除監獄相關法規另有規定外，監獄補習及進修教育所需教材、學習評量、修業期限、學籍管理及證書之頒發、撤銷、廢止等相關事項，準用中央及監獄所在地方主管教育行政機關之相關教育法令。但監獄相關法規另有規定，或與監獄行刑性質相牴觸者，不在此限（第1項）。

（二）大學推廣教育

監獄委託大專校院或空中大學辦理推廣教育之修讀或學分證明等相關事項，依大學法及空中大學設置條例等相關教育法令辦理，並應將監獄行刑之相關需求，載明於合作協議（第2項）。

六、經費來源（辦法第7條）

監獄辦理各級教育所需經費，由監獄按實際需要，寬列年度預算支應。

七、招生方式（辦法第8條）

監獄辦理各級教育得審酌監獄資源設備、監獄性質、受刑人行狀及其他因素，於每學年度招生簡章中訂定受刑人參與各級教育所需之條件，並擇適合者予以錄取（第1項）。前項每學年度各級教育之招生簡章及錄取名冊應報矯正署備查（第2項）。

八、學生相關紀錄之留存（辦法第9條）

教師對於學生之成績、輔導及操行考核等相關紀錄，應留存監獄，供個別處遇之依據或參考。

九、學則或相關校務事項規定之準用（辦法第10條）

與監獄合作辦理各級教育之學校所定學則或相關校務事項之規定，除監獄相關法規另有規定或與監獄行刑性質不相牴觸者外，得準用之，並於入學時告知學生（第1項）。

十、不適合繼續就學者之處理與救濟（辦法第10條）

學生學習或生活情形，依監獄相關法規與中央及監獄所在地方主管教育行政機關之相關教育法令經評估已不適合繼續就學者，得停止就學並移回原監獄繼續執行（第2項）。前項停止就學得由監獄函請合作學校辦理學籍相關事宜，並同時以書面敘明理由並附記救濟程序通知當事人（第3項）。

十一、學生之獎勵（辦法第11條）

學生學期成績優異者，監獄得依監獄相關法規給予獎勵。

十二、教師之管理（辦法第12條）

監獄應建立及更新各級合作學校所派之教師名冊，並告知教師在監授課應遵守事項及維護教師授課之安全。

十三、教師違反規定之處理（辦法第13條）

監獄所聘之教師如有違反在監授課應遵守事項，應依聘約及相關法規辦理（第1項）。前項情事涉及各級合作學校所派之教師時，應儘速通知該校依合作協議及相關法規處理（第2項）。

另依監獄行刑法施行細則第30條規定，監獄得自行或邀請外界團體或個人，辦理有助於受刑人社會生活及人格發展之教化課程（第1項）。監獄得使具有專門知識之受刑人，協助辦理參與、實施或指導相關教化事務（第2項）。

第三節　少年矯正教育

為使少年受刑人經由學校教育矯正不良習性，促其改過自新，適應社會生活。「少年矯正學校設置暨教育實施通則」第10條規定，法務部應分就執行刑罰者及感化教育處分者設置矯正學校。同通則第11條規定，矯正學校應以中學方式設置，必要時並得附設職業類科、國民小學部，其校名稱某某中學。法務部依此通則，已於88年7月1日就少年受刑人部分成立高雄明陽中學，實施少年矯正教育。

壹　編班之原則

依通則第42條第1項規定，學生入校後，依下列規定編班：

一、學生入校後之執行期間，得以完成一學期以上學業者，應編入一般教學部就讀。一般教學部依通則第52條規定為一年兩學期。

二、學生入校後之執行期間，無法完成一學期學業者，或具有相當於高級中等教育階段之學力者，編入特別教學部就讀。但學生願編入一般教學部就讀者，應儘量依其意願。特別教學部依通則第52條規定為一年四期，每期以三個月為原則。

三、學生已完成國民中學教育，不願編入一般教學部就讀，或已完成高級中等教育者，編入特別教學部就讀。

依通則第53條規定，矯正學校每班學生人數不超過二十五人。但一班之人數過少，得行複式教學（第1項）。男女學生應分別管理。但教學時得合班授課（第2項）。

貳　教學目標

依通則第51條規定，矯正學校之教學，應以人格輔導、品德教育及知識技能傳授為目標，並應強化輔導工作，以增進其社會適應能力（第1項）。一般教學部應提供完成國民教學機會及因材適性之高級中等教育環境，提升學生學習及溝通能力（第2項）。特別教學部應以調整學生心性、適應社會環境為教學重心，並配合職業技能訓練，以增進學生生活能力（第3項）。

參　課程標準

依通則第54條第3項規定，一般教學部之課程，參照高級中學、高級職業學校、國民中學、國民小學課程標準辦理。職業訓練課程，參照職業訓練規範辦理。同條第4項規定，為增進學生重返社會之適應能力，得視學生需要，安排法治、倫理、人際關係、宗教與人生及生涯規劃等相關課程。

第四節　宗教宣導

依佛洛伊德（Freud, 1856-1939）心理分析理論之觀點，犯罪或偏差行為與個人人格結構中之超我（Super Ego）功能不彰有關，亦即個人無法以道德良心、規範對本我（Id）之欲求加以約束，即可能犯罪。此一理論雖過於主觀，難以印證，但其強調犯罪人缺乏道德良心，必須加以重整，正係監獄教化工作理論基礎所在。欲重建犯罪人之道德人格，使其真正洗心革面，由內心澈底改悔向善，宗教之力量不容忽視。宗教信仰，足以淨化人心，撫慰破碎心靈，培養仁恕精神，藉由教義導正認知、約束行為，其作用遠非普通教育所能比擬，因此，宗教宣導，亦係監獄教化手段之一，為各國所重視，「聯合國在監人處遇最低標準規則」第41條指出：「一、機構內收容信仰同一宗教之在監人，達到相當數額時，應指派或許可該宗教之正式合格代表一人，在機構內服務；如信仰同一宗教之人數眾多時，該受指派或經許可之代表，應以全部時間專在該機構內服務。二、依前項規定指派或經許可之宗教代表，應准其在機構內舉行正式禮拜儀式，並在適當之時間內，對其有相同信仰之在監人，作非公開之宗教訪問。三、對於任何在監人不得禁止其與任何合格之宗教代表相接觸，反之，如在監人拒絕任一宗教代表之訪問時，其態度應予充分尊重。」同規則第42條指出：「在可能範圍內，應容許在監人滿足其宗教生活上之需要，參加機構內所設之禮拜，並准其持有所屬教派之經典書籍。」

宗教宣導，同樣亦為我國監獄所普為運用並大力推展，有關監獄實施宗教宣導之相關法令規定如下：

壹　信仰宗教自由之保障

由於各個宗教之教義與儀式，形形色色，各不相同，信仰何種宗教乃憲法所賦予人民之自由權利，監獄實施宗教宣導時，自應予以尊重並因勢利導。因此，依監獄行刑法第41條規定，受刑人有信仰宗教之自由，不得限制或禁止之。但宗教活動有妨害監獄秩序或安全者，不在此限（第1項）。依同法施行細則第32條規定，監獄應尊重受刑人宗教信仰自由，不得強制受刑人參與宗教活動或為宗教相關行為（第1項）。監獄應允許受刑人以符合其宗教信仰及合理方式進行禮拜，維護受刑人宗教信仰所需。

貳　安排適當宗教師教誨

　　為落實教化輔導，讓受刑人身心接受宗教之撫慰，利其社會復歸，依監獄行刑法第41條第2項規定，監獄得依受刑人請求安排適當之宗教師，實施教誨。

參　邀請宗教人士前來宣導

　　由於監獄並無宗教師之編制，因此對於宗教宣導之實施，必須求助於外界之宗教人士。依監獄行刑法第41條第3項規定，監獄得邀請宗教人士舉行有助於受刑人之宗教活動。

肆　與宗教信仰有關物品或典籍之持有

　　為保障受刑人宗教信仰自由，依監獄行刑法第41條規定，受刑人得持有與其宗教信仰有關之物品或典籍。但有妨害監獄秩序、安全及管理之情形，得限制或禁止之（第4項）。

伍　依宗教派別分類施教

　　監獄實施宗教宣導時，應充分尊重受刑人之信仰自由並因勢利導，已如前述。為加強宗教宣導工作，法務部於民國86年3月24日函頒之「落實獄政管教計畫」中規定，應依收容人宗教派別分類施教，以培養其虔誠之宗教情操。提供利於實施宗教儀式之環境與設備，對於宗教人士之品操、背景資料、所屬團體或施教之方法、內容應預為瞭解，避免因不當之宣導方式，帶給收容人負面之影響。

第五節　教化輔助措施

　　為增進教化之效果，使受刑人身心得以均衡發展，監獄應多利用各種輔助措施，充實其精神內涵，培養其積極、樂觀、奮鬥進取之人生觀。

壹 協助調解與修復

藉由有建設性之參與及對話，在尊重、理解及溝通之氛圍下，尋求彌補被害人之損害、痛苦及不安，以真正滿足被害人之需要，並修復因衝突而破裂之社會關係，依監獄行刑法第42條，監獄得安排專人或轉介機關（構）、法人、團體協助受刑人與被害人進行調解及修復事宜。依同法施行細則第33條，監督機關應依本法第42條規定擬定計畫，推動辦理調解及修復事宜，以利監獄執行之。

貳 社會參與協助教化

為補強監獄教化人力，依監獄行刑法第43條，監獄得聘請或邀請具矯治處遇相關知識或熱誠之社會人士，協助教化活動，並得延聘熱心公益社會人士為志工，協助教化工作（第1項）。前項志工，由監獄報請監督機關核定後延聘之（第2項）。另依同法施行細則第31條，監獄自行或結合外界舉辦各種活動，應注意受刑人及家屬隱私之維護。

參 鼓勵閱讀

閱讀書籍，可幫助受刑人吸收新知，自我學習。為鼓勵受刑人培養良好之閱讀習慣，監獄應為如下措施：

一、備置圖書

「聯合國在監人處遇最低標準規則」第40條指出：「每一機構內均應有圖書館供在監人使用，並置備足量之陶冶性、教育性之書籍，鼓勵在監人充分閱讀之。」我國監獄行刑法第44條第1項前段亦規定，監獄得設置圖書設施、提供圖書資訊服務……，供受刑人閱讀。行刑累進處遇條例基於優遇及鼓勵自治之考量，更於第50條第1項規定，第一級之受刑人，許其在圖書室閱覽圖書。同條第2項規定，圖書室得備置適當之報紙及雜誌。另「落實獄政管教計畫」中亦規定，各監獄應成立圖書室或設置流動書櫃，充實有益身心之勵志性書籍，彙整成目錄，提供各場舍受刑人輪流借閱。

二、發行出版物

依監獄行刑法第44條第1項後段規定,監獄得……發行出版物,供受刑人閱讀。實務上各監獄皆視本身經費、人力狀況,以月刊、雙月刊或季刊之方式發行監內刊物,同時監督機關亦編印新生月刊,提供受刑人閱讀及抒發讀書心得。

三、允許自備書籍

在監人本質上有其思想表現之自由,亦即享有知的權利。由於監獄備置書籍,常受限於經費而難以齊備,因此,為符合受刑人個別閱讀需要,允許其自備書籍,不失為一解決之道;惟書籍種類繁多,並非所有書籍皆適於受刑人閱讀,為避免受刑人因閱讀自備之不良書籍,未蒙其利反受其害,就受刑人之立場上、行刑目的上以及監獄管理運作上而言,須有合理範圍之限制。因此,監獄行刑法第44條規定,受刑人得自備書籍、報紙、點字讀物……。但有礙監獄作息、管理、教化或安全之虞者,得禁止或限制之(第2項前段)。監獄得辦理圖書展示,供受刑人購買優良圖書,以達教化目的(第3項)。

四、提供資訊設備使用

為利受刑人復歸社會,符合時代趨勢,監獄行刑法第44條規定,監獄得提供適當之資訊設備予受刑人使用(第4項)。例如使用資訊設備閱覽法院提供之電子卷證,以充實其法律資源。至於係單機電腦、機關內部網路或連外網路,屬細節性、技術性事項,得由監獄考量教化、管理、經費預算或技術等因素,斟酌實際情形辦理。依同法施行細則第34條,監獄依本法第44條第4項規定,提供之適當資訊設備,包括相關複印設備,由受刑人申請自費使用之。

五、成立讀書會

國內之讀書會,由於民間團體、社會機構、學校教育機構、學術團體、工商企業人士、社區人士等熱心推動下,數量不斷增加,有如雨後春筍般蓬勃發展,讀書會成員在個人成長後,更積極推展讀書會,發揮書香關懷之熱誠,將讀書會帶入犯罪矯正機構中。台中市七七讀書會在民國84年11月23日,首先將書香關懷帶入台中看守所,從此,收容人讀書會在犯罪矯正機構中萌芽。85年7月7日「書夢一生,終生學習─全國書香博覽會」時,七七讀書會邀請全國各讀書會領導幹部,共同參與在台中看守所舉辦之書香關懷活動,共同參與讀書

會實作觀摩，引起廣大迴響（林茂榮、黃維賢，民89）。為鼓勵收容人勤於讀書，法務部「落實獄政管教計畫」中特規定，各監獄應成立「讀書會」，透過小團體成員對同一材料之閱讀，進行心得交換與觀點討論，達到激發新思考之目的。

六、允許自備文具

配合閱讀心得之抒發與寫作，紙筆等文具不可或缺，然由於此類文具屬個人用品，如全由監獄供給，將造成國庫負擔，且受刑人需求各不相同，由其自行置備，將更能符合需要。因此，監獄行刑法第44條第2項後段規定，受刑人得……請求使用紙筆及其他必要之用品。但有礙監獄作息、管理、教化或安全之虞者，得禁止或限制之。對於受刑人，得許其自備紙筆。「得許」者，即須經裁量決定准許與否，為防止受刑人浪費並利於管制，依外界對受刑人及被告送入金錢與飲食及必需物品辦法第6條第1項第4款規定，每一送入人對個別收容人每月限一次，送入信封五十個、信紙一百張、郵票總面額三百元、筆三支為限。

肆 舉辦文康活動

參酌聯合國在監人處遇最低標準規則第78條：「為增進受執行人之身心健康，各刑事執行機構應組織各種康樂及文化活動。」之規定，為促使受刑人積極、主動從「他律」性格轉向「自律」性格，以培養遵法、守法之觀念，除合理之管教外，尚需輔以情操、教養性之活動，以陶冶受刑人之氣質，充實其未來適應社會生活所需之能力與態度。相關法令規定如下：

一、依監獄行刑法第44條第5項規定，為增進受刑人之身心健康，監獄應適時辦理各種文化及康樂活動。

二、依法務部「落實獄政管教計畫」規定，各監、院、所不得任意延長作業時間，剝奪收容人教化、文康活動時間。應每年自行擬定活動計畫，辦理各項競技活動（如籃球、排球、羽球、桌球等），以鍛鍊收容人身體，使其體驗人際協調性，並培養其遵守團體規範之精神。並由矯正司訂定收容人藝文性教化活動實施計畫，函發各監獄以比賽或成果展示之方式不定期舉辦論文、書法、繪畫、壁報、陶藝、中國結等富有藝文特性之活動，以涵養收容人之情操。各監獄並應充分運用當地社會資源，引進

有益收容人身心發展之各種藝文團體協助各項文康活動之實施，以充實其精神內涵。

伍　使用視聽器材

由於現代科技發達，人類思想文化之傳遞，資訊之交換，藉由各項視聽器材之輔助，已更加迅速且更有效果。有鑑於視聽器材之使用，可給受刑人帶來精神上之慰藉，擴大視野，豐富語彙，提升自我表現能力，因此在監獄教化上，應廣為運用。相關法令規定如下：

一、為教化之輔助

依監獄行刑法第45條第1項規定，監獄得提供廣播、電視設施、資訊設備或使用視聽器材實施教化。同法施行細則第35條規定，監獄依本法第45條第1項規定，於提供廣播、電視設施、資訊設備或視聽器材實施教化時，教材或內容應妥慎審查，並依保護智慧財產及相關法令辦理。

二、為學習之工具

對於有志於語言學習之收容人，語言翻譯機可作為學習之輔助工具，因此，法務部82年12月22日以法82監字第26818號函各監、院、所准予收容人持有純用乾電池之小型語言翻譯學習機。

三、為娛樂之手段

為調劑收容人身心，寓教於樂並兼顧維護身心障礙受刑人在監權益，依監獄行刑法第45條規定，受刑人經監獄許可，得持有個人之收音機、電視機或視聽器材為收聽、收看（第2項）。監獄對身心障礙受刑人應考量收容特性、現有設施狀況及身心障礙者特殊需求，提供視、聽、語等無障礙輔助措施（第3項）。前二項收聽、收看，於有礙受刑人生活作息，或監獄管理、教化、安全之虞時，得限制或禁止之（第4項）。同法施行細則第36條亦規定，監獄應依本法第45條第3項規定，就有關身心障礙受刑人的視、聽、語等特殊需求採取適當及必要措施（第1項）。

本章研究問題

1. 監獄教化受刑人之原則與目標為何？試依監獄行刑法及其施行細則說明之。（民99第二次司法四等、民108司法三等）

2. 監獄教育之種類有幾種？試依監獄行刑法及其施行細則說明之。

3. 少年矯正學校之教學目標為何？試依少年矯正學校設置暨教育實施通則說明之。

4. 少年矯正學校之課程標準為何？請按少年矯正學校設置暨教育實施通則說明之。（民91司法四等）

5. 請說明我國監獄輔導之實施方式。並依監獄行刑法及其施行細則，說明宗教宣導之相關規定。（民102司法四等）

6. 監獄利用哪些輔助措施以增進教化之效果？試依監獄行刑法及相關法令說明之。

第七章　給　養

【條文大意】

第四十六條（受刑人給養之原則）

　　為維護受刑人之身體健康，監獄應供給飲食，並提供必要之衣類、寢具、物品及其他器具。

　　受刑人得因宗教信仰或其他因素，請求監獄提供適當之飲食。

第四十七條（攜帶子女自備給養）

　　攜帶入監或在監生產之受刑人子女，其食物、衣類及必需用品，均應由受刑人自備；無力自備者，得由監獄提供之。

第四十八條（菸酒、檳榔管理）

　　受刑人禁用酒類、檳榔。

　　監獄得許受刑人於指定之時間、處所吸菸，並應對於受刑人施以菸害防制教育、宣導，對戒菸之受刑人給予適當之獎勵。

　　前項受刑人吸菸之資格、時間、地點、設施、數量、菸害防制教育與宣導、戒菸計畫、獎勵及其他應遵行事項之辦法，由法務部定之。

　　給養者，供給維持生存必需之保健營養也。受刑人入監服刑，與外界隔離，自由行動受到限制，故對於其生活上基本之衣、食、住等保健營養需求，應注意供給，以維持其健康。倘因自由刑之執行，未能注意及受刑人之保健營養，導致受刑人健康受損，甚或戕害其生命，即有違監獄執行自由刑之目的。因此，受刑人在監服刑期間，應由國家提供其基本生活保健必需品，包括飲食、衣被及其他必需之物品，以確保其身心健康。至於菸酒、檳榔，有害人體健康且非生活必需品，基於保健立場，原則上受刑人應禁止使用；然由於吸菸問題，其為害人體較不顯著，且常為社交之見面禮，原本有吸菸之受刑人入監後，一時之間很難戒除，必無所不用其極地設法取得香菸，反造成監獄管理上之困擾，事實上既難以禁絕，與其耗費人力查禁，不如有限度開放菸禁，再配合宣導鼓勵戒菸。

第一節　給養之原則

壹　由監獄供給原則

由於受刑人監禁於監獄，因此，監獄對其負有確保其基本生活條件之義務，且由監獄提供給養，可避免私人自備，造成待遇不公，影響紀律及清潔衛生之現象。依監獄行刑法第46條第1項之規定，為維護受刑人之身體健康，監獄應供給飲食，並提供必要之衣類、寢具、物品及其他器具。

一、供給標準

監獄提供受刑人給養，如過於奢侈，將失去行刑之意義；如過於簡陋，又恐有礙其健康，故應以維護受刑人之身體健康為標準。由於給養事涉受刑人在執行期間之基本生存權，因此，監獄應公平對待之，且不應以增減給養為獎懲受刑人之手段。換言之，行為表現不可作為給養供給之標準，維護受刑人之身體健康係供給唯一之考量，此觀諸行刑累進處遇條例第60條，受刑人之飲食及其他保持健康所必需之物品，不因級別而有差異之規定自明。在供給時，一般受刑人可以普通勞動者之生活為基準，至於少年受刑人、疾患受刑人、從事繁重作業之受刑人、國籍或宗教信仰不同之受刑人，基於維護受刑人之身體健康則應另依監獄行刑法第46條第2項之規定，受刑人得因宗教信仰或其他因素，請求監獄提供適當之飲食。

二、供給範圍

（一）給與飲食

所謂飲食，指飲水與伙食而言。

1. 飲水：為解渴之白開水，「聯合國在監人處遇最低標準規則」第20條指出：「飲水須足供每一在監人能隨時需用。」我國監獄行刑法施行細則第37條第1項後段亦規定，並備充足之飲用水。

2. 伙食：有主食、副食之分，主食如米飯、饅頭；副食如蔬菜、豆腐、肉、魚等。「聯合國在監人處遇最低標準規則」第20條指出：「在監人食物之營養價值，應足夠維持健康及體力之需要，品質須合格，調製應適宜，並使之按時進食。」我國監獄行刑法施行細則第37條亦規定，受

刑人飲食之營養，應足敷其保健必要，品質須合衛生標準，適時調製，按時供餐（第1項前段）。疾患、高齡受刑人之飲食，得依健康或醫療需求調整之。無力自備飲食之受刑人所攜帶入監或在監生產子女之飲食，亦同（第2項）。監獄辦理前二項飲食得參考衛生福利部國民健康署發布之飲食指南建議；必要時，得諮詢營養師之意見（第3項）。

目前有關收容人伙食之處理悉依「法務部矯正署所屬矯正機關處理收容人伙食應行注意事項」之規定辦理。

（二）提供必要之衣類、寢具

「聯合國在監人處遇最低標準規則」第17條指出：「一、在監人著用衣服，如不許自備者，應供給其合於氣候，並足以保持身體健康之衣服，其服式不應含有羞辱，或貶抑其人格之意味。二、在監人著用之衣服應保持整潔，內衣尤其按衛生之需要時加換洗。三、在特殊之情況下，當在監人因奉命被提離至機構外時，應許其著用自備之衣服或其他通常之衣服。」同規則第19條指出：「對於每一在監人應按地方或國土之生活習慣，給予單獨之床舖，並分配足用之寢具，經常保持整潔。」我國依監獄行刑法施行細則第39條規定，依第20條規定受刑人所須穿著之外衣，其顏色、式樣，由監督機關定之；並基於衛生保健需求，採用涼爽透氣或符合保暖所需之質料（第1項）。因應氣溫或保健上有必要者，經監獄許可，受刑人得使用自備或送入之衣類、帽、襪、寢具及適當之保暖用品（第2項）。詳言之：

1. 監獄受刑人必要之衣被，原則上由政府供給，惟有在處遇上有必要者，經監獄許可，始得使用自備之衣被。所謂在處遇上有必要者，指行刑累進處遇條例第61條，第一級受刑人得准其著用所定之普通衣服之規定情形。稱「普通衣服」，依行刑累進處遇條例施行細則第47條規定，指由監獄許可穿著之自備衣服，如汗衫、襯衣、棉衣、毛衣、西裝、大衣等屬之。

2. 為便於受刑人服刑時辨別身分，以維護秩序及安全，爰由監督機關訂定受刑人須穿著之外衣之顏色及式樣，以及監獄應注意受刑人外衣材質應符合衛生保健需要。

3. 考量氣候變遷，為維護受刑人身體健康，經監獄許可得自備或送入衣類、帽、襪、寢具及適當之保暖用品。

（三）提供必要之物品

受刑人因經濟狀況欠佳，缺乏日常生活必需品者，依監獄行刑法施行細則第40條，得請求監獄提供之；其經濟狀況欠佳之認定基準及提供之品項、數量，由監督機關定之（第1項）。受刑人因急需日常生活必需品者，得請求監獄提供之，監獄得於其原因消滅時，指定原物、作價或其他方式返還之（第2項）。非一次性使用之日常生活必需品，如提供予不同受刑人使用，監獄應注意維持其清潔衛生（第3項）。

（四）提供必要之其他器具

所稱其他器具，其內容伴隨社會生活水平調整而有所改變，必要時由監督機關以函釋規定辦理。另外，行刑累進處遇條例第63條規定，對於第一級之受刑人，得供用共同食器或其他器具；第二級以下之少年受刑人亦同。所謂共同食器或其他器具，如鍋、桶、餐桌、菜櫥等。

貳 得自行增進營養

受刑人在監獄供給原則之外，如因個人因素，認有自行增進營養之必要時，得依法令規定，動用勞作金及准許親友送入飲食。

一、動用勞作金

受刑人為增進本身營養，得就其每月應得之勞作金項下報准動用。行刑累進處遇條例第38條、第41條、第45條已規定有各級受刑人自由使用勞作金之額度，受刑人於該額度內，得准自由使用。

二、送入飲食

我國監獄准許外界得對受刑人送入飲食，送入飲食之種類及數量，依監獄行刑法第77條第3項規定，認為有妨害監獄秩序或安全時，得限制或禁止之。

參 攜帶子女應自備給養

依監獄行刑法第12條規定攜帶入監，或在監生產之受刑人子女，其食物、衣類及必需用品，依同法第47條規定，均應由受刑人自備；無力自備者，得由

監獄提供之。此處所稱「必需用品」，指受刑人攜帶之子女，在日常生活上所必需之各項物品而言。而對於不能自備給養者，例外給與或供用之時，依同法46條第2項規定，得請求監獄提供適當之飲食。

第二節　菸酒、檳榔管理

　　菸酒，雖係社會上一般人常使用為交際應酬之物品，但其性質屬於娛樂消耗品，尚非家庭民生必需品，且由於菸酒之特性，菸會造成空氣污染且易引起火災，酒易造成酒後亂性滋生事端，因此對於監禁環境中之受刑人，基於剝奪其自由及戒護安全上之考量，原則上並不適合允許其吸食使用。然對於禁止受刑人飲酒，為世界各國之通例，殆無疑義；惟由於菸之為害，不似飲酒之明顯，且昔日考量引起火災之因素，由於監獄建築所施用之材料改變為鋼筋水泥結構，消防設施完善，已降至最低。另外，由於監獄長期禁菸結果，致使不法之徒利用各種管道夾帶香菸入監，反造成戒護管理上之困擾，少數不肖管理人員亦藉以牟利，嚴重破壞獄政形象，在無法完全禁絕之情形下，我國遂權衡利弊得失，傚效英、美、法等國准許受刑人吸菸之做法，並顧及現代社會戒菸之呼籲，採取適度開放菸禁，有效管理吸菸並積極鼓勵戒菸之措施（李鐘元，民78）。

　　檳榔性質亦屬於娛樂消耗品，尚非家庭民生必需品，且由於檳榔之特性會造成環境污染及導致口腔癌，禁止受刑人嚼食檳榔，亦係基於衛生保健及戒護管理上防止少數不肖管理人員藉以牟利之考量。

壹　禁用酒類、檳榔

　　依監獄行刑法第48條第1項之規定，受刑人禁用酒類、檳榔。其考量因素主要係基於：

一、酒類、檳榔屬於娛樂消耗品，並非家庭民生必需品，受刑人既被剝奪自由，其使用酒類、檳榔之自由亦應受剝奪。

二、基於衛生保健之觀點，酒類、檳榔有害於受刑人之身體健康，應予禁用。

三、喝酒易造成酒後亂性滋生事端，檳榔會造成環境污染，且少數不肖管理人員可能藉以牟利，基於戒護管理之觀點，應予禁用。

貳 吸菸管理及戒菸獎勵

依監獄行刑法第48條第2項之規定，監獄得許受刑人於指定之時間、處所吸菸，並應對受刑人施以菸害防制教育、宣導，對戒菸之受刑人給予適當之獎勵。此項允許吸菸之規定，其考量因素主要係基於：

一、有吸菸習慣之受刑人為數頗多，一旦入監執行，由於情緒苦悶，對香菸之依賴感更形加深，惟監內禁止抽菸又菸癮難戒，在此情況下，無論教化或戒護管理，困難度倍增。

二、受刑人為解決菸癮，常無所不用其極，以非法手段取得香菸，甚至挾香菸以自重，成為派系鬥爭與衝突之元凶，引發各種戒護事故。

三、少數職員，為牟私利或為受刑人威脅利誘，鋌而走險為受刑人挾帶香菸，造成風紀事件，嚴重破壞獄政形象。

四、香菸之為害人體，不似飲酒、檳榔之明顯，且由於監獄建築之更新，引發火災之可能性已降低。

五、以全面禁菸之方式，來促使受刑人戒菸，事實上既不可能，倒不如改以指定之時間、處所允許吸菸之方式管理，再配合社會上之戒菸運動以獎勵方式來輔導受刑人戒菸，較符人性且易有效果。

得許受刑人於指定之時間、處所吸菸，並應對受刑人施以菸害防制教育、宣導，對戒菸之受刑人給予適當之獎勵。換言之，受刑人之吸菸必須加以適當之管理，並且以教育宣導及適當之獎勵方式鼓勵受刑人戒菸。為期妥善管理受刑人吸菸並獎勵受刑人戒菸，依同條第3項規定，前項受刑人吸菸之資格、時間、地點、設施、數量、菸害防制教育與宣導、戒菸計畫、獎勵及其他應遵行事項之辦法，由法務部定之。法務部依該項規定，訂定「受刑人與被告吸菸管理及戒菸獎勵辦法」（以下簡稱辦法）公布施行。其重點摘述如下：

一、吸菸管理

（一）吸菸之調查（辦法第3條）

對於新入機關之收容人，機關應就其吸菸習慣、戒菸意願及是否有第5條

應禁止其吸菸之情形，加以調查，並作成紀錄（第1項）。收容人入機關後，如變更吸菸習慣或有戒菸意願者，機關人員得依職權，或依收容人所提出之說明予以記錄，作為處遇之審酌。

（二）時間、處所之指定

有吸菸習慣之收容人應依本辦法規定，於機關指定之時間、處所吸菸（辦法第4條）。

1. 時間之指定（辦法第7條）：機關得依狀況指定吸菸時間。非於指定之時間，禁止收容人吸菸。
2. 處所之指定（辦法第6條）：機關病舍、監獄附設之病監及有孕婦或未滿三歲兒童在場之室內場所，全面禁止吸菸，並應於入口處設置禁菸標示（第1項）。前項以外之場所，機關得設置吸菸區。吸菸區應明顯標示，並適時檢討與加強通風及消防設備，以維護相關人員之健康。非屬設置吸菸區之場所，禁止吸菸（第2項）。

（三）禁止吸菸之情形（辦法第5條）

收容人有下列各款情形之一，應禁止其吸菸：
1. 懷胎期間。
2. 依菸害防制法規定應禁止吸菸。
3. 依監獄行刑法、羈押法或其他矯正法規規定應禁止吸菸。

（四）菸之來源（辦法第8條）

收容人購買及吸食之香菸，以機關依法成立之合作社依市價販售或由機關代購之菸品為限，不得由外界送入或自行攜入（第1項）。前項販售或代購之香菸，得限品牌，並以包為計量單位（第2項）。依第3條第1項調查結果所列之不吸菸者，及依第5條所定禁止吸菸者，不得購菸（第3項）。收容人購菸，以二週五包為限，機關得視收容人保管香菸之數量及存放空間，增減之。收容人所購之香菸，不得轉讓、轉售他人（第4項）。收容人於移出機關前購買之未拆封香菸，經移入機關檢查允許後得予攜入（第5項）。購菸價款由收容人保管金或勞作金中扣除之（第6項）。

（五）點菸器具及菸之管制（辦法第9條）

點菸器具應由機關負責管制，收容人非於設置之吸菸區及指定之吸菸時間，不得使用（第1項）。收容人所購之香菸，應由機關依第7條指定之吸菸時間管制及發放（第2項）。收容人領用之香菸，每日合計至多十支，不得私自囤積或為其他不法行為（第3項）。

（六）防火宣導（辦法第10條）

機關應加強吸菸與防火關聯性之宣導，以為應變。

二、戒菸獎勵

（一）訂定計畫

機關應訂定收容人吸菸管理及戒菸獎勵實施計畫，陳報監督機關核定後實施，修正時亦同（辦法第11條）。

（二）鼓勵戒菸（辦法第12條）

機關應對收容人施以菸害防制、衛生教育及宣導，積極鼓勵收容人戒菸（第1項）。前項教育及宣導，得邀請醫療機構、心理衛生輔導機構或公益團體以開辦戒菸門診或提供服務之方式辦理（第2項）。

（三）考評與獎勵（辦法第13條）

機關對收容人不吸菸及戒菸紀錄，每三個月考評一次（第1項）。前項考評，機關得使用科技設備輔助之（第2項）。對於第1項不吸菸及戒菸之受刑人，監獄得給予下列一款或數款之獎勵（第3項）：

1. 增給當月成績總分一分。
2. 增加接見或通信一次至三次。
3. 不吸菸及戒菸之紀錄滿一年者，發給獎狀。

（四）反戒菸者之處理（辦法第14條）

機關人員對於入機關前或第3條第2項之收容人，原不吸菸者轉變為吸菸或已戒菸者復行吸菸，應予以記錄並積極鼓勵戒菸。

三、吸菸管理及戒菸獎勵辦理情形之陳報（辦法第15條）

　　各機關應按月將收容人吸菸管理及戒菸獎勵辦理情形，於次月十日前陳報監督機關備查。

本章研究問題

1. 女受刑人入監請求攜帶子女受核准後，其攜帶子女之「給養」與攜入子女「年齡屆滿」後有何規定？另在監分娩子女，如何處置？請依監獄行刑法及其施行細則之規定闡述之。（民107司法三等）
2. 監獄受刑人可否使用菸酒？如允許受刑人吸菸，其理由為何？如何管理？有無具體獎勵不吸菸及戒菸辦法？試就監獄行刑法及相關法令規定分別詳述之。（民97第二次司法三等）

第八章　衛生及醫療

【條文大意】

第四十九條（衛生及醫療之原則）

監獄應掌握受刑人身心狀況，辦理受刑人疾病醫療、預防保健、篩檢、傳染病防治及飲食衛生等事項。

監獄依其規模及收容對象、特性，得在資源可及範圍內備置相關醫事人員，於夜間及假日為戒護外醫之諮詢判斷。

前二項業務，監獄得委由醫療機構或其他專業機構辦理。

衛生福利部、教育部、國防部、國軍退除役官兵輔導委員會、直轄市或縣（市）政府所屬之醫療機構，應協助監獄辦理第一項及第二項業務。

衛生主管機關應定期督導、協調、協助改善前四項業務，監獄並應協調所在地之衛生主管機關辦理之。

第五十條（醫療監獄）

為維護受刑人在監獄內醫療品質，並提供住院或療養服務，監督機關得設置醫療監獄；必要時，得於監獄附設之。

醫療監獄辦理受刑人疾病醫療、預防保健、篩檢、傳染病防治及飲食衛生等業務，得委由醫療機構或其他專業機構辦理。

第五十一條（環境衛生）

監獄內應保持清潔，定期舉行環境衛生檢查，並適時使受刑人從事打掃、洗濯及整理衣被、器具等必要事務。

第五十二條（保健設施）

受刑人舍房、作業場所及其他處所，應維持保健上必要之空間、光線及通風，且有足供生活所需之衛浴設施。

監獄提供予受刑人使用之物品，須符合衛生安全需求。

第五十三條（個人衛生）

為維護受刑人之健康及衛生，應依季節供應冷熱水及清潔所需之用水，並

要求其沐浴及理剃鬢髮。

第五十四條（運動）

監獄應提供受刑人適當之運動場地、器材及設備。

監獄除國定例假日、休息日或有特殊事由外，應給予受刑人每日運動一小時。

為維持受刑人健康，運動處所以安排於戶外為原則；必要時，得使其於室內適當處所從事運動或其他舒展身心之活動。

第五十五條（健康評估與檢查）

監獄對於受刑人應定期為健康評估，並視實際需要施行健康檢查及推動自主健康管理措施。

施行前項健康檢查時，得為醫學上之必要處置。

受刑人或其最近親屬及家屬，在不妨礙監獄秩序及經醫師評估有必要之情形下，得請求監獄准許自費延請醫事人員於監獄內實施健康檢查。

第一項健康檢查結果，監獄得應受刑人之請求提供之。

受刑人因健康需求，在不妨害監獄安全及秩序之情形下，經醫師評估可行性後，得請求自費購入或送入低風險性醫療器材或衛生保健物品。

前項購入或送入之物品，準用第七十八條、第八十條至第八十二條規定。

第五十六條（健康相關個人資料之調查）

為維護受刑人健康或掌握其身心狀況，監獄得蒐集、處理或利用受刑人之病歷、醫療及前條第一項之個人資料，以作適當之處置。

前項情形，監獄得請求機關（構）、法人、團體或個人提供相關資料，機關（構）、法人、團體或個人無正當理由不得拒絕。

第一項與受刑人健康有關資料調查之範圍、期間、程序、方法、審議及其他應遵行事項之辦法，由法務部定之。

第五十七條（傳染病之預防及處理）

經監獄通報有疑似傳染病病人時，地方衛生主管機關應協助監獄預防及處理。必要時，得請求中央衛生主管機關協助之。

監獄收容來自傳染病流行地或經過其地之受刑人，得為一定期間之隔

離；其攜帶物品，應為必要之處置。

　　監獄收容經醫師診斷疑似或確診罹患傳染病之受刑人，得由醫師評估為一定期間之隔離，並給予妥適治療，治療期間之長短或方式應遵循醫師之醫囑或衛生主管機關之處分或指導，且應對於其攜帶物品，施行必要之處置。

　　經衛生機關依傳染病防治法規定，通知罹患傳染病之受刑人於指定隔離治療機構施行治療者，監獄應即與治療機構協調戒送及戒護之作業，並陳報監督機關。接受隔離治療之受刑人視為在監執行。

第五十八條（病舍或病監收容）

　　罹患疾病經醫師評估認需密切觀察與處置之受刑人，得於監獄病舍或附設之病監收容之。

第五十九條（全民健康保險納保）

　　依全民健康保險法規定應納保之受刑人或其攜帶入監或在監生產之子女罹患疾病時，除已獲准自費醫療者外，應以全民健康保險保險對象身分就醫；其無全民健康保險憑證者，得由監獄逕行代為申請。

　　受刑人為全民健康保險保險對象，經暫行停止保險給付者，其罹患疾病時之醫療費用由受刑人自行負擔。

　　受刑人應繳納下列各項費用時，監獄得由受刑人保管金或勞作金中扣除：

　　一、接受第一項全民健康保險醫療衍生之費用。

　　二、換發、補發、代為申請全民健康保險憑證衍生之費用。

　　三、前項應自行負擔之醫療費用。

　　受刑人或其攜帶入監或在監生產子女如不具全民健康保險之保險資格，或受刑人因經濟困難無力繳納前項第一款之費用，其於收容或安置期間罹患疾病時，由監獄委請醫療機構或醫師診治。

　　前項經濟困難資格之認定、申請程序及其他應遵行事項之辦法，由法務部定之。

第六十條（逕行救治）

　　受刑人因受傷或罹患疾病，拒不就醫，致有生命危險之虞，監獄應即請醫師逕行救治或將受刑人逕送醫療機構治療。

　　前項逕送醫療機構治療之醫療及交通費用，由受刑人自行負擔。

第一項遞送醫療機構治療期間，視為在監執行。

第六十一條（自費延醫）

受傷或罹患疾病之受刑人接受全民健康保險提供之醫療服務或經監獄委請之醫師醫治後，有正當理由認須由其他醫師診治，而請求自費於監獄內延醫診治時，監獄得予准許。

前項自費延醫之申請程序、要件、實施方式、時間、地點、費用支付及其他應遵行事項之辦法，由法務部定之。

第六十二條（戒送外醫或病監）

受刑人受傷或罹患疾病，有醫療急迫情形，或經醫師診治後認有必要，監獄得戒送醫療機構或病監醫治。

前項經醫師診治後認有必要戒送醫療機構醫治之交通費用，應由受刑人自行負擔。但受刑人經濟困難無力負擔者，不在此限。

第一項戒送醫療機構醫治期間，視為在監執行。

第六十三條（保外醫治）

經採行前條第一項醫治方式後，仍不能或無法為適當之醫治者，監獄得報請監督機關參酌醫囑後核准保外醫治；其有緊急情形時，監獄得先行准予保外醫治，再報請監督機關備查。

前項保外醫治期間，不算入刑期。

依第一項核准保外醫治者，監獄應即報由檢察官命具保、責付、限制住居或限制出境、出海後釋放之。

前項命具保、責付、限制住居或限制出境、出海者，準用刑事訴訟法第九十三條之二第二項至第四項、第九十三條之五第一項前段及第三項前段、第一百十一條之命提出保證書、指定保證金額、限制住居、第一百十五條至第一百十六條、第一百十八條第一項之沒入保證金、第一百十九條第二項、第三項之退保、第一百二十一條第四項准其退保及第四百十六條第一項第一款、第三項、第四項、第四百十七條、第四百十八條第一項本文聲請救濟之規定。

保外醫治受刑人違反保外醫治應遵守事項者，監督機關或監獄得廢止保外醫治之核准。

第一項核准保外醫治之基準，及前項保外醫治受刑人應遵守事項、廢止核准之要件、程序及其他應遵行事項之辦法，由法務部定之。

懷胎五月以上或生產未滿二月者，得準用前條及第一項前段、第二項至前項之規定。

第六十四條（保外醫治無法辦理具保、責付時之處置）

依前條報請保外醫治受刑人，無法辦理具保、責付、限制住居時，監獄應檢具相關資料通知監獄所在地直轄市、縣（市）社會福利主管機關辦理轉介安置或為其他必要之處置。

第六十五條（強制營養或醫療）

受刑人因拒絕飲食或未依醫囑服藥而有危及生命之虞時，監獄應即請醫師進行診療，並得由醫師施以強制營養或採取醫療上必要之強制措施。

第六十六條（醫學或科學試驗之禁止）

任何可能有損健康之醫學或科學試驗，除法律另有規定外，縱經受刑人同意，亦不得為之。

因診療或健康檢查而取得之受刑人血液或其他檢體，除法律另有規定，不得為目的外之利用。

在監獄制度形成之初，由於刑罰之作用在於威嚇報復犯罪人，因此，獸檻、地窖、寺廟、城堡等，都曾是監獄之形式，由於不把犯罪人當人看待，不講求給養更無衛生之可言，骯髒污穢本即是當時監獄之特色。隨著刑事政策之演進，監獄已非報復殘害受刑人之工具，而是教育、矯治受刑人之處所。受刑人因違犯法律接受刑罰之執行，一旦被國家剝奪自由強制收容於監獄，使其從事勞動，學習作業技能，並施以教誨教育，國家即必須供給其衣、食、住，並應擔負起衛生保健及疾病醫治之任務。現代矯治觀念認為倘能使受刑人身心保持健康，將有助於監獄囚情之穩定，減少意外事故之發生，更能增加受刑人釋放後改悔向上之機會，因此，受刑人之衛生保健及疾病醫治工作，為現代監獄行刑不可輕忽之要項。

依監獄行刑法第49條規定，監獄應掌握受刑人身心狀況，辦理受刑人疾病醫療、預防保健、篩檢、傳染病防治及飲食衛生等事項（第1項）。監獄依其規模及收容對象、特性，得在資源可及範圍內備置相關醫事人員，於夜間及假日為戒護外醫之諮詢判斷（第2項）。然監獄醫療衛生事宜，事屬專業，而監獄本身醫療資源及人員極為缺乏，實務上亟需社會之協助，基於行刑社會化

之原則，社會機構、人士本即有權利與義務參與協助監獄行刑事務，以共同防衛社會預防受刑人再犯，因此，前二項業務，監獄行刑法第49條特規定，監獄得委由醫療機構或其他專業機構辦理（第3項）。衛生福利部、教育部、國防部、國軍退除役官兵輔導委員會、直轄市或縣（市）政府所屬之醫療機構，應協助監獄辦理第1項及第2項業務（第4項）。衛生主管機關應定期督導、協調、協助改善前四項業務，監獄並應協調所在地之衛生主管機關辦理之（第5項）。此即係我國監獄辦理受刑人衛生醫療之原則。

第一節　衛生保健

依公共衛生預防疾病之三層次醫療模式言，第一層次（初級預防）：清理水溝、整理環境，以預防疾病發生；第二層次（次級預防）：健康檢查、早期治療；第三層次（三級預防）：住院治療以預防併發症。所以我們講求衛生保健之目的，在於預防疾病之發生，屬於第一層次之初級預防工作。受刑人大部分入監時，多已精神萎靡、心身俱疲，甚或病態隱現，而其活動範圍均受限於舍房、工場之內，過著集體性生活，此時如果未能注意及衛生保健，必然造成百病叢生，甚或傳染病橫行。因此，「聯合國在監人處遇最低標準規則」第10條指出：「所有供在監人使用之器具及息宿之設備，應合於衛生之需要，對於氣候條件應予以適當之注意，關於房舍之氣積、面積、採光及通風等設備，皆應特加注意。」換言之，監獄之收容設施必須合於衛生之需要，注意各項衛生設施之設置，而衛生設施應以維護受刑人身心健康為目的，同時監獄之管理除應要求受刑人注意個人及生活環境清潔衛生之維護，使細菌無法棲止，以預防疾病發生外，並應經常對之實施衛生教育，教導其遵守公共及個人衛生，使受刑人瞭解衛生之重要，進而養成良好之生活習慣。

壹　公共衛生

清潔為衛生之前提，「聯合國在監人處遇最低標準規則」第14條指出：「在監人經常起居使用之處所，應妥為管理，並儘量保持清潔。」我國監獄行刑法第51條前段規定「監獄內應保持清潔，定期舉行環境衛生檢查……」，此

條規定即在藉由檢查與督促，養成受刑人注意公共衛生之習慣。

　　同法施行細則第41條亦規定，監獄應注意環境衛生。依本法第51條定期舉行之環境衛生檢查，其期間由各監獄依當地狀況定之，每年不得少於二次（第1項）。前項環境衛生檢查，監獄得請當地衛生、環境保護機關（單位）或相關機關（單位）協助辦理；並就衛生、環境保護及其他有關設備（施）之需求，即時或逐步採取必要、可行之改善措施（第2項）。受刑人應配合監獄執行環境清潔工作，維持公共及個人衛生（第3項）。

　　實務上，各監獄類皆以競賽評比之方式來實施環境衛生檢查，並藉由獎懲督令受刑人隨時灑掃、洗濯及整理衣被、器具，來維持監獄內環境之公共衛生。另外，花木足以美化環境，陶冶受刑人之身心，為心理層面之公共衛生，監獄均在不妨害戒護安全之原則下，廣植花木及布置幽美而富有教育意義之環境。

貳　個人衛生

一、衣被整理

　　受刑人個人穿著之衣服及坐臥使用之寢具，應經常洗濯、整理，保持個人衛生，避免病菌滋生。「聯合國在監人處遇最低標準規則」第17條指出：「在監人著用之衣服應保持整潔，內衣尤其按衛生之需要時加換洗」；同規則第19條指出：「寢具應經常保持整潔」。我國監獄行刑法第51條後段亦規定「……並適時使受刑人從事打掃、洗濯及整理衣被、器具等必要事務」。

二、沐浴理容

　　受刑人個人之身體清潔，與其健康有直接關係；保持良好之儀表，則又能提振精神，增強自尊心。依監獄行刑法第53條規定，為維護受刑人之健康及衛生，應依季節供應冷熱水及清潔所需之用水，並要求其沐浴及理剃鬚髮。同法施行細則第42條規定，監獄依本法第53條要求受刑人沐浴及理剃鬚髮，以維持公共衛生或個人健康為原則。

（一）沐浴

　　「聯合國在監人處遇最低標準規則」第13條指出：「收容人所住處所應有足夠之衛浴設備；供水之溫度通常隨氣候之變化而改變，使在監人能依當

地季節保持健康所需之次數，按時沐浴，在溫和之氣候下，每週至少入浴一次」；同規則第15條指出：「對於在監人應使其保持個人之清潔，為達此目的，應經常供給在監人清潔衛生上所必需之用水及衛浴用品」。矯正機關沐浴熱水之供應標準，應考量氣候變遷、溫度變化及實際需求等因素調整因應。為維護收容人健康，法務部於民國98年1月5日函示，各機關應於每年12月1日起至次年2月28日（閏年29日）止之每一開封日，供應收容人適當溫度之熱水沐浴。至於3月1日至11月30日之開封日，如氣溫低於攝氏20度，亦應供應之。對於女性收容人（含女性少年）、六十五歲以上老人及收容於病舍之病人，應全年在每一開封日提供收容人熱水沐浴。法務部矯正署於民國100年6月29日更進一步函示，自100年7月1日起，於每年3月1日至11月30日止，每週供應男性收容人（含少年）適當溫度熱水沐浴二次。

（二）理容

「聯合國在監人處遇最低標準規則」第16條指出：「為使在監人能維持其良好之儀表，應提供其理髮及整容之設備，經常使用，合於在監人希求自尊之心理。」考量個人髮鬚生長速度不同，且監獄要求受刑人理剃鬚髮目的，應與本法第53條以維護受刑人之健康及衛生之目的相符，我國監獄行刑法施行細則第42條規定，監獄依本法第53條要求受刑人沐浴及理剃鬚髮，以維持公共衛生或個人健康為原則。

另為防範B型肝炎、愛滋病感染，法務部於民國83年1月函示各監、院、所，在不影響戒護安全之原則下，准許收容人持有純用乾電池震動式刮鬍刀。

參 保健設施

一、注意通風與照明

「聯合國在監人處遇最低標準規則」第11條指出：「在監人起居或工作之一切處所，應注意下列事項：（一）窗戶應相當寬闊，足以讓收容人憑藉自然光線從事讀書和工作，不論房舍內有無人工通風設備，其窗戶之設置，應可使新鮮空氣流通。（二）房舍需設置人工光線者，應足供在監人讀書與工作，而無損於目力。」對此，我國監獄行刑法第52條第1項前段亦規定，受刑人舍

房、作業場所及其他處所，應維持保健上必要之空間、光線及通風……。民國82年6月10日，法務部通函各監、院、所依經濟部公布之照度標準改善收容人經常使用處所（如舍房、作業工場及教室）之照明度，使各場所之照明度達250LUX以上。

二、設置廁所與衛浴設備

「聯合國在監人處遇最低標準規則」第12條指出：「廁所衛生設備，應足供在監人生活上隨時之需要，並合於整潔之條件」；同規則第13條指出：「收容人所住處所應有足夠之衛浴設備」。我國監獄行刑法第52條第1項後段亦規定，受刑人舍房、作業場所及其他處所……，且有足供生活所需之衛浴設施。

另外，法務部於民國83年10月函示各監、院、所將部分舍房、教室、工場廁所改為坐式馬桶，以便利身心障礙收容人使用。84年5月6日再函示收容身心障礙者之工場、舍房除應有坐式馬桶外，衛浴設備並應加裝扶手，以維護身心障礙收容人行動之安全與便利。

三、提供物品，符合衛生安全需求

「聯合國在監人處遇最低標準規則」第10條指出：「所有供在監人使用之器具及息宿之設備，應合於衛生之需要……」為保障受刑人權益，並利矯正管理之推行，我國監獄行刑法第52條第2項亦規定，監獄提供予受刑人使用之物品，須符合衛生安全需求。

肆　運動保健

人想活就要動，運動係人類保持健康基本要素之一。尤其是受刑人在監執行，行動自由受限制，運動機會減少，欲保持健康，除給予適當營養外，必須強制其每日運動。「聯合國在監人處遇最低標準規則」第21條指出：「一、在監人非從事於戶外工作者，如氣候許可，每人每日應作適宜之戶外活動一小時。二、少年在監人及其他在適當年齡而體格適合者，在戶外活動時，應接受體育與健康訓練，而所需之場地、建築及設備等由機構妥為佈署。」我國監獄行刑法第54條規定，監獄應提供受刑人適當之運動場地、器材及設備（第1項）。監獄除國定例假日、休息日或有特殊事由外，應給予受刑人每日運動

一小時（第2項）。為維持受刑人健康，運動處所以安排於戶外為原則；必要時，得使其於室內適當處所從事運動或其他舒展身心之活動（第3項）。分述之：

一、提供適當之運動場地、器材及設備

監獄應提供受刑人適當之運動場地、器材及設備。為維持受刑人健康，運動處所以安排於戶外為原則；必要時，得使其於室內適當處所從事運動或其他舒展身心之活動。

二、運動時間

除國定例假日、休息日或有特殊事由外，每日運動一小時。

三、不必運動事由

（一）國定例假日、休息日

國定例假日、休息日基於戒護安全考量，安排運動較為困難，參酌日本「關於刑事設施及被收容人等之處遇法」第57條「被收容人除星期日及其他法務部令規定之日期外，為維護其健康，應盡可能於戶外，給予適切運動之機會。」規定意旨，我國監獄行刑法特作「國定例假日、休息日」之除外規定。

（二）特殊事由

1. 氣候因素：如颳大風、下大雨時。
2. 生理因素：如受傷、生病或女性生理期。
3. 管理因素：如違規停止戶外活動、辦理文康教化活動、律師接見、一般接見。
4. 其他事由：如受刑人因其所從事之作業種類係屬於需付出大量體力之作業，如炊事、營繕、清掃、搬運等，其在作業時，已有足夠之運動量。

第二節　健康評估與檢查

「聯合國在監人處遇最低標準規則」第24條指出：「醫護人員對於每一位

新收之在監人，應儘速實施檢查，如必要時應隨時為之，其檢查應注意下列之目的：發現身體上及精神上之疾病，並為適當之治療，對於可疑為傳染病患者，予以隔離；查明在監人身體上、精神上足以妨礙其改善自新之病患；並決定在監人之體力，以為選擇作業之標準。」其實對受刑人實施健康檢查之目的，主要即在於及早發現疾病，俾施以早期治療以防惡化或加以隔離以防傳染，為公共衛生預防疾病之第二層次（次級預防）工作。另在入監時所為之健康檢查，並負有是否予以收監執行或作為擬定個別處遇計畫時，決定配房、配業方式及是否和緩處遇之任務；而出監時所為之健康檢查，則在於瞭解有無通知家屬、其他適當之人、衛生主管機關、警察機關予以保護之必要或是否許其留監醫治；移監時所為之健康檢查，則在瞭解受刑人是否適合移監，有無不得列冊報請移送他監之原因。

我國監獄行刑法第55條第1項規定，監獄對於受刑人應定期進行健康評估，並視實際需要施行健康檢查及推動自主健康管理措施。

壹　健康評估與檢查之時機

監獄對於受刑人，係定期進行健康評估，至於健康檢查則係視實際需要施行。

一、健康評估

依監獄行刑法第55條第1項前段規定，監獄對於受刑人應定期為健康評估。所謂定期，指固定時間，依受刑人及被告健康資料調查辦法第6條第1項，機關對於收容人之健康評估，每年至少辦理一次。

二、施行健康檢查及推動自主健康管理措施

依監獄行刑法第55條第1項後段規定，視實際需要施行健康檢查及推動自主健康管理措施。

（一）施行健康檢查

所謂視實際需要施行，指不固定時間，依健康評估結果判斷進一步施行。依受刑人及被告健康資料調查辦法第6條第2項，機關對於收容人之健康檢查，應於收容人進入機關時實施，並得視前項評估結果適時實施。

（二）推動自主健康管理措施

推動受刑人健康自主管理，要求其維持良好作息，均衡飲食，適當運動保持良好體能狀況，以提升個人免疫力，增強抵抗力，量測體溫、血壓自我監控，平時勤洗手、有感冒咳嗽就要戴口罩、有發燒就要馬上看醫生。

1. 實施衛生教育：依同法施行細則第43條，監獄為依本法第55條第1項推動受刑人自主健康管理，應實施衛生教育，並得請當地衛生主管機關或醫療機構協助辦理（第1項）。

2. 自行管理及服用藥物：除管制藥品、醫囑或經監獄人員觀察結果，須注意特定受刑人保管藥物及服藥情形者外，監獄得依本法第55條第1項推行自主健康管理規定，使受刑人自行管理及服用其藥物（第2項）。

貳　健康檢查之實施方式

受刑人健康檢查，依下列方式實施之：

一、由監獄醫師行之

健康檢查，原則上由監獄醫師行之。所謂監獄醫師，指監獄編制內專任醫師或特約兼任醫師。

二、委由醫療機構或其他專業機關（構）、團體或個人辦理

其有特殊情形設備不足者，機關得委由醫療機構或其他專業機關（構）、團體或個人辦理（受刑人及被告健康資料調查辦法第6條第3項）。

三、自費健康檢查

受刑人或其最近親屬及家屬，在不妨礙監獄秩序及經醫師評估有必要之情形下，依監獄行刑法第55條第3項規定，得請求監獄准許自費延請醫事人員於監獄內實施健康檢查。受刑人或其最近親屬及家屬依本條項規定，請求於監獄內實施健康檢查，依下列規定辦理（監獄行刑法施行細則第44條）：

（一）應以書面敘明申請理由、欲自費延請之醫事人員，並檢附經醫師評估認有實施檢查必要之文件。

（二）經監獄審查核准後，受刑人得自行或由其最近親屬或家屬自費延請醫事人員進入監獄進行健康檢查。

（三）自費延請之醫事人員進入監獄提供醫療服務時，應向監獄出示執業執照及核准至執業場所以外處所執行業務之證明文件，必要時，監獄得向其執業場所確認。

（四）自費延請之醫事人員應依醫療法及相關醫事人員法規規定製作及保存紀錄，並將檢查紀錄交付監獄留存。開立之檢查報告應秉持醫療專業，依檢查結果記載。

（五）自費實施健康檢查所需之費用，由醫事人員所屬之醫療機構開立收據，由受刑人之最近親屬或家屬支付為原則，必要時得由監獄自受刑人之保管金或勞作金中扣繳轉付。

（六）自費延請醫事人員於監獄內實施健康檢查之實施時間、地點、方式，由監獄依其特性與實際情形決定之。

四、得為醫學上之必要處置

　　為確實掌握受刑人在監之健康情形，依監獄行刑法第55條第2項規定，施行健康檢查時，得為醫學上之必要處置，如：抽血等。但為確保受刑人隱私，同法第66條第2項規定，因診療或健康檢查而取得之受刑人血液或其他檢體，除法律另有規定外，不得為目的外之利用。

五、調查健康相關個人資料

（一）蒐集、處理或利用健康相關個人資料

　　為維護受刑人健康或掌握其身心狀況，依監獄行刑法第56條，監獄得蒐集、處理或利用受刑人之病歷、醫療及前條第1項（健康評估）之個人資料，以作適當之處置（第1項）。

（二）請求機關（構）、法人、團體或個人提供相關資料

　　前項情形，監獄得請求機關（構）、法人、團體或個人提供相關資料，機關（構）、法人、團體或個人無正當理由不得拒絕（第2項）。

（三）調查辦法由法務部訂定

　　第1項與受刑人健康有關資料調查之範圍、期間、程序、方法、審議及其他應遵行事項之辦法，由法務部定之（第3項）。法務部依此訂定「監獄及看守所收容人健康資料調查辦法」（以下簡稱辦法）公布施行，其重點摘述如

下：

1. 健康資料調查之範圍（辦法第3條）

   收容人健康資料之調查範圍，包括下列各款資料：

   (1) 病歷：指醫療法第67條第2項所列各款之資料。

   (2) 醫療資料：指病歷及其他由醫師或其他之醫事人員，以治療、矯正、預防人體疾病、傷害、殘缺為目的，或其他醫學上之正當理由，所為之診察及治療；或基於以上之診察結果，所為處方、用藥、施術或處置所產生之資料。

   (3) 健康檢查資料：指非針對特定疾病進行診斷或治療之目的，而以醫療行為施以檢查所產生之資料。

   (4) 健康評估資料：指機關為了解收容人健康情形，對其施以評估所產生之資料。

2. 特定期間內健康資料之蒐集、處理或利用（辦法第4條）

   為維護收容人健康或掌握其身心狀況，機關得蒐集、處理或利用收容人入機關前或在機關期間之健康資料，並進行調查（第1項）。前項收容人入機關前之健康資料，以經醫師評估後，認需調取特定期間內之必要資料為限（第2項）。

3. 蒐集、處理或利用健康資料之限制（辦法第5條）

   機關依監獄行刑法第56條第2項及羈押法第50條第2項向相關機關（構）、法人、團體或個人蒐集之健康資料，其蒐集、處理或利用，不得逾越維護收容人健康或掌握其身心狀況之目的，並應具有正當合理之關聯。

4. 健康評估與檢查之辦理（辦法第6條）

   機關對於收容人之健康評估，每年至少辦理一次（第1項）。機關對於收容人之健康檢查，應於收容人進入機關時實施，並得視前項評估結果適時實施（第2項）。前二項業務，機關得委由醫療機構或其他專業機關（構）、團體或個人辦理（第3項）。

5. 請求機關（構）、法人、團體或個人提供病歷及醫療資料（辦法第7條）

   有下列情形之一時，機關得以書面請求相關機關（構）、法人、團體或個人提供病歷及醫療資料：(1)收容人經健康檢查後，醫師認有必要。(2)收容人罹病就醫後，醫師認有必要。(3)機關為掌握收容人健康

情形，機關長官認有必要（第1項）。前項資料，受請求之相關機關（構）、法人、團體或個人應協助提供之（第2項）。

6. 須變更個別處遇計畫或處遇者之處理（辦法第8條）

　收容人罹患疾病經醫事人員評估須變更其個別處遇計畫或處遇者，其健康資料應提報機關調查審議會議或機關長官指定之書面審議人員審議，作為變更之參考。

7. 健康資料之管理（辦法第9條）

　機關保有之收容人健康資料，應指定專人管理，非依法規不得提供其他機關（構）、法人、團體或個人，或為其他目的外利用。

六、禁止有損健康之醫學或科學試驗

　　任何可能有損健康之醫學或科學試驗，依監獄行刑法第66條第1項參酌「聯合國保護所有遭受任何形式拘留或監禁的人的原則」第22條：「即使被拘留人或被監禁人同意，也不得對其做任何可能有損其健康的醫學或科學試驗。」意旨規定，除法律另有規定外，縱經受刑人同意，亦不得為之。

參　健康檢查結果之處理

一、評估與檢查結果應詳為記載，以為處理之依據

　　受刑人罹患疾病經醫事人員評估須變更其個別處遇計畫或處遇者，其健康資料應提報機關調查審議會議或機關長官指定之書面審議人員審議，作為變更之參考（辦法第8條）。

二、罹疾病者，應予診治或為適當之處理

（一）診治

　　即由監獄醫師悉心診治，受刑人如依監獄行刑法第61條第1項請求自費延醫診治時，監獄得予准許。

（二）適當之處理

1. 拒絕收監：受刑人入監時，如現罹疾病因執行而不能保其生命或罹患法定傳染病，因執行有引起群聚感染之虞者。依監獄行刑法第13條應拒絕

收監，並應送交檢察官斟酌情形為具保、責付、限制住居、限制出境、出海或為其他適當之處置。

2. 戒送醫療機構或病監或報請保外醫治：有醫療急迫情形，或經醫師診治後認有必要，依監獄行刑法第62條，監獄得戒送醫療機構或病監醫治。仍不能或無法為適當之醫治者，依監獄行刑法第63條，監獄得報請監督機關參酌醫囑後核准保外醫治。

3. 分配單人舍房：受刑人因疾病不宜與其他受刑人群居者，監獄得依其管理需要，依監獄行刑法第16條，分配單人舍房。

4. 和緩處遇：受刑人患有疾病經醫師證明需長期療養者，依監獄行刑法第19條之規定，為和緩處遇之對象。

5. 通知保護：釋放罹患重病受刑人前，依監獄行刑法第142條規定，應通知家屬或受刑人認為適當之人來監接回。無法通知或經通知後拒絕接回者，監獄應檢具相關資料通知受刑人戶籍所在地直轄市、縣（市）社會福利主管機關辦理轉介安置或為其他必要之處置（第1項）。依其他法規規定於受刑人釋放前應通知相關個人、法人、團體或機關（構）者，監獄應依規定辦理（第2項）。如精神衛生法第31條規定，矯正機關、保安處分機關及其他以拘禁、感化為目的之機構或場所，於精神病人離開時，應即通知其住（居）所在地直轄市、縣（市）主管機關予以追蹤保護，並給予必要之協助。

三、健康檢查結果，得應受刑人之請求提供之。

受刑人健康檢查結果，當事人應有知悉之權利，依監獄行刑法第55條第4項規定，健康檢查之結果，監獄得應受刑人之請求提供之。

肆 自備醫療器材或衛生保健物品

為提升矯正機關收容人之醫療環境與促進健康管理，矯正機關逐年編列預算購置必需之醫療設備，已遠優於一般家庭環境及診所。另對於有醫療或使用相關設備需求之受刑人，監獄則採用戒送外醫、移送病監或保外醫治等方式提供妥適醫療照護。

雖有關治療或復建所需醫療儀器設備，係由醫師評估需求並開立處方，另因器材操作方式繁簡不一，或需專業執照方可操作。然為保障受刑人權益，依

監獄行刑法第55條第5項規定，受刑人因健康需求，在不妨害監獄安全及秩序之情形下，經醫師評估可行性後，得請求自費購入或送入低風險性醫療器材或衛生保健物品。

至有關醫療器材之風險分級及其醫療器材種類，按醫療器材管理辦法第2條規定：「醫療器材依據風險程度，分成下列等級：第一等級：低風險性。第二等級：中風險性。第三等級：高風險性。」及第3條第2項規定：「前項醫療器材之分類分級品項如附件一。」是以，低風險性醫療器材之認定，係依醫療器材管理辦法第3條附件所列醫療器材之分類分級品項認定之。

受刑人依本法第55條第5項請求自費購入或送入低風險性醫療器材或衛生保健物品，依同法施行細則第43條第3項，不得提供他人使用。另對於購入或送入之醫療器材或衛生保健物品之退回或領回，依本法第55條第6項規定，準用第78條、第80條至第82條規定。

第三節　傳染病之防制

由於監獄為受刑人群居之處所，一旦為傳染病所侵襲，極易蔓延擴散成集體得病，後果將不堪設想。因此，對於傳染病之防制，必須注意如下措施。

壹　傳染病之預防

一、協商預防

有鑑於傳染病之可怕，監獄行刑法第57條第1項規定，經監獄通報有疑似傳染病病人時，地方衛生主管機關應協助監獄預防及處理。必要時，得請求中央衛生主管機關協助之。

二、預防性隔離與處置

監獄對於流行性或其他急性傳染病，應注意預防，依監獄行刑法第57條第2項規定，監獄收容來自傳染病流行地或經過其地之受刑人，得為一定期間之隔離；其攜帶物品，應為必要之處置。

貳　罹傳染病者之處置

一、處置性隔離與治療

依監獄行刑法第57條第3項規定，監獄收容經醫師診斷疑似或確診罹患傳染病之受刑人，得由醫師評估為一定期間之隔離，並給予妥適治療，治療期間之長短或方式應遵循醫師之醫囑或衛生主管機關之處分或指導，且應對於其攜帶物品，施行必要之處置。

二、移送指定隔離治療機構

依監獄行刑法第57條第4項規定，經衛生機關依傳染病防治法規定，通知罹患傳染病之受刑人於指定隔離治療機構施行治療者，監獄應即與治療機構協調戒送及戒護之作業，並陳報監督機關。接受隔離治療之受刑人視為在監執行。

三、通知保護

傳染病者如係衰老、重病、身心障礙不能自理生活之受刑人，依監獄行刑法第142條規定，釋放前，應通知家屬或受刑人認為適當之人來監接回（第1項）。依其他法規規定於受刑人釋放前應通知相關個人、團體或機關（構）者，監獄應依規定辦理（第2項）。如精神衛生法第31條、家庭暴力防治法第42條規定等。

第四節　疾病醫療

受刑人經健康檢查結果得知其罹患疾病或在監獄服刑期間罹患疾病，必須加以醫療時，「聯合國在監人處遇最低標準規則」第62條指出：「刑事執行機構之醫療單位，對於受執行人身體或精神上之病患或缺陷，足以妨礙其改善者，應謀發現，並提供一切必要之內科、外科及對精神病之治療」；同規則第22條指出：「患病之被收容人需要特殊治療者，應移送於特別病院或公立醫院，如收容機構之本身設有醫療組織者，其器材設備及醫藥供給，應合於治療之需，並設置曾經受過適當訓練之醫護人員；……醫務組織內應設置合格之牙科醫師，為在監人服務」；同規則第23條指出：「一、收容婦女之機構，對於

懷胎婦女應有特別之設備，以供產前產後之調護，並應儘量安排於機構以外之醫院分娩，如係在收押處所分娩者，此事實不得記載於出生證明文件中。二、准許乳嬰與生母在機構內同住者，應置看護設備及合格之人員，以司看護」。凡此些規定，各國均應注意遵守。我國法令對受刑人疾病醫療之處置規定如下：

壹　醫師診治

一、原則

（一）納入全民健康保險

由於全民健康保險法於民國100年6月29日修正時，為澈底落實全民健保保障全民健康之精神，並兼顧受刑人之基本健康人權，將受刑人納入全民健保，受刑人因而自102年1月1日起納入健保照護體系，與全民同享健保醫療權益。依監獄行刑法第59條規定，分述如下：

1. 應以全民健康保險保險對象身分就醫
   依全民健康保險法規定應納保之受刑人或其攜帶入監或在監生產之子女罹患疾病時，除已獲准自費醫療者外，應以全民健康保險保險對象身分就醫；其無全民健康保險憑證者，得由監獄逕行代為申請（第1項）。

2. 經暫行停止保險給付者醫療費用自付
   受刑人為全民健康保險保險對象，經暫行停止保險給付者，其罹患疾病時之醫療費用由受刑人自行負擔（第2項）。

3. 應繳納下列各項費用
   受刑人應繳納下列各項費用時，監獄得由受刑人保管金或勞作金中扣除（第3項）：
   (1) 接受第1項全民健康保險醫療衍生之費用。
   (2) 換發、補發、代為申請全民健康保險憑證衍生之費用。
   (3) 前項應自行負擔之醫療費用。

（二）由監獄醫師診治

受刑人人身自由受到限制，在保障醫療人權之同時，應優先於矯正機關內

設置之門診場所就醫,如有轉診必要,再以戒護外醫方式至矯正機關以外之健保特約院所接受進一步檢查或治療。因此,監獄醫師即係指經衛生福利部透過「提供保險對象收容於矯正機關者醫療服務計畫」,邀請至矯正機關提供健保醫療服務之健保特約醫療院所駐診醫師。

監獄醫師對於受刑人及其攜帶之子女疾病診治,應注意遵守「聯合國在監人處遇最低標準規則」第25條所指:「醫務人員對於在監人之身體及精神健康,應予注意,對於患病者、報病者,及其認為應特別注意者,須每日診視。」另對於受刑人之處遇,醫師認為有礙於身心健康時,應向主管單位或典獄長提出建議。監獄醫師對於受刑人之處遇提出建議,應注意遵守「聯合國在監人處遇最低標準規則」第25條所指:「醫務人員認為在監人之繼續監禁或監禁期間,對於身體或精神健康已有或將有不利之影響時,應隨時向機構之長官報告。」暨同規則第26條所指:「醫務人員對於下列事項,應經常考查,並向機構長官提出建議:(一)在監人飯飲之數量、品質、製備及食用之情形。(二)機構內之環境衛生,及在監人之保健、清潔狀態。(三)機構內之保暖、透光、通風及廁所之設備情形。(四)在監人衣著寢具之適宜與清潔情形。(五)關於在監人體育及娛樂運動等規則之遵守情形(未設體育人員時)。」

受刑人就醫時,依監獄行刑法施行細則第45條,應據實說明症狀,並配合醫囑接受治療,不得要求醫師加註與病情無關之文字。受刑人如提出非治療必須之處置或要求特定處遇,醫師應予拒絕。

二、例外

(一)委請醫療機構或醫師診治

如非屬上開健保法第10條第1項第4款第3目規定之受刑人(執行逾二個月符合健保法第8條及第9條投保資格)及居留證失效之外籍受刑人,因非全民健康保險之保險對象或處於停止保險給付之狀態,或其攜帶入監之子女不具全民健康保險之保險資格,或有經濟困難等情形之受刑人,為使其於監獄內罹患疾病時,亦能獲得醫療照顧,以保障其醫療人權,仍維持現行由矯正機關編列預算委請醫療機構、特約醫師及兼任醫師看診之醫療制度。

依監獄行刑法第59條規定,受刑人或其攜帶入監或在監生產子女如不具全民健康保險之保險資格,或受刑人因經濟困難無力繳納前項第1款之費用,其

於收容或安置期間罹患疾病時，由監獄委請醫療機構或醫師診治（第4項）。
前項經濟困難資格之認定、申請程序及其他應遵行事項之辦法，由法務部定之
（第5項）。法務部依此訂定「監獄及看守所收容人就醫經濟困難處理辦法」
（以下簡稱辦法）公布施行，其重點摘述如下：

1. 就醫經濟困難之要件（辦法第3條）

監獄行刑法第59條第4項及羈押法第53條第4項所稱因經濟困難，須由機
關委請醫療機構或醫師診治者，係指有事實足認收容人已無資力支付其
本人醫療衍生之醫療費用，且有下列各款情事之一者：

(1)收容人之保管金或勞作金已無法支付，且其本人持有最近一年內鄉
（鎮、市、區）公所開具之低收入戶、中低收入戶證明或村（里）
長所開具之清寒證明。

(2)收容人之扶養義務人，具有下列情事之一，對所積欠醫療衍生之費
用無清償能力：A.扶養義務人之家庭經依社會救助法認定為低收入
戶或中低收入戶，持有鄉（鎮、市、區）公所開具尚在效期內之證
明。B.持有最近一年內村（里）長所開具之清寒證明。C.罹患重大傷
病或患病須長期療養，持有最近六個月醫療機構開立之證明文件。
D.有具體事實足認其無資力負擔收容人醫療衍生之費用。

(3)收容人之扶養義務人有不能或無法聯繫之情形，未能負擔收容人醫
療衍生之費用。

2. 就醫經濟困難之申請（辦法第4條）

收容人有前條各款情形之一者，應於醫師診治前或接受診治後三個月
內，檢具證明文件向機關提出申請（第1項）。收容人之經濟困難狀況
於認定之日起六個月後仍未改善者，應依前項規定重新提出申請（第2
項）。

3. 醫療衍生費用之扣繳（辦法第5條）

依前二條規定，經認定符合經濟困難之收容人，於接受診治療程結束後
六個月內，其保管金或勞作金可支付醫療衍生之費用者，機關得自其保
管金或勞作金扣繳其醫療衍生之費用。

4. 醫療衍生費用之追繳（辦法第6條）

收容人為規避繳納或機關扣繳其醫療衍生之費用，而有下列情形之一
者，機關應追繳為其委請醫療機構或醫師施行醫療衍生之費用（第1
項）：

(1) 提供不實之資料。

(2) 隱匿或拒絕提供機關要求之資料。

(3) 以詐術或其他不正當方法取得證明文件。

前項應繳納之費用，機關得由收容人保管金或勞作金中扣除，無可供扣除之款項，由機關以書面行政處分命收容人於三十日內償還，屆期未償還者，得移送行政執行（第2項）。

5. 就醫時間、處所與方式之指定（辦法第7條）

收容人就醫時間、處所與方式由機關依收容對象之就醫需求及安全管理之必要指定之，收容人不得自行指定。

（二）自費延醫

依監獄行刑法第61條之規定，受傷或罹患疾病之受刑人接受全民健康保險提供之醫療服務或經監獄委請之醫師醫治後，有正當理由認需由其他醫師診治，而請求自費於監獄內延醫診治時，監獄得予准許（第1項）。前項自費延醫之申請程序、要件、實施方式、時間、地點、費用支付及其他應遵行事項之辦法，由法務部定之（第2項）。法務部依此訂定「監獄及看守所收容人自費延醫診治實施辦法」（以下簡稱辦法）公布施行，其重點摘述如下：

1. 以書面提出申請（辦法第3條）

收容人請求自費於機關內延醫診治者，應以書面敘明申請理由、欲自費延請之醫師，並檢附於機關內接受醫治之醫師囑言或診斷書，向機關提出申請。經機關審查核准後，收容人得自行延請或委請最近親屬或家屬自費延請醫師進入機關診治（第1項）。診治對象為經裁定羈押之法院禁止其接見通信之被告時，看守所應檢具相關資料，通知為裁定羈押之法院或檢察官（第2項）。

2. 醫師應出示證明文件，並交付就醫紀錄（辦法第4條）

自費延請之醫師進入機關提供醫療服務時，應向機關出示執業執照及核准至執業場所以外處所執行業務之證明文件，必要時，機關得向其執業場所確認（第1項）。自費延請之醫師進入機關提供醫療服務時，應依醫師法及醫療法之規定製作並保存病歷，並將收容人之就醫紀錄交付機關留存。開立相關證明應秉持醫療專業依診斷結果記載，不可配合加註收容人建議之文字（第2項）。

3. 醫療設備之使用及轉診之處理（辦法第5條）

自費延請之醫師進入機關診治時，機關得提供現有醫療設備使用。必要時，在不妨害機關安全及秩序之情形下，得准許醫師攜入醫療設備（第1項）。自費延請之醫師診治所需之醫療器材及藥品，應由收容人自費延請診治之醫師依相關醫療法規提供，機關得准許其攜入（第2項）。醫師診治後，評估收容人有必要至醫療機構醫治時，應開立轉診單，由機關視其就醫需求及安全管理之必要指定其就醫時間、處所（第3項）。

4. 診治之時間、地點（辦法第6條）

機關應視收容人就醫需求及安全管理之必要，排定收容人自費延醫診治之時間、地點。

5. 費用之支付與扣繳（辦法第7條）

自費延醫所需之費用，經醫師所屬之醫療機構開立收據，以交由收容人之最近親屬或家屬支付為原則，最近親屬或家屬不能支付或於必要時，機關得逕由收容人之保管金或勞作金中扣繳轉付。

6. 醫師應遵守醫療及安全管理相關規定（辦法第8條）

自費延請之醫師應遵守相關醫療法規規定，並準用全民健康保險提供矯正機關醫療服務作業須知規定。如有違反相關規定或有妨害監獄安全及秩序之行為時，機關得要求醫師中止提供其醫療服務。

（三）逕行救治

1. 實施理由

受傷或罹患疾病之受刑人拒不就醫之結果，將造成身體傷勢或病況惡化，危及個人之生命，監獄基於戒護權責，必須加以干預，否則即有失職之責。由於事涉受刑人之生命健康，處理該等拒不就醫行為，必須以必要之逕行救治手段，使其接受治療。

2. 實施要件

對受刑人實施逕行救治之要件，依監獄行刑法第60條第1項規定，分述如下：

(1) 受刑人因受傷或罹患疾病：逕行救治之前提，必須是受刑人身體受傷或罹患疾病，經監獄醫師評估檢查認有就醫之必要。

(2) 拒不就醫，致有生命危險之虞：身體受傷或罹患疾病之受刑人，拒

絕接受監獄任何醫療救治處置，且其拒絕已造成傷勢惡化、病況加重，導致有產生生命危險之可能。

(3) 監獄應即請醫師逕行救治或將受刑人逕送醫療機構治療：事關受刑人身體健康及疾病醫治事宜，基於「聯合國在監人處遇最低標準規則」第62條指出：「刑事機構之醫療單位，對於受執行人身體或精神上之病患或缺陷，足以妨礙其改善者，應謀發現，並提供一切必要的內科、外科及對精神病之治療」，因此，監獄應即請醫師逕行救治；但如傷勢、病況嚴重或監獄醫療器材不足，監獄亦可將受刑人逕送醫療機構治療。

3. 衍生費用

前項逕送醫療機構治療之醫療及交通費用，由受刑人自行負擔（第2項）。

4. 行刑效果

第1項逕送醫療機構治療期間，視為在監執行（第3項）。

貳 收容於監獄病舍或附設病監

罹患疾病經醫師評估認需密切觀察及處置之受刑人，依監獄行刑法第58條規定，得於監獄病舍或附設之病監收容之。

參 移送專業病監

此所謂專業病監，指特設之專業病監，有別於監獄本身附設之綜合病監：

一、肺病專業病監

我國本以基隆監獄為肺病專業監，目前則改以指定台北監獄桃園分監（收容女性）、台中監獄醫療專區（收容男性）專責收容治療照顧。

二、精神病專業病監

「聯合國在監人處遇最低標準規則」第22條指出：「每一收容機構，至少應有合格之醫務人員一人具有精神病治療之知識，醫務組織並須與當地或國

家之一般衛生機關保持密切之聯繫。在組織上應有精神病醫療部門，俾利診斷，必要時可從事於心神異常病狀之療治」；同規則第82條指出：「（一）對於精神病犯，不得收容於普通監獄，應儘速將其移送精神病院。（二）對於罹患其他心神疾病或精神異常之受執行人，應由醫療人員在專門之機構中給予診療與觀察。（三）當上列受執行人留住監獄內，應由醫療人員給予特別之監視照顧。（四）刑事執行機構內之醫務或精神病治療單位，對於其他一切受執行人，有精神醫療之需要者，應施以治療」；同規則第83條指出：「受執行人罹有精神病患者，宜與適當服務機構洽商步驟，在必要時，為釋放後之繼續治療，並採取社會的及精神的照顧」。凡此些規定，應努力遵守。

我國目前對於精神疾病受刑人，設有台北監獄桃園分監（收容女性）、台中監獄醫療專區（收容男性）專責收容治療照顧。

肆 戒送醫療監獄

依監獄行刑法第50條規定，為維護受刑人在監獄內醫療品質，並提供住院或療養服務，監督機關得設置醫療監獄；必要時，得於監獄附設之（第1項）。醫療監獄辦理受刑人疾病醫療、預防保健、篩檢、傳染病防治及飲食衛生等業務，得委由醫療機構或其他專業機構辦理（第2項）。

我國目前指定台中監獄附設培德醫院，即係以監獄附設醫療專區之方式設置之醫療監獄模式。同法第62條規定，受刑人受傷或罹患疾病，有醫療急迫情形，或經醫師診治後認有必要，監獄得戒送醫療機構或病監醫治。此之所謂「病監」因需戒送，應有別於一般之病監而係指專業病監及此之醫療監獄。

伍 戒送監外醫療機構

「聯合國在監人處遇最低標準規則」第22條指出：「患病之被收容人需要特殊治療者，應移送於特別病院或公立醫院。」依我國監獄行刑法之規定，受刑人於下列情形時，移送監外醫療機構：

一、受傷或罹患疾病，有醫療急迫情形或經醫師診治後認有必要時

受刑人受傷或罹患疾病，有醫療急迫情形或經醫師診治後認有必要，依監

獄行刑法第62條第1項之規定，監獄得戒送醫療機構。其中，經醫師診治後認有必要戒送醫療機構醫治之交通費用，基於使用者付費原則，依同條第2項規定，應由受刑人自行負擔。但受刑人經濟困難無力負擔者，不在此限。戒送醫療機構醫治期間，依同條第3項，視為在監執行。

二、懷胎五月以上或生產未滿二月時

受刑人經醫師診斷懷胎五月以上或生產未滿二月者，依監獄行刑法第63條第7項規定，得準用同法第62條戒送醫療機構之規定。至於對懷胎五月以上或生產未滿二月之受刑人，應注意遵照「聯合國在監人處遇最低標準規則」第23條所指：「收容婦女之機構，對於懷胎婦女應有特別之設備，以供產前產後之調護，並應儘量安排於機構以外之醫院分娩，如係在收押處所分娩者，此事實不得記載於出生證明文件中。」

法務部「強化戒護及醫療管理計畫」中，為期審慎辦理收容人戒護外醫（住院），特為如下之規定：

一、收容人戒護外醫，應由專任醫師或特約醫師依各機關醫療設備之客觀條件，斟酌收容人之病情，確實擬具意見後審慎辦理。如收容人或其家屬，具體陳述其有某種疾病，且在監院所內確實不易診斷、治療，必要時，由其自費或以公費將其戒送醫院做病理檢查，並將檢查結果通知其家屬。

二、收容人戒護外醫，如需住院治療，必要時應派醫事人員前往察看，並與醫院保持聯繫，確實掌握收容人之病情。遇收容人因急診戒護住院治療，必要時應派醫事人員前往醫院瞭解收容人之病情。

三、收容人戒護住院治療，應檢具醫院詳載收容人病因及治療建議之診斷證明書，儘速陳報法務部核備。且應即時通知收容人家屬並作電話錄音、紀錄。

陸 保外醫治

一、保外醫治之時機

受刑人於下列情形時，得許可保外醫治：

（一）受傷或現罹疾病，在監內不能或無法為適當之醫治時

經採行監獄行刑法第62條第1項醫治方式後，受刑人仍不能或無法為適當之醫治者，為保障其就醫需求，同法第63條規定，監獄得報請監督機關參酌醫囑後核准保外醫治，使受刑人得以暫時恢復自由狀態，自行選擇就醫處所。又考量疾病病程變化迅速，為爭取罹病受刑人就醫時效性，則授權監獄在其有緊急情形時，得先行准予保外醫治，再報請監督機關備查。保外醫治期間，因已恢復自由，依同條第2項，不算入刑期。

（二）懷胎五月以上或生產未滿二月時

受刑人懷胎五月以上或生產未滿二月者，依監獄行刑法第63條第7項之規定，得準用同條第1項前段、第2項至前項之規定，報請監督機關核准保外醫治；但排除準用同條第1項後段，得先為處分之規定。

二、保外醫治之辦理程序

經核准保外醫治者，依監獄行刑法第63條第3項，監獄應即報由檢察官命具保、責付、限制住居或限制出境、出海後釋放之。

（一）保外醫治之具保準用刑事訴訟法

依監獄行刑法第63條第4項規定，前項命具保、責付、限制住居或限制出境、出海者，準用刑事訴訟法第93條之2第2項至第4項、第93條之5第1項前段及第3項前段、第111條之命提出保證書、指定保證金額、限制住居、第115條至第116條、第118條第1項之沒入保證金、第119條第2項、第3項之退保、第121條第4項准其退保及第416條第1項第1款、第3項、第4項、第417條、第418條第1項本文聲請救濟之規定。

（二）無法辦理具保、責付、限制住居之處置

實務上，保外醫治獲准受刑人常因家屬不願具保、責付或無家屬可具保責付或無住居所時，縱使重病或無刑罰適應性，但仍須收容於監獄。爰此，監獄行刑法第64條規定，依前條報請保外醫治受刑人，無法辦理具保、責付、限制住居時，監獄應檢具相關資料通知監獄所在地直轄市、縣（市）社會福利主管機關辦理轉介安置或為其他必要之處置。

依監獄行刑法施行細則第46條，本法第64條所稱相關資料，應包括醫療需

求與照護計畫及期程（第1項）。監獄對於無法依本法第63條規定辦理具保、責付、限制住居時，應即依本法第64條規定通知直轄市、縣（市）社會福利主管機關辦理轉介安置或為其他必要之處置。於相當時間內，未接獲回復者，監獄應再行函催辦理（第2項）。監獄應檢具直轄市、縣（市）社會福利主管機關所回復預定辦理前項安置之文件資料，報請檢察官辦理釋放，並通知該管社會福利主管機關，派員護送至特定安置處所完成接收；必要時，監獄得協助派員護送（第3項）。

三、保外醫治受刑人之管理

受刑人保外醫治期間，應加管理，必要時，並得廢止其保外醫治之許可。依監獄行刑法第63條規定，保外醫治受刑人違反保外醫治應遵守事項者，監督機關或監獄得廢止保外醫治之核准（第5項）。第1項核准保外醫治之基準，及前項保外醫治受刑人應遵守事項、廢止核准之要件、程序及其他應遵行事項之辦法，由法務部定之（第6項）。法務部依此訂定「受刑人保外醫治審核基準及管理辦法」（以下簡稱辦法），公布施行。其重點摘述如下：

（一）保外醫治之基準以及救濟方式（辦法第3條）

1. 基準（第1項）

本法第63條第1項所稱不能或無法為適當之醫治，指下列各款情形之一者：

(1) 罹患致死率高疾病，恐因執行而不能保其生命。

(2) 衰老或有客觀事實足認其身心障礙嚴重而無法自理生活，在監難獲適當醫治照護。

(3) 病情嚴重必須長期在監外住院治療。

(4) 肢體障礙嚴重，必須長期在監外復健。

(5) 病情複雜，難以控制，隨時有致死之危險。

(6) 罹患法定傳染病，在監難以適當隔離治療。

2. 以醫療性指標為主（第2項）

監獄報請監督機關核准辦理保外醫治時，應先參酌醫囑並綜合評估病況嚴重性、疾病治療計畫、生活自理能力、親友照顧能力或社福機構安置規劃。

3. 得委請專業評估（第3項）

於前項評估中，必要時，監獄得委請其他專業機關（構）、團體或個人協助之。

4. 請求之處理與救濟（第4項）

受刑人向監獄請求保外醫治者，監獄應即交由醫事人員，依前三項規定審酌，並將處理結果通知受刑人。受刑人不服監獄不予報請監督機關核准保外醫治者，得依本法第93條提起申訴。

（二）由監獄報由檢察官辦理具保等相關處置（辦法第4條）

監獄辦理先行保外醫治或報請監督機關准其保外醫治，經核准者，監獄應即報由檢察官依監獄行刑法第63條規定命具保、責付、限制住居或限制出境、出海，並經檢察官開立釋票後始能辦理釋放（第1項）。為確保前項保外醫治受刑人日後刑罰之執行，監獄得函請檢察署檢察官審酌併為限制出境、出海（第2項）。

（三）應居住於醫療機構或其他特定處所（辦法第5條）

受刑人依本法第63條第1項規定辦理保外醫治者，應居住於醫療機構或其他特定處所接受治療或照護。

（四）保外醫治期間應遵守事項

1. 應遵守事項之告知（辦法第6條）

保外醫治受刑人出監前，監獄應告知其保外醫治期間應遵守事項，並作成紀錄使其簽名（第1項）。前項受刑人屬意識不清時，監獄得將前項應遵守事項告知其保證人，並作成紀錄使其簽名（第2項）。前二項情形，受刑人拒絕或無法簽名者，應記明其事由（第3項）。

2. 應遵守事項之內容（辦法第7條）

保外醫治受刑人於保外醫治期間應遵守下列事項（第1項）：

(1) 不得有違反法令之行為。

(2) 應依醫囑接受治療。

(3) 不得無故擅離或變更原醫療機構或處所。

(4) 應主動與監獄保持聯繫，不得無故失聯。

(5) 於監獄訪察人員訪視時，應就其健康、就醫或照護、居住、生活狀

況等情形提出報告，並提供醫院診斷書或其他足資證明之文件。

(6)除維持日常居住及生活所必需外，未經監獄核准，不得從事與治療目的不符或顯然無關之活動。

(7)不得對被害人、告訴人、告發人、證人或其他利害關係人實施危害、恐嚇、騷擾、跟蹤、糾纏或其他不法行為。

(8)其他經監獄認為應遵守之事項。

前項第3款情形，如保外醫治受刑人因病情治療或照護需要時，得檢附相關證明文件，向原執行監獄申請核准變更醫療機構或處所。但情況急迫時，保外醫治受刑人得先自行變更，並於五日內陳報原執行監獄並申請核准（第2項）。

（五）具保保證書應載明之注意事項（辦法第8條）

依本法第63條第4項命提出保證書者，其保證書應記載下列注意事項：

1. 約束保外醫治受刑人於保外醫治期間不得有違背法令之行為。

2. 保外醫治受刑人保外醫治期間屆滿或病況改善時，應依監獄之通知將其送至指定之檢察署報到。

3. 於保外醫治受刑人未依法定程序擅離或變更醫療機構或處所，應將其行蹤立即告知監獄。

（六）保外醫治期間之展延（辦法第9條）

受刑人保外醫治期間，監獄評估有展延必要者，應於保外醫治期間屆滿十日前，陳報監督機關核准展延，每次展延期間不得逾三個月。其於長期照顧、安養或教養機構接受照護者，每次展延期間不得逾六個月（第1項）。前項展延，保外醫治受刑人應檢具醫療機構最近三十日內之診斷書。必要時，監獄得再行指定其他醫療機構予以檢查，並提出診斷書，以供辦理展延之審酌（第2項）。受刑人保外醫治期間，監獄長官應按月至少派員察看一次；其屆展延前一個月內應指派醫事人員察看（第3項）。

（七）保外醫治之廢止

1.廢止事由（辦法第10條）

保外醫治受刑人違反第7條應遵守事項者，監獄應先以書面命其限期改善，屆期未改善者，監獄得報請監督機關廢止其保外醫治核准（第1

項）。保外醫治受刑人有下列各款情形之一者，監獄得逐報監督機關廢止其保外醫治核准：

(1) 違反第7條應遵守事項，其情節重大。

(2) 經醫事人員評估其病況已治癒或改善，未依監獄指定之期日至檢察署報到。

2. 廢止方式（辦法第11條）

監獄辦理廢止保外醫治時，應檢附最近一次保外醫治核准函、診斷書、訪察紀錄及相關資料，報請監督機關廢止其保外醫治核准。

（八）返監及未返監之處理方式

1. 返監執行（辦法第12條）

受刑人保外醫治期間屆滿、經廢止保外醫治、病況已治癒或改善時，監獄應指定七日以上之期日，以書面通知受刑人至指定之檢察署報到返監執行。

2. 未返監執行（辦法第13條）

受刑人未依前條規定，於監獄指定之期日至檢察署報到者，檢察署應即通知監獄（第1項）。監獄接獲檢察署為前項之通知，或知悉前項情事時，應檢具相關資料送請檢察官依刑事訴訟法第469條規定辦理傳喚、拘提或通緝（第2項）。

（九）保外醫治核准並釋放後之通知與報備（辦法第14條）

受刑人保外醫治經核准並依第4條第1項規定辦理釋放後，其出監日期、保外醫治期間、嗣後展延期間及返監日期，監獄應通知指揮執行之檢察署，並報請監督機關備查。

第五節　強制營養或醫療

壹　強制營養或醫療之理由

進用飲食為身體吸收營養之方式，係維持生命之基本條件。「聯合國在監人處遇最低標準規則」第20條指出：「在監人食物之營養價值，應足夠維持健

康及體力的需要，品質須合格，調製應適宜，並使其按時進食。」受刑人於服刑期間，可能因為感受到監禁之痛苦，在環境壓力下，欲求自我了斷而拒絕飲食；亦可能因為抗議監獄管理上之問題而拒絕飲食；也可能因為社會政治因素而拒絕飲食。或有學者（黃徵男、王英郁，民89）謂受刑人拒絕飲食乃其權利，監獄應當適度尊重，殊不知受刑人拒絕飲食之結果，除將造成身體營養不良，危及個人之生命外，自裁式拒絕飲食基本上即為自殺行為，抗議式拒絕飲食即為擾亂秩序行為，其行為依監獄行刑法之規定，本屬違規行為，監獄基於戒護權責，必須加以干預，否則即有失職之責。惟由於事涉受刑人之生命健康，在處理該等違規行為之同時，必須以必要之手段，使其恢復進食或強制施予營養以維持其生命。

另有關受刑人罹病接受監獄醫師診治，原則上醫師在尊重受刑人自由意願下診治，但依醫囑服藥為身體疾病治療之手段，若拒絕依醫囑服藥不但罹病受刑人病況有可能加重危及自身生命，且亦可能造成疾病傳染而導致他人生命產生危險，參酌日本「關於刑事設施及被收容人等之處遇法」第62條「刑事設施長官對於受刑人之醫療，原則上由設施職員之醫師在尊重受刑人自由意願下診治之。惟該醫師對於涉及傳染疾病或不予餵食將導致他人或本人生命危險時，得違反其意願強制隔離治療或補給營養。」之規定理由，在受刑人拒絕依醫囑服藥而有危及生命之虞時，監獄應即請醫師進行診療，並得由醫師採取醫療上必要之強制措施。

貳 強制營養或醫療之實施要件

受刑人依監獄行刑法第65條之規定，因拒絕飲食或未依醫囑服藥而有危及生命之虞時，監獄應即請醫師進行診療，並得由醫師施以強制營養或採取醫療上必要之強制措施。對受刑人實施強制營養或醫療之要件為：

一、受刑人有拒絕飲食或未依醫囑服藥之行為

即受刑人積極地不接受、消極地不進用任何食物、飲水或未依醫囑服藥。

二、有危及生命之虞時

受刑人拒絕飲食或未依醫囑服藥，已造成身體營養不足或病況加重，而有

生命危險之虞。

三、監獄應即請醫師進行診療

　　由於受刑人拒絕飲食或依醫囑服藥之行為有危及生命之虞，事關受刑人身體健康及疾病醫治事宜，基於「聯合國在監人處遇最低標準規則」第62條指出：「刑事機構之醫療單位，對於受執行人身體或精神上之病患或缺陷，足以妨礙其改善者，應謀發現，並提供一切必要的內科、外科及對精神病之治療」，因此，監獄應即請醫師進行診療。

四、得由醫師施以強制營養或採取醫療上必要之強制措施

　　強制營養通常係施打維他命或葡萄糖針劑或灌食，基本上為醫療管理之行為，必須由醫師為之。「得」者，乃裁量之意，由醫師衡量拒絕飲食或未依醫囑服藥之受刑人有無生命危險及其身體是否適宜施以何種強制營養或採取何種醫療上必要之強制措施，乃不得已之手段。

第六節　藥物管理

壹　應妥為使用、養護及保管

　　依藥事法第4條規定，藥物係指藥品及醫療器材。由於藥物係疾病醫療用品，如未能妥善使用及管理，將對人體造成傷害，因此，藥物，應妥為使用、養護及保管。同時為澈底防範收容人自殺與誤傷事故之發生，法務部於75年10月14日函示各監、院、所對農牧及工場作業上與衛生醫療上所使用之含有劇毒化學物品、工業原料及醫療藥品等（如工業用酒精、鹽酸、農藥、滅草劑、福爾馬林……等），均應專設箱櫃放置並加鎖管制，責由各該主管或衛生科藥品管理人員親自收發保管，並監督使用，以策安全。

貳　自備藥物之允許

　　受刑人疾病醫療一般所需藥物，原則上，由監獄供給。但如受刑人因個人體質而有使用特殊藥物之必要時，可自行攜入或申請由外界送入藥品：

一、自行攜入

依監獄及看守所收容人金錢與物品保管及管理辦法第16條規定，收容人攜帶之藥品，應備有藥袋包裝或處方箋可供辨識，始得攜入。必要時，機關得向其領藥之藥局確認（第1項）。前項藥袋包裝之標載，應符合藥品優良調劑作業準則第20條規定（第2項）。收容人攜帶之藥品不符合前二項之規定，或藥品種類或數量不正確者，機關得依第14條第2項規定處理（第3項）。

二、申請由外界送入

依外界對受刑人及被告送入金錢與飲食及必需物品辦法第6條規定，收容人得申請由外界送入因罹患疾病，在機關經醫師診治認有必要使用，於機關無法取得之藥品（第4項第6款）。

本章研究問題

1. 試述監獄講求衛生保健之重要性。
2. 強制受刑人每日運動之目的何在？每日運動時間多久？於何種情形下可以例外地不必運動？試依監獄行刑法之規定說明之。（民96第二次司法四等）
3. 監獄於急性傳染病流行時應如何處理？又受刑人在監罹患傳染病或其他各種疾病時，監獄應有何種作為？試依監獄行刑法規定詳述之。（民97第二次司法三等）
4. 保外醫治與移送醫院，二者有何區別？試說明之。（民87司法三等、民100司法四等）
5. 某甲因販毒案被判處十八年徒刑，近因罹患癌症末期，監獄主動通知家屬，請家屬前來辦理「保外醫治」手續，試就監獄於辦理受刑人保外醫治時，應依哪些規定辦理？其保外醫治準用刑事訴訟法哪些具保之規定？請依監獄行刑法及其相關規定說明之。（民89第二次司法三等、民101司法三等）
6. 監獄對受刑人實施強制營養之理由與實施要件為何？試依監獄行刑法及相關法規之規定詳述之。（民108司法三等）

第九章　接見及通信

【條文大意】

第六十七條（接見及通信之對象）

受刑人之接見或通信對象，除法規另有規定或依受刑人意願拒絕外，監獄不得限制或禁止。

監獄依受刑人之請求，應協助其與所屬國或地區之外交、領事人員或可代表其國家或地區之人員接見及通信。

第六十八條（接見之次數及時間）

監獄應於平日辦理接見；國定例假日或其他休息日之接見，得由監獄斟酌情形辦理之。

受刑人之接見，除法規另有規定外，每星期一次，接見時間以三十分鐘為限。但監獄長官認有必要時，得增加或延長之。

第六十九條（接見之請求與許可）

請求接見者，應繳驗身分證明文件，登記其姓名、職業、年齡、住居所、受刑人姓名及與受刑人之關係。

監獄對於請求接見者認為有妨害監獄秩序、安全或受刑人利益時，得拒絕之。

接見應於接見室為之。但因患病或於管理教化上之必要，得准於適當處所行之。

接見，每次不得逾三人。但本法或法規另有規定，或經監獄長官許可者，不在此限。

被許可接見者，得攜帶未滿十二歲之兒童，不計入前項人數限制。

第七十條（接見限制之調整）

監獄基於管理、教化輔導、受刑人個人重大事故或其他事由，認為必要時，監獄長官得准受刑人於監獄內指定處所辦理接見，並酌予調整第六十八條及前條第三項、第四項有關接見場所、時間、次數及人數之限制。

第七十一條（接見之監看、聽聞）

監獄於受刑人接見時，除法律另有規定外，應監看並以錄影、錄音方式記錄之，其內容不得違法利用。

有事實足認有妨害監獄秩序或安全之虞者，監獄得於受刑人接見時聽聞或於接見後檢視錄影、錄音內容。

接見過程中發現有妨害監獄秩序或安全時，戒護人員得中止其接見，並以書面載明事由。

與受刑人接見者不得使用通訊、錄影或錄音器材；違者，得依前項規定辦理。

第七十二條（律師、辯護人之接見）

受刑人與其律師、辯護人接見時，除法律另有規定外，監獄人員僅得監看而不與聞，不予錄影、錄音；除有事實上困難外，不限制接見次數及時間。

為維護監獄秩序及安全，除法律另有規定外，監獄人員對受刑人與其律師、辯護人接見時往來之文書，僅得檢查有無夾藏違禁物品。

第一項之接見，於監獄指定之處所為之。

第六十七條第一項、第六十八條第一項、第六十九條第一項及前條第三項、第四項規定，於律師、辯護人接見時準用之。

前四項規定於未受委任之律師請求接見受刑人洽談委任事宜時，準用之。

第七十三條（電話或其他通訊方式接見）

監獄認受刑人或請求接見者有相當理由時，得准其使用電話或其他通訊方式接見。

前項通訊費用由受刑人或請求接見者自付。但受刑人無力負擔且監獄認為適當時，得由監獄支付之。

前二項接見之條件、對象、次數之限制、通訊方式、通訊申請程序、時間、監看、聽聞、收費及其他應遵行事項之辦法，由法務部定之。

第七十四條（書信檢閱）

受刑人寄發及收受之書信，監獄得開拆或以其他適當方式檢查有無夾藏違禁物品。

　　前項情形，除法律另有規定外，有下列各款情形之一者，監獄人員得閱讀其書信內容。但屬受刑人與其律師或公務機關互通之書信，不在此限：

一、受刑人有妨害監獄秩序或安全之行為，尚在調查中。

二、受刑人於受懲罰期間內。

三、有事實而合理懷疑受刑人有脫逃之虞。

四、有事實而合理懷疑有意圖加害或騷擾他人之虞。

五、矯正機關收容人間互通之書信。

六、有事實而合理懷疑有危害監獄安全或秩序之虞。

　　監獄閱讀受刑人書信後，有下列各款情形之一者，得敘明理由刪除之：

一、顯有危害監獄之安全或秩序。

二、教唆、煽惑他人犯罪或違背法規。

三、使用符號、暗語或其他方法，使檢查人員無法瞭解書信內容。

四、涉及脫逃情事。

五、敘述矯正機關之警備狀況、舍房、工場位置，足以影響戒護安全。

　　前項書信之刪除，依下列方式處理：

一、受刑人係發信者，監獄應敘明理由，退還受刑人保管或要求其修改後再行寄發，如拒絕修改，監獄得逕予刪除後寄發。

二、受刑人係受信者，監獄應述明理由，逕予刪除再行交付。

　　前項刪除之書信，應影印原文由監獄保管，並於受刑人出監時發還之。受刑人於出監前死亡者，依第八十一條及第八十二條第一項第四款規定處理。

　　受刑人發送之文件，屬文稿性質者，得准其投寄報章雜誌或媒體，並準用前五項之規定。

　　發信郵資，由受刑人自付。但受刑人無力負擔或監獄認為適當時，得由監獄支付之。

第七十五條（訴訟文書及公文書之發受）

　　受刑人以書面向法院、檢察官或其他公務機關有所請求，或公務機關送達受刑人之文書，監獄應速為轉送。

　　受刑人入監服刑，面對著失去自由、物質與受服務被剝削、異性關係被隔離、自主性被剝奪、安全感喪失等監禁環境所帶來之痛苦，如能在有條件限制下，許可其與外界接見與通信，藉由親情、友情之慰藉與支持，將有助於減輕

受刑人因監禁所產生之壓力及調適其苦悶之監禁生活，對其情緒之穩定及教化之實施，應有莫大之助益。另外，基於行刑社會化之考量，受刑人終究要回歸社會，處遇之重點非在其與社會之隔離，而在其尚與社會繼續保持關係，尤其是與其家庭間之關係，為雙方利益計必須保持者，監獄應予特別注意。為增進受刑人家庭利益及便利其本身適應社會，與外界接見、通信，誠屬必要措施。「聯合國在監人處遇最低標準規則」第37條即指出：「對於在監人應許其在必要之監視下，與其家屬及可靠之親友，按期通信及接見。」觀諸各國監獄制度，類皆有准許受刑人接見及通信之規定，我國亦不例外。惟接見與通信既為受刑人與外界接觸之管道，受刑人可以藉此管道與親友聯繫，得到社會之支持力量，有助於矯正工作之推展；但從另一個角度觀之，受刑人亦可能經由此管道，繼續與往昔不良朋友取得聯繫，受到負面之影響，妨礙矯正工作之效果，甚或串通密謀脫逃或為其他不法之情事，造成戒護事故。因此，監獄對於受刑人接見及通信，有加以限制之必要。

第一節　接見或通信之對象

依我國監獄行刑法第67條之規定，受刑人之接見或通信對象，除法規另有規定或依受刑人意願拒絕外，監獄不得限制或禁止（第1項）。監獄依受刑人之請求，應協助其與所屬國或地區之外交、領事人員或可代表其國家或地區之人員接見及通信（第2項）。換言之，受刑人接見或通信對象之規定如下：

壹　接見或通信對象之原則與例外

一、原則

受刑人之接見或通信對象，原則上，監獄不得限制或禁止。

二、例外

法規另有規定或依受刑人意願拒絕，則例外加以限制或禁止。

（一）法規另有規定

由於受刑人接見及發受書信之對象除依上述之規定外，行刑累進處遇條例並有特別之規定，因此，不適用或不適宜累進處遇之受刑人適用上述監獄行刑法之規定。而對於經累進處遇編級之受刑人，行刑累進處遇條例第2條規定：「關於累進處遇之事項，本條例未規定者，仍依監獄行刑法之規定。」故行刑累進處遇條例對於受刑人接見及發受書信有特別規定時，應優先適用，其未規定或不適用累進處遇者，則適用監獄行刑法。次按行刑累進處遇條例第54條規定：「第四級受刑人，得准其與親屬接見及發受書信。」及第55條規定：「第三級以上之受刑人，於不妨害教化之範圍內，得准其與非親屬接見，並發受書信。」故第四級受刑人接見及發受書信對象，原則上限其親屬；第三級以上之受刑人，於不妨害教化之範圍內，得准與非親屬接見及發受書信。

又參酌司法院釋字第756號解釋意旨，惟法律或法律具體明確授權之命令得限制人民之基本權利。此之「法規」係指法律或法律具體明確授權之法規命令，不包括行政規則。

（二）依受刑人意願拒絕

受刑人本身對於來接見之人，無接見之意願時，基於受刑人利益之考量，得拒絕其接見。

貳 協助非本國籍受刑人與外交、領事人員接見及通信

監獄行刑法第67條考量非本國籍受刑人之需求並保障其接見及通信權，爰參酌「聯合國在監人處遇最低標準規則」第38條「外國籍之在監人應予以相當之便利，使能與所屬國家之外交及領事人員接觸。」及「維也納領事關係公約」第36條有關領事探視權規定之意旨，於第2項規定，監獄依受刑人之請求，應協助其與所屬國或地區之外交、領事人員或可代表其國家或地區之人員接見及通信。

第二節　接見與通信之次數

依監獄行刑法第68條之規定，受刑人之接見，除法規另有規定外，每星期一次……。但監獄長官認有必要時，得增加……之（第2項）。此條之規定，乃顧及監獄辦理接見人力之負荷及避免受刑人與外界做過度接觸，失去行刑意義而為之限制。但其僅針對接見之次數做限制，發受書信之次數並無限制，蓋因書信往返非與外界面對面直接交流，發受檢閱較易處理之故。析言之：

壹　接見之次數

接見除法規另有規定外，每星期一次，有必要時，得增加之。有無增加次數之必要，由典獄長斟酌實際情形決定。至於所謂「法規另有規定」，乃指行刑累進處遇條例之特別規定，依該條例第56條，對於各級受刑人接見次數，為下列之限制：

一、第四級受刑人每星期一次。

二、第三級受刑人每星期一次或二次。

三、第二級受刑人每三日一次。

四、第一級受刑人不予限制。此之所謂「不予限制」，依該條例施行細則第45條但書規定，不得影響監獄管理及監獄紀律。

另同條例第59條規定，典獄長於教化上或其他事由，認為必要時，得准受刑人不受此項接見次數之限制。既然行刑累進處遇條例有特別規定，則編級之受刑人自應受其特別規定之限制；惟未受累進處遇編級之受刑人，仍應適用監獄行刑法之規定。

貳　通信之次數

受刑人與外界發受書信，監獄行刑法並無次數限制之規定；惟行刑累進處遇條例對於累進處遇編級之各級受刑人，雖收受書信無限制規定，但寄發書信之次數，該條例第56條，則有下列之限制：

一、第四級受刑人每星期一次。

二、第三級受刑人每星期一次或二次。

三、第二級受刑人每三日一次。

四、第一級受刑人不予限制。此之所謂「不予限制」，依該條例施行細則第45條但書規定，不得影響監獄管理及監獄紀律。

　　另同條例第59條規定，典獄長於教化上或其他事由，認為必要時，得准受刑人不受此項寄發書信次數之限制。由於行刑累進處遇條例對各級受刑人在寄發書信次數上之限制，造成編級受刑人有次數限制，反而未編級受刑人因適用監獄行刑法之規定卻無次數限制之有悖情理現象，目前實務上，未編級之受刑人每星期寄發一次書信，係引用「受刑人入監講習要點」之行政命令規定，尚待以後修法改正。

　　對於受刑人寄發書信之次數應否不受限制，端視受刑人寄發書信之性質是否必要而定。而有無必要，視社會情勢及各國國情而定，目前各國一般而言，均將之定位於行刑累進處遇措施，其次數應配合行刑累進處遇制度，分級予以處遇。我國行刑累進處遇條例第56條依級別限制發信次數並無不妥，其理由如下：

一、人民之通訊自由依憲法第12條之規定，固應予保障，收容人之通信自由亦同。惟憲法第23條亦規定為維護社會秩序所必要時，亦得以法律限制之。其得以法律限制者，除檢查外，亦包括次數在內。

二、監獄各科之業務職掌，大抵在行刑累進處遇條例中皆有規定，獨「衛生及醫療」雖在監獄行刑法第八章予以規定，但並未在行刑累進處遇條例中有所規定，此無他，性質不同之故，「衛生及醫療」係基本權利，不能因級別不同而有所差別。另外，飲食雖列入行刑累進處遇條例第八章之範圍，但同樣於首條（第60條）明示排除之規定：「受刑人飲食及其他保持健康所必需之物品，不因級別而有差異。」亦係基本權利之考量。基於上述說明，從反證可知，受刑人寄發書信之次數，係行刑累進處遇之措施，非基本權利，依級別規定次數並無不妥。

三、「聯合國在監人處遇最低標準規則」第37條指出：「對於在監人應許其在必要之監視下，與其家屬及可靠之親友，按期通信及接見。」由所謂「按期通信」一詞觀之，現行制度規定次數之限制符合國際標準。

四、若論收容人之寄發書信為憲法規定之基本權利，其次數不得限制，則檢察官下令收押禁見，書信不得寄發、收受，豈不也有違憲之虞。由此可知，收容人之寄發書信並非不能依法加以限制。

第三節 接見之實施方式

壹 接見時間

依監獄行刑法第68條之規定，監獄應於平日辦理接見；國定例假日或其他休息日之接見，得由監獄斟酌情形辦理之（第1項）。受刑人之接見，除法規另有規定外，……接見時間以三十分鐘為限。但監獄長官認有必要時，得……延長之（第2項）。此條規定監獄應於平日辦理接見；國定例假日或其他休息日之接見，得由監獄斟酌情形辦理之，乃為避免影響受刑人在監之正常生活作息及配合監獄職員工作時間。接見時間，由於法令上並無「另有規定」，因此不論受刑人是否編級及編何級，接見時間概以三十分鐘為限，有必要時，得延長之。有無延長受刑人接見之必要，由典獄長斟酌實際情形決定。

貳 接見場所

接見受刑人，涉及監獄內外聯繫，為避免妨害監獄紀律，應於特定處所為之。但如有特殊規定或有必要時，於適當或指定處所行之，乃屬例外。析言之：

一、原則上應在接見室為之

依監獄行刑法第69條第3項規定，接見應於接見室為之。另依行刑累進處遇條例第57條第1項規定，第二級以下之受刑人，於接見室接見。因此，未編級及已編級而其級別在第二級以下之受刑人，應在接見室接見。

二、例外得准於適當或指定處所行之

（一）因患病或於管理教化上之必要，得准於適當處所行之（監獄行刑法第69條第3項但書）。

（二）監獄基於管理、教化輔導、受刑人個人重大事故或其他事由，認為必要時，監獄長官得准受刑人於監獄內指定處所辦理接見，並酌予調整第68條及前條第3項、第4項有關接見場所、時間、次數及人數之限制（監獄行刑法第70條）。

（三）受刑人與其律師、辯護人接見，於監獄指定之處所為之（監獄行刑法第72條第3項）。

（四）行刑累進處遇條例之規定

1. 第一級受刑人，得准其於適當場所接見（行刑累進處遇條例第57條第2項）。

2. 典獄長於教化上或其他事由，認為必要時（行刑累進處遇條例第59條）。

此處所謂「適當處所」，依行刑累進處遇條例施行細則第46條規定，指接見室以外經指定之場所而言。如病舍、辦公室、普通會客室等。

參　接見請求、拒絕與許可

接見受刑人者應先提出請求，經監獄辨明身分及與受刑人之關係，判斷是否許可，不予許可或受刑人不願接見者，則為接見拒絕。析言之：

一、接見請求

為使監獄得以辨明請求接見者之身分及與受刑人之關係，判斷得否准予接見，並作為教化處遇之參考。監獄行刑法第69條第1項規定，請求接見者，應繳驗身分證明文件，登記其姓名、職業、年齡、住居所、受刑人姓名及與受刑人之關係。

二、接見拒絕

接見拒絕者，不許接見或受刑人不願接見之意。接見之目的，既在於藉由與外界親友之聯繫，得予保持與增進受刑人之家庭關係，便利受刑人適應社會生活。則監獄對於請求接見受刑人者，除審核其身分是否符合受刑人接見之對象、次數限制外，並應考量其接見有無與監獄辦理受刑人接見之目的有違。

除受刑人表達無接見意願而依其意願拒絕外，監獄對於請求接見者認為有妨害監獄秩序、安全或受刑人利益時，依監獄行刑法第69條第2項規定，得拒絕之。如因飲酒、精神狀況不佳、無法控制行為等情況而有妨害監獄秩序、安全或受刑人利益時，基於維護監獄秩序、安全或受刑人利益之考量，得拒絕其接見。

三、接見許可

請求接見受刑人者，符合受刑人接見之對象、次數限制，並無妨害監獄秩序、安全或受刑人利益之虞時，其請求即應加以許可。依監獄行刑法第69條規定，接見，每次不得逾三人。但本法或法規另有規定，或經監獄長官許可者，不在此限（第4項）。被許可接見者，得攜帶未滿十二歲之兒童，不計入前項人數限制（第5項）。此未滿十二歲之兒童，或係受刑人之子女或係請求接見者本身之子女，基於增加受刑人親情感化誘因及保護幼童之考量，准其攜帶。

肆 監看、聽聞與中止其接見

接見既為受刑人與外界接觸之管道，受刑人可以藉此管道與親友聯繫，得到社會之支持力量，有助於矯正工作之推展；但從另一個角度觀之，受刑人亦可能經由此管道，繼續與往昔不良朋友取得聯繫，受到負面之影響，妨礙矯正工作之效果，甚或串通密謀脫逃或為其他不法之情事，造成戒護事故，已如前述。因此，監獄在許可接見受刑人之請求後，依監獄行刑法第71條規定，監獄於受刑人接見時，除法律另有規定外，應加監看，並以錄影、錄音方式記錄之，其內容不得違法利用（第1項）。有事實足認有妨害監獄秩序或安全之虞者，監獄得於受刑人接見時聽聞或於接見後檢視錄影、錄音內容（第2項）。接見過程中發現有妨害監獄秩序或安全時，戒護人員得中止其接見，並以書面載明事由（第3項）。與受刑人接見者不得使用通訊、錄影或錄音器材；違者，得依前項規定辦理（第4項）。析言之：

一、監看並錄影、錄音

監獄對受刑人之接見，除法律另有規定外，應監看。所謂監看，即對於接見中雙方之言行舉止，監看其行狀。並以錄影、錄音方式記錄之，其內容不得違法利用。所謂「法律另有規定」，指監獄行刑法第72條及行刑累進處遇條例第58條、第59條之規定：

（一）受刑人與其律師、辯護人接見時，除法律另有規定外，監獄人員僅得監看而不與聞，不予錄影、錄音（監獄行刑法第72條）。

（二）第二級以上之受刑人，於接見時，得不加監視（行刑累進處遇條例第58條）。

（三）典獄長於教化上或其他事由，認為必要時，得准受刑人不受限制（行刑
　　　累進處遇條例第59條）。

二、聽聞或檢視

　　為保障受刑人隱私權益，於接見過程中，必須有事實足認有妨害監獄秩序
或安全之虞者，監獄方得於受刑人接見時聽聞或於接見後檢視錄影、錄音內
容。發現有違法情事，並依刑事訴訟法第241條規定提出告發。

三、中止其接見

　　所謂中止其接見，即在其接見過程中，中斷雙方談話，停止其續行接
見。其情形如下：

（一）有妨害監獄秩序或安全時

　　監獄負責監看之戒護人員，如在接見中發見雙方之言行舉止有妨害監獄秩
序或安全時，如高聲對罵、使用暗語、計畫脫逃、破壞設備、傳遞違禁物品等
情事，得中止其接見，並以書面載明事由。

（二）接見者使用通訊、錄影或錄音器材

　　為避免接見時夾帶受刑人訊息予監外人士，衍生密謀脫逃、指示犯罪或其
他不法情事，與受刑人接見者不得使用通訊、錄影或錄音器材；違者，得依前
項規定辦理。

伍　視覺、聽覺或語言障礙受刑人接見

　　視覺、聽覺或語言障礙受刑人接見，無法以正常語言溝通，因此，依監獄
行刑法施行細則第47條，得使用手語、點字或其他適當輔助方式（第1項）。
由於監獄普通辦理接見之處所，亦不適合做為此類受刑人接見使用，監獄可以
此「特殊理由」，另行指定適當處所方便其接見，並安排通曉手語或點字之人
員執行監視，必要時，並可聘請盲啞學校老師協助。監獄就不通中華民國語言
或有其他理由，致其難以了解監獄所為相關事務內容之意涵者，得提供適當之
協助。

陸　律師、辯護人接見

為保障受刑人之權益，並落實正當法律程序，監獄行刑法第72條特明定辦理受刑人與其律師、辯護人接見之相關規定：

一、監看而不與聞

考量聯合國矯正規章對於收容人應獲得有效法律援助，及律師與收容人間往來保密之規定，並無程序種類之限制（曼德拉規則第61條第1項、第3項規定參照），監獄行刑法第72條明定受刑人與其律師、辯護人接見時，除法律另有規定外，監獄人員僅得監看而不與聞，不予錄影、錄音（第1項前段）。所謂「法律另有規定外」，係指受刑人或兼有被告之身分，關於辯護人與羈押中被告接見、通信之限制，因刑事訴訟法第34條及第34條之1另有其相關限制之機制。

二、除有事實上困難外，不限制接見次數及時間

除有事實上困難外，原則上不限制律師、辯護人接見次數及時間（第1項後段），以保障受刑人之權益。

三、接見時往來之文書，僅得檢查有無夾藏違禁物品

為維護監獄秩序及安全，除法律另有規定外，監獄人員對受刑人與其律師、辯護人接見時往來之文書，僅得檢查有無夾藏違禁物品（第2項）。依上開「監看而不與聞」之精神，以「開拆而不閱覽」方式為之（如屬受刑人與其律師、辯護人以郵寄方式互通之書信，適用第74條之規定）。又所稱「違禁物品」，係指有危害監獄秩序或安全之虞之物品，例如針、毒品、刀、鋸、繩索、槍械、行動電話、酒、現金、賭具等，與刑法「違禁物」之概念不同，併此敘明。

四、於指定處所接見

因考量各監獄之建築設計，及同時多位律師、辯護人辦理接見，可能導致律師接見室不足等因素，第1項之接見，於監獄指定之處所為之（第3項）。

五、準用一般接見之相關規定

律師、辯護人入監接見受刑人時，仍受法規另有規定或依受刑人意願拒絕

之限制，亦有辨明身分、敘明其與受刑人之關係、明定辦理接見時間、維護秩序、安全及防範不法情事之必要。因此，第67條第1項、第68條第1項、第69條第1項及前條第3項、第4項規定，於律師、辯護人接見時準用之（第4項）。

六、未受委任之律師請求接見之準用

律師如非以契約為基礎，而係依法律規定受指定為受刑人辯護者（例如刑事訴訟法第31條之義務辯護律師），及公設辯護人，基於聯合國矯正規章保障受刑人應獲得有效、保密法律援助之要求，解釋上均適用本條規定；另依民事訴訟法、行政訴訟法、刑事訴訟法相關規定，經審判長許可，非律師而擔任訴訟代理人或辯護人者，解釋上其保密、往來權利亦應等同委任律師，併予敘明。故為保障受刑人委任律師之權利，本條前四項規定於未受委任之律師請求接見受刑人洽談委任事宜時，準用之（第5項）。

柒　特別接見

依監獄行刑法第70條規定，監獄基於管理、教化輔導、受刑人個人重大事故或其他事由，認為必要時，監獄長官得准受刑人於監獄內指定處所辦理接見，並酌予調整第67條第1項、第68條及前條第3項、第4項有關接見對象、場所、時間、次數及人數之限制。行刑累進處遇條例第59條之規定亦屬之，此即特別接見，已見前述。

法務部為求嚴格審核及管制各監院所收容人之特別接見，避免因浮濫而滋生弊端，特於民國85年3月6日核定之「強化戒護及醫療管理實施計畫」中為如下之規定：

一、各監院所遇有下列特殊情形時，經首長准許者，始得辦理收容人特別接見：

　　（一）收容人家中發生重大變故，有具體證明時。

　　（二）收容人在監院所內，因罹病致行動不便時。

　　（三）收容人身體殘障，無法進行普通接見時。

　　（四）外籍收容人，不諳中國語言，有翻譯之必要時。

　　（五）監院所因管教上之必要時。

二、各監院所辦理收容人特別接見，除有特別情事外，每人每週以不逾一次為原則。

三、各監院所首長應嚴格審核特別接見之申請，並按月將辦理特別接見之名單
　　列冊備查。

捌 電話或其他通訊接見

　　為配合時代潮流，受刑人對外聯絡不侷限於郵寄書信，尚包括電話、遠距
接見及其他通訊方式。受刑人因特殊之情事，急需與親屬、家屬聯繫或受刑人
親屬、家屬因路途遙遠或不便前往監獄申請接見，得使用電話接見及其他方式
通訊（如視訊、遠距接見等），以為因應。依監獄行刑法第73條規定，分述如
下：

一、依受刑人或請求接見者之請求

　　監獄認受刑人或請求接見者有相當理由時，得准其使用電話或其他通訊方
式接見（第1項）。

二、通訊費用原則上自付

　　前項通訊費用由受刑人或請求接見者自付。但受刑人無力負擔且監獄認為
適當時，得由監獄支付之（第2項）。所謂「適當」，係指使用目的而言，例
如家人遭逢病故危難等。

三、辦法，由法務部定之

　　前二項接見之條件、對象、次數之限制、通訊方式、通訊申請程序、時
間、監看、聽聞、收費及其他應遵行事項之辦法，由法務部定之（第3項）。
法務部依此訂定「監獄及看守所辦理使用通訊設備接見辦法」（以下簡稱辦
法）公布施行。其重點摘述如下：

（一）通訊設備

1. 定義：指以有線、無線、衛星或其他電子傳輸設施發送、儲存、傳輸或
接收聲音、影像、文字、符號或數據之固定或行動電信設備（辦法第2
條）。
2. 種類：機關得許可收容人或請求接見者使用之通訊設備，以電話設備、
遠距接見設備、行動接見設備及其他經監督機關核定之通訊設備種類為
限（辦法第3條）。

3. 規劃原則：通訊設備屬固定電信設備者，機關應視建築空間、通訊設備使用目的及勤務配置，於適當處所設置之，並注意通訊之品質（辦法第14條）。

（二）收容人許可使用之相當理由

機關認收容人有相當理由時，得許可其使用電話或其他通訊方式接見，指有下列情形之一（辦法第4條）：

1. 收容人之家屬或最近親屬喪亡或有生命危險。
2. 收容人之家屬或最近親屬最近三個月，均未與其接見及通信。
3. 收容人之配偶或直系血親另收容於矯正機關。
4. 收容人請求與所屬國或地區之外交、領事人員或可代表其國家或地區之人員接見。
5. 機關基於人道考量，或認有助於機關管理之必要。

（三）收容人使用之申請

1. 提出方式

收容人應向所在機關以書面、言詞或其他適當方式提出申請，並檢附相關證明文件（辦法第5條第1項）。相關證明文件如下（辦法第6條第2項）：

(1) 依第4條第1款規定請求接見之收容人，應檢具其家屬或最近親屬死亡或最近七日內病危之證明文件。

(2) 依第4條第2款及第3款規定請求接見之收容人，應檢具其與接見對象之關係證明文件。

(3) 依第4條第4款規定請求接見之收容人，應檢具接見對象之身分證明文件；如無法提供時，機關得逕以調查之資料認定之。

(4) 依第4條第5款規定請求接見之收容人，應檢具機關通知之應備文件。

2. 提出申請文件之期間（辦法第6條第1項）

前條第1項所定之文件，收容人應於下列各款所定期間提出。但經機關許可者，不在此限：

(1) 依第4條第1款規定請求接見之收容人，應於其家屬或最近親屬喪亡後一個月內或有生命危險之情形後七日內提出。

(2) 依第4條第2款至第4款規定請求接見之收容人，應於請求接見日之前七日至前二日提出。

(3) 依第4條第5款規定請求接見之收容人，依實際需要提出。

3. 機關審查

機關應審查第1項文件，並審酌通訊設備功能、排程及收容人個別情形，許可並通知收容人與接見對象依指定時間及通訊方式辦理接見（辦法第5條第3項）。

（四）請求接見者許可使用之相當理由

機關認請求接見者有相當理由時，得許可其使用電話或其他通訊方式接見，指有下列情形之一（辦法第7條）：

1. 家屬或最近親屬，未便至機關接見。

2. 律師或辯護人，未便至機關接見。

3. 前二款以外之人，有下列情事之一，未便至機關接見，而有急迫聯繫需要：

(1) 請求接見者係年滿六十五歲或未滿十二歲。

(2) 請求接見者係疑似或罹患傳染病防治法第3條第1項各款所定之疾病、罹患全民健康保險保險對象免自行負擔費用辦法第2條第1項附表所定之重大傷病或身心障礙。

(3) 請求接見者或其財物，因遭受災害防救法第2條第1款所定災難而造成禍害。

(4) 請求接見者因收容人之家屬或最近親屬喪亡或有生命危險。

(5) 請求接見者係收容人所屬國或地區之外交、領事人員或可代表其國家或地區之人員。

(6) 其他經機關認有重大或特殊之情形。

（五）請求接見者使用之申請

1. 提出方式

請求接見者應向收容人所在機關以書面、言詞或其他適當方式提出申請，並檢附相關證明文件（辦法第8條第1項）。相關證明文件如下（辦法第9條第2項）：

(1) 依第7條第1款規定請求接見者，應檢具身分證明文件及其與收容人

之關係證明文件。

(2) 依第7條第2款規定請求接見者，應檢具身分證明文件及受收容人委任或洽談委任事宜之相關證明文件。

(3) 依第7條第3款第1目規定請求接見者，應檢具身分證明文件。

(4) 依第7條第3款第2目規定請求接見者，應檢具身分證明文件及疑似或罹患傳染病、重大傷病或身心障礙相關文件。

(5) 依第7條第3款第3目規定請求接見者，應檢具身分證明文件及足資證明受災之文件。

(6) 依第7條第3款第4目規定請求接見者，應檢具身分證明文件及收容人家屬或最近親屬死亡或最近七日內病危之證明文件。

(7) 依第7條第3款第5目規定請求接見者，應檢具身分證明文件及其他相關證明文件。

(8) 依第7條第3款第6目規定請求接見者，應檢具機關通知之應備文件。

2. 提出申請文件之期間（辦法第9條第1項）

前條第1項所定之文件，請求接見者應於下列各款所定期間提出。但經機關許可者，不在此限：

(1) 依第7條第1款、第2款、第3款第1目至第3目、第5目規定請求接見者，應於請求接見日之前七日至前二日提出。

(2) 依第7條第3款第4目規定請求接見者，應於收容人之家屬或最近親屬喪亡後一個月內或有生命危險之情形後七日內提出。

(3) 依第7條第3款第6目規定請求接見者，依實際需要提出。

3. 機關審查

機關應審查第1項文件，並審酌通訊設備功能、排程及收容人個別情形，許可並通知收容人及請求接見者依指定時間及通訊方式辦理接見（辦法第8條第3項）。

（六）使用之限制

1. 設備：以使用電話設備及其他經收容人所在機關指定之通訊設備為限（辦法第5條第2項）。

2. 次數：收容人使用通訊設備接見，得每月二次。但機關因其場所、設備或其他情況認有必要時，得調整加減之（辦法第10條第1項）。依第4條第1款、第4款、第5款、第7條第2款、第3款第3目至第6目規定辦理者，

不計入前項次數（辦法第10條第2項）。

3. 時間：收容人使用通訊設備接見，每次以三十分鐘為限。但機關認有必要時，得調整加減之（辦法第11條）。

4. 同時接見人數：使用通訊設備接見，機關得視通訊方式或接見空間限制，調整同時接見之人數（辦法第12條）。

5. 接見梯次：機關應視通訊設備之使用目的及行政作業需要，排定接見梯次，必要時得依實際狀況調整之（辦法第13條）。

（七）申請之拒絕

有下列情形之一者，機關得拒絕收容人或請求接見者申請使用通訊設備接見（辦法第15條）：

1. 收容人表示拒絕與請求接見者接見。

2. 收容人或請求接見者未依第4條至第13條規定所定接見之對象、條件、程序、指定之時間或通訊方式、次數、時間、人數辦理。

3. 收容人或請求接見者未繳納前次通訊費用。

4. 請求接見者未依機關指定之時間及通訊方式辦理接見，最近六個月內達三次以上者，機關自最近一次未辦理接見日起三個月內得拒絕之。

5. 收容人或請求接見者係經法院或檢察官依刑事訴訟法第105條第3項及第4項規定禁止接見之對象。

6. 依監獄行刑法、羈押法或其他法規，機關得對於請求接見者拒絕接見。

（八）中止接見

接見過程中有下列情形之一時，機關得中止接見（辦法第16條）：

1. 非被許可接見者為接見。

2. 被許可接見者使用非指定之通訊設備接見，或未經許可於接見中為攝影、錄影、錄音或使用其他影音設施。

3. 被許可接見者為謾罵喧鬧，或破壞接見處所或其設備，不聽制止。

4. 被許可接見者規避、妨害或拒絕機關依規定所為之監看或聽聞。

5. 收容人或被許可接見者有妨害機關安全或秩序之行為。

（九）接見之監看、聽聞、錄影、錄音

機關對使用通訊設備接見之監看、聽聞、錄影、錄音及接見後檢視錄

影、錄音內容事項，應依監獄行刑法第71條第1項、第2項及第72條第1項，羈押法第62條第1項、第2項及第65條第1項辦理（辦法第17條）。

（十）通訊費用

使用通訊設備接見所生之通訊費用，依下列各款方式辦理（辦法第18條第1項）：

1. 依第4條規定接見所生之通訊費用，由收容人負擔，機關並得自收容人保管金或勞作金扣繳之。
2. 依第7條規定接見所生之之通訊費用，由被許可接見者負擔。

前項第1款所定通訊費用，收容人無力負擔且機關認為適當時，得由機關支付之（辦法第18條第2項）。

（十一）相關規定之告知

使用通訊設備接見之對象、條件、申請程序、次數、時間、人數、梯次、通訊方式、拒絕或中止接見事由、收費及其他應遵行事項，機關應告知收容人，並以適當方式對外週知（辦法第19條）。

（十二）接見之合理調整

機關辦理使用通訊設備接見，應視身心障礙收容人或請求接見者之具體需要及機關之資源，採取適當措施為合理調整（辦法第20條）。

第四節　通信之實施方式

壹　視覺障礙受刑人之發信

視覺障礙受刑人發信，無法以正常文字溝通，依監獄行刑法施行細則第47條第1項規定，得使用點字或其他適當輔助方式。

貳　發信代書

受刑人不識字或因故不能書寫信件者，依監獄行刑法施行細則第47條第2

項之規定，得徵得其他受刑人或適當之人同意後代為書寫，經本人確認並簽名或按捺指印後依規定發送之。

參 書信檢閱

一、書信檢查

監獄檢查書信旨在知悉書信之內容物，以確認有無夾帶違禁品，並不當然影響通訊內容之秘密性，其目的尚屬正當。受刑人寄發及收受之書信，依監獄行刑法第74條第1項之規定，監獄人員得開拆或以其他適當方式檢查有無夾藏違禁物品。

二、書信閱讀

監獄如未斟酌受刑人個案情形，一律閱讀書信之內容，對受刑人及其收發書信之相對人之秘密通訊自由，將造成過度之限制，為符比例原則，依監獄行刑法第74條第2項之規定，前項情形，除法律另有規定外，有下列各款情形之一者，監獄人員得閱讀其書信內容：

（一）受刑人有妨害監獄秩序或安全之行為，尚在調查中

受刑人於執行期間有妨害監獄秩序或安全之行為，而監獄仍在調查釐清事實期間，為免其藉由寄發書信予相關人員或請其親友干擾、威脅相關人員，紊亂監獄安全或秩序上之維持。

（二）受刑人於受懲罰期間內

如受刑人有妨害監獄秩序或安全之行為，衡酌其等之情緒或行為未臻穩定，兼為使監獄瞭解其等於受懲罰期間之悛悔情形。

（三）有事實而合理懷疑受刑人有脫逃之虞

如受刑人於執行期間知悉其將戒護外醫或檢查，甚或戒護住院治療，而受刑人在監執行期間曾有脫逃紀錄，依其脫逃紀錄事實而合理懷疑其脫逃之可能性高，爰參考警察職權行使法第6條第1項第1款之立法例，衡酌醫院之安全設施及戒護人力顯為不足等因素，為免受刑人於此期間乘機脫逃，而規避刑罰之執行。

（四）有事實而合理懷疑有意圖加害或騷擾他人之虞

為維護社會秩序及公益，例如犯家庭暴力罪或違反保護令罪而入監執行之受刑人，依法雖須參加家庭暴力罪或違反保護令罪受刑人處遇計畫之相關課程，但受刑人入監執行期間，其對被害人、告訴人、告發人、證人或他人為通信，是有事實而合理懷疑係有意圖加害或騷擾之行為。

（五）矯正機關收容人間互通之書信

按監獄行刑以協助受刑人復歸社會為目的，監獄並肩負矯治改善受刑人惡性之責，為免受刑人藉由發受書信傳遞犯罪觀念或技巧，或幫派及地方角頭分子以書信互通訊息，成群結黨，恃強凌弱而影響監獄安全或秩序之維持及監獄行刑及教化目的。

（六）有事實而合理懷疑有危害監獄安全或秩序之虞

由於刑法民國95年修訂採三振條款、一罪一罰等重罰政策，肇致監獄長刑期或重罪累犯不得假釋之受刑人逐年增加，使監獄發生脫逃、暴力劫獄或越獄之風險趨高，爰參考警察職權行使法第6條第1項第1款之立法例，監獄基於維護監獄安全或秩序之必要，於合理懷疑受刑人有脫逃、暴動等戒護事件之虞，足以影響監獄安全及社會治安情事，賦予監獄得閱讀書信內容之權限。

至所稱「除法律另有規定外」，係指受刑人如兼有被告身分者，有關通信事項應優先適用刑事訴訟法及羈押法之相關法律規定而言。

三、閱讀結果之處理

監獄行刑法第74條參考德國監獄行刑法第31條各款事由，以及日本關於刑事設施及被收容人等之處遇法第129條各款事由，明定書信閱讀結果之處理，俾供各監獄據以執行。分述如下：

（一）得敘明理由刪除之

監獄閱讀受刑人書信後，有下列各款情形之一者，得敘明理由刪除之（第3項）：

1. 顯有危害監獄之安全或秩序。
2. 教唆、煽惑他人犯罪或違背法規。
3. 使用符號、暗語或其他方法，使檢查人員無法瞭解書信內容。

4. 涉及脫逃情事。

5. 敘述矯正機關之警備狀況、舍房、工場位置，足以影響戒護安全。

（二）刪除之方式

前項書信之刪除，依下列方式處理（第4項）：

1. 受刑人係發信者：監獄應敘明理由，退還受刑人保管或要求其修改後再行寄發，如拒絕修改，監獄得逕予刪除後寄發。

2. 受刑人係受信者：監獄應述明理由，逕予刪除再行交付。

（三）影印原文保管

前項刪除之書信，應影印原文由監獄保管，並於受刑人出監時發還之。受刑人於出監前死亡者，依第81條及第82條第1項第4款規定處理（第5項）。

肆　投稿

受刑人發送之文件，屬文稿性質者，參考德國監獄行刑法相關規定，就收容人對外聯繫之管理，並未區分一般書信及文稿；及日本關於刑事設施及被收容人等之處遇法第133條規定：「受刑人申請將其製作之文書圖畫（書信除外）交付他人者，刑事設施長官得採行準同受刑人發信之檢查及其他措施。」等外國立法例。監獄行刑法第74條規定，得准其投寄報章雜誌或媒體，並準用同條前五項之規定（第6項）。

伍　訴訟或公務文書

一、檢查而不得閱讀

受刑人與其委任律師、辯護人或公務機關互通之書信，例如受刑人向法院或檢察署聲請之書狀，或法院或檢察署送達受刑人之文書；或受刑人與行政機關有關行政興革之建議、行政法令之查詢、行政違失之舉發或行政上權益之維護等事項，而寄發或收受之書信；或因案涉及行政訴訟、民事訴訟、刑事訴訟並依法委任律師，應訴訟之需而寄發或收受之書信等情形，如形式上顯示為受刑人與其委任律師、辯護人或公務機關互通之書信，無論其書信文字內容為

何，是否有監獄行刑法第74條第2項各款情形，監獄僅得檢查而不得閱讀書信內容（同條第2項但書）。

二、速為轉送

受刑人以書面向法院、檢察官或其他公務機關有所請求，或公務機關送達受刑人之文書，依監獄行刑法第75條，監獄應速為轉送。

陸 郵資自備

由於受刑人發信係與親友聯繫或處理其他個人之私務，基於使用者付費之原則，依監獄行刑法第74條規定，發信郵資，由受刑人自付。但受刑人無力負擔或監獄認為適當時，得由監獄支付之（第7項）。

本章研究問題

1. 給予受刑人接見及通信之理由。
2. 試依監獄行刑法說明受刑人接見及通信的實施方式有哪些？與被告的接見、通信有何區別？（民92司法三等）
3. 監獄限制受刑人發受書信，有無違憲？限制之理由何在？試述己見。
4. 許可受刑人接見後，監獄在接見中應採何種措施？對於談話內容是否可以監聽？並說明其理由。又何種情形下得停止其接見？試舉例說明之。（民96第二次司法四等）
5. 接見不僅是受刑人與外界接觸之重要管道，更是矯正機關與民眾互動最頻繁之途徑，試就監獄行刑法及其相關規定，說明我國接見方式有哪些？（民102司法三等）

第十章　保　管

【條文大意】

第七十六條（財物保管）

受刑人攜帶、在監取得或外界送入之金錢及物品，經檢查後，由監獄代為保管。但認有必要且無妨害監獄秩序或安全之虞者，得准許受刑人在監使用；或依受刑人之請求交由他人領回。

前項物品屬易腐敗、有危險性、有害或不適於保管者，監獄得通知受刑人後予以毀棄或為其他適當之處理。

監獄代為保管之金錢，除酌留一定金額作為週轉金外，應設專戶管理。

前項專戶管理之金錢，其所孳生之利息統籌運用於增進受刑人生活福利事項。

前四項受刑人之金錢及物品送入、檢查、登記、保管、使用、毀棄、處理、領回、查核、孳息運用、週轉金保留額度及其他應遵行事項之辦法，由法務部定之。

第七十七條（送入財物之許可與限制）

外界得對受刑人送入金錢、飲食、必需物品或其他經監獄長官許可之財物。

監獄對於前項外界送入之金錢、飲食、必需物品及其他財物，所實施之檢查不得逾必要之程度。

經前項檢查認有妨害監獄秩序或安全時，得限制或禁止送入。

前三項金錢、飲食、必需物品及其他財物之送入方式、時間、次數、種類、數額、數量、限制或禁止方式及其他應遵行事項之辦法，由法務部定之。

第七十八條（送入財物之退回、歸屬國庫或毀棄）

監獄對前條外界送入之金錢、飲食及物品，因送入人或其居住處所不明，或為受刑人拒絕收受者，應退回之；無法退回者，經公告六個月後仍無人領取時，歸屬國庫或毀棄。

於前項待領回或公告期間，監獄得將易腐敗、有危險性、有害或不適於保管之物品毀棄之。

第七十九條（未經許可持有財物之處理）

經檢查發現受刑人未經許可持有之金錢或物品，監獄得視情節予以歸屬國庫、毀棄或另為其他適當之處理；其金錢或物品持有人不明者，亦同。

第八十條（保管財物之交還）

受刑人經釋放者，監獄應將代為保管之金錢及物品交還之；其未領回者，應限期通知其領回。

第八十一條（死亡者遺留財物之歸屬）

受刑人死亡後遺留之金錢及物品，應限期通知其繼承人領回。

前項繼承人有數人者，監獄得僅通知其中一人或由其中一人領回。

前二項情形，因其繼承人有無或居住處所不明無法通知，應予公告並限期領回。

第八十二條（遺留財物處理起算時點）

受刑人有下列各款情形之一，自各款規定之日起算，經六個月後，未申請發還者，其所留之金錢及物品，予以歸屬國庫、毀棄或另為其他適當處理：

一、釋放者，依第八十條限期通知期滿之日起算。

二、脫逃者，自脫逃之日起算。

三、依第二十七條第一項規定暫行釋放，未遵守同條第二項報到規定，自最後應報到之日起算。

四、受刑人死亡者，依前條第一項、第三項通知或公告限期領回期滿之日之日起算。

於前項待領回、通知或公告期間，監獄得將易腐敗、有危險性、有害或不適於保管之物品予以毀棄或另為其他適當處理。

受刑人入監服刑，必然會有由其隨身攜帶進入或由親友自監外送入之金錢物品。這些財物，如任由受刑人自行持有，除會影響監內房舍之整潔衛生及戒護安全外，亦可能遺失或作為不法之交易賭博或產生強凌弱行為，造成管理上之困擾。「聯合國在監人處遇最低標準規則」對於在監人所持財物之保管，於

第43條指出：「一、屬於在監人之一切金錢、貴重物品、衣服等，依規定不許其隨身攜帶者，在初入機構時，應即送庫妥為保存，並置備物品目錄，由該在監人簽名。二、在監人釋放時，一切保管之財物，除業已由其支用之金錢，或經許可送出之財物，或基於保持衛生之原因，經命令銷毀之衣物外，均應予發還，並令其簽具收條。三、在監人所受外界送入之金錢或物品，並應按前項規定辦理。四、在監人帶入之任何藥劑，應經醫療人員檢驗處理。」我國監獄行刑法為期監獄行刑之嚴正公平，亦規定無論係受刑人攜帶進入、在監取得或外界送入之金錢及物品，除日常必需用品准其持有外，原則上經檢查後由監獄代為保管，採強制保管制度。

第一節　財物之保管

　　監獄行刑法第76條規定，受刑人攜帶、在監取得或外界送入之金錢及物品，經檢查後，由監獄代為保管。但認有必要且無妨害監獄秩序或安全之虞者，得准許受刑人在監使用；或依受刑人之請求交由他人領回（第1項）。前項物品屬易腐敗、有危險性、有害或不適於保管者，監獄得通知受刑人後予以毀棄或為其他適當之處理（第2項）。監獄代為保管之金錢，除酌留一定金額作為週轉金外，應設專戶管理（第3項）。前項專戶管理之金錢，其所孳生之利息統籌運用於增進受刑人生活福利事項（第4項）。前四項受刑人之金錢及物品送入、檢查、登記、保管、使用、廢棄、處理、領回、查核、孳息運用、週轉金保留額度及其他應遵行事項之辦法，由法務部定之（第5項）。析言之：

壹　財物保管之目的

　　監獄強制保管受刑人財物，限制受刑人對其財物之支配權，其目的不外：

一、在使受刑人之生活條件趨於一致，維持行刑之嚴正公平性

　　監獄行刑在矯正受刑人之不良習性，並在實現刑罰之制裁，如允許受刑人在監持有財物，將造成受刑人生活條件上之差異，使富有之受刑人感受不到刑

罰制裁之痛苦，並使貧窮之受刑人因貧富差距而產生自暴自棄心理，抵消矯正之效果。

二、在使行刑管理單純化，確保戒護安全紀律

受刑人在監持有財物，將使監內管理複雜化，產生諸如下列之問題：
（一）因賭博或借貸財物，產生糾紛。
（二）因偷竊或遺失財物，造成困擾。
（三）造成管制檢查困難，危害安全。
（四）恃強凌弱成群結黨，形成龍頭。

三、在使監房整潔衛生，維護受刑人健康

受刑人自行保管物品，將造成監房物品堆積，整潔衛生維持不易，細菌潛伏滋生結果，直接危害到受刑人身體之健康。基於保健衛生之立場，允宜由監獄強制代為保管。

貳　保管財物之範圍

由監獄代為保管之財物，指受刑人攜帶、在監取得或外界送入之不許受刑人在監使用之金錢及物品。範圍包括：

一、金錢

金錢指通用貨幣，不以本國為限，外國通用貨幣亦屬之。
（一）受刑人入監時所持之金錢。
（二）執行中由監獄外送入之金錢。
（三）執行中參與作業應得之勞作金。

二、物品

物品指金錢以外，非日常生活必需用品之有保管價值並適合保管之物品，不以貴重物品為限。
（一）受刑人入監時所持之物品。
（二）執行中由監獄外送入之物品。

參 財物保管前之檢查

財物於保管前應先經如下之處置：

一、受刑人攜帶財物入監之檢查

受刑人攜帶財物入監，應依監獄行刑法第14條規定，加以檢查，防止受刑人私自持有應交保管之財物，並檢查有無不適當之財物。所謂「不適當」，指不適合保管且無保管之價值者而言，如爆竹、檳榔等物。

二、他人送入財物之檢查

對於他人送入財物，除前述檢查外並應檢查是否有監獄行刑法第78條第1項情事，即是否有送入人或其居住處所不明，或為受刑人所拒絕收受之情事。

肆 不適合保管或私自持有財物之處理

由於監獄本身之設備、處理體制與保管能力有限，對於不適合保管、無法保管或違反規定私自持有之財物，依監獄行刑法規定，應為如下處置：

一、不適於保管財物之處理

對於受刑人攜帶、在監取得或外界送入之物品，經檢查發現屬易腐敗、有危險性、有害或不適於保管者，監獄得通知受刑人後予以毀棄或為其他適當之處理（第76條第2項）。

二、來路不明，或為受刑人拒絕收受財物之處理

（一）監獄對外界送入之金錢、飲食及物品，因送入人或其居住處所不明，或為受刑人拒絕收受者，應退回之（第78條第1項前段）。

（二）無法退回者，經公告六個月後仍無人領取時，歸屬國庫或毀棄（第78條第1項後段）。

（三）於前項待領回或公告期間，監獄得將易腐敗、有危險性、有害或不適於保管之物品毀棄之（第78條第2項）。

三、未經許可持有財物之處理

經檢查發現受刑人未經許可持有之金錢或物品,監獄得視情節予以歸屬國庫、毀棄或另為適當處理;其金錢或物品持有人不明者,亦同(第79條)。

伍 財物之允許使用、領回與交還

保管財物在限制受刑人服刑期間對財物之支配權,而非剝奪受刑人對財物之所有權,因此基於尊重受刑人財產處分權,避免逾越刑罰執行目的,認有必要且無妨害監獄秩序或安全之虞者,得准許受刑人在監使用,或依受刑人之請求交由他人領回,且應在受刑人受刑身分消失時,交還受刑人或通知其領回,分述之:

一、允許使用

受刑人交付保管之財物,依監獄行刑法第76條第1項但書規定,但認有必要且無妨害監獄秩序或安全之虞者,得准許受刑人在監使用。所謂「必要且無妨害監獄秩序或安全之虞」,如因生病延醫、營養身體、購買日常用品需用或救助他人使用等是。

二、請求交由他人領回

監獄認為受刑人確有將代為保管之財物(例如身分證、貴重物品及金錢等)交付親友之必要時,基於尊重受刑人財產處分權,依監獄行刑法第76條第1項但書規定,但認有必要且無妨害監獄秩序或安全之虞者,得依受刑人之請求交由他人領回。由於監獄本身之設備、處理體制與保管能力在物品保管部分實為有限,實務上,在保管後釋放前均盡可能鼓勵受刑人聯繫家屬領回貴重物品。

三、交還或通知受刑人領回

受刑人經釋放者,依監獄行刑法第80條規定,監獄應將代為保管之金錢及物品交還之;其未領回者,應限期通知其領回。此條規定受刑人之財物接受保管之期限,以到釋放時為止。所謂「釋放」,包括滿期、假釋、赦免,保外就醫及移監並非釋放,惟因皆離開本監之拘禁,原則上財物仍交還之或併同移監。

陸 遺留財物之處理

一、釋放者

依監獄行刑法第82條規定，受刑人被釋放者，出監後所遺留之金錢及物品，自依第80條限期通知期滿之日起算，經六個月後，未申請發還者，其所留之金錢及物品，予以歸屬國庫、毀棄或另為其他適當處理（第1項）。於前項待領回、通知或公告期間，監獄得將易腐敗、有危險性、有害或不適於保管之物品予以毀棄或另為其他適當處理（第2項）。

二、脫逃者、暫行釋放未報到者

依監獄行刑法第82條規定，受刑人脫逃者，自脫逃之日起算，如係依同法第27條第1項規定暫行釋放，未遵守同條第2項報到規定，自最後應報到之日起算，經六個月後，未申請發還者，其所留之金錢及物品，予以歸屬國庫、毀棄或另為其他適當處理（第1項）。於前項待領回、通知或公告期間，監獄得將易腐敗、有危險性、有害或不適於保管之物品予以毀棄或另為其他適當處理（第2項）。

三、死亡者

受刑人因故死亡，其遺留在監內之財物，包括交付保管之財物及其隨身攜帶之個人遺留物之處理，分述如下：

（一）通知繼承人領回

受刑人死亡後遺留之金錢及物品，監獄應依監獄行刑法第81條之規定，應限期通知其繼承人領回（第1項）。前項繼承人有數人者，監獄得僅通知其中一人或由其中一人領回（第2項）。前二項情形，因其繼承人有無或居住處所不明無法通知，應予公告並限期領回（第3項）。

（二）歸屬國庫、毀棄或另為其他適當處理

依監獄行刑法第82條規定，受刑人死亡者，依監獄行刑法第81條第1項、第3項通知或公告限期領回期滿之日起算，經六個月後，未申請發還者，其所留之金錢及物品，予以歸屬國庫、毀棄或另為其他適當處理（第1項）。於前項待領回、通知或公告期間，監獄得將易腐敗、有危險性、有害或不適於保管

之物品予以毀棄或另為其他適當處理（第2項）。

柒 金錢保管及孳息運用

為保障受刑人權益，並使監獄機關辦理有所依循，有關受刑人金錢之保管及孳生利息之運用，分述如下：

一、專戶管理

監獄代為保管之金錢，依監獄行刑法第76條第3項，除酌留一定金額作為週轉金外，應設專戶管理。

二、孳息運用

前項專戶管理之金錢，依監獄行刑法第76條第4項，其所孳生之利息統籌運用於增進受刑人生活福利。

捌 保管之辦法

為妥善辦理受刑人財物之保管事宜，監獄行刑法第76條第5項規定，前四項受刑人之金錢與物品送入、檢查、登記、保管、使用、毀棄、處理、領回、查核、孳息運用、週轉金保留額度及其他應遵行事項之辦法，由法務部定之。法務部依此訂定「監獄及看守所收容人金錢與物品保管及管理辦法」（以下簡稱辦法）公布施行。其重點摘錄如下：

一、金錢相關之定義（辦法第2條）

（一）金錢：指機關代收容人保管於專戶中之款項，其存入款項以新臺幣、或中華郵政股份有限公司簽發之匯票及國內其他金融機構簽發之本票兌付後為限。

（二）保管金：指收容人攜帶、外界送入之金錢，及在機關內除勞作金以外之其他所得，在機關所設專戶中保管者。

（三）勞作金：指收容人在機關參加作業之所得，在機關所設專戶中保管者。

二、金錢登記及保管程序

（一）核對及登記：收容人攜入機關、在機關取得或外界送入之金錢，機關應與收容人或送入人核對及登記（辦法第3條）。

（二）手摺交付收容人：機關應將收容人之保管金收入及支出資料（以下稱保管金手摺），及勞作金收入及支出資料（以下稱勞作金手摺），交付收容人保管（辦法第4條）。

三、金錢之使用（辦法第5條）

收容人使用保管金或勞作金，應敘明用途、品項、使用額度或其他事由，送經機關長官核准後始得動支（第1項）。監督機關得基於安全秩序及機關管理等因素考量，訂定收容人在機關內每日購物使用金錢額度上限或其他限制使用事項，由各機關據以執行，並於各機關內場舍公開，使收容人知悉（第2項）。

四、金錢之支出、攜帶與領回

（一）支出（辦法第6條）：機關辦理收容人各項扣款或匯款支出，應登錄於保管金手摺或勞作金手摺，與收容人核對，並將相關收據或憑證，交由收容人收執。

（二）攜帶（辦法第7條）：收容人因故借提或寄禁至其他矯正機關者，機關得考量其往返時間及生活需求等因素，准予攜帶部分現金至移入機關（第1項）。前項情形，應使收容人於領取現金之文件（一式三聯）簽名或捺印，第一聯交收容人收執，第二聯連同所攜現金由收容人交付移入機關，第三聯由原機關留存，並依第3條及第4條規定辦理。收容人移回原機關時，亦同（第2項）。

（三）領回（辦法第8條）：收容人釋放時，機關應結算其保管金及勞作金交付之，並使收容人於領取文件（一式二聯）簽名或捺印，第一聯交收容人收執，第二聯由機關留存（第1項）。前項交付之結餘款合計超過新臺幣10萬元者，機關得以代購郵政匯票或開立國庫支票方式交付（第2項）。

五、金錢之查核（辦法第9條）

機關應每月不定期抽查收容人保管金及勞作金手摺，並將查核結果作成紀

錄,陳送機關長官核閱,並告知收容人。收容人對保管金及勞作金之帳目有疑義時,亦同。

六、孳息運用與管理

(一) 運用(辦法第10條):監獄行刑法第76條第4項及羈押法第68條第4項規定,機關金錢管理專戶所孳生之利息,得統籌運用於增進收容人生活福利事項如下:1.飲食給養。2.生活設施改善。3.疾病醫療改善。4.貧困救助。5.教化輔導。6.死亡慰問。7.攜帶或在機關生產子女生活補助。8.其他關於收容人福利事項。

(二) 管理(辦法第11條):機關應每月檢討前條專戶所孳生利息之運用方式及收支情形,並邀請收容人代表參加,作成紀錄於各場舍公開,使收容人知悉。

七、週轉金保留額度(辦法第12條)

監獄行刑法第76條第3項及羈押法第68條第3項所定週轉金保留額度,得依下列基準提列,經機關長官核定後為之,其最高金額如下(以新臺幣計)(第1項):

(一) 收容人數未滿一千人者,二十萬元。

(二) 收容人數一千人以上未滿二千人者,四十萬元。

(三) 收容人數二千人以上未滿三千人者,六十萬元。

(四) 收容人數三千人以上未滿四千人者,八十萬元。

(五) 收容人數四千人以上未滿五千人者,一百萬元。

(六) 收容人數五千人以上者,一百二十萬元。

機關於必要時,得報經監督機關核准後,不受前項提列週轉金最高金額之限制(第2項)。

八、物品核對登記與保管(辦法第13條)

(一) 物品核對登記:收容人攜帶入機關、在機關取得或外界送入之物品,機關認應代為保管者,應與收容人或送入人核對及登記,登記於物品保管文件(一式二聯),經收容人確認後簽名或捺印,第一聯交收容人收執,第二聯由機關留存。代為保管之物品如發還收容人使用或交由他人領回者,亦同(第1項)。

(二) 物品保管:機關應將代收容人保管之物品,收置於指定之處所妥適保

管。其屬貴重物品者，得勸諭收容人自行寄回或交由其指定之人領回，未予寄回或領回者，應經收容人簽名或捺印確認封緘後，另於適當處所保管之（第2項）。前項之貴重物品，指下列物品：

1. 契證印章類：房（地）契、存摺、戶口名簿、戶籍謄本、身分證明文件、全民健康保險保險憑證、護照、行（駕）照、印（鑑）章或其他具有相關財產證明及身分識別之物品。
2. 票券卡幣類：支票、有價證券、金融卡、信用卡、現金卡、外幣及其他具有交易或流通性之物品。
3. 電子物品類：電子手錶、手機、電腦、錄音（影）機、隨身碟、消費性電子產品、電腦設備、通訊電子設備及其他相關電子類之物品。
4. 飾品配件類：機械型手錶、各式鍊（環）、戒指、金（玉）飾、鑰匙及其他具有財產性、紀念性價值之物品（第3項）。

九、物品毀棄及處理（辦法第14條）

前條之物品屬易腐敗、有危險性、有害或不適於保管者，機關得不予代為保管（第1項）。前項機關不予代為保管之物品，應通知收容人限期處理、交由其指定之人領回、由收容人自費寄至指定之處所。如收容人逾期不為處理，機關得將物品逕為毀棄、送交合適之機關（構）或個人保管或送養，或為其他適當之處理（第2項）。

十、物品使用及處理（辦法第15條）

（一）得准許使用物品：收容人攜帶之下列物品，得准許收容人於機關內使用，其種類如下：1.衣、褲、帽、襪、內衣及內褲。2.被、毯、床單、枕頭、肥皂、牙膏、牙刷及毛巾。3.圖書雜誌。4.信封、信紙、郵票、筆。5.親友照片。6.眼鏡。7.全民健康保險保險憑證或其他身分證明文件。8.報紙或點字讀物。9.宗教信仰有關之物品或典籍。10.教化輔導處遇所需使用之物品。11.因衰老、身心障礙、罹病或其他生活所需使用之輔具。12.收容人攜入機關或在機關生產之子女所需食物、衣類及必需用品。13.女性收容人之生理用品。14.其他經機關認定有使用必要之物品（第1項）。
（二）得限制物品攜帶之數量：前項收容人攜帶之物品，如收容人擁有之數量顯超過收容人所需，或囿於收容人生活或場舍保管空間，機關得限

制攜帶之數量（第2項）。機關准許收容人攜帶、外界送入及在機關取得之物品，如其合計擁有之數量顯超過收容人日常所需，或其個人物品保管空間所能保存之限度，機關得限制其使用之數量，並就超過部分，依前條第2項規定處理（第5項）。

(三) 得禁止使用物品：前項物品有下列情形之一者，機關得禁止收容人使用，並得代為保管，其不能或不適合保管者依前條第2項規定處理：
1.經機關檢查夾帶違禁物品、有無法檢查、檢查後可能變質無法食（使）用、易腐敗、有危險性、有害、不適於保管或有礙衛生疑慮。
2.無法檢查或檢查後可能變質而無法使用。3.依監獄行刑法、羈押法或其他法規所定不得或不宜攜入之情形。4.有事實足認有妨害機關秩序或安全（第3項）。

(四) 物品檢查之告知：第1項之物品，如經施以檢查可能破壞原有之外觀或減損功能者，機關應主動告知收容人就該物品檢查之方式及可能造成之破壞或減損結果，經收容人同意檢查者，得於檢查後准許在機關內使用（第4項）。

十一、藥品檢查及處理（辦法第16條）

收容人攜帶之藥品，應備有藥袋包裝或處方箋可供辨識，始得攜入。必要時，機關得向其領藥之藥局確認（第1項）。前項藥袋包裝之標載，應符合藥品優良調劑作業準則第20條規定（第2項）。收容人攜帶之藥品不符合前二項之規定，或藥品種類或數量不正確者，機關得依第14條第2項規定處理（第3項）。

十二、物品使用之禁止或限制（辦法第17條）

機關准許收容人使用之物品，得基於維護秩序或安全之必要，就其使用時機、方式或其他相關事項作合理必要之禁止或限制，並使收容人知悉。

十三、移監時物品保管與使用之處理（辦法第18條）

收容人移至其他機關時，移出及移入機關應分別與收容人核對代為保管之物品（第1項）。收容人移至其他機關時，原經移出機關核准使用之物品，除移入機關認收容人對該物品之使用有妨害秩序或安全之虞者外，應許其使用之（第2項）。

十四、保管物品交還（辦法第19條）

收容人釋放時，機關應將代為保管之物品交還收容人，並使其於物品保管文件（一式二聯）簽名或捺印，第一聯交收容人收執，第二聯由機關留存。

十五、物品保管業務之查核（辦法第20條）

機關應每月不定期抽查物品保管文件、保管庫房及貴重物品保管情形，並將查核結果作成紀錄，陳送機關長官核閱。收容人對於其被代為保管之物品種類或數量有疑義時，亦同。

第二節　外界送入金錢、飲食及必需物品

依監獄行刑法第77條規定，外界得對受刑人送入金錢、飲食、必需物品或其他經監獄長官許可之財物（第1項）。監獄對於前項外界送入之金錢、飲食、必需物品及其他財物，所實施之檢查不得逾必要之程度（第2項）。經前項檢查認有妨害監獄秩序或安全時，得限制或禁止送入（第3項）。前三項金錢、飲食、必需物品及其他財物之送入方式、時間、次數、種類、數額、數量、限制或禁止方式及其他應遵行事項之辦法，由法務部定之（第4項）。由此可知，受刑人入監服刑，外界親友基於國情民俗，在不妨害監獄秩序或安全之前提下，得送入金錢、飲食、必需物品及其他財物。茲分述之：

壹　檢查不得逾必要之程度

監獄基於維護監獄秩序或安全之考量，對外界送入之金錢、飲食、必需物品及其他財物，實施檢查，應屬必要。但檢查時，檢查人員必須尊重外界送入者之財產權，依標準作業程序實施，不得逾必要程度。

貳　得加限制或禁止

金錢、飲食、必需物品及其他財物，雖然准許送入，但如在種類及數量上未加限制，勢將造成受刑人藉此變相奢華，失去行刑之嚴正公平性，且送入物品過多，檢查及儲放不易，將衍生衛生及戒護管理上諸多問題。因此，送與受

刑人之金錢、飲食、必需物品及其他財物，監獄行刑法第77條第3項規定，經前項檢查認有妨害監獄秩序或安全時，得限制或禁止送入。

參 送入辦法，由法務部定之

前三項金錢、飲食、必需物品及其他財物之送入方式、時間、次數、種類、數額、數量、限制或禁止方式及其他應遵行事項之辦法，監獄行刑法第77條第4項規定，由法務部定之。法務部依此訂定「外界對受刑人及被告送入金錢與飲食及必需物品辦法」（以下簡稱辦法）公布施行。其重點摘述如下：

一、財物之定義（辦法第2條）

指金錢、飲食、必需物品或其他具有財產價值之物品。

二、外界財物送入之時間、地點與檢查（辦法第3條）

（一）送入之時間、地點：機關應於平日指定時間、地點辦理外界送入予收容人（以下簡稱外界送入）之財物。國定例假日或其他休息日，得由機關斟酌情形辦理之（第1項）。

（二）送入之檢查：機關應對於前項送入之財物施以檢查；必要時，得以科技設備輔助或送請相關機關（構）、團體或具專業之人員檢驗之（第2項）。

三、外界送入金錢（辦法第4條）

（一）種類：外界送入金錢，以新臺幣、中華郵政股份有限公司所簽發之匯票或國內其他金融機構簽發之本票為限（第1項）。

（二）次數、數額：外界送入金錢，每一送入人對個別收容人每日限一次，每次以新臺幣（以下同）一萬元為限。但經機關長官許可者，不在此限（第2項）。收容人在機關內之保管金總額已逾十萬元者，機關長官得限制第2項外界送入金錢之次數或數額（第4項）。

（三）送入方式：前項金錢得以經由機關指定時間、地點送入或寄入。循寄入方式為之者，以現金袋、匯票或本票為限（第3項）。

四、外界送入飲食（辦法第5條）

（一）種類：外界送入飲食之種類，以菜餚、水果、糕點及餅乾為限（第1

項）。

（二）次數、數量：外界送入飲食，被告每日一次，受刑人每三日一次，每次不得逾二公斤。但經機關長官許可者，不在此限（第2項）。

（三）送入方式：外界送入飲食之方式，以經由機關指定之時間、地點送入為限（第3項）。

五、外界送入必需物品（辦法第6條）

（一）次數、種類及數量：外界送入必需物品，每一送入人對個別收容人每月限一次，其種類及數量限制如下（第1項）：

1. 衣、褲、帽、襪、內衣及內褲，各以三件為限。

2. 被、毯、床單、枕頭、肥皂、牙膏、牙刷及毛巾，各以一件為限。

3. 圖書雜誌，以三本為限。

4. 信封五十個、信紙一百張、郵票總面額三百元、筆三支為限。

5. 親友照片以三張為限。

6. 眼鏡，依收容人實際需求送入。

7. 全民健康保險保險憑證等身分識別文件，依收容人實際需求送入。

（二）收容人得申請由外界送入：收容人得填具申請表，向機關申請由外界送入前項必需物品，每月限一次，其種類及數量準用前項規定（第2項）。

（三）限制或禁止送入：外界送入第1項必需物品，如收容人所有之數量顯超出個人生活所需，或囿於保管處所及收容人生活空間，機關長官得限制或禁止送入（第3項）。

（四）必需物品以外其他財物之送入：收容人得填具申請表，向機關申請由外界送入第1項以外之其他財物，其種類如下（第4項）：

1. 報紙或點字讀物。

2. 宗教信仰有關之物品或典籍。

3. 教化輔導處遇所需使用之物品。

4. 因衰老、身心障礙、罹病或其他生活所需使用之輔具。

5. 收容人子女所需食物、衣類及必需用品。

6. 因罹患疾病，在機關經醫師診治認有必要使用，於機關無法取得之藥品。

7. 其他經機關長官許可之財物。

（五）送入方式：外界送入第1項必需物品或前項其他財物，得以寄入、經由機關指定時間、地點送入，或其他經機關許可之方式送入（第5項）。前項循寄入方式為之者，機關應先發給許可文件或標誌，由送入人於寄入時，將該許可之文件或標誌黏貼於包裹外盒（第6項）。

六、經由機關指定時間、地點送入財物之處理（辦法第7條）

依第4條第3項、第5條第3項或第6條第5項經由機關指定時間、地點送入財物者，應繳驗身分證明文件，登記姓名、身分證明文件字號、聯絡電話、住居所或聯絡地址、收受財物收容人之姓名及編號、送入飲食或物品之種類、數量及來源、送入金錢之數額。

七、送入財物檢查後之處理（辦法第8條）

（一）認有妨害機關秩序或安全，得限制或禁止送入（第1項）

有下列情形之一，機關認有妨害機關秩序或安全，得限制或禁止送入：
1. 違反第3條第1項、第4條至第7條所定事項。
2. 送入之財物，無法施以檢查、經機關檢查後發現夾帶違禁物品、或經檢查後可能造成變質無法食（使）用。
3. 送入之財物，屬易腐敗、有危險性、有害或不適於保管、或有妨礙衛生疑慮。
4. 依監獄行刑法、羈押法或其他法規所定不得或不宜送入之情形。
5. 有事實足認有其他妨害機關秩序或安全之情事。

（二）適當處理後認可得送入者，應許可送入（第2項）

有前項第1款至第3款情形，如經送入人為適當處理後即得許可送入者，機關應主動告知送入人，並提供適當之處理建議方式；如經送入人處理後認可得送入者，應許可送入。

（三）經送入人同意檢查者，得於檢查後許可送入（第3項）

經由機關指定時間、地點送入之財物，如經施以檢查可能破壞原有之外觀或減損功能者，機關應主動告知送入人，就該財物檢查之方式及可能造成之破壞或減損結果，經送入人同意檢查者，得於檢查後許可送入。

八、送入物之拒絕收受（辦法第9條）

收容人拒絕收受外界送入之財物時，應以書面向機關為之。

九、限制、禁止送入或收容人拒絕收受之財物處理（辦法第10 條）

（一）退回（第1項）

機關依第6條第3項或第8條規定限制、禁止送入，或收容人依前條規定拒絕收受之財物，機關應退回送入人並告知退回之具體理由。

（二）歸屬國庫或予以毀棄（第2項）

前項財物之送入人經通知後拒絕領回、逾期未領回，或無法聯繫本人領回者，機關應公告六個月，屆滿後仍無人領取時，該財物歸屬國庫或予以毀棄。

1. 公告內容與方式：機關辦理前項公告，應載明財物之送入日期、方式、數量、數額等相關資料，於機關公告欄、網站或以其他適當之方式為之（第3項）。
2. 待領回或公告期間不適於保管物品之處理：前項待領回或公告期間，機關得將易腐敗、有危險性、有害或不適於保管之物品毀棄或為其他適當之處理（第4項）。

十、涉有刑事不法嫌疑之財物之處置（辦法第11條）

外界送入之財物，如涉有刑事不法嫌疑者，機關應將相關事證函送該管檢察機關或司法警察機關偵查或調查。

肆 送入飲食之爭議

目前監獄行刑法准許受刑人親朋好友送入飲食之規定，乃係因立法之初，國庫並不充裕，對受刑人之飲食，僅能供其充飢，無力兼顧營養，更談不上充分供應受刑人必需物品，在兼顧事實之情況下，所採取之做法。學者（林茂榮，民89）認為此已造成許多實務執行上之困擾及法理上之爭議，茲分析如下：

一、就刑罰執行層面言

（一）失去刑罰執行之意義：如准送入菜餚，監禁期間亦能享受佳餚，失去刑罰執行之意義。

（二）造成刑罰執行不公：受刑人生活條件本應一致，但因得准送入飲食，使得貧富受刑人之生活，即呈懸殊不合理現象。

二、就獄政管理層面言

（一）衛生難以掌控：外界送入飲食，衛生難以掌控。

（二）檢查困難：如仇家下毒或夾帶違禁物品，不易檢查發現。

（三）增加戒護人員負擔：檢查工作繁雜、困難，增加戒護管理人員工作負擔。

（四）影響戒護管理：怙惡不悛之受刑人常以暴力欺壓其他收容人，要求送入飲食供享用，造成管理上之困擾。

三、就受刑人家屬言

（一）未獲尊重與信任：大多數民眾率多奉公守法，寄送飲食不會夾帶違禁物品，但因少數人夾帶及機關職責所在不得不檢查，致使守法者有未被尊重與信任之感覺。

（二）招惹民怨：工作人員依規定仔細檢查，常被民眾誤會為刁難，招惹民怨。

（三）增加家屬經濟負擔：受刑人常因面子問題，或為滿足龍頭之需求，經常要求家屬寄送飲食，無形中增加家屬經濟負擔。

由以上之分析得知，禁止外界送入飲食，此為各國公認之矯正原則。因此，建議修正監獄行刑法相關規定，禁止送入飲食；但為配合國情民俗，得例外允許在特殊之節日（農曆除夕至正月初二、母親節、端午節、中秋節）送入飲食。

本章研究問題

1. 論強制保管受刑人財物之目的。

2. 論不許受刑人私自持有之財物範圍。

3. 依監獄行刑法規說明由監外送入物品之相關規定及處理措施為何？（民92

司法三等）

4.監獄受刑人死亡或脫逃者，其所遺留之財物應如何處理？（民102司法四
　等）

5.受刑人親友送入飲食之現行規定為何？其是否合理？有無修正之必要？試
　抒己見。（民90司法三等）

第十一章　獎懲及賠償

【條文大意】

第八十三條（獎勵之事由）

受刑人除依法規規定應予獎勵外，有下列各款行為之一者，得予以獎勵：

一、舉發受刑人圖謀脫逃、暴行或將為脫逃、暴行。

二、救護人命或捕獲脫逃。

三、於天災、事變或傳染病流行時，充任應急事務有勞績。

四、作業成績優良。

五、有特殊貢獻，足以增進監獄榮譽。

六、對作業技術、產品、機器、設備、衛生、醫藥等有特殊設計，足資利用。

七、對監內外管理之改進，有卓越建議。

八、其他優良行為確有獎勵必要。

第八十四條（獎勵方法）

前條情形，得給予下列一款或數款之獎勵：

一、公開表揚。

二、增給成績分數。

三、給與書籍或其他獎品。

四、增加接見或通信次數。

五、發給獎狀。

六、給與相當數額之獎金。

七、其他特別獎勵。

前項獎勵之基準、第七款特別獎勵之種類、對象、實施方式、程序及其他應遵行事項之辦法，由法務部定之。

第八十五條（懲罰原則及限制）

監獄非依本法或其他法律規定，對於受刑人不得加以懲罰，同一事件不得

重複懲罰。

第八十六條（懲罰事由及方法）

受刑人有妨害監獄秩序或安全之行為時，得施以下列一款或數款之懲罰：

一、警告。

二、停止接受送入飲食三日至七日。

三、停止使用自費購買之非日常生活必需品七日至十四日。

四、移入違規舍十四日至六十日。

前項妨害監獄秩序或安全之行為態樣與應施予懲罰之種類、期間、違規舍之生活管理、限制、禁止及其他應遵行事項之辦法，由法務部定之。

第八十七條（懲罰執行前調查處置）

監獄依本法或其他法律懲罰前，應給予受刑人陳述意見之機會，並告知其違規之原因事實及科處之懲罰。

受刑人違規情節輕微或顯堪憫恕者，得免其懲罰之執行或緩予執行。

受刑人罹患疾病或有其他特別事由者，得停止執行。

監獄為調查受刑人違規事項，得對相關受刑人施以必要之區隔，期間不得逾二十日。

第八十八條（懲罰執行之廢止與終止）

依前條第二項規定免予執行或緩予執行後，如受懲罰者已保持一月以上之改悔情狀，得廢止其懲罰。

依前條第三項規定停止執行者，於其停止原因消滅後繼續執行，但停止執行逾六個月不再執行。

受懲罰者，在執行中有改悔情狀時，得終止其執行。

第八十九條（損害物件之賠償）

受刑人因故意或重大過失，致損害器具、成品、材料或其他物品時，應賠償之。

前項賠償之金額，受刑人未為給付者，得自其保管金或勞作金內扣還之。

在教育刑之刑罰思想下，監獄已非單純懲罰受刑人之機制，而係一具有建設性之訓練、處遇及再教育機構。維持監獄之嚴格紀律，非僅係防止受刑人之暴行、騷動、脫逃等違規行為之對策，尚具有發展受刑人正常行為，促使其自我控制、自尊、自律之作用，因此，有人進一步認為，良好之紀律既可使受刑人安心服刑與接受各種矯正教化紀律，乃係受刑人應享之權利，監獄應盡力達成。

各國為期達成與維持監獄之良好紀律，賞罰獎懲是必要之手段。藉由獎勵激勵向上提升，藉由懲罰抑制向下沉淪，獎勵懲罰最常被運用於「學習」之心理機制，在受刑人矯正教育過程中，如適當地運用獎勵懲罰手段，將有助於行為之改善及認知之重整。然隨著個人自由化思想、人權主義之盛行，受刑人處遇上之獎勵懲罰即因關係著受刑人之人權而普遍受到重視，因此，對於獎勵懲罰應予以制度化，遂成共識。「聯合國在監人處遇最低標準規則」第27條即指出：「紀律與秩序應嚴格執行，但對在監人所加之限制，不得超過安全戒護程度，及良好團體生活所必要之範圍。」我國監獄行刑法本諸獎善罰惡及必要之原則，設有賞罰及賠償之制度，藉以促使受刑人注意遵守監規、保持善行，培養責任感，進而達到改悔向上，適於社會生活之目的，為進步之立法。

第一節　獎勵

所謂獎勵，就是獎勵者利用某種關係或手法，向受獎勵者直接傳達一種能夠刺激其產生強化反應之信息，從而使受獎勵者和其相關之人，都能產生獎勵者所期待之情緒、情感或反應，並培養雙方之間形成主觀願望相互一致之心理態度和行為。就矯正機構而言，獎勵之過程就是矯正人員經由某種形式（如物質、文字、語言），把自己主觀願望之信息期待寓託其中，傳達於收容人，從而使收容人之心理和行為產生影響之過程（林世英，民81）。「聯合國在監人處遇最低標準規則」第70條指出：「每一刑事執行機構應建立獎勵制度，以適用於各類受執行人，並訂定其差別處遇之方法，以資鼓勵善行，激發責任觀念，並引起其對於處遇之興趣與合作。」我國監獄行刑法為鼓勵受刑人善行，激發其責任觀念，除設有累進處遇制度外，並於該法第83條、第84條規定獎勵受刑人之事由及方法。

壹 獎勵之事由

遵守監規，保持善行，是受刑人之本分。獎勵既係對於行為善良，足為表率之受刑人給予獎勵，則受刑人之善良行為不應僅係遵守監規，保持善行而已，必須進而有具體之行為表現，符合特定之獎勵事由，始得予以核獎。依監獄行刑法第83條規定，受刑人除依法規規定應予獎勵外，有下列各款行為之一者，得予以獎勵：

一、舉發受刑人圖謀脫逃、暴行或將為脫逃、暴行。

二、救護人命或捕獲脫逃。

三、於天災、事變或傳染病流行時，充任應急事務有勞績。

四、作業成績優良。

五、有特殊貢獻，足以增進監獄榮譽。

六、對作業技術、產品、機器、設備、衛生、醫藥等有特殊設計，足資利用。

七、對監內外管理之改進，有卓越建議。

八、其他優良行為確有獎勵必要。

貳 獎勵之方法

受刑人有符合得予以獎勵事由之行為時，即得予以獎勵。獎勵受刑人之方法，依監獄行刑法第84條規定，前條情形，得給予下列一款或數款之獎勵（第1項）：

一、公開表揚。

二、增給成績分數。

三、給與書籍或其他獎品。

四、增加接見或通信次數。

五、發給獎狀。

六、給與相當數額之獎金。

七、其他特別獎勵。

前項獎勵之基準，及第7款特別獎勵之種類、對象、實施方式、程序及其他應遵行事項之辦法，由法務部定之（第2項）。法務部依此訂定「受刑人獎勵實施辦法」（以下簡稱辦法）公布施行。其重點摘述如下：

一、獎勵受刑人之方式（辦法第3條第1項）

依本法第84條獎勵受刑人之方式如下：

（一）公開表揚：由監獄長官於適當場合為之。

（二）增給成績分數：增加當月成績總分一分至六分。

（三）給與書籍或其他獎品：給與具正面、勵志或鼓勵性質之書籍或獎品。

（四）增加接見或通信次數：合併或個別增加一次至三次。

（五）發給獎狀：發給記載獎勵行為內容之獎狀。

（六）給與相當數額之獎金：一般性獎金，每人每次最高額以新臺幣五千元為限。參加比賽之獎金，依相關比賽規定給與之。

（七）其他特別獎勵：

1. 與眷屬同住：累進處遇進至三級以上，有期徒刑執行逾三分之一，無期徒刑執行逾十五年，且最近一年內無懲罰紀錄之受刑人，或刑期未滿一年、拘役或易服勞役執行期間無懲罰紀錄之受刑人，得給予與眷屬同住之獎勵。

2. 返家探親：累進處遇進至二級以上，有期徒刑執行逾三分之二，且最近一年內無懲罰紀錄之受刑人，或刑期未滿一年、拘役或易服勞役執行期間無懲罰紀錄之受刑人，得給予返家探親之獎勵。

3. 前二目特別獎勵，於受刑人另案經禁止接見通信者，不適用之。

二、獎勵基準（辦法第3條第2項附表）

（一）舉發受刑人圖謀脫逃、暴行或將為脫逃、暴行

1. 得公開表揚。

2. 得增給成績分數：增加當月成績總分一分以上，至多四分。

3. 得給與書籍或其他獎品。

4. 得增加接見或通信次數一次至二次。

5. 得發給獎狀。

6. 得給與相當數額之獎金：新臺幣一千元以上，三千元以下。

7. 得給予其他特別獎勵。

（二）救護人命或捕獲脫逃

1. 得公開表揚。

2. 得增給成績分數：增加當月成績總分一分以上，至多六分。

3. 得給與書籍或其他獎品。

4. 得增加接見或通信次數二次至三次。

5. 得發給獎狀。

6. 得給與相當數額之獎金：新臺幣三千元以上，五千元以下。

7. 得給予其他特別獎勵。

（三）於天災、事變或傳染病流行時，充任應急事務有勞績

1. 得公開表揚。

2. 得增給成績分數：增加當月成績總分一分以上，至多三分。

3. 得給與書籍或其他獎品。

4. 得增加接見或通信次數一次至二次。

5. 得發給獎狀。

6. 得給與相當數額之獎金：新臺幣一千元以上，三千元以下。

7. 得給予其他特別獎勵。

（四）作業成績優良

1. 得公開表揚。

2. 得增給成績分數：增加當月成績總分一分以上，至多二分。

3. 得給與書籍或其他獎品。

4. 得增加接見或通信次數一次。

5. 得發給獎狀。

6. 得給與相當數額之獎金：新臺幣五百元以上，二千元以下。

7. 得給予其他特別獎勵。

（五）有特殊貢獻，足以增進監獄榮譽

1. 得公開表揚。

2. 得增給成績分數：增加當月成績總分一分以上，至多三分。

3. 得給與書籍或其他獎品。

4. 得增加接見或通信次數一次。

5. 得發給獎狀。

6. 得給與相當數額之獎金：新臺幣一千元以上，三千元以下。

7. 得給予其他特別獎勵。

（六）對作業技術、產品、機器、設備、衛生、醫藥等有特殊設計，足資利用

1. 得公開表揚。
2. 得增給成績分數：增加當月成績總分一分以上，至多四分。
3. 得給與書籍或其他獎品。
4. 得增加接見或通信次數一次。
5. 得發給獎狀。
6. 得給與相當數額之獎金：新臺幣五百元以上，二千元以下。
7. 得給予其他特別獎勵。

（七）對監內外管理之改進，有卓越建議

1. 得公開表揚。
2. 得增給成績分數：增加當月成績總分一分以上，至多三分。
3. 得給與書籍或其他獎品。
4. 得增加接見或通信次數一次。
5. 得發給獎狀。
6. 得給與相當數額之獎金：新臺幣五百元以上，二千元以下。
7. 得給予其他特別獎勵。

（八）其他優良行為確有獎勵必要

1. 得公開表揚。
2. 得增給成績分數：增加當月成績總分一分以上，至多四分。
3. 得給與書籍或其他獎品。
4. 得增加接見或通信次數一次。
5. 得發給獎狀。
6. 得給與相當數額之獎金：新臺幣一千元以上，三千元以下。但屬參加比賽者，依其規則，不在此限。
7. 得給予其他特別獎勵。

三、特別獎勵之程序（辦法第3條第3項）

給予第1項第7款特別獎勵，監獄應報請監督機關備查。

四、與眷屬同住

（一）定義（辦法第4條第1項）

與眷屬同住，係指於監獄之指定處所及期間，使受刑人與眷屬生活或相處。

（二）期間（辦法第4條第2項）

與眷屬同住，每次以三日為限。

（三）眷屬身分證明（辦法第4條第3項）

與受刑人同住之眷屬，應向監獄提出身分證明文件及其他足資證明雙方關係之文件。

（四）與眷屬同住應遵行事項（辦法第5條第1項）

與眷屬同住時應遵行事項如下：
1. 處所內設備應妥為保管，如有損壞或短少，應照價賠償。
2. 受刑人應配合監獄作息。
3. 於處所內，不得有賭博、飲酒或其他不正當之行為。
4. 處所使用人應維護環境整潔。
5. 不得持有違禁物品，私有財物應自行檢點保管。
6. 同住期間屆滿，應即按時離開指定處所，不得藉故拖延。
7. 同住處所倘無炊煮設備，不得在處所內炊煮。
8. 同住眷屬應自備飲食。
9. 傳染病流行期間應配合監獄各項防疫措施。
10. 其他應遵行事項。

（五）違背同住應遵行事項之處理（辦法第5條第2項）

與眷屬同住期間之受刑人或眷屬有違背前項情事，監獄得隨時停止其同住，並報請監督機關備查。如有犯罪行為，監獄應陳報監督機關，並移送該管

檢察署偵辦。

五、返家探視

（一）定義（辦法第6條第1項）

返家探親，係指於指定期間內，受刑人得返家探視最近親屬或家屬。

（二）期間

返家探親每次不得超過三十六小時，監獄應於受刑人返家前告知其預定應返監之時間（辦法第6條第2項）。前項期間，不包括在途期間。其在途期間，由監獄考量受刑人返家探親路程決定（同條第3項）。

（三）取得最近親屬或家屬同意書（辦法第6條第4項）

返家探親受刑人須取得受探視最近親屬或家屬同意書，其受探視最近親屬或家屬有數人者，得僅取得其中一人之同意。如有特殊情況，監獄應協助返家探親受刑人取得其最近親屬或家屬同意書。

（四）返家探親期間應遵行事項（辦法第7條第1項）

返家探親期間，受刑人應遵行事項如下：
1. 不得出入不正當場所。
2. 嚴禁施用毒品或其他違禁品。
3. 不得有違反法令之行為。
4. 不得對被害人、告訴人、告發人、證人或其他利害關係人實施危害、恐嚇、騷擾、跟蹤、糾纏或其他不法行為。
5. 其他經監獄認為應遵行之事項。

（五）返家探視之管理事項

1. 返家探親時應持返家探親證明書至返家當地警察機關報到（辦法第7條第2項）。
2. 返家探親受刑人回監時，應檢查其身體、衣類及攜帶物品，並得實施毒（藥）物、酒精檢測或尿液檢驗（辦法第7條第3項）。
3. 返家探親受刑人之活動範圍，除往返行程所必要外，以申請所在地之直轄市或縣（市）境內為限（辦法第7條第4項）。

4. 返家探親前，監獄應發給受刑人返家探親應遵行事項及最近親屬或家屬聯絡表件，並發函返家當地警察機關，以協助查訪（辦法第7條第5項）。

5. 前項聯絡表件應由受刑人最近親屬或家屬填寫到、離家日期及時間並記載受刑人活動情形（辦法第7條第6項）。

6. 返家探親受刑人應於到家及離家時向監獄回報時間，監獄並應抽查其活動情形（辦法第7條第7項）。

（六）在外期間視同執行（辦法第8條）

返家探親之受刑人，其在外期間，算入刑期內。但在指定期間內無正當理由而未回監者，其在外日數不算入刑期內（第1項）。

（七）有正當理由無法於指定期日回監者之處理（辦法第8條）

返家探親受刑人有下列各款正當理由之一，未於指定期日回監時，應於原指定回監期日內向監獄報告（第2項）：

1. 因天災或其他不可避之事變，致交通中斷或急需處理者。
2. 因疾病，經公、私立醫院證明住院醫療或隔離者。

監獄接獲前項報告後，應另行指定受刑人回監期日，並令其定時回報（第3項）。前項回監期日，以監獄認定已無正當理由後之八小時為限（第4項）。第2項及第3項事由，監獄應陳報監督機關備查（第5項）。

（八）無正當理由，未於指定期日回監者之處理（辦法第9條）

返家探親受刑人無正當理由，未於指定期日回監者，監獄應陳報監督機關並通知返家當地警察機關後，移送該管檢察署偵辦；受刑人回監後，其返家探親期間有犯罪行為者，亦同。

上述獎勵方法中，給與相當數額之獎金、給與書籍或其他獎品二者，屬物質上之獎勵；公開表揚、發給獎狀二者，屬精神上之獎勵；增加接見或通信次數、增給成績分數、其他特別獎勵三者，屬處遇上之獎勵。不同之獎勵方法，應配合不同之獎勵事由運用，始能達到獎勵之真正效果。

參　獎勵之限制

一、應依法規為之

由於獎勵關係到受刑人處遇上之優遇，為避免浮濫，監獄非依法規之規定，不得對受刑人獎勵（監獄行刑法第83條第1項）。此所謂「法規之規定」，包括本法及其他矯正法規規定之有關獎勵事由及獎勵方法之規定。換言之，監獄不得對不符合獎勵事由之行為獎勵，亦不得用不符合獎勵方法之方式為獎勵。

二、不得以不正當手段獲取獎勵

經查獲受刑人以不正當手段獲取獎勵，監獄應取消獎勵，並以適當方式回復原狀（辦法第10條）。

三、不得重複獎勵

除法律另有規定外，對於受刑人同一事件之行為不予重複獎勵（辦法第11條）。重複獎勵，將失去獎勵之意義。此之所謂「重複獎勵」，指對已獎勵過之同一事件，再簽辦獎勵之意；如僅係在獎勵事件定案前，由監務委員會決議，施以數種之獎勵方法，尚非此所謂重複獎勵。

四、給予特別獎勵應報請監督機關備查

給予第1項第7款特別獎勵，監獄應報請監督機關備查（辦法第3條第3項）。

第二節　懲罰

所謂懲罰，就是懲罰者利用某種關係或手法，向受懲罰者直接傳達一種能夠刺激其產生抑制作用之信息，從而改變受懲罰者和其相關之人所固有的，為懲罰者所厭惡之情緒與情感，並進一步得以消除和懲罰者主觀上相互不一致之心理態度和行為。就矯正機構而言，懲罰之過程就是矯正人員經由某種形式（如物質、文字、語言），把自己主觀願望之信息期待寓託其中，傳達於收容人，從而使收容人之心理和行為產生影響之過程（林世英，民81）。由於懲

罰必須要經過受懲罰者心理上之否定再否定過程，才能誘導出懲罰者所期待之心理態度和行為。所以在矯正工作上，懲罰帶有一定之強制性，可以發揮獎勵所達不到之心理作用，然亦較容易因不當使用而侵害人權，必須格外謹慎。因此，懲罰之要件、科罰之手續等必要事項應盡可能加以明確化，以保障人權，避免衍生其他戒護事故。「聯合國在監人處遇最低標準規則」第29條即指出：「下列事項應以法律或由該管行政機構以命令定之：一、應受懲罰行為之構成要件。二、懲處之方式及期間。三、有權執行懲處之機關。」我國監獄行刑法為維護嚴整紀律，使不服從紀律者，有所戒懼，知所警惕，於第85條至第88條規定懲罰受刑人之事由、方法與程序。

壹 懲罰之事由

受刑人應受懲罰之前提，依監獄行刑法第86條第1項之規定，為有妨害監獄秩序或安全之行為時。然何種行為屬於有妨害監獄秩序或安全之行為，參酌「聯合國在監人處遇最低標準規則」第29條「下列事項應以法律或由該管行政機構以命令定之：一、應受懲罰行為之構成要件。二、懲處之方式及期間。三、有權執行懲處之機關。」規定意旨，同條第2項明定對於妨害監獄秩序或安全行為之態樣與應施予懲罰之種類、期間、違規舍之生活管理、限制、禁止及其他應遵行事項之辦法，授權由法務部定之，使懲罰之執行有明確依據。法務部即依此訂定「監獄對受刑人施以懲罰辦法」（以下簡稱辦法）公布施行。

為避免違規行為處理不公，依「受刑人違規行為及懲罰基準表」（辦法附表），就違規行為情節為如下之具體分類：

一、妨害監獄秩序之行為

（一）妨害行刑管理秩序類

1. 以物品窺視、觀察監獄職員行蹤者。
2. 對監獄職員有侮辱或騷擾之行為者。
3. 對監獄職員利誘、期約或交付賄賂，或其他不正利益者。
4. 對於監獄職員施以強暴、脅迫者。
5. 私結黨羽，有不法企圖或對管理有不良影響者。

6. 集體滋事、鬧房、騷動、暴動者。

7. 涉及違規事件之相關人，拒絕配合監獄調查者。

8. 以偽造、欺騙或不正方式影響監獄決定者。

9. 強迫他人頂過、代受處分者。

10. 不遵守合於法令之指令，嚴重妨害監獄秩序，或妨害監獄安全者。

11. 違反刑法及刑事特別法規定之行為，妨害監獄秩序或安全者。

12. 幫助他人違規者。

（二）規避戒護類

1. 冒用他人信期發信或未經檢查私發書信者。

2. 未經許可替人、託人或自行傳遞訊息者。

3. 囑託、勾串或脅迫得出入監獄之人員攜入違禁物品或未經檢查物品者。

4. 未經許可，調換床位者。

5. 未經許可，調換舍房者。

6. 未經許可前往其他教區、工場（教室）、舍房等處所者。

7. 無故脫離戒護視線者。

8. 監外作業或外出中擅自脫離戒護視線者。

9. 意圖脫免監控，毀損、減損、遮擋監視或科技設備者。

（三）違反應遵守事項類

1. 未依規定用水，經勸導而未改善者。

2. 於舍房內服裝不整，經勸導而未改善者。

3. 未依規定著收容人外衣，經勸導而未改善者。

4. 違反吸菸管理相關規定，經勸導而未改善者。

5. 未依作息規定，經勸導而未改善者。

6. 拒絕參加作業或課程，經勸導而未改善者。

7. 製造或持有賭具者。

8. 賭博財物或以賭博方式嬉鬧、欺凌他人者。

9. 聚賭抽頭者。

10. 製造或持有紋身、入珠工具者。

11. 自行或替他人紋身、入珠者。

12. 同意與人為性行為或猥褻行為者。

13. 於隊伍間，破壞團體秩序，經勸導而未改善者。

14. 於舍房、工場（教室）、接見室或其他公眾出入處所高聲喧嘩，經勸導改善而未改善者。

15. 互為爭吵者。

16. 違反外出相關規定或應遵守事項者。

17. 違反返家探視相關規定或應遵守事項者。

18. 違反與眷屬同住相關規定或應遵守事項者。

（四）妨害公共衛生及不當使用公共資源類

1. 未經許可黏貼或吊掛物品，影響舍房整潔，經勸導改善而未改善者。

2. 未落實垃圾分類，或未依規定棄置廚餘或物品，影響環境整潔，經勸導而未改善者。

3. 內務不潔，足生影響於監獄公共衛生，經勸導而未改善者。

4. 未依規定放置電器或其他個人物品，影響舍房整潔或他人活動空間，經勸導而未改善者。

5. 拒絕沐浴、理剃鬚髮或清洗被服，足生影響於公共衛生，經勸導而未改善者。

6. 拒絕配合醫療，足生影響於監獄公共衛生者。

7. 留藏、佔用公物或作業材料、共用物品者。

8. 故意破壞、浪費公物或作業材料者。

（五）侵害他人權益類

1. 偽（變）造單據、冒用他人名義購物或冒領他人之物品者。

2. 破壞、佔用、留藏他人物品者。

3. 強索食物、日常用品者。

4. 未經同意蒐集或洩漏他人個人資料者。

5. 侮辱他人者。

6. 指摘或傳述足以毀損他人名譽之事者，經確認為虛偽不實者。

7. 對他人為性騷擾者。

8. 有霸凌或欺凌行為者。

二、妨害監獄安全之行為

（一）製造管理危險及脫逃類

1. 私接電源者。
2. 於舍房、工場（教室）內生火者。
3. 變造各類電器物品者。
4. 故意敲打或破壞舍房、工場（教室）結構體、設施或安全設備者。
5. 製造、傳遞、持有危險物品或其他妨害戒護安全物品者。
6. 製造或持有可供脫逃之物品者。
7. 偽病求醫，意圖脫逃者。
8. 脫離戒護視線，有事實足證意圖脫逃者。
9. 破壞戒具、安全設備或為其他準備行為意圖脫逃者。
10. 有脫逃行為者。

（二）暴行或傷害他人類

1. 徒手互毆或毆人者。
2. 藉勸架名義而乘隙暴行他人者。
3. 集體鬥毆、持器械互毆或以器械毆人者。
4. 強為他人紋身、入珠者。
5. 對於他人以強暴、脅迫、恐嚇、或其他違反其意願之方法，而為性交或猥褻者。
6. 教唆或幫助他人使之自傷或自殺者。

（三）違反物品管制類

1. 私自囤積藥物或濫用藥物，或將藥物交他人服用或服用他人藥物者。
2. 未經許可製造、傳遞或持有打火機、點火器者。
3. 未經許可持有、傳遞、轉讓、交易或使用電子產品者。
4. 未經許可持有、傳遞、轉讓、交易或使用其他限制使用物品者。
5. 製造、持有、傳遞、交易或飲用酒類者。
6. 持有、傳遞、交易或食用檳榔者。
7. 持有、傳遞、交易或使用現金或有價證券者。
8. 持有、傳遞、轉讓、交易或使用通訊器材者。

9. 持有、傳遞、交易注射針筒或施用毒品器材者。

10. 持有、傳遞、交易或施用各類毒品者。

11. 持有、傳遞、交易或使用其他禁止使用物品者。

貳 懲罰之相關原則

一、施以懲罰之審酌原則

監獄應透過違規事件相關人員之陳述書、談話紀錄、監視器畫面等客觀事證，瞭解受刑人行時之實際情形，兼衡酌違紀情節輕重、受刑人對該行為違反規定之認識及意欲、違規後態度等加以判斷，妥適處理。因此，監獄對於受刑人施以懲罰，應視違規行為情節之輕重，並審酌下列事項（辦法第4條）：

（一）行為之動機、目的。

（二）行為時所受之刺激。

（三）行為之手段。

（四）受刑人之平時行狀。

（五）行為對監獄秩序或安全所生之危險或損害。

（六）行為後之態度。

二、善用修復式正義策略原則

監獄於處理受刑人違規行為程序中，得善用修復式正義之策略（辦法第5條）。如受刑人間彼此有爭執而發生衝突，得採用修復式正義之策略，修復彼此之關係。

三、一行為或數行為之懲罰原則

一行為構成數個違規行為而應受懲罰者，從一重懲罰之。數行為構成同一或不同之違規行為而應受懲罰者，分別懲罰之（辦法第6條）。

四、尚未作成懲罰處分者，適用施行後規定原則

本辦法施行前，受刑人有妨害監獄秩序或安全之行為，尚未作成懲罰處分者，適用施行後之規定（辦法第20條）。

參　懲罰之方法

一、監獄行刑法之規定

受刑人有妨害監獄秩序或安全之行為時，依監獄行刑法第86條之規定，得施以下列一款或數款之懲罰：

（一）警告。

（二）停止接受送入飲食三日至七日。

（三）停止使用自費購買之非日常生活必需品七日至十四日。

（四）移入違規舍十四日至六十日。

二、行刑累進處遇條例之規定

受刑人有妨害監獄秩序或安全之行為時，依行刑累進處遇條例之規定，監獄並得斟酌情形予以停止進級、留級及降級之處分：

（一）停止進級

受刑人違反紀律時，依行刑累進處遇條例第69條第1項，得斟酌情形，於二個月內停止進級，並不計算分數。

（二）留級

應停止進級之受刑人，典獄長認為情有可恕，依行刑累進處遇條例第70條，得於一定期間內，不為停止進級之宣告。但在指定期間內再違反紀律者，仍應宣告之。此種不為停止進級之宣告，即為留級，依行刑累進處遇條例施行細則第52條規定，留級期間不得超過三個月，仍應計算其成績分數。

（三）降級

1. 受刑人停止進級期間再違反紀律者，依行刑累進處遇條例第69條第1項後段，得令降級。所謂「降級」，即由較高級依次降至較低級。

2. 留級之受刑人有紊亂秩序之情事者，依行刑累進處遇條例第72條，得予降級。所稱「紊亂秩序之情事」，依行刑累進處遇條例施行細則第53條規定，指意圖脫逃、暴行、喧嘩或其他重大事故而言。

三、外役監條例之規定

外役監受刑人違背紀律或怠於工作時，其懲罰應依外役監條例之規定辦理：

（一）情節輕微者

依外役監條例第19條規定，得經監務委員會議之決議，施以下列一款或數款之懲罰：

1. 訓誡。
2. 停止戶外活動一日至七日。

（二）情節重大，屢誡不悛者

依外役監條例第18條規定，應經監務委員會議之決議，報請法務部核准後，解送其他監獄執行。並得依監獄行刑法之規定，施以懲罰。

肆 懲罰之執行

由於懲罰具有限制性、剝奪性和強制性，必須謹慎依法執行，有關懲罰執行上之規定如下：

一、執行前告知懲罰，予以陳述意見機會

為避免造成冤屈，監獄對於受刑人之懲罰，應令受刑人知道其係因何事被施以何種懲罰，並給予其陳述違規事實及解釋答辯之機會。「聯合國在監人處遇最低標準規則」第30條指出：「（二）在監人非經告以應受懲處之犯行，並予以適當解辯之機會，不得加以懲處，主管人員對於懲處事件，應詳加審理；（三）在必要及可能情形下，應許在監人經由通譯，提出申辯。」我國監獄行刑法第87條第1項亦規定，監獄依本法或其他法律懲罰前，應給予受刑人陳述意見之機會，並告知其違規之原因事實及科處之懲罰。所謂「陳述意見」，即對於違規事實，提出解釋答辯之意。依辦法第8條，受刑人陳述意見，得以書面或言詞為之；其以言詞為之者，監獄人員應作成紀錄，經向受刑人朗讀或使閱覽，確認其內容無誤後由其簽名或捺印（第1項）。前項紀錄，受刑人拒絕或無法簽名者，應將其事由記明於紀錄（第2項）。受刑人未陳述意見者，監獄人員應於受刑人懲罰報告表記明之（第3項）。

二、依陳述意見，詳加調查

　　監獄對於受刑人之陳述意見，應詳加調查，以釐清受刑人違規事實。為避免串證或受外界干擾，依監獄行刑法第87條第4項規定，監獄為調查受刑人違規事項，得對相關受刑人施以必要之區隔，期間不得逾二十日，以保護受刑人並避免誤懲情事發生。

　　依同法施行細則第48條，監獄依本法第87條第4項規定，為調查受刑人違規事項，對相關受刑人施以必要之區隔者，其區隔期間不得逾必要之程度。區隔期間，相關受刑人之教化、給養、衛生醫療、接見通信及其他處遇，仍應依本法相關規定辦理。

三、決定是否執行

（一）認為陳述無理由者立即執行之

1. 施以懲罰之書面報告與通知（辦法第9條）
　　對於受刑人施以懲罰，應由監獄人員製作受刑人懲罰報告表（第1項）。前項受刑人懲罰報告表經監獄長官核定後，監獄應製作懲罰書（一式三聯），第一聯交由受刑人本人簽收，其拒絕或無法簽收者，應記明其事由；第二聯送達其指定之家屬或最近親屬，家屬或最近親屬有數人者，得僅送達其中一人，不能或無法送達者，得免送達；第三聯留監獄存查（第2項）。

2. 懲罰期間計算方式（辦法第10條）
　　懲罰定有期間者，自懲罰書送達受刑人之當日起算；以期間之末日為終止日。

3. 數款懲罰之執行原則（辦法第11條）
　　監獄依本法第86條第1項施以受刑人數款之懲罰，同日執行之（第1項）。前項懲罰不能同日執行者，應記明事由經監獄長官核准後，分別執行之（第2項）。

（二）免其懲罰之執行或緩予執行

　　受刑人違規情節輕微或顯堪憫恕者，依監獄行刑法第87條，得免其懲罰之執行或緩予執行（第2項）。且應經監獄長官核准後，始得為之（辦法第12條）。

（三）廢止其懲罰、停止執行與終止執行

1.廢止其懲罰

依監獄行刑法第88條規定，依前條第2項規定免予執行或緩予執行後，如受懲罰者已保持一月以上之改悔情狀，得廢止其懲罰（第1項）。且應經監獄長官核准後，始得為之（辦法第12條）。

2.停止執行

受刑人罹患疾病或其他特別事由者，依監獄行刑法第87條第3項規定，得停止執行。且應經監獄長官核准後，始得為之（辦法第12條）。所謂「停止執行」，僅係暫停懲罰之執行，並非免予執行，俟疾病或其他特別事由已無礙執行時，仍應執行之。所謂「特別事由」情形，如家遭變故，不適於移入違規舍是。依同法第88條第2項規定，依前條第3項規定停止執行者，於其停止原因消滅後繼續執行，但停止執行逾六個月不再執行。

3.終止執行

另懲罰受刑人之目的，在使受刑人知錯能改，如受懲罰者在執行中有改悔情狀時，即已達到懲罰之目的，為示勸善，依監獄行刑法第88條第3項規定，得終止其執行。且應經監獄長官核准後，始得為之（辦法第12條）。

四、違規舍之管理

（一）分別監禁（辦法第13條）

監獄應設置違規舍。移入違規舍受刑人應與其他受刑人分別監禁之。

（二）確認身分與核對文件（辦法第14條）

受刑人移入違規舍時，監獄人員應確認受刑人身分並核對經監獄長官核定懲罰之相關文件。

（三）告知執行期間與配房（辦法第15條）

受刑人移入違規舍時，監獄人員應告知執行期間，並於執行期間按日填寫受刑人移入違規舍觀察紀錄表（第1項）。監獄得依管理需要分配舍房，並作成書面紀錄（第2項）。

（四）輔導、運動與作息規範（辦法第16條）

　　監獄對於移入違規舍受刑人應施以輔導，並得增加個別輔導頻率，促進其遵守紀律（第1項）。監獄對於移入違規舍受刑人，應排定適當運動及活動，嚴禁體罰（第2項）。監獄應訂定違規舍作息時間表，報請監督機關核定後實施（第3項）。

（五）受刑人管理應注意事項（辦法第17條）

　　監獄對於移入違規舍受刑人，應注意下列事項：
1. 應檢查其身體、衣類及攜帶之物品。
2. 應隨時注意其身心狀況。
3. 應分配之飲食、物品，不得與其他受刑人有差別待遇。
4. 應提供足敷使用之生活設施。
5. 舍房內電扇或抽風機之啟閉時段，不得無故縮短或限制使用。

（六）受刑人生活處遇管制（辦法第18條）

　　對於移入違規舍受刑人生活處遇管制如下（第1項）：
1. 應停止作業。
2. 穿著指定之服制。
3. 禁止吸菸。
4. 除電動刮鬍刀使用時發給外，禁止持有及使用電器物品。
5. 自費購買之物品，以日常生活必需品為限。
　　除前項所定之生活處遇管制外，應依本法之規定辦理（第2項）。

（七）違規舍紀錄之交接與接續執行（辦法第19條）

　　移入違規舍受刑人因借提或移監至其他監獄時，移出監獄應將第15條第1項之書面紀錄移交移入監獄；移入監獄應予接續執行尚未執行日數。

伍　懲罰之限制

一、應依法律為之

　　由於懲罰關係到受刑人權利之剝奪與抑制，為保障受刑人權，監獄行刑法

第85條規定，監獄非依本法或其他法律規定，對於受刑人不得加以懲罰。此所謂「本法或其他法律之規定」，包括懲罰事由及懲罰方法之規定。換言之，監獄不得對遵守紀律之行為懲罰，亦不得用不符合懲罰方法之方式為懲罰。依「聯合國在監人處遇最低標準規則」第30條指出：「對於在監人非依法令之規定，不得加以懲處」；第31條亦指出：「體罰、拘禁暗室及所有殘酷、不人道或難堪之處分，應一律禁用為懲處之方法」。

二、不得重複懲罰

重複懲罰，將失去懲罰之意義，而有凌虐之嫌，監獄行刑法第85條後段規定，同一事件不得重複懲罰。此之所謂「重複懲罰」，指對已懲罰過之同一事件，再簽辦懲罰之意；如僅係在懲罰事件定案前，由監務委員會決議，施以數種之懲罰方法，尚非此所謂重複懲罰。若受刑人之行為另涉及刑事案件，並經監獄移送相關官署為刑事罰者，因監獄之懲罰為懲戒性質，兩者目的不同，自可分別科處，與本條同一事件不得重複懲罰之規定無涉。「聯合國在監人處遇最低標準規則」第30條亦指出：「對於在監人同一事件不得重複懲處。」

三、不得有礙身心健康

懲罰受刑人，依監獄對受刑人施以懲罰辦法第17條第1項第2款規定，應隨時注意其身心狀況。如認為有礙於身心健康之虞時，應經醫師檢查後，始得為之。換言之，如經醫師檢查認為懲罰受刑人停止接受送入飲食或移入違規舍有礙於身心健康之虞時，即不得以此二者為懲罰該受刑人之方法。「聯合國在監人處遇最低標準規則」第32條指出：「（一）禁閉或減食之處罰，非經醫務人員檢查出具書面證明認為堪以承受，否則絕對禁止。（二）任何處罰不得與第31條之原則相違背，如有不利於在監人之身體或精神健康者，前項之規定亦適用之。（三）在執行懲處期間，醫務人員應每日探視受懲處之在監人，如發現對其身體或精神健康情形，有停止或變更懲處之必要時，應向機構之長官提出建議。」

四、不得命受刑人擔任懲罰任務

懲罰之執行，為公權力之運用，應由監獄戒護人員依法為之。如將懲罰之任務託付於受刑人代為執行，由於受刑人並不具有執法公務員之身分，將構成違法執行問題，且如由受刑人執行，勢必造成龍頭管理之後遺症，衍生諸多弊端，因此，有關懲罰之任務，不得命受刑人擔任之。「聯合國在監人處遇最低

標準規則」第28條亦指出：「在監人在機構內參加服務者，不得使其擔任有關懲戒之任何事務。」

五、嚴禁體罰

監獄對於移入違規舍受刑人，應排定適當運動及活動，依監獄對受刑人施以懲罰辦法第16條第2項規定，嚴禁體罰。

第三節　賠償

愛護公物，不得有污穢損壞或浪費虛靡之行為，係受刑人在監服刑應遵守事項之一。受刑人違反此應遵守事項，而有損害公物之行為時，監獄本即應依監獄行刑法之規定施以懲罰，惟培養受刑人之責任感，乃監獄矯正教育重要之一環，受刑人在接受懲罰之外，如因故意或重大過失，致損害器具、成品、材料或其他物品時，監獄行刑法第89條規定，應賠償之。即監獄並應課予受刑人賠償之責任，以促其對自己行為負責。

壹　賠償之要件

依監獄行刑法第89條第1項規定，受刑人因故意或重大過失，致損害器具、成品、材料或其他物品時，應賠償之。詳述之：

一、責任要件

受刑人損害公物，或係無心之失，監獄不宜一律令其賠償。受刑人必須是因故意或重大過失，致損害器具、成品、材料或其他物品時，始應令其負賠償責任。

（一）故意

所謂「故意」，指受刑人對於器具、成品、材料或其他物品損害之事實，明知並有意使其發生，或預見其發生而其發生並不違背其本意者（刑法第13條參照）。

（二）重大過失

所謂「過失」，指受刑人雖非故意，但按其情節應注意，並能注意，而不注意或對於器具、成品、材料或其他物品損害之事實，雖預見其能發生而確信其不發生者（刑法第14條參照）。由於賠償責任，屬於民事責任之性質，在民法領域中，常決定於各種不同之過失程度，此處專就重大過失作規定，如僅係輕過失，則不必負賠償責任。所謂「重大過失」，指受刑人對於客觀必要之注意義務有異常高程度之違反者，或受刑人對於通常一般人均能認識或預見之危險，漫不經心而不加注意者。

二、行為事實

受刑人必須有損害器具、成品、材料或其他物品之行為事實，監獄始有令其賠償之可言。

貳 賠償之方式

受刑人因故意或重大過失，致損害器具、成品材料或其他物品時，依規定「應賠償之」，換言之，監獄應要求其賠償。賠償時，依監獄行刑法第89條第2項規定，前項賠償之金額，受刑人未為給付者，得自其保管金或勞作金內扣還之。詳述之：

一、賠償數額之決定

賠償數額，由監獄斟酌器具、成品、材料或其他物品實際上所受之損害程度及市面上公平之價格決定，必要時，可請具公信力之鑑價機構提供意見。

二、未為給付者，得於其保管金或勞作金內扣還之

由於受刑人之財物皆保管於監獄內，因此，在賠償數額決定後，由監獄以書面行政處分命受刑人於一定期限內償還；如受刑人於通知給付期限內未為給付時，監獄得直接於其保管金或勞作金內扣還應賠償之數額。如果不足扣還時，本條並無限定於保管金或勞作金內扣還之規定，監獄自得依行政執行法移送執行。

本章研究問題

1. 試列舉受刑人應予以獎勵之情況？另列舉受刑人應予以懲罰之方式？又監獄對受刑人之獎懲有何限制？請依監獄行刑法及其施行細則相關規定析論之。（民107司法三等）

2. 受刑人在何種情形下依規定監獄當局可給予懲罰？懲罰的方式與應注意事項有哪些？當受刑人被告知懲罰時，監獄當局可否給予辯解的機會？其法律效果為何？試根據監獄行刑法及其相關規定說明之。（民105司法三等）

3. 依監獄行刑法之規定，監獄得課予受刑人賠償之責任，試說明之。（民98司法四等）

第十二章　陳情、申訴及起訴

【條文大意】

第九十條（執行不停止）

監獄對受刑人處分或管理措施之執行，不因提起陳情或申訴而停止。但監獄於必要時，得停止其執行。

第九十一條（權利保障）

監獄對於受刑人，不得因陳情、申訴或訴訟救濟之提出，而施以歧視待遇或藉故懲罰。

第九十二條（陳情之提出）

受刑人得以書面或言詞向監獄、視察小組或其他視察人員提出陳情。

監獄應於適當處所設意見箱，供受刑人提出陳情或提供意見使用。

監獄對於受刑人之陳情或提供意見，應為適當之處理。

第九十三條（申訴之提起）

受刑人因監獄行刑有下列情形之一者，得以書面或言詞向監獄提起申訴：

一、不服監獄所為影響其個人權益之處分或管理措施。

二、因監獄對其依本法請求之事件，拒絕其請求或於二個月內不依其請求作成決定，認為其權利或法律上利益受損害。

三、因監獄行刑之公法上原因發生之財產給付爭議。

前項第一款處分或管理措施、第二款、第三款拒絕請求之申訴，應自受刑人收受或知悉處分或管理措施之次日起，十日不變期間內為之。前項第二款、第三款不依請求作成決定之申訴，應自受刑人提出請求屆滿二個月之次日起，十日不變期間內為之。

監獄認受刑人之申訴有理由者，應逕為立即停止、撤銷或變更原處分、管理措施之決定或執行，或依其請求或申訴作成決定。

以書面以外方式所為之處分或管理措施，其相對人有正當理由請求作成書

面時，監獄不得拒絕。

前項書面應附記理由，並表明救濟方法、期間及受理機關。

第九十四條（委任代理人與偕同輔佐人）

受刑人提起前條申訴及第一百十一條第二項之訴訟救濟，得委任律師為代理人行之，並應向監獄或法院提出委任狀。

受刑人或代理人經監獄或法院之許可，得偕同輔佐人到場。

監獄或法院認為必要時，得命受刑人或代理人偕同輔佐人到場。

前二項之輔佐人，監獄或法院認為不適當時，得撤銷其許可或禁止其陳述。

輔佐人所為之陳述，受刑人或代理人未立即提出異議者，視為其所自為。

第九十五條（申訴審議小組）

監獄為處理申訴事件，應設申訴審議小組（以下簡稱審議小組），置委員九人，經監督機關核定後，由典獄長指派之代表三人及學者專家或社會公正人士六人組成之，並由典獄長指定之委員為主席。其中任一性別委員不得少於三分之一。

第九十六條（申訴之方式）

以書面提起申訴者，應填具申訴書，載明下列事項，由申訴人簽名或捺印：

一、申訴人之姓名。有委任代理人或輔佐人者，其姓名、住居所。

二、申訴事實及發生時間。

三、申訴理由。

四、申訴年、月、日。

以言詞提起申訴者，由監獄人員代為填具申訴書，經向申訴人朗讀或使其閱覽，確認內容無誤後，交其簽名或捺印。

第九十七條（申訴程序之補正）

審議小組認為申訴書不合法定程式，而其情形可補正者，應通知申訴人於五日內補正。

第九十八條（審議小組會議）

審議小組須有全體委員過半數之出席，始得開會；其決議以出席人數過半

數同意為之，可否同數時，取決於主席。

　　審議小組決議時，迴避之委員不計入出席委員人數。

第九十九條（審議小組委員之迴避）

　　審議小組委員於申訴事件有下列情形之一者，應自行迴避，不得參與決議：

　　一、審議小組委員現為或曾為申訴人之配偶、四親等內之血親、三親等內之姻親或家長、家屬。

　　二、審議小組委員現為或曾為申訴人之代理人、辯護人、輔佐人。

　　三、審議小組委員現為申訴人、其申訴對象、或申訴人曾提起申訴之對象。

　　有具體事實足認審議小組委員就申訴事件有偏頗之虞者，申訴人得舉其原因及事實，向審議小組申請迴避。

　　前項申請，由審議小組決議之。不服審議小組之駁回決定者，得於五日內提請監督機關覆決，監督機關除有正當理由外，應於十日內為適當之處置。

　　申訴人不服監督機關所為覆決決定，僅得於對實體決定提起行政訴訟時一併聲明不服。

　　審議小組委員有第一項情形不自行迴避，而未經申訴人申請迴避者，應由監獄依職權命其迴避。

第一百條（申訴之撤回）

　　提起申訴後，於決定書送達申訴人前，申訴人得撤回之。申訴經撤回者，不得就同一原因事實重行提起申訴。

第一百零一條（申訴決定之期限）

　　審議小組應自受理申訴之次日起三十日內作成決定，必要時得延長十日，並通知申訴人。

　　前項期間，於依第九十七條通知補正情形，自補正之次日起算。

　　審議小組屆期不為決定者，視為撤銷原處分。

第一百零二條（列席陳述意見）

　　審議小組進行審議時，應通知申訴人、委任代理人及輔佐人列席陳述意見。

申訴人因案收容於其他處所者，其陳述意見得以書面、影音、視訊、電話或其他方式為之。

前項以書面以外方式陳述意見者，監獄應作成紀錄，經向陳述人朗讀或使閱覽確認其內容無誤後，由陳述人簽名或捺印；其拒絕簽名或捺印者，應記明其事由。陳述人對紀錄有異議者，應更正之。

第一百零三條（申訴審議資料之排除）

申訴審議資料，不得含與申訴事項無關之罪名、刑期、犯次或之前違規紀錄等資料。

第一百零四條（依職權調查證據）

審議小組應依職權調查證據，不受申訴人主張之拘束，對申訴人有利及不利事項一律注意。

第一百零五條（申請調查事實及證據）

申訴人於申訴程序中，得申請審議小組調查事實及證據。審議小組認無調查必要者，應於申訴決定中敘明不為調查之理由。

第一百零六條（會議紀錄）

審議小組應製作會議紀錄。

前項會議紀錄應載明到場人所為陳述之要旨及其提出之文書、證據。委員於審議中所持與決議不同之意見，經其請求者，亦應列入紀錄。

第一百零七條（不受理之決定）

審議小組認申訴有下列情形之一者，監獄應為不受理之決定：

一、申訴內容非屬第九十三條第一項之事項。

二、提起申訴已逾第九十三條第二項所定期間。

三、申訴書不合法定程式不能補正，或經依第九十七條規定通知補正，屆期不補正。

四、對於已決定或已撤回之申訴事件，就同一原因事實重行提起申訴。

五、申訴人非受第九十三條第一項處分或管理措施之相對人，或非第九十三條第一項第二款、第三款之請求人。

六、監獄已依第九十三條第三項為停止、撤銷或變更原處分、管理措施之決定或執行，或已依其請求或申訴作成決定。

第一百零八條（申訴之決定）

審議小組認申訴有理由者，監獄應為停止、撤銷或變更原處分、管理措施之決定或執行，或依受刑人之請求或申訴作成決定。但不得為更不利益之變更、處分或管理措施。

審議小組認申訴無理由者，監獄應為駁回之決定。

原處分或管理措施所憑理由雖屬不當，但依其他理由認為正當者，應以申訴為無理由。

第一百零九條（申訴決定書）

審議小組依前二條所為之決定，監獄應作成決定書。

申訴決定書，應載明下列事項：

一、申訴人姓名、出生年月日、住居所、身分證明文件字號。

二、有委任代理人或輔佐人者，其姓名、住居所。

三、主文、事實及理由。其係不受理決定者，得不記載事實。

四、附記如依本法規定得向法院起訴者，其救濟方法、期間及其受理機關。

五、決定機關及其首長。

六、年、月、日。

前項決定書應送達申訴人及委任代理人，並副知監督機關。

監督機關收受前項決定書後，應詳閱其內容，如認監獄之原處分或管理措施有缺失情事者，應督促其改善。

申訴決定書附記提起行政訴訟期間錯誤時，應由監獄以通知更正之，並自更正通知送達之日起，計算法定期間。

申訴決定書未依第二項第四款規定為附記，或附記錯誤而未依前項規定通知更正，致受刑人遲誤行政訴訟期間者，如自申訴決定書送達之日起三個月內提起行政訴訟，視為於法定期間內提起。

第一百十條（向監督機關提起申訴）

受刑人與監督機關間，因監獄行刑有第九十三條第一項各款情事，得以書面向監督機關提起申訴，並準用第九十條、第九十三條第二項至第五項、第九十四條第一項、第九十五條、第九十六條第一項、第九十七條至第一百零一條、第一百零二條第二項、第三項、第一百零五條至第一百零八條及前條第一

項至第三項、第五項、第六項規定。

受刑人依前項規定提起申訴而不服其決定，或提起申訴逾三十日不為決定或延長申訴決定期間逾三十日不為決定者，準用第一百十一條至第一百十四條之規定。

第一百十一條（行政訴訟權）

受刑人因監獄行刑所生之公法爭議，除法律另有規定外，應依本法提起行政訴訟。

受刑人依本法提起申訴而不服其決定者，應向監獄所在地之地方法院行政訴訟庭提起下列各款訴訟：

一、認為監獄處分逾越達成監獄行刑目的所必要之範圍，而不法侵害其憲法所保障之基本權利且非顯屬輕微者，得提起撤銷訴訟。

二、認為前款處分違法，因已執行而無回復原狀可能或已消滅，有即受確認判決之法律上利益者，得提起確認處分違法之訴訟。其認為前款處分無效，有即受確認判決之法律上利益者，得提起確認處分無效之訴訟。

三、因監獄對其依本法請求之事件，拒絕其請求或未於二個月內依其請求作成決定，認為其權利或法律上利益受損害，或因監獄行刑之公法上原因發生財產上給付之爭議，得提起給付訴訟。就監獄之管理措施認為逾越達成監獄行刑目的所必要之範圍，而不法侵害其憲法所保障之基本權利且非顯屬輕微者，亦同。

前項各款訴訟之提起，應以書狀為之。

第一百十二條（行政訴訟提起之限制與不變期間）

前條訴訟，不得與其他訴訟合併提起，且不得合併請求損害賠償。

前條訴訟之提起，應於申訴決定書送達後三十日之不變期間內為之。

審議小組逾三十日不為決定或延長申訴決定期間逾十日不為決定者，受刑人自該應為決定期限屆滿後，得逕提起前條第二項第二款、第三款之訴訟。但自該應為決定期限屆滿後逾六個月者，不得提起。

第一百十三條（起訴狀之提出或撤回）

受刑人於起訴期間內向監獄長官提出起訴狀，或於法院裁判確定前向監獄長官提出撤回書狀者，分別視為起訴期間內之起訴或法院裁判確定前之撤

回。

受刑人不能自作起訴狀者，監獄人員應為之代作。

監獄長官接受起訴狀或撤回書狀後，應附記接受之年、月、日、時，儘速送交法院。

受刑人之起訴狀或撤回書狀，未經監獄長官提出者，法院之書記官於接受起訴狀或撤回書狀後，應即通知監獄長官。

監獄應依職權或依法院之通知，將與申訴案件有關之卷宗及證物送交法院。

第一百十四條（適用行政訴訟法簡易訴訟程序）

依第一百十一條規定提起之訴訟，為簡易訴訟程序事件，除本法或其他法律另有規定外，適用行政訴訟法簡易訴訟程序之規定，其裁判費用減徵二分之一。

前項裁判得不經言詞辯論為之，並得引用申訴決定書所記載之事實、證據及理由，對案情重要事項申訴決定書未予論述，或不採受刑人之主張、有利於受刑人之證據，應補充記載其理由。

受刑人因犯罪接受刑罰之制裁，因此，受刑人對於監獄之行政處分即有服從之義務。惟受刑人雖係刑罰制裁之客體，其在法律上仍享有一定之權利，不容監獄任意侵害，受刑人如遇有非法侵害其應有之權利、剝奪其應得之利益之監獄行政處分時，其最基本之保護救濟方式，即賦予其表達意願之陳情、申訴及起訴權。「聯合國在監人處遇最低標準規則」第36條即規定：「一、除例假日外，應許在監人向機構長官或其受命人員為請求或陳訴之機會。二、視察人員蒞臨視察時，在監人應能提出請求或陳訴，並許其有機會在無機構長官或其他人員在場之情況下與視察人員談話。三、經由合法之途徑與適當之方式，在監人得向中央主管監獄官署、司法機關或其他適當機關，提出請求或申訴，其內容應不受檢查。四、陳訴或請求，除顯屬瑣碎或毫無理由者外，應予迅速處理與批答，不得無故延擱。」由此條規定可見，給予受刑人陳情、申訴及聲明異議之機會，係現代行刑之最低要求之一，此一原則為世界各國人士所贊同。準此，我國監獄行刑法特訂有陳情、申訴及起訴專章，規定包含陳情、申訴及向法院提起行政訴訟之程序，就受刑人及時有效救濟之訴訟制度，訂定適當之規範。

第一節　受刑人申訴制度之功能與原則

壹　申訴制度之功能

其實監獄內受刑人申訴制度之建立，包含有很多功能，美國學者布利德（Allen F. Breed, 1986）曾強調申訴制度有下列四種功能：

一、能降低、減少受刑人之暴動

由監獄暴動之實例中得知，雖然受刑人發生集體暴動之原因很多，但受刑人與矯正官員間，如彼此缺乏良好之溝通，很多受刑人之控訴將無法表達出來，致使矯正官員不能預先偵查到暴動潛伏原因，造成情況惡化，其次受刑人如認為平時矯正官員不聽取他們申訴意見，受刑人即不再致力於採取合法和平之手段以表示心中之不滿而引發暴動。因此雖然申訴制度並不能完全防止監內之暴力行為，但可使受刑人之訊息或控訴可以直接傳達給監獄官員，使他們能夠瞭解並預期任何可能發生之問題，並且提供解決問題之方法，降低、減少受刑人暴動之直接原因。

二、減少法庭之控訴

在無適當申訴管道之情形下，受刑人勢必藉助法庭，來處理其所受到之不平處遇，由法庭來干預、處理受刑人之控訴案件，所花費之時間及經費甚多，效果亦極為有限，且對其他訴訟案件亦將產生排擠作用，間接影響司法裁判品質，因此，如果在監獄內有完善之申訴制度，即能減少受刑人向法庭控訴之興趣，對疏解訟源極有幫助。

三、伸張正義

公平正義原則是所有社會體制上最主要之美德與真理，任何一項法律或法律制度，無論係多麼有效或完善，如果缺乏公平正義原則，就必須加以廢除。因此，不論在矯治之法則或實務上，我們處理受刑人之問題時，同樣應注意公平正義原則，一定要做到公平、公正，而申訴制度之設立，提供受刑人伸張正義之管道，符合公平正義原則之要求。

四、使受刑人之更生能有更好之環境

申訴制度可使受刑人有一套正常、正式、經常之管道來申訴惡劣之監禁情

況，並提供修改之方法，而不會受到報復，同時也使得他們感到受刑人也有一部分責任來參與改善。此制度同時縮短了受刑人與監獄官員間之距離，消除彼此之對立，連帶有效改善職員之工作環境。而透過此套制度，使許多受刑人習得文書、談判、仲裁或其他技巧，可在出獄後運用。

貳　申訴制度之原則

布氏並認為申訴制度要能夠有效運作，有如下六個基本原則：
一、不論任何之決議，皆必須予以正式記錄並以書面答覆，以顯示過程之公正性。
二、所有之申訴必須在一定之期限內回答。
三、任何一項有效之申訴程序，必須有外界獨立裁判之公正人士參與。
四、受刑人及監獄官員必須共同參與設計以及共同行使這項申訴程序。
五、所有受刑人都必須能夠運用這套申訴制度，而無受到監獄官員報復之可能。
六、申訴制度必須能運用到非常廣泛之各種事件上，並且有一套明確方法能夠決定申訴事件之範圍。

第二節　受刑人之陳情、申訴

壹　執行不停止與權利保障

一、執行不停止

監獄對受刑人處分或管理措施之執行，依監獄行刑法第90條規定，不因提起陳情或申訴而停止。但監獄於必要時，得停止其執行。本條所稱處分或管理措施，指監獄所為行政處分或行政處分以外之其他公權力措施（如事實行為），併予敘明（司法院釋字第755號解釋林俊益大法官協同意見書參照）。

為使受刑人知悉其權利，我國監獄行刑法第15條規定，受刑人入監講習時，應告知陳情、申訴及訴訟救濟之規定，並製作手冊交付。

二、權利保障

為保障受刑人之權益，我國監獄行刑法第91條規定，監獄對於受刑人，不得因陳情、申訴或訴訟救濟之提出，而施以歧視待遇或藉故懲罰。

貳 受刑人之陳情

一、陳情之提出

受刑人對於監獄任何積極、消極之命令、懲罰以及對其之一切管理處遇措施有意見時，依監獄行刑法第92條第1項，得以書面或言詞向監獄、視察小組或其他視察人員提出陳情。析言之：

（一）陳情之條件

受刑人對於監獄任何積極、消極之命令、懲罰以及對其之一切管理處遇措施有意見時。

（二）陳情之方式

得以書面或言詞提出陳情。

（三）陳情之對象

監獄、視察小組或其他視察人員。所謂視察人員，即指法務部矯正署之巡察人員。

二、陳情之處理

依監獄行刑法第92條規定，為如下之處理：

（一）設意見箱

監獄應於適當處所設意見箱，供受刑人提出陳情或提供意見使用（第2項）。對於上開意見箱，並應由監獄指派專人管理，以資慎重。

（二）為適當之處理

對於受刑人之陳情或提供意見，應為適當之處理（第3項），並儘速回覆。

參　受刑人之申訴

受刑人不服監獄所為涉及其個人權益之積極、消極行政處分時，准許其提出申訴。其規定如次：

一、申訴之提起

申訴之提起，依監獄行刑法第93條第1項，受刑人因監獄行刑有下列情形之一者，得以書面或言詞向監獄提起申訴：

（一）不服監獄所為影響其個人權益之處分或管理措施。

（二）因監獄對其依本法請求之事件，拒絕其請求或於二個月內不依其請求作成決定，認為其權利或法律上利益受損害。

（三）因監獄行刑之公法上原因發生之財產給付爭議。

其中第1款規定，所謂處分係指行政處分，即行政機關本於行政權，就具體個別事件予以決定處理之單方面行為，如屬行政處分已執行完畢、已消滅或無效之情形，亦得適用而向監獄提起申訴，於不服申訴決定時，受刑人亦得依法提起撤銷訴訟或確認訴訟。管理措施已執行完畢者，亦得提起申訴；其有回復原狀之可能者，於不服申訴決定時，得依法提起給付訴訟。為避免訴訟關係複雜，第1項第1款之適用，僅行政處分或管理措施相對人之受刑人始得申訴，且須經申訴，始得提起行政訴訟，排除同為受刑人之利害關係人之訴權。

第2款規定，適用於依本法規定意旨，有賦予受刑人請求監獄作成行政處分或管理措施權利之情形，但不以有申請程序之規定為必要（最高行政法院94年度裁字第01357號、97年度裁字第3144號裁定參照）。至於非因監獄行刑（立於一般人民地位）而對監獄提出之請求（例如：依政府資訊公開法請求提供資訊），如有不服，係依訴願法規定訴願後，向高等行政法院提起訴訟，並非循此申訴程序救濟。另受刑人因案借提至看守所內之分監，對於分監所為之處分或管理措施，應依本法規定向分監提起申訴，併予敘明。

二、申訴之對象

受刑人因監獄行刑，依監獄行刑法第93條第1項，得以書面或言詞向監獄提起申訴；依監獄行刑法第110條第1項，受刑人與監督機關間，因監獄行刑有第93條第1項各款情事，得以書面向監督機關提起申訴。因此，申訴之對象為：

（一）監獄。

（二）監督機關：指法務部矯正署。

三、提起申訴之不變期間

向監獄提起申訴時，依監獄行刑法第93條第2項，前項第1款處分或管理措施、第2款、第3款拒絕請求之申訴，應自受刑人收受或知悉處分或管理措施之次日起，十日不變期間內為之。前項第2款、第3款不依請求作成決定之申訴，應自受刑人提出請求屆滿二個月之次日起，十日不變期間內為之。

四、申訴之方式

受刑人依監獄行刑法第93條，得以書面或言詞向監獄提起申訴；受刑人與監督機關間，因監獄行刑有第93條第1項各款情事，依同法第110條第1項，得以書面向監督機關提起申訴。

（一）書面方式

以書面提起申訴者，依監獄行刑法第96條第1項，應填具申訴書，載明下列事項，由申訴人簽名或捺印：

1. 申訴人之姓名。有委任代理人或輔佐人者，其姓名、住居所。
2. 申訴事實及發生時間。
3. 申訴理由。
4. 申訴年、月、日。

審議小組認為申訴書不合法定程式，而其情形可補正者，依監獄行刑法第97條，應通知申訴人於五日內補正。

（二）言詞方式

以言詞提起申訴者，依監獄行刑法第96條第2項，由監獄人員代為填具申訴書，經向申訴人朗讀或使其閱覽，確認內容無誤後，交其簽名或捺印。

五、監獄認為申訴有理由之處理

申訴經受理後，依監獄行刑法第93條，監獄認為受刑人之申訴有理由者，應逕為立即停止、撤銷或變更原處分、管理措施之決定或執行，或依其請求或申訴作成決定（第3項）。以書面以外方式所為之處分或管理措施，其相對人有正當理由請求作成書面時，監獄不得拒絕（第4項）。前項書面應附記

理由，並表明救濟方法、期間及受理機關（第5項）。另依同法施行細則第49條規定，監獄依本法第93條第3項規定作成決定或執行者，應通知申訴審議小組。

六、委任代理人與偕同輔佐人

行政程序法區分當事人之代理人與當事人之輔佐人，兩者形式上的要求與權限並不相同。依監獄行刑法第94條，受刑人提起前條申訴及第111條第2項之訴訟救濟，得委任律師為代理人行之，並應向監獄或法院提出委任狀（第1項）。受刑人或代理人經監獄或法院之許可，得偕同輔佐人到場（第2項）。監獄或法院認為必要時，得命受刑人或代理人偕同輔佐人到場（第3項）。前二項之輔佐人，監獄或法院認為不適當時，得撤銷其許可或禁止其陳述（第4項）。輔佐人所為之陳述，受刑人或代理人未立即提出異議者，視為其所自為（第5項）。

七、成立申訴審議小組

（一）小組組成

監獄為處理申訴事件，依監獄行刑法第95條，應設申訴審議小組，置委員九人，經監督機關核定後，由典獄長指派之代表三人及學者專家或社會公正人士六人組成之，並由典獄長指定之委員為主席。其中任一性別委員不得少於三分之一。

（二）委員迴避

為維持審議小組超然中立之客觀公正性，俾使申訴事件之審議不受個人因素影響或產生偏頗，依監獄行刑法第99條規定，有關審議小組委員迴避之要件及程序等相關事項，分述如下：

1. 自行迴避

審議小組委員於申訴事件有下列情形之一者，應自行迴避，不得參與決議（第1項）：

(1) 審議小組委員現為或曾為申訴人之配偶、四親等內之血親、三親等內之姻親或家長、家屬。

(2) 審議小組委員現為或曾為申訴人之代理人、辯護人、輔佐人。

(3) 審議小組委員現為申訴人、其申訴對象、或申訴人曾提起申訴之對

象。

2. 申請迴避

有具體事實足認審議小組委員就申訴事件有偏頗之虞者，申訴人得舉其原因及事實，向審議小組申請迴避（第2項）。前項申請，由審議小組決議之。不服審議小組之駁回決定者，得於五日內提請監督機關覆決，監督機關除有正當理由外，應於十日內為適當之處置（第3項）。申訴人不服監督機關所為覆決決定，僅得於對實體決定提起行政訴訟時併聲明不服（第4項）。

3. 職權命其迴避

審議小組委員有第1項情形不自行迴避，而未經申訴人申請迴避者，應由監獄依職權命其迴避（第5項）。

八、申訴之撤回

為避免申訴人屢對同一原因事實重覆申訴，造成公務機關不勝其擾且浪費行政資源，參酌公務人員保障法第47條及教師申訴評議委員會組織及評議準則第18條等規定。監獄行刑法第100條規定，提起申訴後，於決定書送達申訴人前，申訴人得撤回之。申訴經撤回者，不得就同一原因事實重行提起申訴。

九、申訴之審議

（一）會議方式

為保障申訴決議之公平性與公正性，監獄行刑法第98條規定，審議小組須有全體委員過半數之出席，始得開會；其決議以出席人數過半數同意行之，可否同數時，取決於主席（第1項）。審議小組決議時，迴避之委員不計入出席委員人數（第2項）。

（二）審議期限

為慎重處理申訴事件及保障申訴人權益，監獄行刑法第101條規定，審議小組應自受理申訴之次日起三十日內作成決定，必要時得延長十日，並通知申訴人（第1項）。前項期間，於依第97條通知補正情形，自補正之次日起算（第2項）。審議小組屆期不為決定者，視為撤銷原處分（第3項）。

（三）列席陳述意見

審議小組進行審議時，監獄行刑法第102條規定，應通知申訴人、委任代理人及輔佐人列席陳述意見（第1項）。申訴人因案收容於其他處所者，其陳述意見得以書面、影音、視訊、電話或其他方式為之（第2項）。前項以書面以外方式陳述意見者，監獄應作成紀錄，經向陳述人朗讀或使閱覽確認其內容無誤後，由陳述人簽名或捺印；其拒絕簽名或捺印者，應記明其事由。陳述人對紀錄有異議者，應更正之（第3項）。

（四）審議資料之限制

為保障申訴人或其他受刑人權益，避免審議小組受與申訴事項無關之資料影響，依監獄行刑法第103條規定，申訴審議資料，不得含與申訴事項無關之罪名、刑期、犯次或之前違規紀錄等資料。

（五）事實及證據之調查

1.依職權調查證據

為求程序上之公平，依監獄行刑法第104條規定，審議小組應依職權調查證據，不受申訴人主張之拘束，對申訴人有利及不利事項一律注意。

2.申請調查事實及證據

為保障申訴人權益，依監獄行刑法第105條規定，申訴人於申訴程序中，得申請審議小組調查事實及證據。審議小組認無調查必要者，應於申訴決定中敘明不為調查之理由。

（六）製作會議紀錄

為符合明確性原則，依監獄行刑法第106條規定，審議小組應製作會議紀錄（第1項）。前項會議紀錄應載明到場人所為陳述之要旨及其提出之文書、證據。委員於審議中所持與決議不同之意見，經其請求者，亦應列入紀錄（第2項）。

十、申訴之決定

（一）不受理

為明確規範程序上不受理之情形，監獄行刑法第107條規定，審議小組認

申訴有下列情形之一者，監獄應為不受理之決定：

1. 申訴內容非屬第93條第1項之事項。
2. 提起申訴已逾第93條第2項所定期間。
3. 申訴書不合法定程式不能補正，或經依第97條規定通知補正，屆期不補正。
4. 對於已決定或已撤回之申訴事件，就同一原因事實重行提起申訴。
5. 申訴人非受第93條第1項第1款處分或管理措施之相對人，或非第93條第1項第2款、第3款之請求人。
6. 監獄已依第93條第3項為停止、撤銷或變更原處分、管理措施之決定或執行，或已依其請求或申訴作成決定。

然在監獄業變更原處分或管理措施之情形，受刑人仍得對變更後之新處分或管理措施提起申訴，併予敘明。

（二）有理由

審議小組認申訴有理由者，依監獄行刑法第108條第1項，監獄應為停止、撤銷或變更原處分、管理措施之決定或執行，或依受刑人之請求或申訴作成決定。但不得為更不利益之變更、處分或管理措施。

（三）無理由

審議小組認申訴無理由者，依監獄行刑法第108條，監獄應為駁回之決定（第2項）。原處分或管理措施所憑理由雖屬不當，但依其他理由認為正當者，應以申訴為無理由（第3項）。

十一、申訴決定書

（一）監獄製作義務

監獄行刑法第109條規定，審議小組依前二條所為之決定，監獄應作成決定書（第1項）。

（二）應載明事項

申訴決定書，應載明下列事項（第2項）：

1. 申訴人姓名、出生年月日、住居所、身分證明文件字號。
2. 有委任代理人或輔佐人者，其姓名、住居所。

3. 主文、事實及理由。其係不受理決定者，得不記載事實。

4. 附記如依本法規定得向法院起訴者，其救濟方法、期間及其受理機關。

5. 決定機關及其首長。

6. 年、月、日。

（三）送達與副知

基於受刑人得自行或委任律師為代理人向監獄提起申訴，為利辨別申訴主體及監督機關行使監督權，前項決定書應送達申訴人及委任代理人，並副知監督機關（第3項）。監督機關收受前項決定書後，應詳閱其內容，如認監獄之原處分或管理措施有缺失情事者，應督促其改善（第4項）。

（四）附記提起行政訴訟期間錯誤或未為附記之處理

申訴決定書附記提起行政訴訟期間錯誤時，應由監獄以通知更正之，並自更正通知送達之日起，計算法定期間（第5項）。申訴決定書未依第2項第4款規定為附記，或附記錯誤而未依前項規定通知更正，致受刑人遲誤行政訴訟期間者，如自申訴決定書送達之日起三個月內提起行政訴訟，視為於法定期間內提起（第6項）。

十二、向監督機關提起申訴之準用

依監獄行刑法第110條規定，受刑人與監督機關間，因監獄行刑有第93條第1項各款情事，得以書面向監督機關提起申訴，並準用第90條、第93條第2項至第5項、第94條第1項、第95條、第96條第1項、第97條至第101條、第102條第2項、第3項、第105條至第108條及前條第1項至第3項、第5項、第6項規定（第1項）。受刑人依前項規定提起申訴而不服其決定，或提起申訴逾三十日不為決定或延長申訴決定期間逾三十日不為決定者，準用第111條至第114條之規定（第2項）。另依同法施行細則第50條規定，受刑人與監督機關間，因依本法第110條規定提起申訴時，除依該條所定準用相關規定外，其申訴審議資料不得含與申訴事項無關之罪名、刑期、犯次或之前違規紀錄等資料；且監督機關申訴審議小組應依職權調查證據，不受申訴人主張之拘束。

第三節　受刑人訴訟救濟

按憲法第16條保障人民訴訟權，係指人民於其權利或法律上利益遭受侵害時，有請求法院救濟之權利。基於有權利即有救濟之憲法原則，人民權利或法律上利益遭受侵害時，必須給予向法院提起訴訟，請求依正當法律程序公平審判，以獲及時有效救濟之機會，不得僅因身分之不同即予以剝奪（司法院釋字第653號、第755號解釋意旨參照）。

為期受刑人之訴訟權能受到妥適保障，參酌聯合國囚犯待遇基本原則第33條第1項「被拘留人或被監禁人或其律師應有權向負責管理居留處所的當局和上級當局，必要時向擁有覆審或補救權力的有關當局，就所受待遇，特別是受到酷刑或其他殘忍、不人道或有辱人格的待遇提出請求或指控。」規定意旨，並考量晚近司法實務多認為監獄、看守所與收容人之關係，本質上應屬行政法上關係，監獄、看守所對於收容人之管理處遇為行政行為，所衍生之公法上爭議，宜循行政訴訟途徑解決。

另比較法上，德國將監獄及看守所處分交由刑事執行法庭審理，惟其實質之訴訟程序規定與種類則是採行行政訴訟之規定，本質上仍具有行政訴訟性質。

壹　行政訴訟之提起

一、提起訴訟之條件

（一）因監獄行刑所生之公法爭議

受刑人因監獄行刑所生之公法爭議，除法律另有規定外（如刑事訴訟法484條），依監獄行刑法第111條第1項，應依本法提起行政訴訟。

由於監獄行刑法所定訴訟制度為行政訴訟法之特別規定，本法未規定者，適用行政訴訟法相關規定，故行政訴訟法並非上開「法律另有規定」，併此敘明。

（二）因提起申訴而不服其決定

受刑人依本法提起申訴而不服其決定者，依監獄行刑法第111條第2項，應

向監獄所在地之地方法院行政訴訟庭提起下列各款訴訟：

1. 撤銷訴訟

   認為監獄處分逾越達成監獄行刑目的所必要之範圍，而不法侵害其憲法所保障之基本權利且非顯屬輕微者，得提起撤銷訴訟。

2. 確認處分違法或無效之訴訟

   認為前款處分違法，因已執行而無回復原狀可能或已消滅，有即受確認判決之法律上利益者，得提起確認處分違法之訴訟。其認為前款處分無效，有即受確認判決之法律上利益者，得提起確認處分無效之訴訟。

3. 給付訴訟

   因監獄對其依本法請求之事件，拒絕其請求或未於二個月內依其請求作成決定，認為其權利或法律上利益受損害，或因監獄行刑之公法上原因發生財產上給付之爭議，得提起給付訴訟。就監獄之管理措施認為逾越達成監獄行刑目的所必要之範圍，而不法侵害其憲法所保障之基本權利且非顯屬輕微者，亦同。

（三）應以書狀為之

依監獄行刑法第111條第3項規定，前項各款訴訟之提起，應以書狀為之。

二、合併提起之禁止

為避免各種訴訟，合併其他訴訟起訴，導致程序變換、繁冗，依監獄行刑法第112條第1項，限制前條訴訟，不得與其他訴訟合併提起，亦不得合併請求損害賠償（亦即排除行政訴訟法第7條之適用）。

三、提起之不變期間

為維護法律秩序之安定，依監獄行刑法第112條規定，前條訴訟之提起，應於申訴決定書送達後三十日之不變期間內為之（第2項）。審議小組逾三十日不為決定或延長申訴決定期間逾十日不為決定者，受刑人自該應為決定期限屆滿後，得逕提起前條第2項第2款、第3款之訴訟。但自該應為決定期限屆滿後逾六個月者，不得提起（第3項）。

貳 受刑人訴訟權實現之監獄義務

按受刑人之人身自由受監獄拘束，監獄人員對其訴訟權之實現負有照料義務，監獄行刑法第113條爰參酌刑事訴訟法第351條，明定各項有利受刑人訴訟權實現之事項。另依行政訴訟法第113條規定，於法院裁判確定前均得為訴之撤回，受刑人因在監執行而有特別規定之必要，亦應使受刑人得於裁判確定前撤回起訴，併予敘明。

一、向監獄長官提出起訴狀或撤回書狀之效力

受刑人於起訴期間內向監獄長官提出起訴狀，或於法院裁判確定前向監獄長官提出撤回書狀者，依監獄行刑法第113條規定，分別視為起訴期間內之起訴或法院裁判確定前之撤回（第1項）。

二、書狀之代作

受刑人不能自作起訴狀者，依監獄行刑法第113條規定，監獄人員應為之代作（第2項）。

三、書狀之送交或通知

監獄長官接受起訴狀或撤回書狀後，依監獄行刑法第113條規定，應附記接受之年、月、日、時，儘速送交法院（第3項）。受刑人之起訴狀或撤回書狀，非經監獄長官提出者，法院之書記官於接受起訴狀或撤回書狀後，應即通知監獄長官（第4項）。

四、卷宗及證物之送交

依監獄行刑法第113條規定，監獄應依職權或依法院之通知，將與申訴案件有關之卷宗及證物送交法院（第5項）。

參 行政訴訟程序

一、適用行政訴訟法簡易訴訟程序

依司法院釋字第755號解釋意旨，受刑人之訴訟救濟，旨在賦予受刑人獲及時有效救濟之機會，從速確定爭議，除有利受刑人之權利保障外，亦有助於獄政管理。為達此一目的，監獄行刑法第114條第1項規定，依第111條規定提

起之訴訟，為簡易訴訟程序事件，除本法或其他法律另有規定外，適用行政訴訟法簡易訴訟程序之規定，其裁判費用減徵二分之一。

由於此類訴訟事件為行政訴訟法第229條第2項第6款之「依法律之規定應適用簡易訴訟程序者」事件，程序原則上適用行政訴訟法簡易程序規定；另考量監所收容人多屬社會經濟弱勢，為符實質平等原則，明定其裁判費用減徵二分之一。

二、裁判得不經言詞辯論為之

監獄行刑法第114條第2項規定，前項裁判得不經言詞辯論為之，並得引用申訴決定書所記載之事實、證據及理由，對案情重要事項申訴決定書未予論述，或不採受刑人之主張、有利於受刑人之證據，應補充記載其理由。

考量其事件特殊性而另規定得不經言詞辯論而為裁判，此亦為司法院釋字第755號解釋宣示之價值判斷，另德國受理受刑人與被告訴訟之刑事執行法庭，亦不採言詞辯論程序。又為有效利用司法資源，並明定此類事件之裁判書類得引用申訴決定書之記載及理由，減輕法院裁判書類製作負擔，將有限資源用於解決監獄與受刑人之爭議與衝突。另規定應補充記載理由之情形，以維受刑人權益。

第四節　少年受刑人申訴制度

依少年矯正學校設置暨教育實施通則第8條、第9條之規定，設有學生申訴制度，其規定如次：

壹　申訴之條件

依少年矯正學校設置暨教育實施通則第8條第1項規定，學生於其受不當侵害或不服矯正學校之懲罰或對其生活、管教之不當處置時，得為申訴。此條用語因採列舉方式強調矯正學校不當處分之範圍，能廣泛地運用於各種事故上。

貳 受理申訴之對象

依少年矯正學校設置暨教育實施通則第8條第1項、第3項之規定，學生本人或法定代理人得向少年矯正學校申訴委員會申訴，對申訴委員會之決定仍有不服時，並得向法務部之再申訴委員會再申訴。

一、少年矯正學校申訴委員會

依同條第4項前段規定，申訴委員會由校長、副校長、秘書、教務主任、訓導主任及輔導主任組成之，並邀請社會公正人士三至五人參與，以校長為主席。

二、法務部再申訴委員會

依同條第4項後段規定，法務部成立之再申訴委員會，應邀請總人數三分之一以上之社會公正人士參與。

此種採委員會之方式接受申訴或再申訴，且設計由社會公正人士參與仲裁之方式，可避免矯正學校官員不當之措施，使學生信賴申訴制度。

參 申訴之期限

依少年矯正學校設置暨教育實施通則第8條第5項訂定之少年矯正學校學生申訴再申訴案件處理辦法第4條規定，學生本人或法定代理人得於申訴事由發生之日起十日內，以言詞或書面向學校申訴委員會提出申訴。依同辦法第8條，申訴人不服申訴委員會之決定，應於收受決定通知之日起十日內，向再申訴委員會提出再申訴。

肆 申訴之方式

依少年矯正學校設置暨教育實施通則第8條第1項及少年矯正學校學生申訴再申訴案件處理辦法第4條之規定，申訴之方式為：

一、應個別為之

相關條文規定中雖未做明文限制，然學生本人或法定代理人提出申訴，以表達個人意願，保障個人權益為原則，如允以集體方式為之，易為不肖學生利

用作為抗拒學校管教之手段，並非所宜。

二、應以言詞或書面提出

（一）其以言詞申訴者，由校長指定專人受理，並將申訴事實詳記於申訴簿。

（二）其以書面提出者，應記載下列事項，並簽名、蓋章或按指印：

    1. 學生之姓名；其由法定代理人提出者，其姓名。

    2. 罪名或接受感化教育之事由。

    3. 刑期或接受感化教育之期間。

    4. 申訴事由及申訴理由。

    5. 申訴年、月、日。

（三）再申訴之提出，應以書面為之，記載下列事項，並簽名、蓋章或按指印：

    1. 學生之姓名；其由法定代理人提出者，其姓名。

    2. 罪名或接受感化教育之事由。

    3. 刑期或接受感化教育之期間。

    4. 申訴委員會之決定。

    5. 申訴事由及再申訴理由。

    6. 再申訴年、月、日。

三、應具名提出

匿名申訴不予受理。

伍 申訴之處理

申訴經受理後，依少年矯正學校設置暨教育實施通則第8條第2項、第3項、第9條及少年矯正學校學生申訴再申訴案件處理辦法第5條、第6條、第9條至第10條之規定，應為如下之處理：

一、申訴委員會受理申訴時，應先為程序上之審查，如發現有程序不合而其情形可補正者，應酌定相當期間，通知申訴人補正。

二、申訴委員會須有應出席人數過半數之出席，始得開會；其決議以出席人數過半數同意行之，可否同數時，取決於主席。對決議有不同意見者，得

列入紀錄，以備查考。

三、申訴委員會對於申訴，除依監獄行刑法或保安處分執行法規定外，認有理由者，應予撤銷或變更原懲罰或處置，認無理由者，應予駁回。

四、學生對申訴委員會之決定仍有不服時，得向法務部再申訴委員會再申訴。

五、再申訴委員會受理再申訴案件，必要時，得指定適當人員前往學校為必要之調查；調查時，非經調查人員許可，學校人員不得在場。

六、申訴、再申訴案件經審查為有理由者，除對受不當侵害之學生，應予適當救濟外，對原懲罰或處置已執行完畢者，矯正學校得視情形依下列規定處理之：

　　（一）消除或更正不利於該學生之紀錄。

　　（二）以適當之方法回復其榮譽。

七、申訴、再申訴案件經審查為有理由者，對於違法之處置，應追究承辦人員之責任。

陸　申訴之最後決定

　　依少年矯正學校設置暨教育實施通則第8條第3項之規定，法務部再申訴委員會對於學生申訴事件有最後決定之權。但在未決定前，依同通則第9條第1項規定，原懲罰或處置之執行，除有同通則第8條第2項（申訴之撤銷、變更或駁回）之情形外，不因申訴或再申訴而停止。但再申訴提起後，法務部於必要時得命矯正學校停止其執行。

柒　申訴之保障

　　依少年矯正學校設置暨教育實施通則第8條第3項及少年矯正學校學生申訴再申訴案件處理辦法第11條之規定，學校對於學生之申訴或再申訴行為，不得令其受更不利之懲罰或處置。

本章研究問題

1. 美國學者布利德（Allen F. Breed, 1986）曾強調申訴制度有何種功能？為期申訴制度之有效運作，應注意哪些基本原則？

2. 受刑人不服監獄之處分時，如何申訴？請以相關法規說明其時限、過程、對象、限制等規定內容。（民93司法三等）

3. 受刑人如何向監獄陳情？監獄對受刑人之陳情如何處理？

4. 受刑人提起行政訴訟之條件與訴訟程序處理之相關規定。

第十三章　假　釋

【條文大意】

第一百十五條（假釋之提報）

監獄對於受刑人符合假釋要件者，應提報其假釋審查會決議後，報請法務部審查。

依刑法第七十七條第二項第三款接受強制身心治療或輔導教育之受刑人，應附具曾受治療或輔導之紀錄及個案自我控制再犯預防成效評估報告，如顯有再犯之虞，不得報請假釋。

前項強制身心治療或輔導教育之處理程序、評估機制及其他相關事項之辦法，由法務部定之。

第一百十六條（假釋之審查）

假釋審查應參酌受刑人之犯行情節、在監行狀、犯罪紀錄、教化矯治處遇成效、更生計畫及其他有關事項，綜合判斷其悛悔情形。

法務部應依前項規定內容訂定假釋審查參考基準，並以適當方式公開之。

第一百十七條（受刑人陳述意見與請求提供資料）

監獄召開假釋審查會前，應以適當之方式給予受刑人陳述意見之機會。

受刑人得向監獄請求閱覽、抄錄、複製假釋審查相關資料。但所涉資料屬政府資訊公開法第十八條第一項或檔案法第十八條所定情形者，不在此限。

第一百十八條（假釋之處分與再行陳報）

法務部參酌監獄依第一百十五條第一項陳報假釋之決議，應為許可假釋或不予許可假釋之處分；如認原決議所載理由或所憑資料未臻完備，得通知監獄再行補正，其不能補正者，得予退回。

經法務部不予許可假釋之處分案，除進級者外，監獄應逾四月始得再行陳報。但該受刑人嗣後獲第八十四條第一項第五款至第七款所列之獎勵者，監獄得提前一個月陳報。

第一百十九條（假釋審查會）

　　監獄應設假釋審查會，置委員七人至十一人，除典獄長及其指派監獄代表二人為當然委員外，其餘委員由各監獄遴選具有心理、教育、法律、犯罪、監獄學、觀護、社會工作或相關專門學識之人士，報請監督機關核准後聘任之。其中任一性別委員不得少於三分之一。

　　監獄得將所設分監受刑人假釋案件審查之事項，委託該分監所在之矯正機關辦理。

　　第一百十五條陳報假釋之程序、文件資料，與第一項假釋審查會委員任期、召開方式、審議要項、委員迴避、釋放程序及其他相關事項之辦法，由法務部定之。

第一百二十條（假釋之廢止與停止）

　　假釋出監受刑人刑期變更者，監獄於接獲相關執行指揮書後，應依刑法第七十七條規定重新核算，並提報其假釋審查會決議後，報請法務部辦理維持或廢止假釋。

　　前項經維持假釋者，監督機關應通知該假釋案犯罪事實最後裁判法院相對應檢察署向法院聲請裁定假釋中付保護管束；經廢止假釋者，由監獄通知原指揮執行檢察署辦理後續執行事宜。

　　第一項情形，假釋期間已屆滿且假釋未經撤銷者，已執行保護管束日數全部計入刑期；假釋尚未期滿者，已執行保護管束日數，應於日後再假釋時，折抵假釋及保護管束期間。

　　受刑人於假釋核准後，未出監前，發生重大違背紀律情事，監獄應立即報請法務部停止其假釋處分之執行，並即提報假釋審查會決議後，再報請法務部廢止假釋，如法務部不同意廢止，停止假釋之處分即失其效力。

　　受刑人不服停止假釋處分時，僅得於對廢止假釋處分聲明不服時一併聲明之。

第一百二十一條（假釋之復審）

　　受刑人對於前條廢止假釋及第一百十八條不予許可假釋之處分，如有不服，得於收受處分書之翌日起十日內向法務部提起復審。假釋出監之受刑人以其假釋之撤銷為不當者，亦同。

　　前項復審無停止執行之效力。

在監之復審人於第一項所定期間向監獄提起復審者，視為已在復審期間內提起復審。

第一百二十二條（代理人之委任與輔佐人之偕同）

受刑人提起前條復審及第一百三十四條第一項之訴訟救濟，得委任律師為代理人行之，並應向法務部或法院提出委任狀。

受刑人或代理人經法務部或法院之許可，得偕同輔佐人到場。

法務部或法院認為必要時，得命受刑人或代理人偕同輔佐人到場。

前二項之輔佐人，法務部或法院認為不適當時，得撤銷其許可或禁止其陳述。

輔佐人所為之陳述，受刑人或代理人未立即提出異議者，視為其所自為。

第一百二十三條（復審審議小組）

法務部為處理復審事件，應設復審審議小組，置委員九人，由法務部或所屬機關代表四人、學者專家或社會公正人士五人組成之，由部長指定之委員為主席。其中任一性別委員不得少於三分之一。

第一百二十四條（復審書）

復審應填具復審書，並載明下列事項，由復審人簽名或捺印：

一、復審人之姓名。有委任代理人或輔佐人者，其姓名、住居所。

二、復審事實。

三、復審理由。

四、復審年、月、日。

第一百二十五條（復審書補正）

復審審議小組認為復審書不合法定程式，而其情形可補正者，應通知復審人於五日內補正。

第一百二十六條（復審審議小組會議）

復審審議小組須有全體委員過半數之出席，始得開會；其決議以出席人數過半數同意行之，可否同數時，取決於主席。

復審審議小組會議決議時，迴避之委員不計入出席委員人數。

第一百二十七條 (復審審議小組委員之迴避)

復審審議小組委員於復審事件有下列情形之一者，應自行迴避，不得參與決議：

一、復審審議小組委員現為或曾為復審人之配偶、四親等內血親、三親等內姻親或家長、家屬。

二、復審審議小組委員現為或曾為復審人之代理人、辯護人、輔佐人。

三、復審審議小組委員現為復審人、其申訴對象、或復審人曾提起申訴之對象。

有具體事實足認復審審議小組委員就復審事件有偏頗之虞者，復審人應舉其原因及事實，向復審審議小組申請迴避。

前項申請，由復審審議小組決議之。

不服復審審議小組之駁回決定者，得於五日內提請法務部覆決，法務部除有正當理由外，應於十日內為適當之處置。

復審人不服法務部所為覆決決定，僅得於對實體決定提起行政訴訟時，一併聲明不服。

復審審議小組委員有第一項情形不自行迴避，而未經復審人申請迴避者，應由法務部依職權命其迴避。

第一百二十八條 (復審之撤回)

提起復審後，於決定書送達復審人前，復審人得撤回之。復審經撤回者，不得就同一原因事實重行提起復審。

第一百二十九條 (復審之決定)

復審審議小組之決定，應自受理復審之次日起二個月內為之。

前項期間，於依第一百二十五條通知補正情形，自補正之次日起算。未為補正者，自補正期間屆滿之次日起算。

復審事件不能於第一項期間內決定者，得予延長，並通知復審人。延長以一次為限，最長不得逾二個月。

受刑人不服復審決定，或提起復審逾二個月不為決定，或延長復審決定期間逾二個月不為決定者，得依本法規定提起行政訴訟。

第一百三十條 (審議時之陳述意見)

復審審議小組審議時，應通知復審人、委任代理人及輔佐人陳述意見，其

陳述意見得以書面、影音、視訊、電話或其他方式為之。

前項以書面以外方式陳述意見者，應作成紀錄，經向陳述人朗讀或使閱覽確認其內容無誤後，由陳述人簽名或捺印；其拒絕簽名或捺印者，應記明其事由。陳述人對紀錄有異議者，應更正之。

第一百三十一條（不受理之決定）

復審有下列情形之一者，應為不受理之決定：

一、復審內容非屬第一百二十一條之事項。

二、提起復審已逾第一百二十一條所定期間。

三、復審書不合法定程式不能補正，或經依第一百二十五條規定通知補正，屆期不補正。

四、對於已決定或已撤回之復審事件，就同一原因事實重行提起復審。

五、復審人非受第一百二十一條處分之當事人。

六、原處分已撤銷或變更。

第一百三十二條（復審決定）

復審有理由者，應為撤銷或變更原處分。

復審無理由者，應為駁回之決定。

原處分所憑理由雖屬不當，但依其他理由認為正當者，應以復審為無理由。

第一百三十三條（復審決定書）

復審決定書，應載明下列事項：

一、復審人姓名、出生年月日、住居所、身分證明文件字號。

二、有委任代理人或輔佐人者，其姓名、住居所。

三、主文、事實及理由。其係不受理決定者，得不記載事實。

四、附記如依本法規定得向法院起訴，其救濟方法、期間及其受理機關。

五、決定機關及其首長。

六、年、月、日。

前項決定書應送達復審人及委任代理人。

復審決定書附記提起行政訴訟期間錯誤時，應由法務部以通知更正之，並自更正通知送達之日起，計算法定期間。

復審決定書未依第一項第四款規定為附記，或附記錯誤而未依前項規定通知更正，致受刑人遲誤行政訴訟期間者，如自復審決定書送達之日起三個月內提起行政訴訟，視為於法定期間內提起。

第一百三十四條（假釋之訴訟救濟）

受刑人對於廢止假釋、不予許可假釋或撤銷假釋之處分不服，經依本法提起復審而不服其決定，或提起復審逾二個月不為決定或延長復審決定期間逾二個月不為決定者，應向監獄所在地或執行保護管束地之地方法院行政訴訟庭提起撤銷訴訟。

前項處分因已執行而無回復原狀可能或已消滅，有即受確認判決之法律上利益者，得提起確認處分違法之訴訟。其認為前項處分無效，有即受確認判決之法律上利益者，得提起確認處分無效之訴訟。

前二項訴訟之提起，應以書狀為之。

第一百三十五條（合併起訴之禁止與起訴不變期間）

前條訴訟，不得與其他訴訟合併提起，且不得合併請求損害賠償。

前條訴訟之提起，應於復審決定書送達後三十日之不變期間內為之。

復審逾二個月不為決定或延長復審決定期間逾二個月不為決定者，前條訴訟自該應為決定期限屆滿後始得提起。但自該應為決定期限屆滿後逾六個月者，不得提起。

第一百三十六條（訴訟救濟程序之準用）

第一百十一條第一項、第一百十三條、第一百十四條之規定，於第一百三十四條之訴訟準用之。

第一百三十七條（假釋辦理權限之委任）

法務部得將假釋之審查、維持、停止、廢止、撤銷、本章有關復審審議及其相關事項之權限，委任所屬矯正署辦理。

假釋係一種徒刑之執行制度，乃對於受徒刑之執行達一定期間之受刑人，因有足夠之事實，足資認定其業已改過遷善，乃附條件將之暫時釋放，該受刑人於釋放後如能繼續保持善行，在其所餘刑期內或在特定之期間內未經撤銷假釋者，則其尚未執行之剩餘刑期，在刑法上即視同業已執行。因此，假釋

在本質上為一種附條件釋放之行刑措施，一方面以附條件提前釋放鼓勵受刑人在監獄中改過遷善，另一方面則提前釋放受刑人出獄，進行非機構性處遇，使徒刑之執行更能實現受刑人再社會化之目的（林山田，民79）。

假釋制度始自1790年間，菲力浦氏（Captain Arithur Philip）在澳洲試行對行狀善良，作業成績良好之人犯赦免刑期之附條件釋放。因此，假釋原先即帶有恩赦之性質。然由於後來之發展，與計點制度及階級制度結合，假釋似係因受刑人自己在刑期執行中努力表現而獲得之成果，遂亦有認為假釋乃受刑人之權利而非國家賦予之恩典之說法出現。如義大利在1975年監獄法修正後，將假釋由恩典性質，改為受刑人之權利，假釋係依受刑人之希望而提出申請即為一例。惟目前大多數採行假釋制度之國家，基本上仍然認為假釋係屬於恩惠性質，並非受刑人之權利。依我國假釋制度，假釋係由監獄提報，受刑人無權申請，亦係採用假釋為一種恩惠性、例外性措施之設計。

假釋制度，有刑罰學者認為係違背法治國罪刑法定主義之原則，有悖於報應之原理與一般預防之刑罰目的，且受刑人是否悛悔本即觀察不易，因此，認為應加廢止，以示刑罰之公平性。惟從刑事政策之觀點而言，假釋制度配合累進處遇制度之採用，具有積極鼓勵受刑人改善之作用，且可救濟長期自由刑之缺失，匡正法官量刑不當，發揮中間過渡監獄之效果，並可達到疏解監獄擁擠、貫徹刑罰經濟之目的，仍不失為一有價值之行刑制度。為避免產生刑罰學者所顧慮之公平性問題，辦理假釋事件，應注意刑法、少年事件處理法、行刑累進處遇條例及其他法令有關假釋之規定。且為尊重矯正專業，法務部依監獄行刑法第137條，得將假釋之審查、維持、停止、廢止、撤銷、本章有關復審審議及其相關事項之權限，委任所屬矯正署辦理。

第一節　假釋之要件

假釋既係在受刑人刑期未屆滿前，暫時予以釋放出獄，以類似行政裁量之方式對法院所宣告刑罰之執行期間，加以縮短，則相當於刑罰制度中之相對不定期刑。為避免受到不當之干預，導致不公平現象，並彰顯假釋乃配合累進處遇制度之精神，以鼓勵受刑人積極向善為目的，因此，制度上之設計，監獄必須在受刑人符合法定之要件時，始得為假釋之陳報。依刑法第77條、第79條之

1、少年事件處理法第81條、監獄行刑法第115條、行刑累進處遇條例第75條、第76條及其施行細則第56條、第57條、少年矯正學校設置及教育實施通則第33條之1規定,受刑人假釋須符合如下要件:

壹 形式要件

一、須受徒刑之執行

假釋以受徒刑之執行為前提,徒刑包括無期徒刑與有期徒刑。但亦有無期徒刑無假釋規定之國家,如德國。至於死刑剝奪受刑人之生命,拘役、易服勞役執行時間甚短,均無假釋之適用。

二、執行須達一定之期間

受刑人是否得予以假釋,應經過相當期間之行狀考核。至於多長之期間始謂相當,審諸各國立法例,類皆以採明定期限與規定執行刑期百分比之混合形式為多,我國亦採此種形式而為規定:

（一）一般受刑人無期徒刑須執行逾二十五年、有期徒刑逾二分之一、累犯逾三分之二（刑法第77條第1項）。二以上徒刑併執行者,第77條所定最低應執行之期間,合併計算之（刑法第79條之1第1項）。前項情形,併執行無期徒刑者,適用無期徒刑假釋之規定;二以上有期徒刑合併刑期逾四十年,而接續執行逾二十年者,亦得許假釋,但有刑法第77條第2項第2款之情形者,亦即犯最輕本刑五年以上有期徒刑之罪之累犯,於假釋期間,受徒刑之執行完畢,或一部之執行而赦免後,五年以內故意再犯最輕本刑為五年以上有期徒刑之罪者,不在此限（刑法第79條之1第2項）。經撤銷假釋執行殘餘刑期者,無期徒刑於執行滿二十五年,有期徒刑於全部執行完畢後,再接續執行他刑,不適用合併計算執行期間之規定（刑法第79條之1第5項）。

（二）少年受刑人無期徒刑執行逾七年,有期徒刑逾三分之一（少年事件處理法第81條）。

（三）有期徒刑之執行須滿六個月（刑法第77條第2項第1款）。

此之執行應實際在監執行,不含羈押折抵刑期之日數。執行無期徒刑者,其羈押日數超過一年者,則計入執行期間內（刑法第77條第3項）。

三、無累犯故意再犯罪致不得假釋之情形

有刑法第77條第2項第2款之情形者，亦即犯最輕本刑五年以上有期徒刑之罪之累犯，於假釋期間，受徒刑之執行完畢，或一部之執行而赦免後，五年以內故意再犯最輕本刑為五年以上有期徒刑之罪者，不得假釋。

貳　實質要件

一、須累進處遇已進至二級以上

（一）第一級受刑人：合於法定假釋條件者，應速報請假釋（行刑累進處遇條例第75條）。

（二）第二級受刑人：已適於社會生活，而合於法定假釋之規定者，得報請假釋（行刑累進處遇條例第76條）。

二、須悛悔向上

悛悔向上，必須有實據可資認定。我國對受刑人悛悔實據之認定如下：

（一）一般受刑人最近三個月內教化、作業、操行各項分數，均應在三分以上（行刑累進處遇條例施行細則第57條）。

（二）少年受刑人最近三個月內教化分數應在四分以上，操行分數在三分以上，作業分數在二分以上（行刑累進處遇條例施行細則第57條）。

（三）和緩處遇受刑人不堪作業者，最近三個月內教化、操行分數應在三分以上，作業分數在二分以上（監獄行刑法第20條）。

三、犯特定罪之受刑人須經輔導或治療，具有成效

犯刑法第91條之1所列之罪，於徒刑執行期間接受輔導或治療後，經鑑定、評估其再犯危險未顯著降低者，不得假釋（刑法第77條第2項第3款）。因此，報請假釋時，接受強制身心治療或輔導教育之受刑人，應附具曾受治療或輔導之紀錄及個案自我控制再犯預防成效評估報告，如顯有再犯之虞，不得報請假釋（監獄行刑法第115條第2項）。至於其強制身心治療或輔導教育之處理程序、評估機制及其他相關事項之辦法，依監獄行刑法第115條第3項之規定，由法務部定之，法務部即依此訂定「妨害性自主罪與妨害風化罪受刑人強制身心治療及輔導教育實施辦法」（以下簡稱辦法）公布施行。其重點摘述如

下：

（一）充實各項相關設施與資源（辦法第4條）

執行機關應充實各項相關設施與資源，以符合辦理強制身心治療或輔導教育之專業需求。

（二）陳報實施計畫之期程（辦法第5條）

執行機關應訂定受刑人強制身心治療及輔導教育實施計畫報請監督機關核定，並將辦理情形每年報請監督機關備查。

（三）業務委辦與執行人員訓練（辦法第6條）

執行機關得委由下列機構、團體或個人實施受刑人輔導教育（第1項）：

1. 經中央衛生主管機關公告醫院評鑑合格設有精神科門診或精神科病房。
2. 經中央衛生主管機關公告精神科醫院評鑑合格者。
3. 領有醫事、社工相關專業證照之人員。
4. 具有性侵害犯罪防治實務經驗之專業人員。
5. 經政府立案且具性侵害犯罪防治實務經驗之機構、團體。

執行機關得委由前項第1款至第3款之機構或個人實施受刑人強制身心治療（第2項）。執行強制身心治療或輔導教育處遇之人員，應依中央性侵害犯罪防治主管機關所定之性侵害犯罪加害人身心治療及輔導教育處遇人員訓練課程基準，完成相關教育訓練（第3項）。

（四）受刑人移送執行機關（辦法第7條）

監獄無相應之資源施以強制身心治療或輔導教育時，應於下列期間內報請監督機關核定後，將受刑人移至經核定之執行機關辦理：

1. 入監後，符合刑法第77條所定假釋條件前二年六個月。
2. 入監後，刑期將屆滿前二年六個月。

（五）各評估小組之組成（辦法第8條）

執行機關應成立篩選評估小組、治療評估小組及輔導評估小組（第1項）。

1. 篩選評估小組：由執行機關副首長或秘書、教化、醫事或社工人員計三

人，及精神科專科醫師、心理師、社會工作師、觀護人、少年保護官、法律或犯罪防治專家學者、犯罪被害人保護團體人員計四人組成之，其中任一性別委員不得少於三分之一，並由副首長或秘書擔任主席，定期或遇案召開會議，以篩選受刑人須受強制身心治療或輔導教育之處遇（第2項）。

2. 治療評估小組：由執行機關遴聘精神科專科醫師、心理師、社會工作師、觀護人、少年保護官、特殊教育、犯罪防治、專業醫事人員及監獄管教人員至少七人以上組成，其中任一性別委員不得少於三分之一，並由該小組委員推選主席，定期或遇案召開會議，以評估實施身心治療之成效（第3項）。

3. 輔導評估小組由執行機關副首長或秘書、管教人員計三人，精神科專科醫師、心理師、社會工作師、觀護人、少年保護官、特殊教育、犯罪防治、專業醫事人員計四人組成之，其中任一性別委員不得少於三分之一，並由副首長或秘書擔任主席，定期或遇案召開會議，以評估實施輔導教育之成效。

前三項之小組委員，由執行機關遴聘，任期一年，期滿得續聘之，並報請監督機關備查（第4項）。

（六）各評估小組會議之召開（辦法第9條）

1. 篩選評估會議

執行機關應於對受刑人施以強制身心治療或輔導教育前二個月召開篩選評估會議，並參酌受刑人之犯行、在機關情狀、家庭成長背景、人際互動關係、就學歷程、生理與精神狀態或治療及其他相關資料進行評估（第1項）。

2. 治療評估或輔導評估小組會議

前項篩選評估完成後，執行機關至遲應於符合刑法第77條假釋條件或刑期將屆滿前二年，開始對受刑人施以強制身心治療或輔導教育，每月不得少於二小時。每屆滿一年應至少評估成效一次為原則，至通過強制身心治療或輔導教育為止（第2項）。治療評估或輔導評估小組開會時，應參酌受刑人之犯行、在機關情狀、治療或輔導成效、再犯危險程度、社會網絡保護因子、受刑人陳述意見及其他相關資料進行評估，參與治療或輔導人員並應列席報告個案治療或輔導狀況（第3項）。

前三項之評估結果，如有事實足認得予變更者，應遇案召開前條各該評估小組會議決議變更之（第4項）。前四項評估及變更之結果，應附理由以書面通知受刑人（第5項）。

（七）提報假釋或聲請刑後強制治療（辦法第10條）

1. 提報假釋：辦理受刑人假釋案件，應附具曾受強制身心治療或輔導教育之紀錄及個案自我控制再犯預防成效評估報告，並由治療評估或輔導評估小組會議認定其再犯危險已顯著降低者，始得提報假釋（第1項）。

2. 受刑人依本法第140條第1項規定，經治療評估或輔導評估小組會議認有再犯之危險，而有施以強制治療之必要者，執行機關應將鑑定、評估報告及其他相關資料，送請該管檢察署檢察官，向法院聲請出監後強制治療之宣告（第2項）。

（八）落實資料轉銜，並加強機關聯繫（辦法第11條）

執行機關應依性侵害犯罪防治法第20條第6項授權訂定之性侵害犯罪加害人身心治療及輔導教育辦法第6條第2項規定，落實受刑人釋放前資料轉銜，並加強與地方性侵害犯罪防治主管機關聯繫。

對於性暴力之犯罪，為避免其再犯，可否將之去勢或化療，因我國尚無相關規定，故引起廣泛之討論。所謂去勢（Castration），即使其失去生殖能力、喪失性慾，與結紮完全不同。去勢一般係指以外科手術之方法，將男性睪丸摘除；另外亦可使用注射或口服抑制睪丸素分泌之藥物來達到去勢之效果者，稱為化療或化學去勢（Chemical Castration）。二次大戰前，芬蘭、瑞典、挪威、丹麥、德國有明定去勢之保安處分，二次大戰後，聯合國發表世界人權宣言，禁止不人道或屈辱性之處遇或刑罰，因此有些國家隨之廢止。1997年5月20日，美國德克薩斯州州長布希，簽署一項對兒童性侵害之連續犯或累犯，於自願之情形下，接受化學去勢之法案，目前加拿大和美國佛羅里達、密西根、麻薩諸塞、華盛頓等州亦考慮跟進。對於去勢或化療，一般贊成及反對之理由，歸納如下：

（一）贊成理由

1. 因性變態在原因論上尚無定論，且治癒可能性不大，在無可奈何下，不得已用去勢方式消除或降低妨害風化人犯所造成之傷害，或可收一勞永

逸之效果。

2. 女權原則：強暴犯是否去勢，牽涉到基本人權，更是女權之問題，因被害人九成以上為婦女，所以婦女應有更大之發言權，基此原則，婦女大部分贊成去勢之發言應予尊重。

3. 正義原則：不能只顧犯罪人之人權「大勢」，而不顧被害人之人權「大節」。

4. 治療原則：使犯罪人不能再犯，是一種治療或矯正之行為，所以並非一定要去勢，化學治療也可作為方法之一。

5. 預防原則：經過一定程序而達去勢或化療之人犯，必須建立資料，管制追蹤，使其不再犯罪，所以具有一般預防及特別預防之功效。

（二）反對理由

1. 貿然做消除性能力之處理，不論是去勢或化療，不合人道之要求。

2. 性能力可以藉去勢或化療加以消除，但如果其心理或精神方面之疾病不能治癒，日後其犯罪型態，可能會發生道高一尺，魔高一丈之情形。

3. 目前無論醫學或刑罰學，對於該類人犯之矯正，大都持治療之角度來對待，去勢或化療是否是一種治療或矯正，還是一種應報主義之做法，因為大家可能會認為去勢或化療充其量僅能說是一種應報身體刑之刑罰，而成為開時代倒車之做法。

4. 性暴力犯罪者之犯罪工具，未必一定是生殖器官，所以去勢或化療不能解決性犯罪之問題，只能說是一種消除犯罪工具之做法，但不能消除對女性之攻擊侵害行為。又犯罪工具之消除，就統計學之觀點而言，務必要達到一定之量後，才能看出其功效。但環觀世界各國，即使有實施去勢或化療之國家，但其執行之人數仍微乎其微，所以威嚇主義之功效遠大於實質之意義，且是否成功尚不可得知。

依我國目前之立法例言，僅「精神衛生法」有制定關於外科注射荷爾蒙手術之規定，但適用之範圍僅限於精神異常者，與刑法直接明定對性暴力犯罪者予以去勢或化療無關。為有效遏止性暴力犯罪，似可研究提升「妨害性自主罪與妨害風化罪受刑人強制身心治療及輔導教育實施辦法」之位階，配合「精神衛生法」，將去勢或化療之實施標準及方式列於其中。如此，對於性暴力犯罪人之處遇，將有由接收、篩選、診斷、治療、去勢或化療、假釋或出獄、追蹤或輔導等一系列之方法來對付，此一方式也較符合矯正之概念。不過由於醫師

難求，於監獄內實施，相關醫療問題仍有待克服。

參 程序要件

依監獄行刑法第115條第1項，監獄對於受刑人符合假釋要件者，應提報其假釋審查會決議後，報請法務部審查。另依監獄行刑法第119條第3項，第115條陳報假釋之程序、文件資料，與第1項假釋審查會委員任期、召開方式、審議要項、委員迴避、釋放程序及其他相關事項之辦法，由法務部定之。法務部即依此訂定「受刑人假釋實施辦法」（以下簡稱辦法）公布實施。

一、應提報假釋審查會決議

（一）假釋審查會之設置

依監獄行刑法第119條第1項，監獄應設假釋審查會，置委員七人至十一人，除典獄長及其指派監獄代表二人為當然委員外，其餘委員由各監獄遴選具有心理、教育、法律、犯罪、監獄學、觀護、社會工作或相關專門學識之人士，報請監督機關核准後聘任之。其中任一性別委員不得少於三分之一。

1. 組成

依辦法第5條，假釋審查會除典獄長及其指派監獄代表二人為當然委員外，其餘委員為外聘委員。除典獄長外，其餘當然委員因職務異動或有其他原因致無法行使職務時，典獄長得另指派適當人選擔任之（第1項）。外聘委員任期一年，均為無給職，期滿得續聘之。但有不適任或無法行使職務時，監獄得隨時報請監督機關核准後解聘，另行遴選適當人員依本法規定辦理補聘之，補聘委員之任期至原委員任期屆滿之日為止（第2項）。

2. 會議方式

依辦法第6條，假釋審查會由典獄長擔任召集人並任主席，所需工作人員就機關員額內派兼之，並得請承辦假釋人員或其他相關人員列席說明（第1項）。召集人不能主持會議時，由出席委員互推一人擔任主席（第2項）。

依辦法第7條，假釋審查會每月至少舉行一次。必要時，得增加次數（第1項）。假釋審查會須有全體委員過半數出席，始得開會。但本法

第120條第1項有關維持或廢止假釋之案件，應有四分之一之委員出席（第2項）。假釋審查之決議採無記名投票方式，由出席委員過半數同意行之（第3項）。其他事項之決議，由出席委員過半數同意行之；可否同數時，取決於主席（第4項）。前二項之決議，應作成紀錄備查（第5項）。

3. **委員迴避**

依辦法第8條，假釋審查會委員於假釋案件有下列情形之一者，應自行迴避，不得參與決議：(1)現為或曾為受刑人之配偶、四親等內血親、三親等內姻親或家長、家屬。(2)現為或曾為受刑人之代理人、辯護人或輔佐人。(3)現為或曾為受刑人之被害人、被害人之配偶、四親等內血親、三親等內姻親或家長、家屬（第1項）。有具體事實足認假釋審查會委員就假釋案件有偏頗之虞者，受刑人應舉其原因及事實，向假釋審查會申請迴避（第2項）。前項申請，由假釋審查會決議之，並作成紀錄。監獄應將決議要旨以書面通知受刑人（第3項）。受刑人不服第2項申請經假釋審查會之駁回決定者，僅得於對實體決定提起復審或行政訴訟時，一併聲明不服（第4項）。假釋審查會主席明知當然委員或外聘委員有第一項情形不自行迴避，且未經受刑人申請迴避者，應依職權命其迴避（第5項）。依第1項及第5項規定迴避之委員，不計入該假釋案件之出席委員人數，並作成紀錄（第6項）。

4. **決議及保密**

依辦法第9條，假釋審查會委員對假釋案件，應參酌第3條及第4條有關事項，綜合判斷受刑人悛悔情形，並作成決議（第1項）。出席委員、工作人員及列席人員，對於會議討論事項、決議內容、被害人身分及其意見，應確實保密（第2項）。

5. **少年受刑人之準用**

少年矯正學校設置及教育實施通則第33條之1亦規定，少年矯正學校設假釋審查委員會，置委員七人至十一人，除校長、訓導主任、輔導主任為當然委員外，其餘委員由校長報請法務部核准後，延聘心理、教育、社會、法律、犯罪、監獄學等學者專家及其他社會公正人士擔任之（第1項）。關於學生（少年受刑人）之假釋事項，應經假釋審查委員會之決議（第2項）。依辦法第16條，於少年矯正學校執行之少年受刑人，其假釋之實施，除少年矯正學校設置及教育實施通則另有規定外，得準

用該辦法之規定。

（二）分監假釋審查之委託

依監獄行刑法第119條第2項，監獄得將所設分監受刑人假釋案件審查之事項，委託該分監所在之矯正機關辦理。依辦法第15條，監獄依本法第119條第2項規定委託辦理假釋案件之矯正機關，由該受委託機關之首長擔任假釋審查會召集人，並準用本辦法之規定。

（三）假釋審查參考基準

假釋審查，依監獄行刑法第116條，應參酌受刑人之犯行情節、在監行狀、犯罪紀錄、教化矯治處遇成效、更生計畫及其他有關事項，綜合判斷其悛悔情形（第1項）。法務部應依前項規定內容訂定假釋審查參考基準，並以適當方式公開之（第2項）。

目前依法務部訂定之「受刑人假釋實施辦法」規定，監獄應將受刑人假釋審查資料填載於假釋報告表及交付保護管束名冊，並提報假釋審查會審議（辦法第2條）。有關受刑人假釋審查資料，應包含下列事項（辦法第3條第1項）：

1. 犯行情節：(1)犯罪動機。(2)犯罪方法及手段。(3)犯罪所生損害。
2. 在監行狀：(1)平日考核紀錄。(2)輔導紀錄。(3)獎懲紀錄。
3. 犯罪紀錄：(1)歷次裁判摘要或紀錄。(2)歷次執行刑罰及保安處分紀錄。(3)撤銷假釋或緩刑紀錄。
4. 教化矯治處遇成效：(1)累進處遇各項成績。(2)個別處遇計畫執行情形。(3)參與教化課程或活動、職業訓練及相關作業情形。
5. 更生計畫：(1)出監後有無適當工作或生活之計畫。(2)出監後有無謀生技能。(3)出監後有無固定住居所或安置處所。
6. 其他有關事項：(1)接見通信對象、頻率及家庭支持情形。(2)同案假釋情形。(3)對犯罪行為之實際賠償或規劃、及進行修復情形。(4)對宣告沒收犯罪所得之繳納或規劃情形。(5)被害人或其遺屬之陳述意見。(6)受刑人之陳述意見。(7)其他有關受刑人執行事項。

前項第6款第5目之當事人（被害人或其遺屬）有數人時，如不能或無法取得其全部之陳述者，得僅由其中一人或數人為之（辦法第3條第2項）。

假釋審查委員會對假釋案件，應就管教小組及教化科或訓導處之意見、受

刑人在執行中之有關事項並參酌受刑人假釋後社會對其觀感詳為審查，認為悛悔有據，始得決議辦理假釋。假釋審查委員會須有全體委員過半數之出席始得開會；對受刑人假釋審查之決議，採無記名投票方式，由出席委員過半數之同意為通過。惟由於目前假釋審查委員會投票時，各委員只能採取主觀評估法預估受刑人再犯之可能性。但根據社會科學之研究結果，主觀評估法在預測再犯之精確性，大多遜於客觀之統計預測法，倘假釋審查委員除採取主觀評估法外，再參酌客觀之再犯預測表，當能使假釋審查更為精確，整體再犯率一定會降低。因此，法務部應儘速委託學術單位進行再犯預測研究，訂定再犯預測表，或依據國內外再犯研究結果訂定再犯預測參考指標，函發各監獄供假釋審查委員會審查假釋案件之參考。同時亦可作為受刑人分監管理與分類處遇之依據（林茂榮，民89）。

（四）給予受刑人陳述意見與提供其資料

監獄召開假釋審查會前，依監獄行刑法第117條，應以適當之方式給予受刑人陳述意見之機會（第1項）。受刑人得向監獄請求閱覽、抄錄、複製假釋審查相關資料。但所涉資料屬政府資訊公開法第18條第1項或檔案法第18條所定情形者，不在此限（第2項）。陳述意見，依辦法第4條，得以言詞或書面方式為之，並得委任律師或輔佐人行之（第1項）。前項以言詞之陳述，得以影音、視訊、電話或其他方式為之，並作成紀錄。其紀錄經向陳述人朗讀或使閱覽確認其內容無誤後，由陳述人簽名或捺印；拒絕簽名或捺印者，應記明其事由；陳述人對紀錄有異議者，應更正之（第2項）。

二、由監獄檢附相關資料報請法務部審查

法務部依刑法第77條之規定，為假釋之核准機關。監獄（含少年矯正學校）對於受刑人符合假釋要件者，依監獄行刑法第115條，提報假釋審查會決議後，報請法務部審查（第1項）。依刑法第77條第2項第3款接受強制身心治療或輔導教育之受刑人，應附具曾受治療或輔導之紀錄及個案自我控制再犯預防成效評估報告（第2項）。

三、由法務部依審查結果處置

依監獄行刑法第118條規定，法務部參酌監獄依第115條第1項陳報假釋之決議，應為如下處置（第1項）：

（一）作成許可假釋或不予許可假釋之處分

依監獄行刑法第118條規定，經法務部不予許可假釋之處分案，除進級者外，監獄應逾四月始得再行陳報。但該受刑人嗣後獲第84條第1項第5款至第7款所列之獎勵者，監獄得提前一個月陳報（第2項）。此所稱逾四月，依辦法第11條，指以監獄陳報假釋案件之當月為計算基礎。假釋案件經法務部不予許可時，依同辦法第12條，監獄應速將處分書交由受刑人親自收受，並製作書面文件供受刑人簽名及載明收受日期。

（二）通知補正或退回

如認原決議所載理由或所憑資料未臻完備，得通知監獄再行補正，其不能補正者，得予退回。對於退回之假釋案件，依辦法第10條，監獄於完備理由或資料後，應重新辦理假釋審議程序。

第二節　假釋之期間與效力

壹　假釋期間

一、期間之計算

（一）無期徒刑為假釋後滿二十年，有期徒刑為所餘刑期（刑法第79條第1項）。合併計算執行期間而假釋者，假釋期間亦合併計算之（刑法第79條之1第3項）。合併計算後之期間逾二十年者，準用無期徒刑假釋之規定（刑法第79條之1第4項）。

（二）假釋中另受刑之執行或羈押或其他依法拘束自由之期間，不算入假釋期內。但不起訴處分或無罪判決確定前曾受之羈押或其他依法拘束人身自由之期間，不在此限（刑法第79條第2項）。

二、期間之記載

本法第138條第3項假釋證書內容，應記載受刑人姓名、身分證明文件字號、許可假釋日期文號、假釋起訖期間及其他經指定之內容（監獄行刑法施行細則第55條第1項）。

三、期間之交付保護管束

　　假釋出獄者，在假釋中付保護管束（刑法第93條第2項）。受刑人經假釋出獄，在假釋期間內，應遵守保護管束之規定（監獄行刑法第82條）。受保護管束人在保護管束期間內，應遵守下列事項（保安處分執行法第74條之2）：

（一）保持善良品行，不得與素行不良之人往還。

（二）服從檢察官及執行保護管束者之命令。

（三）不得對被害人、告訴人或告發人尋釁。

（四）對於身體健康，生活情況及工作環境等，每月至少向執行保護管束者報告一次。

（五）非經執行保護管束者許可，不得離開受保護管束地，離開在十日以上時，應經檢察官核准。

貳　假釋效力

　　假釋期滿，其假釋未經撤銷者，其未執行之刑，應如何處理，依世界各國之立法例觀之，均直接或間接規定，以已執行論。我國刑法亦作如是規定，在無期徒刑假釋後滿二十年，或在有期徒刑所餘刑期內未經撤銷假釋者，其未執行之刑，以已執行論。但依刑法第78條第1項撤銷假釋者，不在此限（刑法第79條第1項但書）。

第三節　假釋之撤銷與廢止

壹　假釋之撤銷

　　受刑人假釋出獄後更犯罪或違反保護管束有關規定，足見其惡性復萌，與假釋之原意相違，自當撤銷其假釋，此為各國刑法之共同規定。惟其撤銷，在各國之立法例上類分成應撤銷與得撤銷兩種，而大部分國家均採取兩者彈性運用之方式加以規定，我國刑法亦然。分述如下：

一、應撤銷之規定

假釋中因故意更犯罪，受有期徒刑以上刑之宣告者，於判決確定後六月以內，撤銷其假釋。但假釋期滿逾三年者，不在此限（刑法第78條第1項）。

二、得撤銷之規定

假釋出獄者，違反保安處分執行法第74條之2規定之應遵守事項情節重大時，典獄長得報請撤銷假釋（保安處分執行法第74條之3第2項）。

假釋撤銷後，其出獄日數不算入刑期內（刑法第78條第2項），受刑人應回監執行殘餘刑期。

依監獄行刑法施行細則第51條，監獄辦理維持或廢止受刑人假釋中，發現已有刑法第78條（假釋中再犯罪判處徒刑確定）或保安處分執行法第74條之3（違反保護管束規定且情節重大）所定應撤銷或得撤銷假釋之情形者，應僅辦理撤銷假釋，其餘不予以處理。

貳　假釋之維持或廢止

依刑事訴訟法第477條第1項規定，對於數罪併罰案件，在核准假釋後或假釋執行中，發現為二以上裁判或受赦免者，由最後事實審檢察官聲請法院裁定更定其刑。經更定其刑，致刑期有增加或減少之情事，核准假釋機關即應重新審核假釋，如仍符合假釋條件者，原經核准之假釋仍予維持；如不符合假釋條件者，應廢止原經核准之假釋。另矯正機關針對受刑人獲准假釋後，未出監前，發生重大違背紀律情事，亦得報請法務部廢止假釋。有關假釋之維持或廢止，分述如下：

一、出監後刑期變更

（一）應經假釋審查會決議

假釋出監受刑人刑期變更者，依監獄行刑法第120條第1項，監獄於接獲相關執行指揮書後，應依刑法第77條規定重新核算，並提報其假釋審查會決議後，報請法務部辦理維持或廢止假釋。另依同法施行細則第52條，如新併入之刑期有本法第115條第2項不得報請假釋之情形者，應層報法務部廢止原假釋。

（二）辦理維持或廢止假釋

依監獄行刑法第120條第2項規定，前項經維持假釋者，監督機關應通知該假釋案犯罪事實最後裁判法院相對應檢察署向法院聲請裁定假釋中付保護管束；經廢止假釋者，由監獄通知原指揮執行檢察署辦理後續執行事宜。

（三）已執行保護管束日數之計算與折抵

依監獄行刑法第120條第3項規定，第1項情形，假釋期間已屆滿且假釋未經撤銷者，已執行保護管束日數全部計入刑期；假釋尚未期滿者，已執行保護管束日數，應於日後再假釋時，折抵假釋及保護管束期間。另依同法施行細則第53條，假釋尚未期滿之情形，嗣後再假釋時，監獄應將原執行指揮書所載前案假釋已執行保護管束日數相關文件，通知嗣後執行保護管束機關辦理折抵假釋及保護管束期間。

二、未出監前重大違背紀律

（一）停止假釋之先行保全程序

受刑人於假釋核准後，未出監前，發生重大違背紀律情事，依監獄行刑法第120條第4項前段，監獄應立即報請法務部停止其假釋處分之執行。所稱未出監前，依同法施行細則第54條，指受刑人尚未離開監獄而言，包含在監內接續執行拘役或罰金易服勞役等刑罰，尚未出監者；所稱發生重大違背紀律情事，指受刑人發生依本法第86條第1項所定妨害監獄秩序或安全之行為，經依同條第1項第4款規定，受移入違規舍之懲罰。

（二）廢止假釋應經假釋審查會決議

依監獄行刑法第120條第4項後段，並即提報假釋審查會決議後，再報請法務部廢止假釋，如法務部不同意廢止，停止假釋之處分即失其效力。

（三）停止假釋處分之併同救濟

受刑人不服停止假釋處分時，依監獄行刑法第120條第5項，僅得於對廢止假釋處分聲明不服時一併聲明之。

第四節　假釋之復審與訴訟救濟

依司法院釋字第691號解釋意旨，行政機關不予假釋之決定具有行政行為之性質，受刑人對於假釋相關處分不服等爭議，應循行政訴訟途徑予以救濟。因此，為保障受刑人權益，受刑人不服法務部假釋處分之救濟途徑，可循復審與訴訟救濟方式行之。

壹　假釋之復審

一、復審之條件

受刑人對於監獄行刑法第120條廢止假釋及第118條不予許可假釋之處分，如有不服，依第121條第1項規定，得於收受處分書之翌日起十日內向法務部提起復審。假釋出監之受刑人以其假釋之撤銷為不當者，亦同。因此，復審之條件為：

（一）受刑人不服廢止假釋及不予許可假釋之處分。

（二）假釋出監之受刑人以其假釋之撤銷為不當。

二、復審之對象

復審之對象，依監獄行刑法第121條規定，說明如下：

（一）原則：向法務部提起

受刑人得於收受處分書之翌日起十日內向法務部提起復審（第1項）。

（二）例外：向監獄提起

為免復審人誤向監獄提起復審，恐不合程序，致影響其復審權益，在監之復審人於第1項所定期間向監獄提起復審者，視為已在復審期間內提起復審（第3項）。

三、無停止執行之效力

依監獄行刑法第121條第2項規定，前項復審無停止執行之效力。

四、委任代理人與偕同輔佐人

（一）委任代理人

受刑人提起復審，依監獄行刑法第122條第1項，得委任律師為代理人行之，並應向法務部或法院提出委任狀。

（二）偕同輔佐人

受刑人或代理人經法務部或法院之許可，依監獄行刑法第122條，得偕同輔佐人到場（第2項）。法務部或法院認為必要時，得命受刑人或代理人偕同輔佐人到場（第3項）。前二項之輔佐人，法務部或法院認為不適當時，得撤銷其許可或禁止其陳述（第4項）。輔佐人所為之陳述，受刑人或代理人未立即提出異議者，視為其所自為（第5項）。

五、復審事件之處理

（一）設立復審審議小組

法務部為處理復審事件，依監獄行刑法第123條，應設復審審議小組，置委員九人，由法務部或所屬機關代表四人、學者專家或社會公正人士五人組成之，由部長指定之委員為主席。其中任一性別委員不得少於三分之一。

（二）填具復審書

復審，依監獄行刑法第124條，應填具復審書，並載明下列事項，由復審人簽名或捺印：

1. 復審人之姓名。有委任代理人或輔佐人者，其姓名、住居所。
2. 復審事實。
3. 復審理由。
4. 復審年、月、日。

復審審議小組認為復審書不合法定程式，而其情形可補正者，依監獄行刑法第125條，應通知復審人於五日內補正。

（三）復審審議小組會議

復審審議小組，依監獄行刑法第126條，須有全體委員過半數之出席，始得開會；其決議以出席人數過半數同意行之，可否同數時，取決於主席（第

1項）。復審審議小組會議決議時，迴避之委員不計入出席委員人數（第2
項）。

（四）復審審議小組委員之迴避

1. 自行迴避

復審審議小組委員於復審事件有下列情形之一者，依監獄行刑法第127
條第1項，應自行迴避，不得參與決議：

(1) 復審審議小組委員現為或曾為復審人之配偶、四親等內血親、三親
等內姻親或家長、家屬。

(2) 復審審議小組委員現為或曾為復審人之代理人、辯護人、輔佐人。

(3) 復審審議小組委員現為復審人、其申訴對象、或復審人曾提起申訴
之對象。

2. 申請迴避

有具體事實足認復審審議小組委員就復審事件有偏頗之虞者，依監獄
行刑法第127條第2項，復審人應舉其原因及事實，向復審審議小組申請
迴避。此項申請，由復審審議小組決議之（第3項）。不服復審審議小
組之駁回決定者，得於五日內提請法務部覆決，法務部除有正當理由
外，應於十日內為適當之處置（第4項）。復審人不服法務部所為覆決
決定，僅得於對實體決定提起行政訴訟時，一併聲明不服（第5項）。

3. 職權命其迴避

復審審議小組委員有依監獄行刑法第127條第1項情形不自行迴避，而未
經復審人申請迴避者，應由法務部依職權命其迴避（第6項）。

（五）復審之撤回

提起復審後，於決定書送達復審人前，依監獄行刑法第128條，復審人得
撤回之。復審經撤回者，不得就同一原因事實重行提起復審。

（六）復審處理期限

復審審議小組之決定，依監獄行刑法第129條，應自受理復審之次日起二
個月內為之（第1項）。前項期間，於依第125條通知補正情形，自補正之次日
起算。未為補正者，自補正期間屆滿之次日起算（第2項）。復審事件不能於
第1項期間內決定者，得予延長，並通知復審人。延長以一次為限，最長不得

逾二個月（第3項）。受刑人不服復審決定，或提起復審逾二個月不為決定，或延長復審決定期間逾二個月不為決定者，得依本法規定提起行政訴訟（第4項）。

（七）陳述意見

復審審議小組審議時，依監獄行刑法第130條，應通知復審人、委任代理人及輔佐人陳述意見，其陳述意見得以書面、影音、視訊、電話或其他方式為之（第1項）。前項以書面以外方式陳述意見者，應作成紀錄，經向陳述人朗讀或使閱覽確認其內容無誤後，由陳述人簽名或捺印；其拒絕簽名或捺印者，應記明其事由。陳述人對紀錄有異議者，應更正之。

六、復審之決定

（一）不受理之決定

復審有下列情形之一者，依監獄行刑法第131條，應為不受理之決定：
1. 復審內容非屬第121條之事項。
2. 提起復審已逾第121條所定期間。
3. 復審書不合法定程式不能補正，或經依第125條規定通知補正，屆期不補正。
4. 對於已決定或已撤回之復審事件，就同一原因事實重行提起復審。
5. 復審人非受第121條處分之當事人。
6. 原處分已撤銷或變更。

（二）復審決定之方式

為明確規範復審審議小組受理復審事件之決定方式，依監獄行刑法第132條，明定復審有理由及無理由時應為之決定：
1. 復審有理由：復審有理由者，應為撤銷或變更原處分（第1項）。
2. 復審無理由：復審無理由者，應為駁回之決定（第2項）。原處分所憑理由雖屬不當，但依其他理由認為正當者，應以復審為無理由（第3項）。

七、復審決定書

（一）法定格式

復審決定書，依監獄行刑法第133條第1項，應載明下列事項：
1. 復審人姓名、出生年月日、住居所、身分證明文件字號。
2. 有委任代理人或輔佐人者，其姓名、住居所。
3. 主文、事實及理由。其係不受理決定者，得不記載事實。
4. 附記如依本法規定得向法院起訴，其救濟方法、期間及其受理機關。
5. 決定機關及其首長。
6. 年、月、日。

（二）送達對象

復審決定書，依監獄行刑法第133條第2項，應送達復審人及委任代理人。

（三）起訴未為附記或附記錯誤之處理

復審決定書附記提起行政訴訟期間錯誤時，依監獄行刑法第133條，應由法務部以通知更正之，並自更正通知送達之日起，計算法定期間（第3項）。復審決定書未依第1項第4款規定為附記，或附記錯誤而未依前項規定通知更正，致受刑人遲誤行政訴訟期間者，如自復審決定書送達之日起三個月內提起行政訴訟，視為於法定期間內提起（第4項）。

貳　假釋之訴訟救濟

依司法院釋字第691號解釋意旨，行政機關不予假釋之決定具有行政行為之性質，受刑人對於廢止假釋、不予許可假釋或撤銷假釋之處分不服等爭議，應循行政訴訟途徑予以救濟。

一、行政訴訟之提起

（一）條件

1.撤銷訴訟

受刑人對於廢止假釋、不予許可假釋或撤銷假釋之處分不服，經依本法

提起復審而不服其決定，或提起復審逾二個月不為決定或延長復審決定期間逾二個月不為決定者，依監獄行刑法第134條第1項，應向監獄所在地或執行保護管束地之地方法院行政訴訟庭提起撤銷訴訟。

2. 確認處分違法或無效之訴訟

前項處分因已執行而無回復原狀可能或已消滅，有即受確認判決之法律上利益者，依監獄行刑法第134條第2項，得提起確認處分違法之訴訟。其認為前項處分無效，有即受確認判決之法律上利益者，得提起確認處分無效之訴訟。

（二）方式：應以書狀為之

前二項訴訟之提起，依監獄行刑法第134條第3項，應以書狀為之。

二、委任代理人與偕同輔佐人

（一）委任代理人

受刑人提起監獄行刑法第132條第1項之訴訟救濟，依監獄行刑法第122條第1項，得委任律師為代理人行之，並應向法務部或法院提出委任狀。

（二）偕同輔佐人

受刑人或代理人經法務部或法院之許可，依監獄行刑法第122條，得偕同輔佐人到場（第2項）。法務部或法院認為必要時，得命受刑人或代理人偕同輔佐人到場（第3項）。前二項之輔佐人，法務部或法院認為不適當時，得撤銷其許可或禁止其陳述（第4項）。輔佐人所為之陳述，受刑人或代理人未立即提出異議者，視為其所自為（第5項）。

三、合併提起之禁止

為避免各種訴訟，合併其他訴訟起訴，導致程序變換、繁冗，依監獄行刑法第135條第1項，限制前條訴訟，不得與其他訴訟合併提起，且不得合併請求損害賠償（亦即排除行政訴訟法第7條之適用）。

四、提起之不變期間

為維護法律秩序之安定，依監獄行刑法第135條規定，前條訴訟之提起，應於復審決定書送達後三十日之不變期間內為之（第2項）。復審逾二個月不

為決定或延長復審決定期間逾二個月不為決定者，前條訴訟自該應為決定期限屆滿後始得提起。但自該應為決定期限屆滿後逾六個月者，不得提起（第3項）。

五、提起訴訟相關規定之準用

有關監獄人員代作書狀、檢送卷宗證物及適用簡易訴訟程序、得不經言詞辯論及裁判書簡化等規定，於就廢止假釋、不予許可假釋或撤銷假釋處分所提之訴訟，有為相同規定之需要。因此，監獄行刑法第136條明定，第111條第1項、第113條、第114條之規定，於第134條之訴訟準用之。

第五節　縮短刑期與假釋

縮短刑期制度，係指將在監執行，行狀善良之受刑人，縮短其應執行之刑期，促其改悔向善之制度，又稱善時制（Good Time System）。善時制與假釋均基於同一理念而產生，惟仍有其相異之處，比較如下：

一、相同點

（一）兩者均以行政處分救濟長期自由刑。
（二）兩者均在鼓勵受刑人保持善行，改善更生。

二、相異點

（一）假釋有執行一定刑期之限制；善時制則無執行一定刑期之限制。
（二）假釋適用於有期徒刑及無期徒刑受刑人；善時制則僅適用於有期徒刑。
（三）假釋僅適用於二級以上之受刑人；善時制則適用於三級以上之一般受刑人，對外役監受刑人更無級別之限制。
（四）假釋受刑人釋放後應交付保護管束；因善時制提前出獄之受刑人無交付保護管束之規定。

善時制1817年發祥於美國紐約州之善時法，依該法監獄官對於刑期五年以下之受刑人，如在監表現良好且平均全年作業之純收益逾15美元以上時，即可縮短刑期四分之一，此法雖未付諸實行，然為其他各州所倣效，與假釋並行

採用。我國善時制則始於民國51年6月5日公布之外役監條例，起先僅限於外役監受刑人實施，直至64年修訂行刑累進處遇條例時，增訂第28條之1有關善時制之規定，並於69年12月1日再修訂，普遍推行於第三級以上之有期徒刑受刑人。有關我國善時制相關規定如下：

壹 適用之對象

一、一般監獄累進處遇進到第三級以上，每月成績在10分以上之有期徒刑受刑人（行刑累進處遇條例第28條之1）。
二、外役監受刑人（外役監條例第14條）。

貳 條件限制

一、一般受刑人（行刑累進處遇條例第28條之1）

（一）有期徒刑受刑人累進處遇至第三級以上。
（二）每月成績總分在10分以上。

二、外役監受刑人（外役監條例第14條）

（一）自遴選至外役監到監之翌月起。到監之當月仍依行刑累進處遇條例第28條之1之規定辦理縮短刑期。
（二）無工作成績低劣、不守紀律或降級處分之情形。

參 縮短刑期之日數

一、一般受刑人（行刑累進處遇條例第28條之1）

（一）第三級受刑人每執行一個月縮短刑期二日。
（二）第二級受刑人每執行一個月縮短刑期四日。
（三）第一級受刑人每執行一個月縮短刑期六日。

二、外役監受刑人（外役監條例第14條）

（一）第四級或未編級受刑人每月縮短刑期四日。

（二）第三級受刑人每執行一個月縮短刑期八日。

（三）第二級受刑人每執行一個月縮短刑期十二日。

（四）第一級受刑人每執行一個月縮短刑期十六日。

肆 應經程序（行刑累進處遇條例第28條之1、外役監條例第14條）

一、由累進處遇審查會審查通過提交監務委員會決議。

二、告知其本人並報法務部核備。

三、經縮短刑期執行期滿釋放時，由典獄長將受刑人實際服刑執行完畢日期，函知指揮執行之檢察官。

伍 縮短刑期之回復

一、一般受刑人依行刑累進處遇條例規定已縮短之刑期，不得回復。

二、外役監受刑人如工作成績低劣、不守紀律或受降級處分時，按其情節輕重，被解送其他監獄者，其前已縮短之日數，應全部回復之。此項處分，應經監務委員會決議後告知本人，並報請法務部核備（外役監條例第15條）。

三、外役監受刑人假釋經撤銷者，要將其在外役監執行時所縮短之刑期回復（外役監條例第15條）。

陸 縮短刑期之停止

一、受刑人違反紀律，得斟酌情形，於二個月內停止進級，並不計算分數，停止進級期間，不得縮短刑期（行刑累進處遇條例第69條）。

二、受刑人受降級處分者，自當月起，六個月內不予縮短刑期（行刑累進處遇條例第69條）。

三、外役監受刑人如工作成績低劣、不守紀律或受降級處分時，按其情節輕重，仍留外役監者，當月不縮短刑期（外役監條例第15條）。

柒　縮短刑期之效果

一、一般受刑人應執行刑期之日數已縮短之部分，即不必再執行。

二、外役監受刑人縮刑日數被回復者，仍要執行其已回復之縮刑日數。

三、受刑人經縮短應執行之刑期者，其累進處遇及假釋，應依其縮短後之刑期計算（行刑累進處遇條例第28條之1、外役監條例第16條）。

本章研究問題

1. 請依監獄行刑法及相關法令之規定詳述假釋之意義、功能及其要件。（民99第二次司法三等）

2. 受刑人經遴選至外役監執行者，依規定如何縮短其刑期？（民88薦任升等、民90年委任升等）

3. 「縮短刑期制度」與「假釋制度」之意義為何？根據監獄行刑法與相關法令之規定，二者有何相異之處？（民104司法三等）

第十四章 釋放及保護

【條文大意】

第一百三十八條（釋放之時間）

執行期滿者，應於其刑期終了之當日午前釋放之。

核准假釋者，應於保護管束命令送交監獄後二十四小時內釋放之。但有移交、接管、護送、安置、交通、銜接保護管束措施或其他安全顧慮特殊事由者，得於指定日期辦理釋放。

前項釋放時，由監獄給與假釋證書，並告知如不於特定時間內向執行保護管束檢察署檢察官報到，得撤銷假釋之規定，並將出監日期通知執行保護管束之機關。

受赦免者，應於公文到達後至遲二十四小時內釋放之。

第一百三十九條（保護扶助事項調查）

釋放後之保護扶助事項，除法規另有規定外，應於受刑人執行期滿出監前或提報假釋前先行調查，必要時，得於釋放前再予覆查。

第一百四十條（刑後強制治療）

受刑人依刑法第九十一條之一或性侵害犯罪防治法第二十二條之一規定，經鑑定、評估，認有再犯之危險，而有施以強制治療之必要者，監獄應於刑期屆滿前四月，將受刑人應接受強制治療之鑑定、評估報告等相關資料，送請該管檢察署檢察官，檢察官至遲應於受刑人刑期屆滿前二月，向法院聲請出監後強制治療之宣告。

前項強制治療宣告之執行，應於監獄以外之適當醫療機構為之。

第一項受刑人實際入監執行之刑期不足六月，無法進行評估者，監獄應檢具相關資料通知其戶籍所在地之直轄市、縣（市）主管機關，於受刑人出監後依性侵害犯罪防治法第二十條規定辦理。

第一百四十一條（釋放時之準備及保護事項）

為釋放時，應斟酌被釋放者之健康，並按時令使其準備相當之衣類及出獄

旅費。

　　前項衣類、旅費不敷時，監獄應通知當地更生保護團體或相關團體斟酌給與之。

第一百四十二條（釋放前之通知）

　　釋放衰老、重病、身心障礙不能自理生活之受刑人前，應通知家屬或受刑人認為適當之人來監接回。無法通知或經通知後拒絕接回者，監獄應檢具相關資料通知受刑人戶籍所在地直轄市、縣（市）社會福利主管機關辦理轉介安置或為其他必要之處置。

　　依其他法規規定於受刑人釋放前應通知相關個人、法人、團體或機關（構）者，監獄應依規定辦理。

　　受刑人既係依法入監服刑，則其於執行期滿、假釋或赦免出監時，自應依法經一定手續，驗明正身，始得釋放。且受刑人釋放後，社會對其所負之責任並不因而終止，「聯合國在監人處遇最低標準規則」第64條指出：「應由公私團體對於獲釋者予以得力之保護，減少社會之歧視，並助其適應社會生活。」蓋受刑人出獄後，如無社會之各種接續輔導協助，勢必使監獄矯治成果功虧一簣，基於社會防衛及特別預防之理念，必須有接續監獄執行之更生保護制度，協助其回歸社會正常生活。「聯合國在監人處遇最低標準規則」第81條指出：「一、服務團體，無論為政府機構與否，凡以協助被釋放人重建社會關係為其任務者，在可能及必要範圍內，應注意使被釋放者獲得相當文件及身分證件，且使其有合宜之居所、工作處所，衣服足以適應氣候季節，有足夠之川資以抵達其安頓處所，並維持其甫經開釋期內之生活費用。二、上述機構之正式代表，應獲准與刑事執行機構及受執行人發生一切必要之接觸，以期於每一受執行人開始執行之初，即能對其前途加以考慮。三、各服務團體機構之行動，宜儘量求其集中，或彼此協調，俾能發揮最大效用。」因此，監獄除應注意辦理各項出監手續外，並應做好與更生保護間銜接之工作，使出獄之受刑人得到妥善之照顧，不至於流離失所，而再度犯罪。

第一節　釋放

壹　釋放之原因與時間

受刑人釋放之原因與時間，依監獄行刑法第138條之規定如下：

一、執行期滿者

受刑人無論係因原應執行刑期期滿或因縮短刑期後刑期期滿，應於其刑期終了之當日午前釋放之（第1項）。所謂「當日午前」，指刑期終了日之凌晨零時以後中午十二時以前。

二、核准假釋者

受刑人經核准假釋者，應於保護管束命令送交監獄後二十四小時內釋放之。但有移交、接管、護送、安置、交通、銜接保護管束措施或其他安全顧慮特殊事由者，得於指定日期辦理釋放（第2項）。

由於監獄配合實務運作現況，並為使保護管束之執行機關能及早因應，前項釋放時，由監獄給與假釋證書，並告知如不於特定時間內向執行保護管束檢察署檢察官報到，得撤銷假釋之規定，並將出監日期通知執行保護管束之機關（第3項）。因此，受刑人經核准假釋者之釋放時間，必須俟執行監獄所在地之地方法院檢察署向法院聲請保護管束裁定，由地方法院檢察署依據法院保護管束裁定製發「檢察官執行保護管束命令」，送達監獄後，始據以辦理出獄（法務部73年2月10日法73監字第1480號函參照），即於保護管束命令送交監獄後二十四小時內釋放之。又為因應實務運作現況，對於假釋後須驅逐出境之非本國籍受刑人須由移民署接管者；或因另案經法院裁定須移交看守所羈押者；或因重病、精神疾病、傳染病、行動不便或出監後無住居所須護送或安置者；或因特殊情事致交通不便或中斷者；或銜接保護管束措施（如電子監控等）者，致釋放後有安全顧慮或影響無縫接軌機制，得於指定日期辦理釋放。

三、受赦免者

受赦免者，應於公文到達後至遲二十四小時內釋放之（第4項）。所謂赦免，依赦免法第1條，指大赦、特赦、減刑及復權。

（一）大赦

大赦者，已受罪刑之宣告者，其宣告無效；未受罪刑之宣告者，其追訴權消滅（赦免法第2條）。

（二）特赦

受罪刑宣告之人經特赦者，免除其刑之執行，其情節特殊者，得以其罪刑之宣告為無效（赦免法第3條）。

（三）減刑

受罪刑宣告之人經減刑者，減輕其所宣告之刑（赦免法第4條）。

（四）復權

受褫奪公權宣告之人經復權者，回復其所褫奪之公權（赦免法第5條）。

其中除復權無關刑之執行問題外，受刑人在監執行時，如遇有大赦、特赦、減刑情形而致罪刑宣告失效或免除其刑全部或一部之執行應加釋放時，其釋放時間為自公文到達後起算，至遲二十四小時內應釋放之。

貳 釋放之準備

一、釋放後保護扶助事項之調查與覆查

既言受刑人釋放後，社會對其所負之責任並不因而終止，應由公私團體對於獲釋者予以得力之保護，減少社會之歧視，並助其適應社會生活。則監獄對於其釋放後之保護扶助事項，應先加調查，預作準備。依監獄行刑法第139條規定，釋放後之保護扶助事項，除法規另有規定外，應於受刑人執行期滿出監前或提報假釋前先行調查，必要時，得於釋放前再予覆查。

（一）調查

釋放後之保護扶助事項，除法規另有規定外，應於受刑人執行期滿出監前或提報假釋前先行調查。其目的在關心受刑人開釋後之生活、前途，期於出監前加以配合，如是否協助安排輔導就業、就學、就醫、就養事宜，及瞭解有關交付作業勞作金之方法，並將保管財物預為交還之準備等。

（二）覆查

由於服刑期間，受刑人可能因社會、家庭發生變化，或個人已習得技能、行為已改正等因素，使得釋放後之保護事項必須隨之調整，故宜於釋放前實施覆查，以資校正。

二、刑後強制治療之處理

（一）聲請刑後強制治療之宣告

為因應性侵害犯罪加害人刑後強制治療制度之實施，受刑人依刑法第91條之1或性侵害犯罪防治法第22條之1規定，經鑑定、評估，認有再犯之危險，而有施以強制治療之必要者，依監獄行刑法第140條，監獄應於刑期屆滿前四月，將受刑人應接受強制治療之鑑定、評估報告等相關資料，送請該管檢察署檢察官，檢察官至遲應於受刑人刑期屆滿前二月，向法院聲請出監後強制治療之宣告（第1項）。惟因刑後強制治療為剝奪人身自由之保安處分，為保障人權，監獄於檢送相關資料予檢察官後，檢察官如對監獄之鑑定評估結果有疑義，應可送請相關專家再為鑑定，以期慎重。

（二）刑後強制治療宣告之執行

強制治療因具醫學上之專業性，宜於公私立醫療機構執行，因此，前項強制治療宣告之執行，依監獄行刑法第140條，應於監獄以外之適當醫療機構為之（第2項）。

（三）短刑期無法評估者之通知

強制治療係拘束人身自由處分，每年須進行評估至「再犯危險性顯著降低」為止，其對於行為人人身自由危害甚鉅，故於聲請程序上更須嚴謹。現行實務運作，無論矯正機關或社區機構實施身心治療或輔導教育時程，每一療程至少需三月至六月，後尚須經鑑定、評估、報請該管檢察官及向法院聲請等程序；又是類受刑人出監後，接受社區身心治療及輔導教育期間，直轄市、縣（市）主管機關對於再犯危險性高之加害人，亦得依法向法院聲請強制治療處分。準此，對於實際入監執行之刑期較短者，宜由社區機構實施治療、輔導及鑑定、評估，俟其完成法定程序後，復提出強制治療聲請，以符合憲法對人民人身自由權利之保障。因此，依監獄行刑法第140條，第1項受刑人實際入監執

行之刑期不足六月，無法進行評估者，監獄應檢具相關資料通知其戶籍所在地之直轄市、縣（市）主管機關，於受刑人出監後依性侵害犯罪防治法第20條規定辦理（第3項）。

三、釋放時之使其準備事項

依監獄行刑法第141條之規定，釋放時，應斟酌被釋放者之健康，並按時令使其準備相當之衣類及出獄旅費（第1項）。前項衣類、旅費不敷時，監獄應通知當地更生保護團體或相關團體斟酌給與之（第2項）。此二項規定，係考量受刑人一旦釋放，如無配合時令之衣服可資穿著，恐有夏季穿冬衣，冬季著夏衫之虞，不但怪異且有違健康保健之理；另如出獄旅費無著，恐將造成其流落街頭，再度犯罪。因此，釋放時，自當預先使其自行準備相當之衣類及出獄旅費，受刑人不敷時，監獄基於保護立場應通知當地更生保護團體或相關團體斟酌給與之。

四、釋放前之通知

（一）通知家屬或適當之人來監接回

為符合公民與政治權利國際公約第10條第1項規範意旨，釋放衰老、重病、身心障礙不能自理生活之受刑人前，依監獄行刑法第142條第1項前段，應通知家屬或受刑人認為適當之人來監接回。

（二）通知社會福利主管機關

無法通知或經通知後拒絕接回者，依監獄行刑法第142條第1項後段，監獄應檢具相關資料通知受刑人戶籍所在地直轄市、縣（市）社會福利主管機關辦理轉介安置或為其他必要之處置，以為適當之保護。

（三）依其他法規規定釋放前之通知

依其他法規規定於受刑人釋放前應通知相關個人、法人、團體或機關（構）者，依監獄行刑法第142條第2項，監獄應依相關規定辦理。如精神衛生法第31條、家庭暴力防治法第42條規定等。

參　釋放之程序

一、一般釋放程序

釋放受刑人時，依監獄行刑法施行細則第56條規定，應為如下程序：

（一）查對名籍

受刑人之名籍，以簿冊記載，包括號數簿、入監簿、行刑簿、釋放曆簿及出監簿。此之查對名籍，當依各名籍簿冊之記載，查對其是否符合釋放之規定（監獄行刑法施行細則第13條參照）。

（二）核驗相片、指紋或其他身體特徵

相片、指紋或其他身體特徵，為受刑人身分辨別之方式，為避免誤縱人犯，釋放受刑人時，自應詳為核對檢驗，以防有冒名潛逃者。

二、假釋受刑人釋放特別程序

除上述一般程序外，假釋受刑人釋放時，依監獄行刑法第138條第3項前段規定，由監獄給與假釋證書，並告知如不於特定時間內向執行保護管束檢察署檢察官報到，得撤銷假釋之規定，並將出監日期通知執行保護管束之機關。

（一）給與假釋證書

受刑人假釋實施辦法第14條規定，假釋釋放前，監獄應給與假釋證書。假釋證書內容，依同法施行細則第55條第1項，應記載受刑人姓名、身分證明文件字號、許可假釋日期文號、假釋起訖期間及其他經指定之內容。

（二）執行保護管束之告知與通知

依受刑人假釋實施辦法第13條，假釋釋放前，除法規另有規定外，應注意受刑人另案接續執行情形、保護管束銜接措施、相關機關（構）之聯繫及通報機制。同辦法第14條，假釋釋放前，監獄應給與執行保護管束相關文件，並告以保護管束應遵守事項及違反規定得撤銷假釋。

所謂「執行保護管束之告知」，乃指告知如不於特定時間內向執行保護管束檢察署檢察官報到，得撤銷假釋之規定；所謂「執行保護管束之通知」，乃指將出監日期通知執行保護管束之機關。依監獄行刑法法施行細則第55條第2

項，監獄依本法第138條第3項辦理釋放時，應於釋放當日通知執行保護管束機關，監獄人員並應告知假釋出監受刑人於假釋期間應遵守事項，作成紀錄使其簽名。

第二節　更生保護

壹　理論基礎

　　更生保護制度一般認為係起源於1772年英國設立之民間保護團體，其目的在協助出獄人逐漸適應正常之社會生活，為近代刑事政策之新制度。近代刑事思潮及刑事政策之發展，由於民主自由思潮之蓬勃發展及社會福利國家理念、人道主義之闡揚，已由傳統之報應主義趨向於特別預防主義。刑罰之手段，則由消極之懲罰趨向於積極之教育，期以矯治教育之方式由改善犯罪人著手，俾一方面達到刑罰之目的，另一方面使之逐漸改正行為而達復歸社會之目的。因此，在刑事處理程序之偵查、審判、執行之後，增加保護之階段，用以協助輔導犯罪人自立更生，重新適應社會。此種改變不但從社會防衛觀點出發，並對出獄人予以協助、照顧，以達預防再犯，促進個人與社會福利之目的；抑有進者，更生保護與犯罪矯治具有相輔相成之作用，如更生保護順利推行尚可確保矯治成果。歸納刑事法學者之立論，更生保護之理論基礎為（林紀東，民57；謝瑞智，民89）：

一、符合刑罰經濟原理

　　自由刑之執行，國家必須耗損大量給養及人事上之費用，且為受刑人家屬帶來經濟上之負擔，間接造成社會問題。出獄人難免會因受到社會之歧視，而具再犯之高危險性，更生保護之設置，能為出獄人解決困境，鼓勵自新，減少自由刑之執行，符合刑罰經濟之原理。

二、符合教育刑之理念

　　教育之目的在使個人能成長，並適應社會，係一種繼續不斷之歷程及經驗之改造。故更生保護對出獄人予以繼續之輔導，直至其自我成長，自立更生，符合現代教育刑之理念。

三、符合累進處遇之原則

累進處遇，採由嚴而寬之方式，使受刑人自入監起逐漸晉級至適應正常之社會生活止。更生保護在受刑人出獄後，保留一段時期藉觀察保護方式以協助其排除各種障礙，順利適應社會生活，符合累進處遇之原則。

貳　保護之承擔與承辦

受刑人釋放後之保護，除經觀護人、警察機關、自治團體、慈善團體及出獄人最近親屬承擔者外，關於出獄人職業之介紹、輔導、資送回籍及衣食、住所之維持等有關事項，當地更生保護團體應負責辦理之。分述之如下：

一、保護之承擔

（一）觀護人

由於觀護人為法定執行保護管束者，本其職責對於假釋期內之受保護管束人即應切實掌握其狀況，就其家庭、工作、交友等情狀需要，予以適當之輔導與協助，在其工作時如發現假釋出獄人有保護之必要時，即應承擔其保護事宜。其中成年假釋出獄人之保護由各地方法院檢察署觀護人承擔；少年假釋出獄人之保護由各少年法院或各地方法院少年法庭少年保護官承擔。至於因期滿或赦免出獄者，非觀護人工作之對象，自難要求觀護人承擔其保護工作。

（二）警察機關

警察機關為人民之褓姆，除為法定執行保護管束者，執行時如發現假釋出獄之受保護管束人有保護之必要時，應加以承擔保護外，對於轄區內其他因期滿或赦免出獄者，有保護之必要時，亦應加以承擔保護。

（三）自治團體

指鄉鎮市區公所等地方機關團體，為民服務、社會救助本其業務，除為法定執行保護管束者，如發現假釋出獄之受保護管束人有保護之必要時，應加以承擔外，對於鄰里間其他因期滿或赦免出獄者，有保護之必要時，亦應加以承擔保護。

（四）慈善團體

指社會上以濟貧解困為宗旨，由善心人士所組成之公益團體，社會救助本為其成立之主要目的，除為法定執行保護管束者，如發現假釋出獄之受保護管束人有保護之必要時，應加以承擔外，對於社會上其他因期滿或赦免出獄者，有保護之必要時，當義不容辭地加以承擔。

（五）最近親屬

指與出獄人之親等最近之親屬，其對出獄人之照顧及保護本責無旁貸，除為法定執行保護管束者，如發現假釋出獄之受保護管束人有保護之必要時，應加以承擔外，對於其他因期滿或赦免出獄者，有保護之必要時，亦應加以承擔保護。

二、保護之承辦

受刑人釋放後之保護，除上述經觀護人、警察機關、自治團體、慈善團體及出獄人最近親屬承擔者外，關於出獄人職業之介紹、輔導、資送回籍及衣食、住所之維持等有關事項，應由當地更生保護團體負責辦理之。換言之，我國出獄人之更生保護業務，係由當地更生保護團體負責辦理。因此，釋放受刑人時，應查核出獄人需要保護之事項，洽請當地更生保護團體處理之（監獄行刑法施行細則第92條）。所謂「當地更生保護團體」，即指台灣更生保護會及其分會而言。我國往昔對出獄人之保護工作缺乏瞭解，雖於民國19年公布出獄人保護事務獎勵規則，民國21年頒布出獄人保護會組織大綱，但收效極微。直至台灣光復，於民國35年11月10日召開台灣省司法保護會籌備會議，翌日宣布制定「台灣省司法保護事業規則」及其施行細則，討論章程並通過11月11日為「司法保護節」。從此，「台灣省司法保護會」誕生，各縣市分會亦於兩個月後相繼成立。民國56年，配合台北市改制為院轄市，原「台灣省司法保護會」乃更名為「台灣更生保護會」。民國63年4月，政府為使更生保護事業之推行更見具體，乃擬妥「更生保護法草案」送請立法院通過，並於65年4月8日由總統公布實施，同年7月24日由前司法行政部發布該法施行細則。民國69年7月1日審檢分隸，法務部增設保護司負責更生保護事業之規劃、策進、督導、指揮，同年7月4日總統公布修正更生保護法，9月4日法務部修正公布該法施行細則，我國更生保護工作至此奠基（法務部史實紀要，民79）。

參　保護之方法

　　當地更生保護團體應負責辦理之事項，依更生保護法第11條指出，實施更生保護，得依其情狀，分別採用下列方式：

一、直接保護

　　以教導、感化或技藝訓練之方式行之。其衰老、疾病或身心障礙者，送由救濟或醫療機構安置或治療。

二、間接保護

　　以輔導就業、就學或其他適當方式行之。

三、暫時保護

　　以資送回籍或其他處所，或予以小額貸款或其他適當方式行之。

　　在上述保護方法中，就業輔導關係及出獄人謀生大計，由於受刑人出獄後，常遭社會拒絕，致謀職困難，在無所適事之情形下，只好重操舊業，再度犯罪。因此，要提高出獄人之就業率、降低再犯率，如何能結合監獄之技能訓練及更生保護會之就業輔導工作，為今後必須努力之方向。

本章研究問題

1. 受刑人在監執行於何種情形下可以出監（含暫時）或釋放？試依監獄行刑法相關規定詳述之。（民99第二次司法三等）
2. 論更生保護之理論基礎。
3. 監獄行刑法對受刑人釋放後之保護有何規定？其保護之方法有哪些？（民92司法三等）

第十五章　死　亡

【條文大意】

第一百四十三條（死亡之通報）

受刑人於執行中死亡，監獄應即通知家屬或最近親屬，並逕報檢察署指派檢察官相驗。家屬或最近親屬有數人者，得僅通知其中一人。

監獄如知前項受刑人有委任律師，且其委任事務尚未處理完畢，亦應通知之。

第一項情形，監獄應檢附相關資料，陳報監督機關。

第一百四十四條（無主屍體之處理）

死亡者之屍體，經依前條相驗並通知後七日內無人請領或無法通知者，得火化之，並存放於骨灰存放設施。

人命關天，在我國慎終追遠習俗下，死亡為人生之大事，如受刑人在監獄服刑期間發生死亡事故，由於監獄與外界隔離封閉之特性，引起受刑人家屬之疑慮，在所難免。而監獄人員在處理過程中，如稍有不慎，即易造成家屬不滿，甚至引發抗爭、索賠情事，嚴重傷害監獄形象。因此，監獄人員在處理受刑人之死亡事故時，應確依法定程序妥慎處理。

壹　死亡之通報

受刑人於執行中死亡，依監獄行刑法第143條之規定，監獄應即通知家屬或最近親屬，並逕報檢察署指派檢察官相驗。家屬或最近親屬有數人者，得僅通知其中一人（第1項）。監獄如知前項受刑人有委任律師，且其委任事務尚未處理完畢，亦應通知之（第2項）。

第1項情形，監獄應檢附相關資料，陳報監督機關（第3項）。分述之如下：

一、通報人

發生受刑人在監死亡事故時，監獄應為通知或通報。實際通知或通報工作，典獄長可授權或指定其他下屬人員為之。

二、通報對象

（一）家屬或最近親屬

受刑人於執行中死亡，應以哀憐勿喜、感同身受之態度，坦誠、透明之做法，即時通知家屬或最近親屬前來在場瞭解，以消除其疑慮，及協助其善後，家屬或最近親屬有數人者，得僅通知其中一人。通知家屬或最近親屬，原則上應通知死者之配偶或其他同居或較近之親屬，俾便於有繼續為勘驗之必要時在場（刑事訴訟法第217條第2項參照）。「聯合國在監人處遇最低標準規則」第44條亦指出：「遇有在監人死亡，應即通知其配偶，無配偶者通知其最近親屬，在任何情形下，均應通知其預先指定之人。」

（二）檢察署

受刑人於執行中死亡，應逕報檢察署指派檢察官相驗。檢察官應依規定即時相驗，不得以未經司法警察機關報驗為由，拒絕相驗（法務部89年10月18日法89檢決字第003832號函參照）。所謂「相驗」，依刑事訴訟法第218條之規定，遇有非病死或可疑為非病死者，該管檢察官應速相驗，如發現有犯罪嫌疑，應繼續為必要之勘驗。因此，檢察官在檢察署指派後，應速到場相驗受刑人屍體，如發現有犯罪嫌疑，則應繼續為必要之勘驗，如履勘犯罪場所或其他與案情有關係之處所、檢查身體、檢驗屍體、解剖屍體、檢查與案情有關之物件、其他必要之處分（刑事訴訟法第213條參照）。

（三）委任律師

監獄如知前項受刑人有委任律師，且其委任事務尚未處理完畢，亦應通知之。以保障受刑人或其他關係人權益。

（四）監督機關

受刑人於執行中死亡，監獄應檢附相關資料，陳報監督機關。監獄之「監督機關」即法務部矯正署。監獄於事故發生後，應迅依「法務部矯正署所

屬矯正機關囚情動態通報實施要點」向法務部矯正署為事故之通報，事後並將
死亡證明書函報法務部矯正署備查。

貳　屍體之處理

一、注意屍體之保存

受刑人於執行中死亡，屍體之保存應依殯葬管理條例及衛生相關法規辦
理。

二、通知家屬或最近親屬領回

受刑人在監死亡時，監獄應通知死者之配偶或其他同居或較近之親屬，前
來善後，如相驗後對死亡無異議，即交其領回處理。若家屬相驗時未到場或雖
到場但未將屍體領回者，監獄應為領回屍體之通知，並註明「如七日內無人請
領或無法通知者，得火化之」之規定。監獄對於家屬之通知，均應依行政程序
法有關送達之規定辦理。

三、無主屍體之處理

受刑人死亡者之屍體，經依監獄行刑法第143條相驗並通知後七日內無人
請領或無法通知者，依同法第144條，得火化之，並存放於骨灰存放設施。另
依同法施行細則第57條，監獄應商請地方政府機關提供骨灰存放設施處所，以
供本法第144條之死亡受刑人火化後存放骨灰之用。

本章研究問題

1. 試依監獄行刑法之規定，說明監獄受刑人死亡時之通報。
2. 受刑人在監死亡時，監獄應如何處理？試依監獄行刑相關法規說明之。
   （民94司法四等）

第十六章　死刑之執行

【條文大意】

第一百四十五條（死刑之執行場所）

死刑在監獄特定場所執行之。

執行死刑之方式、限制、程序及相關事項之規則，由法務部定之。

第一百四十六條（執行死刑之告知）

執行死刑，應於當日告知本人。

第一百四十七條（屍體處理之準用）

第一百四十四條之規定，於執行死刑之屍體準用之。

第一百四十八條（死刑定讞待執行者之收容）

死刑定讞待執行者，應由檢察官簽發死刑確定待執行指揮書，交由監獄收容。

死刑定讞待執行者，得準用本法有關戒護、作業、教化與文康、給養、衛生及醫療、接見及通信、保管、陳情、申訴及訴訟救濟等規定。

監獄得適度放寬第一項之待執行者接見、通信，並依其意願提供作業及教化輔導之機會。

　　死刑為人類社會中最古老之刑罰，在世界上所有國家或地區中，目前有超過半數在法律上或實際上已經廢除死刑。根據國際特赦組織（Amnesty International）於1999年12月之報告，可將所有國家或地區依死刑適用之情況分為四類：一、完全廢除死刑：在所有法律中，對於任何犯罪均無死刑之規定，目前世界上有七十個國家或地區已完全廢除死刑。二、對一般犯罪廢除死刑：除某些特定之犯罪（如戰時犯特定罪或犯軍法上特定罪）外，對於一般之犯罪，法律上無死刑之規定，現有十三個國家或地區屬於此類。三、事實上已廢除死刑：已有十年以上未曾執行死刑，或已在國際上承諾不再執行死刑之國家或地區，目前有二十三個。四、保留死刑：對於一般之犯罪，法律上仍存

有死刑之規定與執行之國家或地區，目前有九十個。換言之，在目前世界上一百九十個國家或地區中，只有不到一半之九十個國家仍然保留死刑，且每年平均有一到二個國家或地區加入廢除死刑之行列（林明輝，1999）。依我國目前刑法之設計，尚屬於保留死刑之國家。

壹 死刑存廢論

對於死刑存廢與否，國內學者在理論上見仁見智，並無定論。綜合學者之意見，贊成與反對死刑之理由條述如下（蔡德輝、楊士隆、闕仲偉，2001）：

一、贊成死刑之理由

（一）死刑合乎應報之觀念。
（二）死刑具有嚇阻犯罪之效果。
（三）死刑較無期徒刑經濟。
（四）死刑可將犯罪者永久隔離於社會之外，具有特別預防之作用。
（五）死刑可以滿足並撫平被害人或其家屬之情緒。
（六）社會輿論支持死刑。
（七）死刑並不違反人道主義。
（八）死刑審判之司法程序極為謹慎，誤判之機會不大。

二、反對死刑之理由

（一）死刑違反人道主義思想。
（二）誤判一旦發生，難以挽回。
（三）犯罪者無悔改之機會。
（四）死刑並無嚇阻犯罪之一般預防作用。
（五）死刑違反人性尊嚴。
（六）死刑足以助長人類之殘酷心理。
（七）死刑對犯罪者無教育效果，與當前之刑事政策背道而馳。
（八）死刑並非永久隔離犯罪人之唯一方法。
（九）死刑對被害人或其家屬並無實質作用。

雖然基於社會福利國及教育刑之原則，死刑應加廢止或適度減少，但在廢止或減少之同時，尚應考量當前社會大眾意向是否支持及有無其他新方式可資

替代，如無民意之肯定與支持且無其他替代方式，仍不宜遽加廢止或減少。

貳　死刑執行之原則與方法

　　死刑既仍為刑罰之一種，其執行方式，在古代有放逐、亂石擊斃、推落斷崖、十字架刑、絞首刑、斬首刑、車裂刑、四裂、溺殺、活埋、火刑、烹煮、腰斬、磔刑、凌遲等各種方法，極其殘酷。隨著時代變遷，近代文明諸國，對死刑之執行，普遍要求如下原則：一、執行死刑時應儘量減少犯人之痛苦。二、執行時應儘量避免殘忍之方式。三、著手執行死刑時，應求確實而直截了當地達成目的。基於此三原則，世界各國採行之死刑主要執行方法，可綜合為下列六種（謝瑞智，2000）：

一、斷頭台（Guillotine）

　　法國醫生Joseph-Ignace Guillotin（1738-1814）於法國大革命期間改良古代刑具而成，稱為落斧之一種機械。被行刑者，瞬間為墜落之大斧斬首。

二、絞首刑（Hanging）

　　為最古老之刑罰之一，主要是切斷動脈之血液流通，使腦部喪失意識，但心臟仍會鼓動十六分鐘。至十八世紀末，英國為減少受刑人之痛苦，乃發明「重墜落」之方法，將受刑人頸部套上長繩站於踏板，執行時踏板向下開，受刑人墜落時頸椎折斷迅速死亡。美國有十個州亦採用之。

三、電氣殺（Electrocution）

　　令受刑人入座電椅，將手、腳與身體用八條皮帶綑綁，臉戴面罩，腳部設置通電裝置，再由另一房起動開關通電致死。此法於1890年在美國紐約州實施後，美國共有二十州採行。我國「執行死刑規則」中曾規定採用，實際上未曾實施，現已修正不採用。

四、瓦斯殺（Lethal Gas Chamber）

　　設瓦斯室，注入氰酸毒氣，快速無痛地將受刑人殺死。1921年美國由華達州首先採用，至1972年共有八州採用。我國「執行死刑規則」中亦曾規定採用，實際上未曾實施，現已修正不採用。

五、毒藥殺（Giftbecher）

以速效之神經麻醉毒劑注入受刑人之靜脈，使其呼吸、心跳停止而死，美國德州於1977年8月29日法律修正中廢止電氣殺，改採靜脈注射方式。我國「執行死刑規則」第6條亦規定採用之，但實際上並未實施。

六、槍殺（Shooting）

為一般常見之處刑方法，係軍法裁判之產物，通常以一隊士兵並排同時開槍射殺，惟經驗得知，軍隊列隊射擊，由於心理作用每個人都希望由別人射中，故第一次開槍往往只能讓受刑人受傷，反增加受刑人之痛苦。其後乃採近距離射擊心臟或頭部方式行刑。我國「執行死刑規則」中亦規定採用，實務上亦以此法行刑。

於上述六種死刑之主要執行方法中，以槍殺方法最普遍，為世界大多數國家所採用，此外，目前中東回教國家如伊朗、沙烏地阿拉伯等亦尚有採亂石擊斃之方法執行死刑者。

參 我國死刑之執行

依監獄行刑法第145條規定，死刑在監獄特定場所執行之（第1項）。執行死刑之方式、限制、程序及相關事項之規則，由法務部定之（第2項）。分述如下：

一、在監獄特定場所執行之

死刑為刑罰執行方式之一種，規定於監獄內特設之刑場執行之，以其同為刑罰執行處所性質為考量之依據，現實務上基於安全之考量，有在看守所中附設監獄刑場者，正如看守所附設分監一般，該刑場仍係監獄特定場所性質。有論者以為似宜將刑場改設於看守所內，殊不知看守所乃羈押未決被告之場所，性質上並非行刑之場所，設立看守所刑場，似有違法理。

二、執行死刑之方式、限制、程序及相關事項之規則，由法務部定之

法務部依此訂定「執行死刑規則」（以下簡稱規則）公布施行，其重點摘述如下：

（一）死刑案件執行前之審核（規則第2條）

法務部收受最高檢察署陳報之死刑案件時，應注意審核下列事項（第1項）：

1. 檢察官、被告及其辯護人有無已收受確定判決之判決書。
2. 確定判決書送達被告及其辯護人有無已逾二十日。
3. 有無非常上訴、再審程序在進行中。
4. 有無聲請司法院大法官解釋程序在進行中。
5. 有無書面回覆經赦免。
6. 有無收受依赦免法規定為大赦、特赦或減刑之研議之書面。
7. 有無刑事訴訟法第465條之事由。

法務部審核結果認有前項情形或事由之一者，不得於相關程序終結前令准執行（第2項）。

有第1項第3款之情形或理由之疑義者，法務部得將該案件函請最高檢察署再為審核（第3項）。

（二）執行期日（規則第3條）

死刑於法務部令到三日內執行之（刑事訴訟法第461條）。法務部令准死刑案件之執行後，應即函送最高檢察署轉送相關之高等檢察署或其檢察分署指派執行檢察官於三日內依法執行死刑。但執行檢察官發現案情確有合於再審、非常上訴之理由者，得於三日內電請法務部再加審核（第1項）。

法務部對於執行檢察官依前項但書電請審核後，應將該案件函請最高檢察署再為審核（第2項）。

（三）確認身分（規則第4條）

執行死刑，由檢察官會同監獄典獄長或其職務代理人，或該管分監監長蒞視驗明，確認受刑人之身分（第1項）。此項筆錄，應由檢察官及在場之典獄長或其職務代理人或該管分監監長簽名（第6項）。

（四）檢察官訊問（規則第4條）

檢察官應訊問受刑人下列事項，並由在場之書記官製作筆錄（第2項）：

1. 受刑人之姓名、出生年月日、身分證明文件編號。
2. 告以當日執行死刑。

　　3. 有無最後留言及是否通知其指定之家屬或親友。但指定通知之人不得逾
　　　三人。
　　4. 其他認有訊問之必要。
　　前項第3款，受刑人之最後留言，得以錄音或錄影方式為之，時間不得
逾十分鐘（第3項）。前項最後留言，應由書記官立即交付監獄，於執行後
二十四小時內以適當方式通知受刑人指定之家屬或親友。但不能或無法通
知，或經檢察官認留言內容有脅迫、恐嚇他人、違反法令或其他不適宜通知之
具體事由者，免予通知（第4項）。除依前項規定通知之家屬或親友者外，第2
項第3款之最後留言不公開之（第5項）。

（五）宗教師之安排（規則第5條）

　　監獄應依受刑人之意願，安排適當之宗教師，於受刑人進入刑場執行
前，在合理範圍內為其舉行宗教儀式。

（六）執行方式（規則第6條）

　　執行死刑，用槍決、藥劑注射或其他符合人道之適當方式為之（第1
項）。執行槍決時，應由法醫師先對受刑人以施打或其他適當方式使用麻醉
劑，俟其失去知覺後，再執行之（第2項）。執行槍決時，應對受刑人使用頭
罩，使其背向行刑人，行刑時射擊部位定為心部，於受刑人背後定其目標。行
刑人與受刑人距離，不得逾二公尺（第3項）。第1項藥劑注射或其他符合人道
之適當方式執行方法，由法務部公告後為之（第4項）。

（七）行刑人（規則第7條）

　　行刑人，由高等檢察署或其檢察分署之法警擔任（第1項）。高等檢察署
或其檢察分署對於法警，平日應給予適當之教育訓練；於執行後，對於相關人
員應予輔導或心理諮商（第2項）。

（八）執行後處理（規則第8條）

　　執行死刑逾二十分鐘後，由蒞場檢察官會同法醫師立即覆驗（第1項）。
執行死刑後，執行死刑機關應將執行經過及法醫師覆驗結果，併同訊問筆
錄、鑑定書、執行照片與相關資料，層報法務部備查（第2項）。受刑人經覆
驗確認死亡，監獄應將執行完畢結果立即通知受刑人家屬或最近親屬。家屬或

最近親屬有數人者，得僅通知其中一人（第3項）。受刑人之屍體，經依前項規定通知後七日內無人請領或無法通知者，得由監獄協助辦理火化之，並存放於骨灰存放設施（第4項、監獄行刑法第147條）。

（九）執行死刑之場所（規則第9條）

執行死刑於監獄內擇定適當特定場所行之。

（十）行刑應嚴守秘密（規則第10條）

行刑應嚴守秘密，除經檢察官、典獄長或其職務代理人或該管分監監長許可者外，不得進入行刑場內。

（十一）不執行死刑期日（規則第11條）

國定例假日及受刑人之配偶、直系親屬或三親等內旁系親屬喪亡七日內，不執行死刑（第1項）。前項喪亡，以該管檢察官或監獄經受刑人之家屬或親屬通知，或已知悉者為限（第2項）。

三、執行之告知

執行死刑過早讓受刑人知悉，恐其鋌而走險製造事端，不告知則又令受刑人無時間交待後事，為使受刑人能有時間交待後事，監獄行刑法第146規定，執行死刑應於當日告知本人。

另基於行刑過程嚴守秘密之原則，通知親屬不宜預先通知，惟應於執行後，儘速通知之。受刑人經覆驗確認死亡，監獄應將執行完畢結果立即通知受刑人家屬或最近親屬。家屬或最近親屬有數人者，得僅通知其中一人（規則第8條第3項）。

四、編製名籍及身分簿

人犯送監執行死刑，在執行前必須驗明身分，辦理入監、出監手續。因此，監獄對於執行死刑之受刑人，應編製其名籍及身分簿。

五、屍體之處理

執行死刑後，受刑人屍體處理之方式，依監獄行刑法第147條規定，第144條之規定，於執行死刑之屍體準用之。亦即準用該條關於受刑人於執行中死亡者，屍體經依第143條相驗並通知後七日內無人請領或無法通知者，得火化

之,並存放於骨灰存放設施之規定。

肆 死刑定讞待執行者之收容

由於我國就死刑判決定讞執行者係收容於看守所分監,因應實際現況,監獄行刑法第148條規定,死刑定讞待執行者,應由檢察官簽發死刑確定待執行指揮書,交由監獄收容(第1項)。死刑定讞待執行者,得準用本法有關戒護、作業、教化與文康、給養、衛生及醫療、接見及通信、保管、陳情、申訴及訴訟救濟等規定(第2項)。監獄得適度放寬第1項之待執行者接見、通信,並依其意願提供作業及教化輔導之機會(第3項)。分述如下:

一、由監獄收容

死刑定讞待執行者,自其定讞起已非羈押被告身分,而係待執行之受刑人,應由檢察官簽發死刑確定待執行指揮書,交由監獄收容,實務上皆收容於看守所分監。

二、準用監獄行刑法相關規定

死刑定讞待執行者,得準用監獄行刑法有關戒護、作業、教化與文康、給養、衛生及醫療、接見及通信、保管、陳情、申訴及訴訟救濟等規定。

三、行刑處遇之適度放寬與提供

為安定死刑定讞待執行者之情緒,並基於人道考量,監獄得適度放寬死刑定讞待執行者接見、通信,並依其意願提供作業及教化輔導之機會。

本章研究問題

1. 論死刑之存廢。
2. 死刑執行之原則為何?我國現行執行死刑之方式是否符合死刑執行之原則?
3. 死刑定讞待執行者之收容,有何規定?

第十七章 附 則

【條文大意】

第一百四十九條（外役監之設置）

為使受刑人從事生產事業、服務業、公共建設或其他特定作業，並實施階段性處遇，使其逐步適應社會生活，得設外役監；其管理及處遇之實施另以法律定之。

第一百五十條（交通費用之扣還）

依第六十條第二項及第六十二條第二項規定，應由受刑人自行負擔之交通費用，由監獄先行支付者，監獄得由受刑人保管金或勞作金中扣除，無可供扣除之款項，由監獄以書面行政處分命受刑人於三十日內償還；屆期未償還者，得移送行政執行。

第一百五十一條（申訴事件之銜接）

本法中華民國一零八年十二月十七日修正之條文施行前已受理之申訴事件，尚未作成決定者，適用修正施行後之規定。

本法中華民國一零八年十二月十七日修正之條文施行前得提起申訴之事件，於修正施行日尚未逾法定救濟期間者，得於修正施行日之次日起算十日內，依本法規定提起申訴。

本法中華民國一零八年十二月十七日修正之條文施行前，有第九十三條第一項第二款、第三款之情形，其按第九十三條第二項計算之申訴期間於修正施行日尚未屆滿者，其申訴自修正施行日之次日起算十日不變期間。

第一百五十二條（假釋訴願事件之銜接）

本法中華民國一零八年十二月十七日修正之條文施行前，已受理之假釋訴願事件，尚未作成決定者，於修正施行後仍由原受理訴願機關依訴願法之規定決定之。訴願人不服其決定，或提起訴願逾三個月不為決定，或延長訴願決定期間逾二個月不為決定者，得依本法規定向管轄地方法院行政訴訟庭提起訴訟。

本法中華民國一零八年十二月十七日修正之條文施行前得提起假釋訴願之事件，於修正施行日尚未逾法定救濟期間者，得於修正施行日之次日起算十日內，依本法規定提起復審。

本法中華民國一零八年十二月十七日修正之條文施行前得提起假釋行政訴訟之事件，於修正施行日尚未逾法定救濟期間者，得於修正施行日之次日起算十日內，依本法規定向管轄地方法院行政訴訟庭提起訴訟。

第一百五十三條（假釋聲明異議案件之銜接）

本法中華民國一零八年十二月十七日修正之條文施行前，因撤銷假釋已繫屬於法院之聲明異議案件，尚未終結者，於修正施行後，仍由原法院依司法院釋字第六八一號解釋意旨，依刑事訴訟法之規定審理。

前項裁定之抗告、再抗告及本法中華民國一零八年十二月十七日修正之條文施行前已由地方法院或高等法院終結之聲明異議案件之抗告、再抗告案件，尚未終結者，於修正施行後由高等法院或最高法院依司法院釋字第六八一號解釋意旨，依刑事訴訟法之規定審理。

本法中華民國一零八年十二月十七日修正之條文施行前，因撤銷假釋得聲明異議之案件，得於修正施行日之次日起算三十日內，依本法規定向管轄地方法院行政訴訟庭提起訴訟。

本法中華民國一零八年十二月十七日修正之條文施行前，因不予許可假釋而依司法院釋字第六九一號解釋已繫屬於高等行政法院之行政訴訟事件，於修正施行後，依下列規定辦理：

一、尚未終結者：由高等行政法院裁定移送管轄之地方法院行政訴訟庭，依本法規定審理；其上訴、抗告，亦同。

二、已終結者：其上訴、抗告，仍依原訴訟程序規定辦理，不適用修正施行後之規定。

本法中華民國一零八年十二月十七日修正之條文施行前，因不予許可假釋而依司法院釋字第六九一號解釋已繫屬於最高行政法院，而於修正施行時，尚未終結之前項事件，仍依原訴訟程序規定辦理，不適用修正施行後之規定。如認上訴或抗告不合法或無理由者，應予駁回；有理由者，應為上訴人或抗告人勝訴之裁判；必要時，發交管轄之地方法院行政訴訟庭依修正施行後之條文審判之。

本法中華民國一零八年十二月十七日修正之條文施行前確定之不予許可假

釋行政訴訟事件裁判，其再審之提起或聲請，由高等行政法院、最高行政法院依原訴訟程序規定辦理，不適用修正施行後之規定。

第一百五十四條（軍事受刑人之準用）

依軍事審判法執行之軍事受刑人準用本法之規定。

第一百五十五條（施行細則之訂定）

本法施行細則，由法務部定之。

第一百五十六條（施行日）

本法自公布日後六個月施行。

附則者，即法規主體規定外之附屬規定。監獄行刑法於其附則中，分別就外役監之設置、交通費用之扣還、申訴事件之銜接、未繫屬或已繫屬法院假釋相關救濟事件之銜接、軍事受刑人之準用、軍事受刑人之準用、施行細則之訂定、施行日等設其規定，俾資遵循。

壹　外役監之設置

我國第一個外役監成立於民國30年10月，時值抗戰期間，前司法行政部擇定四川平武縣之荒地一處，依據民國23年7月10日公布之徒刑人犯移墾條例及其相關實施辦法設立四川平武外役監，從事伐木、採茶、割漆及農牧等工作，移墾成效良好。惟有鑑於該等條例及辦法均係行政命令，缺乏法律依據，政府乃於民國35年間制定監獄行刑法時，特立專條，以為設置外役監之法律依據。

依監獄行刑法第149條之規定，為使受刑人從事生產事業、服務業、公共建設或其他特定作業，並實施階段性處遇，使其逐步適應社會生活，得設外役監；其管理及處遇之實施另以法律定之。分述之：

一、外役監設置之意義

外役監為開放式處遇機構，由於其實施階段性處遇，使受刑人逐步適應社會生活，顯示其設置之意義有三：

（一）實踐教育刑之理論

現代教育刑強調自由刑之執行，應積極對受刑人施以教誨、教育，並培養其謀生技能與習慣，令其改悔向上，重新適應社會生活。然以一般監獄之環境設施，使受刑人長期處於高牆之內，與真實社會隔離，很難達到此一目的；而外役監之開放性處遇方式，正可彌補一般監獄之缺陷，發揮中間監獄階段性處遇之效果，使其逐步適應社會生活，充分實踐教育刑之理論。

（二）合乎刑罰經濟之原則

實施開放式外役監，國家無需花費鉅額之監獄建築費用，亦無需浪費戒護管理人力，且以受刑人投入國家經濟生產事業，對促進國民經濟之發展、社會之繁榮均較監內作業為優，合乎刑罰經濟之原則。

（三）達到行刑社會化之目的

監獄因其閉鎖性，造成與社會之隔閡，容易使受刑人與社會現實生活產生脫節。外役監之設置，令受刑人於自然開放之環境中工作，且實施許多社會性處遇措施諸如返家探視、與眷屬同住等，強化受刑人與社會群眾之接觸，不致與社會脫節，同時可培養受刑人在社會上所需要之獨立人格，訓練符合社會需要之生活技能，達到行刑社會化之目的。

二、外役監設置之法律依據

依監獄行刑法第149條後段規定，其管理及處遇之實施另以法律定之。我國於民國51年6月5日公布實施「外役監條例」，以為外役監設置之法律依據，其後復經七次修正，目前全部條文共計26條。

三、外役監受刑人之遴選

（一）遴選條件（條例第4條）

1. 積極條件：就各監獄受刑人中，合於下列各款規定者遴選之
   (1) 受有期徒刑之執行逾二個月。
   (2) 刑期七年以下，或刑期逾七年未滿十五年而累進處遇進至第三級以上，或刑期十五年以上而累進處遇進至第二級以上。無期徒刑累進處遇應進至第一級。

(3) 有悛悔實據，身心健康適於外役作業。

依「外役監受刑人遴選實施辦法」第2條第1項規定，「有悛悔實據，身心健康適於外役作業者」，係指在監執行期間無下列各款規定之一者而言：

A.聚眾騷動或強暴脅迫執行公務之人員或醫事、輔導之人員。

B.有脫逃之行為或有事實足認有脫逃之虞。

C.反覆實施誣控濫告、侮辱管教人員之行為。

D.最近一年內有違規紀錄或執行期間違規三次以上。

E.曾被遴選至外役監執行，因違背紀律或怠忽工作，情節重大，經核准解送其他監獄執行。

F.曾被遴選從事監外作業，因違背紀律或怠忽工作，情節重大，遭停止其監外作業。

G.罹患法定傳染病或精神疾病。

H.重度肢體障礙。

2. 消極條件：受刑人有下列各款情形之一者，不得遴選

(1) 犯刑法第161條之罪。

(2) 犯毒品危害防制條例之罪。

(3) 累犯。但已執行完畢之前案均為受六月以下有期徒刑之宣告者，不在此限。

(4) 因犯罪而撤銷假釋。

(5) 另有保安處分待執行。

(6) 犯性侵害犯罪防治法第2條第1項所列各款之罪或家庭暴力防治法第2條第2款所稱之家庭暴力罪。

（二）遴選程序

依法務部訂定之「外役監受刑人遴選實施辦法」規定，法務部矯正署應成立遴選小組，辦理外役監受刑人遴選及分發事宜。遴選程序如下：

1. 各外役監應於每月月底前預估所需人數陳報法務部矯正署（辦法第3條）。

2. 各監獄應依法務部矯正署之通知，公告並受理受刑人參加外役監遴選作業之申請（辦法第4條第1項）。

3. 受刑人應於公告截止日前填具申請表向執行監獄提出申請，執行監獄不

得拒絕（辦法第4條第2項）。

4. 各監獄受理後，應即依外役監條例第4條規定進行資格審查，按審查通過之受刑人志願製作名冊，於公告截止日後十日內陳報法務部矯正署，並將審查結果告知受刑人（辦法第4條第3項）。

5. 法務部矯正署應成立遴選小組，辦理外役監受刑人遴選及分發事宜（辦法第5條第1項）。

(1) 組成

遴選小組置委員七至十一人，其中一人為召集人，由法務部矯正署副署長兼任；其餘委員由法務部矯正署就相關業務單位主管、各外役監業務主管及專家學者派（聘）任之，其中任一性別委員不得少於三分之一；外聘委員，不得少於三分之一（辦法第5條第2項）。

(2) 任期

本小組委員任期二年，任期屆滿得續派（聘）任之；委員任期內出缺時，繼任委員任期至原任期屆滿之日止（辦法第5條第3項）。

(3) 會議主席

遴選小組會議由召集人擔任主席；主席因故不能主持會議時，應指定委員一人代理之（辦法第5條第4項）。

(4) 審議決定

遴選小組會議應有全體委員二分之一以上出席；其審議之決定應經出席委員二分之一以上之同意行之。遴選小組之審議，得採舉手、記名或無記名投票之方式表決。可否同數時，取決於主席（辦法第5條第5項）。

(5) 委員迴避

委員對於遴選案件有利害關係者，應行迴避，不得參與決議，並不得計入出席委員人數（辦法第5條第6項）。

(6) 費用

遴選小組委員均為無給職。但聘任委員得依規定支領出席費及交通費，由法務部矯正署相關經費項下勻支（辦法第5條第7項）。

6. 分發作業

(1) 各監獄應指定專人依據第4條第3項製作之名冊填具受刑人參加外役監遴選審查基準表，經提交監務會議審議初核後，陳報法務部矯正署（辦法第6條第1項）。

(2) 前項受刑人參加外役監遴選審查基準表經法務部矯正署覆核後，彙送遴選小組審議，依下列程序進行分發（辦法第6條第2項）：

A. 依受刑人參加外役監遴選審查基準表中積分之多寡，依序排列名次。

B. 按名次先後，參酌受刑人志願及各外役監需求名額，分發至額滿為止。

C. 積分相同者，以殘餘刑期較短者優先；殘餘刑期相同時，以具外役作業專長者優先；均具外役作業專長者，由遴選小組委員表決。

(3) 前項審議結果應報請法務部矯正署署長核定，署長如對審議結果有意見，得交遴選小組復議，對復議結果仍不同意時，得加註理由後變更之（辦法第6條第3項）。

7. 法務部矯正署應依前條第3項核定之審議結果製作分發名冊，函發各外役監儘速辦理提解，並副知各執行監獄（辦法第7條）。

8. 被遴選受刑人於提解前有不符第2條及外役監條例第4條所列情形者，各監獄應檢具事實報請法務部矯正署取消其當次遴選結果，並副知外役監（辦法第8條）。

9. 受刑人移入外役監後，發現有不符第2條及外役監條例第4條所列情形，或其他不適宜外役監作業之情形者，應即檢具事實陳報法務部矯正署核准解送其他監獄執行（辦法第9條第1項）。

10. 受刑人移入外役監執行已逾一年且殘餘刑期逾四個月者，有下列情形之一時，得由執行之外役監報請法務部矯正署核准後移送其他外役監執行（辦法第9條第2項）：

(1) 祖父母、父母、配偶或子女因重病或肢體障礙，領有全民健康保險重大傷病證明或政府核發之身心障礙證明不克遠途跋涉。

(2) 父母或配偶年滿六十五歲或子女均未滿十二歲。

（三）緊急選調

　　國家遇有緊急需要時，法務部得選調有期徒刑之受刑人撥交外役監執行，不受第4條第1項、第2項之限制（條例第5條）。

四、外役監之作業

（一）作業原則

外役監辦理作業，應注意配合農作、公共建設及經濟開發計畫（條例第6條）。

（二）作業時間

外役監每日工作八小時，必要時，典獄長得令於例假日及紀念日照常工作（條例第17條）。

（三）勞作金之給予與作業收入之分配

1. 給予：作業者給予勞作金，其金額斟酌作業者之行狀及作業成績給付。給付辦法由法務部定之（條例第22條）。
2. 作業收入之分配（條例第23條）：
   (1) 外役監之作業收入，扣除作業支出後，提百分之五十充勞作金；勞作金總額，提百分之二十五充犯罪被害人補償費用。
   (2) 前項作業賸餘提百分之四十補助受刑人飲食費用；百分之十充受刑人獎勵費用；百分之十充作業管理人員獎勵費用；年度賸餘應循預算程序以百分之三十充作改善受刑人生活設施之用，其餘百分之七十撥充作業基金；其獎勵辦法，由法務部定之。
   (3) 提充犯罪被害人補償之費用，於犯罪被害人補償法公布施行後提撥，專戶存儲；改善受刑人生活設施購置之財產設備免提折舊。

（四）免徵營業稅

外役監之承攬作業，應視同監獄作業工廠，免徵營業稅（條例第24條）。

五、外役監之戒護管理

（一）自治制

1. 作業分組：受刑人外役作業每十人以上、二十人以下為一組，由典獄長擇優指定一人為組長（條例第7條）。
2. 擔任輔導作業：受刑人作業優良或有專長技能者，得令其擔任輔導作業

（條例第8條）。

3. 不得施用聯鎖：受刑人工作時，不得施用聯鎖（條例第13條）。

4. 返家探視（條例第21條）：

(1)作業成績優良者，得許於例假日或紀念日返家探視。

(2)遇有祖父母、父母、配偶之父母、配偶、子女或兄弟姐妹喪亡時，得許其返家探視。

(3)返家探視無正當理由未於指定期日回監者，其在外日數不算入執行刑期。其故意者，並以脫逃論罪。

(4)受刑人返家探視之辦法，由法務部定之。

（二）監禁方式

1. 分類群居：受刑人以分類群居為原則。但典獄長認為必要時，得令獨居（條例第9條第1項）。

2. 得與眷屬同住：典獄長視受刑人行狀，得許與眷屬在指定區域及期間內居住；其辦法由法務部定之（條例第9條第2項）。

3. 得設臨時食宿處所：受刑人在離監較遠地區工作，得設臨時食宿處所（條例第10條）。

4. 移送適當處所治療：受刑人因工作受傷或罹病有療養之必要者，應即移送適當處所治療（條例第20條）。

（三）軍警協助

外役監之管理、戒護事項，於必要時，得商請地方軍警協助之（條例第11條）。

（四）巡視督導

典獄長及有關主管人員，應隨時前往外役作業地區巡視，並加督導（條例第12條）。

六、外役監受刑人之縮短刑期

（一）按級別縮短刑期

除到監之當月，仍依行刑累進處遇條例第28條之1之規定辦理縮短刑期外，自到監之翌月起，每執行一個月，第四級或未編級受刑人，每月縮短刑期

四日；第三級受刑人，每月縮短刑期八日；第二級受刑人，每月縮短刑期十二日；第一級受刑人，每月縮短刑期十六日（條例第14條第1項）。

（二）按行為表現不予縮短刑期

如工作成績低劣，不守紀律或受降級處分時，按其情節輕重，仍留外役監者，當月不縮短刑期；被解送其他監獄者，其前已縮短之日數，應全部回復之（條例第15條第1項）。

（三）縮短刑期之效果

經縮短應執行之刑期者，其累進處遇或假釋之刑期，應以其縮短後之刑期計算之；假釋經撤銷者，回復其縮短前前之刑期（條例第16條）。

七、外役監受刑人之懲處

（一）有下列情形之一者，應經監務委員會議之決議，報請法務部核准後，解送其他監獄執行（條例第18條第1項）：

　　1.違背紀律或怠於工作，情節重大，屢誡不悛者。

　　2.其他重大事故，不宜於外役監繼續執行者。

（二）經核准解送其他監獄執行之受刑人，並得依監獄行刑法之規定，施以懲罰（條例第18條第2項）。

（三）受刑人違背紀律，或怠於工作，情節輕微者，得經監務委員會議之決議，施以下列一款或數款之懲罰（條例第19條）：

　　1.訓誡。

　　2.停止戶外活動一日至七日。

八、一般監獄外役作業之準用

其他監獄如遇承攬外役作業時，得準用外役監條例第4條、第6條至第8條、第10條至第13條、第17條、第19條、第20條及第24條之規定（條例第25條）。

我國外役監獄受刑人與一般監獄受刑人現行有關處遇對照表

		外役監獄受刑人	一般監獄受刑人
縮短刑期	條件	自到監執行之翌月起，每執行一個月，縮刑一次，經監務委員會決議通過，報部核備。	累進處遇進至第三級以上之受刑人，每個月成績分數在十分以上，每執行一個月，縮刑一次，經監務委員會決議通過，報部核備。
	日數	1.第四級或未編級者每月縮短刑期四日。 2.第三級者每月縮短刑期八日。 3.第二級者每月縮短刑期十二日。 4.第一級者每月縮短刑期十六日。	1.第三級者每月縮短刑期二日。 2.第二級者每月縮短刑期四日。 3.第一級者每月縮短刑期六日。
與眷屬同住	條件	在最近一個月，成績分數在九分以上，且未受停止戶外活動之懲罰者，經監務委員會決議，得准與配偶或直系血親在指定之宿舍同住。	第一級受刑人在最近一個月，成績分數在九分以上，且未受停止戶外活動之懲罰者，經監務委員會決議，得准與配偶或直系血親在指定之宿舍同住。
	期間	每月一次，每次不逾七日為原則。	每月一次，每次不逾七日為原則。
返家探視	條件	1.有直系血親、配偶或其他共同生活之親屬，而申請返家探視前三個月之每月作業成績均達法定最高額百分之八十以上，且申請返家探視前三個月均無違規紀錄且教化、操行成績均無減分紀錄者。 2.於祖父母、父母、配偶之父母、配偶、子女或兄弟姐妹喪亡時。 3.因重大事故，有返家探視之必要時，經報請法務部核准後。 4.受特別獎勵時。 得申請返家探視，毋庸由戒護管理人員戒護。	1.於祖父母、父母、配偶之父母、配偶、子女或兄弟姐妹喪亡時。 2.因重大事故，有返家探視之必要時，經報請法務部核准後。 3.第一級少年受刑人，遇有直系血親尊親屬病危或其他事故時。 4.受特別獎勵時。 得准在監獄管理人員戒護下返家探視。
	期間	1.因行狀表現之返家探視，刑期未滿一年六月之受刑人以每二個月一次，一年六個月至五年未滿受刑人以每三個月一次，五年以上（含無期徒刑）受刑人以每四個月一次為限。每次最多不得超過四十小時，但遇有連續三日以上為紀念日或休假日時，得延長二十四小時。	1.因特別事由返家探視者，不得超過二十四小時。 2.因受特別獎勵而返家探視者，不得超過三十六小時。 因特別獎勵而返家探視，得酌給在途期間。

我國外役監獄受刑人與一般監獄受刑人現行有關處遇對照表（續）

		外役監獄受刑人	一般監獄受刑人
其他處理		2.因祖父母、父母、配偶之父母、配偶、子女或兄弟姐妹喪亡返家探視者，不得超過四十小時。 3.因重大事故返家探視者，不得超過二十四小時。 4.受特別獎勵而返家探視者，不得超過三十六小時。 除因重大事故返家探視者外，得酌給在途期間。	
	接見方式	採開發式面對面接見，且接見時間較為充裕，可增進親情之聯繫。	採隔離式接見，須透過對講機交談，且接見時間較短。
	生活空間	1.舍房採大通舖，空間開闊，每人皆有一固定床舖。 2.作業以戶外農牧、僱工作業為主，活動空間大。	1.舍房採隔間式並加鎖，空間狹窄擁擠。 2.作業以室內工場作業為主，活動範圍有限。
	生活管理	無圍牆限制，採開放性自治之低度管理方式。	採封閉性之中度或高度管理方式。

貳 交通費用之扣還

一、受刑人應自行負擔之交通費用

（一）因拒不就醫逕送醫療機構治療

受刑人因受傷或罹患疾病，拒不就醫，致有生命危險之虞，監獄依監獄行刑法第60條，將受刑人逕送醫療機構治療，其送醫療機構治療之醫療及交通費用，由受刑人自行負擔（第2項）。

（二）因醫師診治後認有必要戒送醫療機構醫治

受刑人受傷或罹患疾病，有醫療急迫情形，或經醫師診治後認有必要，監獄依監獄行刑法第62條，得戒送醫療機構。經醫師診治後認有必要戒送醫療機

構醫治之交通費用，應由受刑人自行負擔。但受刑人經濟困難無力負擔者，不在此限（第2項）。

二、扣還之方式

上述監獄行刑法第60條第2項及第62條第2項規定，應由受刑人自行負擔之交通費用，依同法第150條，由監獄先行支付者，監獄得由受刑人保管金或勞作金中扣除，無可供扣除之款項，由監獄以書面行政處分命受刑人於三十日內償還；屆期未償還者，得移送行政執行。

參　新舊法制之銜接

監獄行刑法因應108年12月17日修正，為利新舊法制之銜接，並保障受刑人之權益，就申訴、假釋相關救濟之部分，特為銜接之規定：

一、申訴事件之銜接

監獄行刑法第151條之規定，參照程序從新之原則，尚未繫屬法院之申訴事件，以適用本法修正施行後之規定為原則，並明定提起申訴之不變期間，以利適用。分述如下：

（一）程序從新之原則

本法中華民國108年12月17日修正之條文施行前已受理之申訴事件，尚未作成決定者，適用修正施行後之規定（第1項）。

（二）提起申訴之不變期間

1. 本法中華民國108年12月17日修正之條文施行前得提起申訴之事件，於修正施行日尚未逾法定救濟期間者，得於修正施行日之次日起算十日內，依本法規定提起申訴（第2項）。
2. 本法中華民國108年12月17日修正之條文施行前，有第93條第1項第2款、第3款之情形，其按第93條第2項計算之申訴期間於修正施行日尚未屆滿者，其申訴自修正施行日之次日起算十日不變期間（第3項）。

二、假釋訴願事件之銜接

依監獄行刑法第152條，假釋訴願事件之銜接規定如下。

（一）修正施行前已受理之假釋訴願事件

本法中華民國108年12月17日修正之條文施行前，已受理之假釋訴願事件，尚未作成決定者，於修正施行後仍由原受理訴願機關依訴願法之規定決定之。訴願人不服其決定，或提起訴願逾三個月不為決定，或延長訴願決定期間逾二個月不為決定者，得依本法規定向管轄地方法院行政訴訟庭提起訴訟（第1項）。

（二）修正施行前得提起假釋訴願之事件

本法中華民國108年12月17日修正之條文施行前得提起假釋訴願之事件，於修正施行日尚未逾法定救濟期間者，得於修正施行日之次日起算十日內，依本法規定提起復審（第2項）。

（三）修正施行前得提起假釋行政訴訟之事件

本法中華民國108年12月17日修正之條文施行前得提起假釋行政訴訟之事件，於修正施行日尚未逾法定救濟期間者，得於修正施行日之次日起算十日內，依本法規定向管轄地方法院行政訴訟庭提起訴訟（第3項）。

三、假釋聲明異議案件

依監獄行刑法第153條，假釋聲明異議案件之銜接規定如下。

（一）修正施行前因撤銷假釋已繫屬於法院之聲明異議案件

本法中華民國108年12月17日修正之條文施行前，因撤銷假釋已繫屬於法院之聲明異議案件，尚未終結者，於修正施行後，仍由原法院依司法院釋字第681號解釋意旨，依刑事訴訟法之規定審理（第1項）。

（二）修正施行前因撤銷假釋之聲明異議案件裁定之抗告、再抗告案件

前項裁定之抗告、再抗告及本法中華民國108年12月17日修正之條文施行前已由地方法院或高等法院終結之聲明異議案件之抗告、再抗告案件，尚未終結者，於修正施行後由高等法院或最高法院依司法院釋字第681號解釋意旨，依刑事訴訟法之規定審理（第2項）。

（三）修正施行前因撤銷假釋得聲明異議案件之程序從新原則

　　本法中華民國108年12月17日修正之條文施行前，因撤銷假釋得聲明異議之案件，得於修正施行日之次日起算三十日內，依本法規定向管轄地方法院行政訴訟庭提起訴訟（第3項）。

（四）修正施行前因不予許可假釋之行政訴訟事件

1. 已繫屬於高等行政法院

本法中華民國108年12月17日修正之條文施行前，因不予許可假釋而依司法院釋字第691號解釋已繫屬於高等行政法院之行政訴訟事件，於修正施行後，依下列規定辦理（第4項）：

(1)尚未終結者：由高等行政法院裁定移送管轄之地方法院行政訴訟庭，依本法規定審理；其上訴、抗告，亦同。

(2)已終結者：其上訴、抗告，仍依原訴訟程序規定辦理，不適用修正施行後之規定。

2. 已繫屬於最高行政法院

本法中華民國108年12月17日修正之條文施行前，因不予許可假釋而依司法院釋字第691號解釋已繫屬於最高行政法院，而於修正施行時，尚未終結之前項事件，仍依原訴訟程序規定辦理，不適用修正施行後之規定。如認上訴或抗告不合法或無理由者，應予駁回；有理由者，應為上訴人或抗告人勝訴之裁判；必要時，發交管轄之地方法院行政訴訟庭依修正施行後之條文審判之（第5項）。

3. 再審之提起或聲請

本法中華民國108年12月17日修正之條文施行前確定之不予許可假釋行政訴訟事件裁判，其再審之提起或聲請，由高等行政法院、最高行政法院依原訴訟程序規定辦理，不適用修正施行後之規定（第6項）。

肆　軍人受刑人之準用

　　軍事監獄、看守所因應軍事審判法於102年間修正，已於103年1月14日裁撤，有關戰時軍事犯收容期間之戒護、作業、教化輔導、接見、性行考核、教誨教育、身心治療等管理及考核等相關事項，由法務部所屬矯正機關依相關矯正法規辦理。因此軍人受刑人執行刑罰，依監獄行刑法第154條，以準用監獄

行刑法之規定為原則。

伍　施行細則之訂定

依監獄行刑法第155條，本法施行細則，由法務部定之。監獄行刑法自民國36年施行以後，由於社會環境之變遷及實務上遭遇到之問題甚多，於是在民國63年12月12日修正時，認有將各種補充規定合併訂定成施行細則之必要，故增列此規定。法務部爰依此，於民國64年3月5日訂定發布「監獄行刑法施行細則」。此次，配合監獄行刑法於民國109年1月15日修正公布，並訂自公布後六個月施行，而做施行細則全案修正，自中華民國109年7月15日施行。

陸　施行日期

監獄行刑法於民國35年1月19日公布時，原第98條規定，施行日期以命令定之，因此，定為民國36年6月10日施行。其後於民國43年12月25日修正公布全文94條時，於第94條規定，自公布日施行。自此以後之修正公布，均依本條規定，自公布日施行。至於生效日期，則依中央法規標準法第13條之規定，應自公布之日起算至第三日起發生效力。俟民國94年6月1日修正時，於第94條增列第2項，明定第81條、第82條之1、第83條自中華民國95年7月1日施行。

民國109年1月15日修正公布全文156條時，因修法幅度甚大，為利研訂授權法規，及進行準備、宣導等新舊法銜接事項，於第156條明定，本法自公布日後六個月施行。

本章研究問題

1. 何謂外役監？是否所有受刑人均得監禁於外役監？試分別說明之。（民87司法三等）
2. 外役監設置之意義為何？
3. 試述外役監受刑人遴選之條件。
4. 試述我國外役監獄受刑人與一般監獄受刑人現行有關處遇之不同。

參考書目

壹、中文部分

1. 立法院，第9屆第8會期第13次會議議案關係文書「條文對照表」，民108年12月。

2. 法務部，韓日兩國獄政制度考察報告，民77年6月。

3. 法務部，考察美國獄政報告，民74年5月、民81年11月。

4. 法務部，監獄學辭典，民81年6月。

5. 法務部，史實紀要，民79年11月。

6. 法務部，法務部獄政史實紀要，民79年11月。

7. 法務部，收容人更生意願之研究，法務部犯罪問題研究中心，民81年9月。

8. 法務部矯正人員訓練所，戒護管理實務手冊，民87年6月。

9. 法務部矯正人員訓練所，矯正月刊論文選輯第一、二、三冊，民88年12月。

10. 丁道源，中外獄政制度之比較研究，中央文物供應社，民78年7月。

11. 王雨三，監所警衛勤務制度，宏德印刷廠，民55年7月。

12. 王濟中，監獄行刑法論，法務通訊雜誌社，民74年12月。

13. 李鐘元，收容人在受刑、羈押期間應否禁止抽菸之研究，法務部，民78年6月。

14. 吳正博譯，美國犯罪矯治機構如何處理受刑人之申訴（Allen. F. Breed），第一屆中美防治犯罪研究會，民75年。

15. 林茂榮，我國矯正工作之檢討與改進，矯正月刊第97期，法務部矯正人員訓練所，民89年7月1日。

16. 林茂榮、楊士隆，監獄學，五南圖書公司，民105年9月修訂。

17. 林茂榮、楊士隆、黃維賢，新編監所法規，五南圖書公司，民87年5月初版。

18. 林茂榮、楊士隆、黃維賢，監獄行刑法，五南圖書公司，民103年8月六版。

19. 林茂榮、黃維賢，獄政工作實錄，法務部矯正人員訓練所，民89年1月初版。

20. 林山田，刑法通論，自印，民79年8月。

21. 林紀東，刑事政策學，正中書局，民57年11月。

22. 林明輝，死刑制度在國際法上之理論與實際，國防管理學院法律學研究所碩士論文，民88年。

23. 林世英，賞罰獎懲和犯罪人心理矯正，獄政管理專刊論文集（三），第272-279頁，法務部，民81年2月。

24. 楊士隆，犯罪心理學，五南圖書公司，民107年9月修訂。

25. 黃徵男、王英郁，監獄行刑法論，三民書局，民91年3月再版。

26. 黃昭正，淺論行刑機構懲罰制度，矯正月刊論文選輯第一冊，法務部矯正人員訓練所，民88年12月。

27. 張伯宏，監所隔日制戒護宜否改為八小時輪值制之研究，法務部，民77年6月。

28. 張伯宏、陳秉仁、任全鈞，開放式處遇之研究，法務部矯正司，民84年11月。

29. 張家盛，監院所收容人給養之研究，法務部監所司，民83年12月。

30. 蔡德輝、楊士隆，犯罪學，五南圖書公司，民108年1月修訂再版。

31. 蔡德輝、楊士隆、闞仲偉，死刑存廢意向之調查研究，2001年犯罪問題與對策研討會論文集，國立中正大學犯罪防治研究所，民90年6月。

32. 謝瑞智，犯罪與刑事政策，正中書局，民108年1月。

33. 顏岩松、盧秋生，矯正實務問題叢談，法務部矯正人員訓練所，民89年4月。

34. 盧秋生，各國矯正制度與矯正實務，法務部矯正人員訓練所，民89年4月。

貳、英文部分

1. Breed Allen F. (1986), Correctional Problem Solving Through Grievance Procedure Papers Presented to the Sino-American Institute in Criminal Justice, Taipei, R.O.C.

2. Sykes, Gresham M. (1958), The Society of Captives: A study of a Maximum Security Prison, Princeton University Press.

附錄1　監獄行刑法

民國35年1月19日國民政府制定公布全文98條。

民國109年1月15日總統令修正公布全文156條。

第一章　總則

第1條

為達監獄行刑矯治處遇之目的，促使受刑人改悔向上，培養其適應社會生活之能力，特制定本法。

第2條

本法之主管機關為法務部。

監獄之監督機關為法務部矯正署。

監督機關應派員視察監獄，每季至少一次。

少年法院法官、檢察官執行刑罰有關事項，得隨時訪視少年矯正學校、監獄。

第3條

處徒刑、拘役及罰金易服勞役之受刑人，除法律另有規定外，於監獄內執行之。

處拘役及罰金易服勞役者，應與處徒刑者分別監禁。

第4條

未滿十八歲之少年受刑人，應收容於少年矯正學校，並按其性別分別收容。

收容中滿十八歲而殘餘刑期未滿三個月者，得繼續收容於少年矯正學校。

滿十八歲之少年受刑人，得依其教育需要，收容於少年矯正學校至滿二十三歲為止。

前三項受刑人滿二十三歲而未完成該級教育階段者，得由少年矯正學校報請監督機關同意，收容至完成該級教育階段為止。

本法所稱少年受刑人，指犯罪行為時未滿十八歲之受刑人。

第一項至第四項所定少年受刑人矯正教育之實施，其他法律另有規定者，從其規定。

第5條

監獄對收容之受刑人，應按其性別嚴為分界。

第6條

監獄人員執行職務應尊重受刑人之尊嚴及維護其人權，不得逾越所欲達成矯治處遇目的之必要限度。

監獄對受刑人不得因人種、膚色、性別、語言、宗教、政治立場、國籍、種族、社會階

級、財產、出生、身心障礙或其他身分而有歧視。

監獄應保障身心障礙受刑人在監獄內之無障礙權益，並採取適當措施為合理調整。

監獄應以積極適當之方式及措施，使受刑人瞭解其所受處遇及刑罰執行之目的。

監獄不得對受刑人施以逾十五日之單獨監禁。監獄因對受刑人依法執行職務，而附隨有單獨監禁之狀態時，應定期報監督機關備查，並由醫事人員持續評估受刑人身心狀況。經醫事人員認為不適宜繼續單獨監禁者，應停止之。

第7條

為落實透明化原則，保障受刑人權益，監獄應設獨立之外部視察小組，置委員三人至七人，任期二年，均為無給職，由監督機關陳報法務部核定後遴聘之。

前項委員應就法律、醫學、公共衛生、心理、犯罪防治或人權領域之專家學者遴選之。其中任一性別委員不得少於三分之一。

視察小組應就監獄運作及受刑人權益等相關事項，進行視察並每季提出報告，由監獄經監督機關陳報法務部備查，並以適當方式公開，由相關權責機關回應處理之。

前三項視察小組之委員資格、遴（解）聘、視察方式、權限、視察報告之製作、提出與公開期間等事項及其他相關事項之辦法，由法務部定之。

第8條

監獄得依媒體之請求，同意其進入適當處所採訪或參觀；並得依民眾之請求，同意其進入適當處所參觀。

第9條

為達到矯治處遇之目的，監獄應調查與受刑人有關之資料。

為實施前項調查，得於必要範圍內蒐集、處理或利用受刑人之個人資料，並得請求機關（構）、法人、團體或個人提供相關資料，機關（構）、法人、團體或個人無正當理由不得拒絕。

第一項與受刑人有關資料調查之範圍、期間、程序、方法、審議及其他應遵行事項之辦法，由法務部定之。

第二章　入監

第10條

受刑人入監時，指揮執行之檢察署應將指揮書附具裁判書及其他應備文件，以書面、電子傳輸或其他適當方式送交監獄。

前項文件不具備時，得拒絕收監，或通知補送。

第一項之應備文件，於少年受刑人入少年矯正學校或監獄時，應包括其犯罪原因、動機、

境遇、學歷、經歷、身心狀況及可供處遇之參考事項。

第11條

對於新入監者，應就其個性、身心狀況、經歷、教育程度及其他相關事項，加以調查。

前項調查期間，不得逾二個月。

監獄應於受刑人入監後三個月內，依第一項之調查資料，訂定其個別處遇計畫，並適時修正。

第12條

殘餘刑期在二個月以下之入監或在監婦女請求攜帶未滿三歲之子女，監獄得准許之。

殘餘刑期逾二個月之入監或在監婦女請求攜帶未滿三歲之子女，經監獄檢具相關資料通知子女戶籍所在地直轄市、縣（市）社會福利主管機關評估認符合子女最佳利益者，監獄得准許之。

前項直轄市、縣（市）社會福利主管機關評估期間以二個月為限，並應將評估報告送交監獄。

在前項評估期間，監獄得於監內暫時安置入監或在監婦女攜入之子女。

子女隨母入監最多至滿三歲為止。但經第二項社會福利主管機關評估，認在監符合子女最佳利益者，最多得延長在監安置期間至子女滿三歲六個月為止。

安置在監之子女有下列情形之一，監獄應通知子女戶籍所在地直轄市、縣（市）社會福利主管機關進行訪視評估，辦理轉介安置或為其他必要處置：

一、子女出現畏懼、退縮或其他顯不適於在監安置之狀況。

二、滿三歲或前項但書安置期間屆滿。

三、經第二項評估認在監安置不符合子女最佳利益。

四、因情事變更須離開監獄。

受刑人於監獄內生產之子女，適用前六項規定；其出生證明書不得記載與監獄有關之事項。

為照顧安置在監子女，監獄應規劃活動空間及提供必要之設施或設備，並得洽請社會福利及相關機關（構）、法人、團體或個人協助受刑人育兒相關教育與指導。子女戶籍所在地直轄市、縣（市）社會福利主管機關對於在監子女照顧安置事項，應提供必要之協助。

子女戶籍所在地直轄市、縣（市）社會福利主管機關於必要時得委託其他直轄市、縣（市）社會福利主管機關辦理第二項、第三項、第五項、第六項及前項所定事項。

第13條

受刑人入監時，應行健康檢查，受刑人不得拒絕；有下列情形之一者，應拒絕收監：

一、有客觀事實足認其身心狀況欠缺辨識能力，致不能處理自己事務。

二、現罹患疾病，因執行而不能保其生命。

三、懷胎五月以上，或生產未滿二月。

四、罹患法定傳染病，因執行有引起群聚感染之虞。

五、衰老、身心障礙，不能於監獄自理生活。

施行前項檢查時，應由醫師進行，並得為醫學上必要處置。經檢查後認有必要時，監獄得委請其他專業人士協助之。

第一項之檢查，在監獄內不能實施者，得戒送醫院為之。

前三項之檢查未能於當日完成者，監獄得同意暫時收容。但收容檢查期間不得逾十日。

收容檢查結果符合第一項所列各款拒絕收監之情形者，其收容檢查之日數，以一日抵有期徒刑或拘役一日，或刑法第四十二條第六項裁判所定之罰金額數。

第一項被拒絕收監者，應送交檢察官斟酌情形為具保、責付、限制住居、限制出境、出海或為其他適當之處置，並準用刑事訴訟法第九十三條之二第二項至第四項、第九十三條之五第一項前段及第三項前段、第一百十一條之命提出保證書、指定保證金額、限制住居、第一百十五條、第一百十六條、第一百十八條第一項之沒入保證金、第一百十九條第二項、第三項之退保、第一百二十一條第四項准其退保及第四百十六條第一項第一款、第三項、第四項、第四百十七條、第四百十八條第一項本文聲請救濟之規定。

第14條

為維護監獄秩序及安全，防止違禁物品流入，受刑人入監時，應檢查其身體、衣類及攜帶之物品，必要時，得採集其尿液檢驗，並得運用科技設備輔助之。

前項檢查身體，如須脫衣檢查時，應於有遮蔽之處所為之，並注意維護受刑人隱私及尊嚴。男性受刑人應由男性職員執行，女性受刑人應由女性職員執行。

非有事實足認受刑人有夾藏違禁物品或有其他危害監獄秩序及安全之虞，不得為侵入性檢查；如須為侵入性檢查，應經監獄長官核准，並由醫事人員為之。

為辨識受刑人身分，應照相、採取指紋或記錄其他身體特徵，並得運用科技設備輔助之。

第15條

受刑人入監講習時，應告知下列事項，並製作手冊交付其使用：

一、在監應遵守事項。

二、接見及通信事項。

三、獎懲事項。

四、編級及累進處遇事項。

五、報請假釋應備條件及相關救濟事項。

六、陳情、申訴及訴訟救濟之規定。

七、衛生保健及醫療事項。

八、金錢及物品保管之規定。

九、法律扶助事項之宣導。

十、其他應注意事項。

受刑人為身心障礙者、不通中華民國語言或有其他理由，致其難以瞭解前項各款所涉內容之意涵者，監獄應提供適當之協助。

與受刑人在監服刑權利義務相關之重要法規、行政規則及函釋等，宜以適當方式公開，使受刑人得以知悉。

第三章　監禁

第16條

監禁之舍房分為單人舍房及多人舍房。

受刑人入監後，以分配於多人舍房為原則。監獄得依其管理需要配房。

第17條

監獄受刑人人數嚴重超額時，監督機關視各監獄收容之實際狀況，必要時得機動調整移監。

有下列情形之一者，監獄得報請監督機關核准移送指定之監獄：

一、受刑人有特殊且必要之處遇需求，而本監無法提供相應之資源。

二、監獄依據受刑人調查分類之結果，認須加強教化。

三、受刑人對於其他受刑人有顯著之不良影響，有離開本監之必要。

四、因不可抗力，致本監須為重大之施工、修繕；或有急迫之安全或衛生危險。

五、出於其他獄政管理上之正當且必要之理由。

六、經受刑人主動提出申請，經監獄認為有正當且必要之理由。

前二項移監之程序與條件、受刑人審查條件、移送之審查程序、辦理方式、對受刑人本人、家屬或最近親屬之告知、前項第六款得提出申請之資格條件及其他相關事項之辦法，由法務部定之。

第18條

對於刑期六月以上之受刑人，為促使其改悔向上，培養其適應社會生活之能力，其處遇應分為數個階段，以累進方法為之。但因身心狀況或其他事由認為不適宜者，得暫緩適用累進處遇。

累進處遇事項及方法，另以法律定之。

第19條

前條適用累進處遇之受刑人有下列情形之一者，監獄得給予和緩處遇：

一、患有疾病經醫師證明需長期療養。

二、有客觀事實足認其身心狀況欠缺辨識能力，致不能處理自己事務，或其辨識能力顯著減低。

三、衰老、身心障礙、行動不便或不能自理生活。

四、懷胎期間或生產未滿二月。

五、依其他事實認為有必要。

依前項給予和緩處遇之受刑人，應報請監督機關核定之。

和緩處遇原因消滅後，回復依累進處遇規定辦理。

第20條

前條受刑人之和緩處遇，依下列方法為之：

一、教化：以個別教誨及有益其身心之方法行之。

二、作業：依其志趣，並斟酌其身心健康狀況參加輕便作業，每月所得之勞作金並得自由使用。

三、監禁：視其個別情況定之。為維護其身心健康，並得與其他受刑人分別監禁。

四、接見及通信：因患病或於管理教化上之必要，得許其與最近親屬、家屬或其他人接見及發受書信，並得於適當處所辦理接見。

五、給養：罹患疾病者之飲食，得依醫師醫療行為需要換發適當之飲食。

六、編級：適用累進處遇者，依行刑累進處遇條例之規定予以編級，編級後之責任分數，依同條例第十九條之標準八成計算。

刑期未滿六個月之受刑人，有前條第一項各款情形之一者，得準用前項第一款至第五款之規定。

第四章　戒護

第21條

監獄應嚴密戒護，並得運用科技設備輔助之。

監獄認有必要時，得對受刑人居住之舍房及其他處所實施搜檢，並準用第十四條有關檢查身體及辨識身分之規定。

為戒護安全目的，監獄得於必要範圍內，運用第一項科技設備蒐集、處理、利用受刑人或進出人員之個人資料。

監獄為維護安全，得檢查出入者之衣類及攜帶物品，並得運用科技設備輔助之。

第一項、第二項與前項之戒護、搜檢及檢查，不得逾必要之程度。

第一項至第四項科技設備之種類、設置、管理、運用、資料保存及其他應遵行事項之辦法，由法務部定之。

第22條

有下列情形之一者，監獄得施以隔離保護：

一、受刑人有危害監獄安全之虞。

二、受刑人之安全有受到危害之虞。

前項隔離保護應經監獄長官核准。但情況緊急時，得先行為之，並立即報告監獄長官。

監獄應將第一項措施之決定定期報監督機關備查。監獄施以隔離保護後，除應以書面告知受刑人外，應通知其家屬或最近親屬，並安排醫事人員持續評估其身心狀況。醫事人員認為不適宜繼續隔離保護者，應停止之。家屬或最近親屬有數人者，得僅通知其中一人。

第一項隔離保護不得逾必要之程度，於原因消滅時應即解除之，最長不得逾十五日。

第一項施以隔離保護之生活作息、處遇、限制、禁止、第三項之通知及其他應遵行事項之辦法，由法務部定之。

第23條

受刑人有下列情形之一，監獄得單獨或合併施用戒具、施以固定保護或收容於保護室：

一、有脫逃、自殘、暴行、其他擾亂秩序行為之虞。

二、有救護必要，非管束不能預防危害。

前項施用戒具、施以固定保護或收容於保護室，監獄不得作為懲罰受刑人之方法。施以固定保護，每次最長不得逾四小時；收容於保護室，每次最長不得逾二十四小時。監獄除應以書面告知受刑人外，並應通知其家屬或最近親屬。家屬或最近親屬有數人者，得僅通知其中一人。

戒具以腳鐐、手銬、聯鎖、束繩及其他經法務部核定之戒具為限，施用戒具逾四小時者，監獄應製作紀錄使受刑人簽名，並交付繕本；每次施用戒具最長不得逾四十八小時，並應記明起訖時間，但受刑人有暴行或其他擾亂秩序行為致發生騷動、暴動事故，監獄認為仍有繼續施用之必要者，不在此限。

第一項措施應經監獄長官核准。但情況緊急時，得先行為之，並立即報請監獄長官核准之。監獄應定期將第一項措施實施情形，陳報監督機關備查。

受刑人有第一項情形者，監獄應儘速安排醫事人員評估其身心狀況，並提供適當之協助。如認有必要終止或變更措施，應即報告監獄長官，監獄長官應為適當之處理。

第一項施用戒具、固定保護及收容於保護室之程序、方式、規格、第二項之通知及其他應遵行事項之辦法，由法務部定之。

第24條

監獄戒護受刑人外出,認其有脫逃、自殘、暴行之虞時,得經監獄長官核准後施用戒具。但不得逾必要之程度。

受刑人外出或於監獄外從事活動時,監獄得運用科技設備,施以電子監控措施。

第25條

有下列情形之一,監獄人員得使用法務部核定之棍、刀、槍及其他器械為必要處置:

一、受刑人對於他人之生命、身體、自由為強暴、脅迫或有事實足認為將施強暴、脅迫時。

二、受刑人持有足供施強暴、脅迫之物,經命其放棄而不遵從時。

三、受刑人聚眾騷動或為其他擾亂秩序之行為,經命其停止而不遵從時。

四、受刑人脫逃,或圖謀脫逃不服制止時。

五、監獄之裝備、設施遭受劫奪、破壞或有事實足認為有受危害之虞時。

監獄人員使用槍械,以自己或他人生命遭受緊急危害為限,並不得逾必要之程度。

前二項棍、刀、槍及器械之種類、使用時機、方法及其他應遵行事項之辦法,由法務部定之。

第26條

監獄遇有重大特殊情形,為加強安全戒備及受刑人之戒護,必要時得請求警察機關或其他相關機關協助。

遇有天災、事變,為防護監獄設施及受刑人安全時,得由受刑人分任災害防救工作。

第27條

遇有天災、事變在監獄內無法防避時,得將受刑人護送於相當處所;不及護送時,得暫行釋放。

前項暫行釋放之受刑人,由離監時起限四十八小時內,至該監或警察機關報到。其按時報到者,在外期間予以計算刑期;屆期不報到者,以脫逃罪論處。

第28條

受刑人之祖父母、父母、配偶之父母、配偶、子女或兄弟姊妹喪亡時,得經監獄長官核准戒護返家探視,並於二十四小時內回監;其在外期間,予以計算刑期。

受刑人因重大或特殊事故,有返家探視之必要者,經報請監督機關核准後,準用前項之規定。

受刑人返家探視條件、對象、次數、期間、費用、實施方式、核准程序、審查基準、核准後之變更或取消及其他應遵行事項之辦法,由法務部定之。

第29條

受刑人在監執行逾三月，行狀善良，得報請監督機關核准其於一定期間內外出。但受刑人有不適宜外出之情事者，不在此限。

經核准外出之受刑人，應於指定時間內回監，必要時得向指定處所報到。

受刑人外出期間，違反外出應遵守規定或發現有不符合第五項所定辦法有關資格、條件之規定者，得變更或取消其外出之核准；外出核准經取消者，其在外期間不算入執行刑期。

外出期間表現良好者，得予以獎勵。

受刑人外出，無正當理由未於指定時間內回監或向指定處所報到者，其在外期間不算入執行刑期，並以脫逃罪論處。

受刑人外出之資格、條件、實施方式與期間、安全管理方式、應遵守規定、核准程序、變更、取消及其他相關事項之辦法，由法務部定之。

第30條

監獄得遴選具有特殊才藝或技能之受刑人，於徵得其同意後，報請監督機關核准，戒護外出參加公益活動、藝文展演、技職檢定、才藝競賽或其他有助於教化之活動。

第五章　作業

第31條

受刑人除罹患疾病、入監調查期間、戒護安全或法規別有規定者外，應參加作業。為落實復歸社會目的，監督機關得商洽勞動部協助各監獄發展作業項目，提升作業效能。

監獄對作業應斟酌衛生、教化、經濟效益與受刑人之刑期、健康、知識、技能及出獄後之生計定之，並按作業性質，使受刑人在監內、外工場或其他特定場所為之。監獄應與受刑人晤談後，於個別處遇計畫中訂定適當作業項目，並得依職權適時調整之。

受刑人從事炊事、打掃、營繕、看護及其他由監獄指定之事務，視同作業。

受刑人在監外作業，應於指定時間內回監，必要時得向指定處所報到。其無正當理由未於指定時間內回監或向指定處所報到者，在外期間不算入執行刑期，並以脫逃罪論處。

第二項在監內、外作業項目、遴選條件、編組作業、契約要項、安全管理方式及其他應遵行事項之辦法，由法務部定之。

監督機關得商洽勞動部協助各監獄發展職業訓練項目，提升訓練效能。

第32條

作業時間應斟酌教化、數量、作業之種類、設備之狀況及其他情形定之，每日不得逾八小時。但有特殊情形，得將作業時間延長之，延長之作業時間連同正常作業時間，一日不得超過十二小時。

前項延長受刑人作業時間，應經本人同意後實施，並應給與超時勞作金。

第33條

受刑人之作業以勞動能率或作業時間作為課程；其勞動能率應依一般人平均工作產能酌定。

監獄得延聘具有專業之人員協同指導受刑人之作業。

第34條

監獄作業方式，以自營、委託加工、承攬、指定監外作業或其他作業為之。

前項作業之開辦計畫及相關契約，應報經監督機關核准。

第35條

有下列情形之一者，得停止受刑人之作業：

一、國定例假日。

二、受刑人之配偶、直系親屬或三親等內旁系親屬喪亡。但停止作業期間最長以七日為限。

三、因其他情事，監獄認為必要時。

就炊事、打掃及其他需急速之作業者，除前項第二款外，不停止作業。

第一項之情形，經受刑人請求繼續作業，且符合監獄管理需求者，從其意願。

第36條

參加作業者應給與勞作金。

前項勞作金之計算及給與，應將勞作金總額依比率分別提撥，並依受刑人實際作業時間及勞動能率合併計算給與金額。其提撥比率設定及給與分配等相關事項之辦法，由法務部定之。

第37條

作業收入扣除作業支出後稱作業賸餘，分配如下：

一、提百分之六十充前條勞作金。

二、提百分之十充犯罪被害人補償費用。

三、提百分之十充受刑人飲食補助費用。

四、其餘充受刑人職業訓練、改善生活設施及照顧受刑人與其家屬之補助費用。

五、如有賸餘，撥充法務部矯正機關作業基金（以下簡稱作業基金）循環應用。

前項第二款提撥犯罪被害人補償費用，應專戶存儲，並依犯罪被害人保護法規定支付。

第38條

受刑人因作業或職業訓練致受傷、罹病、重傷、失能或死亡者，應發給補償金。

前項補償金由作業基金項下支付；其受傷、罹病、重傷、失能認定基準、發給金額、申請

程序、領受人資格及其他應遵行事項之辦法,由法務部定之。

第39條

受刑人死亡時,其勞作金或補償金,經依第八十一條及第八十二條第一項第四款規定處理而未領回或申請發還者,歸入作業基金。

第六章　教化及文康

第40條

對於受刑人,應施以教化。

前項教化,應參酌受刑人之入監調查結果及個別處遇計畫,施以適當之輔導與教育。

前項輔導內容,得委由心理學、社會工作、醫療、教育學、犯罪學或法律學等相關領域專家設計、規劃,並得以集體、類別及個別輔導等方式為之。

第二項之教育,監獄得自行或與學校合作辦理補習教育、進修教育或推廣教育;其辦理方式、協調支援、師資、課程與教材、學習評量、修業期限、學籍管理、證書之頒發、撤銷、廢止及其他相關事項之辦法,由法務部會同教育部定之。

第41條

受刑人有信仰宗教之自由,不得限制或禁止之。但宗教活動有妨害監獄秩序或安全者,不在此限。

監獄得依受刑人請求安排適當之宗教師,實施教誨。

監獄得邀請宗教人士舉行有助於受刑人之宗教活動。

受刑人得持有與其宗教信仰有關之物品或典籍。但有妨害監獄秩序、安全及管理之情形,得限制或禁止之。

第42條

監獄得安排專人或轉介機關(構)、法人、團體協助受刑人與被害人進行調解及修復事宜。

第43條

監獄得聘請或邀請具矯治處遇相關知識或熱誠之社會人士,協助教化活動,並得延聘熱心公益社會人士為志工,協助教化工作。

前項志工,由監獄報請監督機關核定後延聘之。

第44條

監獄得設置圖書設施、提供圖書資訊服務或發行出版物,供受刑人閱讀。

受刑人得自備書籍、報紙、點字讀物或請求使用紙筆及其他必要之用品。但有礙監獄作息、管理、教化或安全之虞者,得限制或禁止之。

監獄得辦理圖書展示，供受刑人購買優良圖書，以達教化目的。

監獄得提供適當之資訊設備予受刑人使用。

為增進受刑人之身心健康，監獄應適時辦理各種文化及康樂活動。

第45條

監獄得提供廣播、電視設施、資訊設備或視聽器材實施教化。

受刑人經監獄許可，得持有個人之收音機、電視機或視聽器材為收聽、收看。

監獄對身心障礙受刑人應考量收容特性、現有設施狀況及身心障礙者特殊需求，提供視、聽、語等無障礙輔助措施。

前二項收聽、收看，於有礙受刑人生活作息，或監獄管理、教化、安全之虞時，得限制或禁止之。

第七章 給養

第46條

為維護受刑人之身體健康，監獄應供給飲食，並提供必要之衣類、寢具、物品及其他器具。

受刑人得因宗教信仰或其他因素，請求監獄提供適當之飲食。

第47條

攜帶入監或在監生產之受刑人子女，其食物、衣類及必需用品，均應由受刑人自備；無力自備者，得由監獄提供之。

第48條

受刑人禁用酒類、檳榔。

監獄得許受刑人於指定之時間、處所吸菸，並應對受刑人施以菸害防制教育、宣導，對戒菸之受刑人給予適當之獎勵。

前項受刑人吸菸之資格、時間、地點、設施、數量、菸害防制教育與宣導、戒菸計畫、獎勵及其他應遵行事項之辦法，由法務部定之。

第八章 衛生及醫療

第49條

監獄應掌握受刑人身心狀況，辦理受刑人疾病醫療、預防保健、篩檢、傳染病防治及飲食衛生等事項。

監獄依其規模及收容對象、特性，得在資源可及範圍內備置相關醫事人員，於夜間及假日為戒護外醫之諮詢判斷。

前二項業務，監獄得委由醫療機構或其他專業機構辦理。

衛生福利部、教育部、國防部、國軍退除役官兵輔導委員會、直轄市或縣（市）政府所屬之醫療機構，應協助監獄辦理第一項及第二項業務。

衛生主管機關應定期督導、協調、協助改善前四項業務，監獄並應協調所在地之衛生主管機關辦理之。

第50條

為維護受刑人在監獄內醫療品質，並提供住院或療養服務，監督機關得設置醫療監獄；必要時，得於監獄附設之。

醫療監獄辦理受刑人疾病醫療、預防保健、篩檢、傳染病防治及飲食衛生等業務，得委由醫療機構或其他專業機構辦理。

第51條

監獄內應保持清潔，定期舉行環境衛生檢查，並適時使受刑人從事打掃、洗濯及整理衣被、器具等必要事務。

第52條

受刑人舍房、作業場所及其他處所，應維持保健上必要之空間、光線及通風，且有足供生活所需之衛浴設施。

監獄提供予受刑人使用之物品，須符合衛生安全需求。

第53條

為維護受刑人之健康及衛生，應依季節供應冷熱水及清潔所需之用水，並要求其沐浴及理剃鬚髮。

第54條

監獄應提供受刑人適當之運動場地、器材及設備。

監獄除國定例假日、休息日或有特殊事由外，應給予受刑人每日運動一小時。

為維持受刑人健康，運動處所以安排於戶外為原則；必要時，得使其於室內適當處所從事運動或其他舒展身心之活動。

第55條

監獄對於受刑人應定期為健康評估，並視實際需要施行健康檢查及推動自主健康管理措施。

施行前項健康檢查時，得為醫學上之必要處置。

受刑人或其最近親屬及家屬，在不妨礙監獄秩序及經醫師評估有必要之情形下，得請求監獄准許自費延請醫事人員於監獄內實施健康檢查。

第一項健康檢查結果，監獄得應受刑人之請求提供之。

受刑人因健康需求，在不妨害監獄安全及秩序之情形下，經醫師評估可行性後，得請求自費購入或送入低風險性醫療器材或衛生保健物品。

前項購入或送入物品之退回或領回，準用第七十八條、第八十條至第八十二條規定。

第56條

為維護受刑人健康或掌握其身心狀況，監獄得蒐集、處理或利用受刑人之病歷、醫療及前條第一項之個人資料，以作適當之處置。

前項情形，監獄得請求機關（構）、法人、團體或個人提供相關資料，機關（構）、法人、團體或個人無正當理由不得拒絕。

第一項與受刑人健康有關資料調查之範圍、期間、程序、方法、審議及其他應遵行事項之辦法，由法務部定之。

第57條

經監獄通報有疑似傳染病病人時，地方衛生主管機關應協助監獄預防及處理。必要時，得請求中央衛生主管機關協助之。

監獄收容來自傳染病流行地或經過其地之受刑人，得為一定期間之隔離；其攜帶物品，應為必要之處置。

監獄收容經醫師診斷疑似或確診罹患傳染病之受刑人，得由醫師評估為一定期間之隔離，並給予妥適治療，治療期間之長短或方式應遵循醫師之醫囑或衛生主管機關之處分或指導，且應對於其攜帶物品，施行必要之處置。

經衛生機關依傳染病防治法規定，通知罹患傳染病之受刑人於指定隔離治療機構施行治療者，監獄應即與治療機構協調戒送及戒護之作業，並陳報監督機關。接受隔離治療之受刑人視為在監執行。

第58條

罹患疾病經醫師評估認需密切觀察及處置之受刑人，得於監獄病舍或附設之病監收容之。

第59條

依全民健康保險法規定應納保之受刑人或其攜帶入監或在監生產之子女罹患疾病時，除已獲准自費醫療者外，應以全民健康保險保險對象身分就醫；其無全民健康保險憑證者，得由監獄逕行代為申請。

受刑人為全民健康保險保險對象，經暫行停止保險給付者，其罹患疾病時之醫療費用由受刑人自行負擔。

受刑人應繳納下列各項費用時，監獄得由受刑人保管金或勞作金中扣除：

一、接受第一項全民健康保險醫療衍生之費用。

二、換發、補發、代為申請全民健康保險憑證衍生之費用。

三、前項應自行負擔之醫療費用。

受刑人或其攜帶入監或在監生產子女如不具全民健康保險之保險資格，或受刑人因經濟困難無力繳納前項第一款之費用，其於收容或安置期間罹患疾病時，由監獄委請醫療機構或醫師診治。

前項經濟困難資格之認定、申請程序及其他應遵行事項之辦法，由法務部定之。

第60條

受刑人因受傷或罹患疾病，拒不就醫，致有生命危險之虞，監獄應即請醫師逕行救治或將受刑人逕送醫療機構治療。

前項逕送醫療機構治療之醫療及交通費用，由受刑人自行負擔。

第一項逕送醫療機構治療期間，視為在監執行。

第61條

受傷或罹患疾病之受刑人接受全民健康保險提供之醫療服務或經監獄委請之醫師醫治後，有正當理由認需由其他醫師診治，而請求自費於監獄內延醫診治時，監獄得予准許。

前項自費延醫之申請程序、要件、實施方式、時間、地點、費用支付及其他應遵行事項之辦法，由法務部定之。

第62條

受刑人受傷或罹患疾病，有醫療急迫情形，或經醫師診治後認有必要，監獄得戒送醫療機構或病監醫治。

前項經醫師診治後認有必要戒送醫療機構醫治之交通費用，應由受刑人自行負擔。但受刑人經濟困難無力負擔者，不在此限。

第一項戒送醫療機構醫治期間，視為在監執行。

第63條

經採行前條第一項醫治方式後，仍不能或無法為適當之醫治者，監獄得報請監督機關參酌醫囑後核准保外醫治；其有緊急情形時，監獄得先行准予保外醫治，再報請監督機關備查。

前項保外醫治期間，不算入刑期。

依第一項核准保外醫治者，監獄應即報由檢察官命具保、責付、限制住居或限制出境、出海後釋放之。

前項命具保、責付、限制住居或限制出境、出海者，準用刑事訴訟法第九十三條之二第二項至第四項、第九十三條之五第一項前段及第三項前段、第一百十一條之命提出保證書、指定保證金額、限制住居、第一百十五條、第一百十六條、第一百十八條第一項之沒入保證金、第一百十九條第二項、第三項之退保、第一百二十一條第四項准其退保及第

四百十六條第一項第一款、第三項、第四項、第四百十七條、第四百十八條第一項本文聲請救濟之規定。

保外醫治受刑人違反保外醫治應遵守事項者，監督機關或監獄得廢止保外醫治之核准。

第一項核准保外醫治之基準，及前項保外醫治受刑人應遵守事項、廢止核准之要件、程序及其他應遵行事項之辦法，由法務部定之。

懷胎五月以上或生產未滿二月者，得準用前條及第一項前段、第二項至前項之規定。

第64條

依前條報請保外醫治受刑人，無法辦理具保、責付、限制住居時，監獄應檢具相關資料通知監獄所在地直轄市、縣（市）社會福利主管機關辦理轉介安置或為其他必要之處置。

第65條

受刑人因拒絕飲食或未依醫囑服藥而有危及生命之虞時，監獄應即請醫師進行診療，並得由醫師施以強制營養或採取醫療上必要之強制措施。

第66條

任何可能有損健康之醫學或科學試驗，除法律另有規定外，縱經受刑人同意，亦不得為之。

因診療或健康檢查而取得之受刑人血液或其他檢體，除法律另有規定外，不得為目的外之利用。

第九章　接見及通信

第67條

受刑人之接見或通信對象，除法規另有規定或依受刑人意願拒絕外，監獄不得限制或禁止。

監獄依受刑人之請求，應協助其與所屬國或地區之外交、領事人員或可代表其國家或地區之人員接見及通信。

第68條

監獄應於平日辦理接見；國定例假日或其他休息日之接見，得由監獄斟酌情形辦理之。

受刑人之接見，除法規另有規定外，每星期一次，接見時間以三十分鐘為限。但監獄長官認有必要時，得增加或延長之。

第69條

請求接見者，應繳驗身分證明文件，登記其姓名、職業、年齡、住居所、受刑人姓名及與受刑人之關係。

監獄對於請求接見者認為有妨害監獄秩序、安全或受刑人利益時，得拒絕之。

接見應於接見室為之。但因患病或於管理教化上之必要，得准於適當處所行之。

接見，每次不得逾三人。但本法或其他法規另有規定，或經監獄長官許可者，不在此限。

被許可接見者，得攜帶未滿十二歲之兒童，不計入前項人數限制。

第70條

監獄基於管理、教化輔導、受刑人個人重大事故或其他事由，認為必要時，監獄長官得准受刑人於監獄內指定處所辦理接見，並酌予調整第六十八條及前條第三項、第四項有關接見場所、時間、次數及人數之限制。

第71條

監獄對受刑人之接見，除法律另有規定外，應監看並以錄影、錄音方式記錄之，其內容不得違法利用。

有事實足認有妨害監獄秩序或安全之虞者，監獄得於受刑人接見時聽聞或於接見後檢視錄影、錄音內容。

接見過程中發現有妨害監獄秩序或安全時，戒護人員得中止其接見，並以書面載明事由。

與受刑人接見者不得使用通訊、錄影或錄音器材；違者，得依前項規定辦理。

第72條

受刑人與其律師、辯護人接見時，除法律另有規定外，監獄人員僅得監看而不與聞，不予錄影、錄音；除有事實上困難外，不限制接見次數及時間。

為維護監獄秩序及安全，除法律另有規定外，監獄人員對受刑人與其律師、辯護人接見時往來之文書，僅得檢查有無夾藏違禁物品。

第一項之接見，於監獄指定之處所為之。

第六十七條第一項、第六十八條第一項、第六十九條第一項及前條第三項、第四項規定，於律師、辯護人接見時準用之。

前四項規定於未受委任之律師請求接見受刑人洽談委任事宜時，準用之。

第73條

監獄認受刑人或請求接見者有相當理由時，得准其使用電話或其他通訊方式接見。

前項通訊費用，由受刑人或請求接見者自付。但受刑人無力負擔且監獄認為適當時，得由監獄支付之。

前二項接見之條件、對象、次數之限制、通訊方式、通訊申請程序、時間、監看、聽聞、收費及其他應遵行事項之辦法，由法務部定之。

第74條

受刑人寄發及收受之書信，監獄人員得開拆或以其他適當方式檢查有無夾藏違禁物品。

前項情形，除法律另有規定外，有下列各款情形之一者，監獄人員得閱讀其書信內容。但

屬受刑人與其律師、辯護人或公務機關互通之書信，不在此限：

一、受刑人有妨害監獄秩序或安全之行為，尚在調查中。

二、受刑人於受懲罰期間內。

三、有事實而合理懷疑受刑人有脫逃之虞。

四、有事實而合理懷疑有意圖加害或騷擾他人之虞。

五、矯正機關收容人間互通之書信。

六、有事實而合理懷疑有危害監獄安全或秩序之虞。

監獄閱讀受刑人書信後，有下列各款情形之一者，得敘明理由刪除之：

一、顯有危害監獄之安全或秩序。

二、教唆、煽惑他人犯罪或違背法規。

三、使用符號、暗語或其他方法，使檢查人員無法瞭解書信內容。

四、涉及脫逃情事。

五、敘述矯正機關之警備狀況、舍房、工場位置，足以影響戒護安全。

前項書信之刪除，依下列方式處理：

一、受刑人係發信者，監獄應敘明理由，退還受刑人保管或要求其修改後再行寄發，如拒
　　絕修改，監獄得逕予刪除後寄發。

二、受刑人係受信者，監獄應敘明理由，逕予刪除再行交付。

前項刪除之書信，應影印原文由監獄保管，並於受刑人出監時發還之。受刑人於出監前死
亡者，依第八十一條及第八十二條第一項第四款規定處理。

受刑人發送之文件，屬文稿性質者，得准其投寄報章雜誌或媒體，並準用前五項之規定。

發信郵資，由受刑人自付。但受刑人無力負擔且監獄認為適當時，得由監獄支付之。

第75條

受刑人以書面向法院、檢察官或其他公務機關有所請求，或公務機關送達受刑人之文書，
監獄應速為轉送。

第十章　保管

第76條

受刑人攜帶、在監取得或外界送入之金錢及物品，經檢查後，由監獄代為保管。但認有必
要且無妨害監獄秩序或安全之虞者，得准許受刑人在監使用，或依受刑人之請求交由他人
領回。

前項物品屬易腐敗、有危險性、有害或不適於保管者，監獄得通知受刑人後予以毀棄或為
其他適當之處理。

監獄代為保管之金錢，除酌留一定金額作為週轉金外，應設專戶管理。

前項專戶管理之金錢，其所孳生之利息統籌運用於增進受刑人生活福利事項。

前四項受刑人之金錢與物品送入、檢查、登記、保管、使用、毀棄、處理、領回、查核、孳息運用、週轉金保留額度及其他應遵行事項之辦法，由法務部定之。

第77條

外界得對受刑人送入金錢、飲食、必需物品或其他經監獄長官許可之財物。

監獄對於前項外界送入之金錢、飲食、必需物品及其他財物，所實施之檢查不得逾必要之程度。

經前項檢查認有妨害監獄秩序或安全時，得限制或禁止送入。

前三項金錢、飲食、必需物品及其他財物之送入方式、時間、次數、種類、數額、數量、限制或禁止方式及其他應遵行事項之辦法，由法務部定之。

第78條

監獄對前條外界送入之金錢、飲食及物品，因送入人或其居住處所不明，或為受刑人拒絕收受者，應退回之；無法退回者，經公告六個月後仍無人領取時，歸屬國庫或毀棄。

於前項待領回或公告期間，監獄得將易腐敗、有危險性、有害或不適於保管之物品毀棄之。

第79條

經檢查發現受刑人未經許可持有之金錢或物品，監獄得視情節予以歸屬國庫、毀棄或另為其他適當之處理；其金錢或物品持有人不明者，亦同。

第80條

受刑人經釋放者，監獄應將代為保管之金錢及物品交還之；其未領回者，應限期通知其領回。

第81條

受刑人死亡後遺留之金錢及物品，應限期通知其繼承人領回。

前項繼承人有數人者，監獄得僅通知其中一人或由其中一人領回。

前二項情形，因其繼承人有無或居住處所不明無法通知，應予公告並限期領回。

第82條

受刑人有下列各款情形之一，自各款規定之日起算，經六個月後，未申請發還者，其所留之金錢及物品，予以歸屬國庫、毀棄或另為其他適當處理：

一、釋放者，依第八十條限期通知期滿之日起算。

二、脫逃者，自脫逃之日起算。

三、依第二十七條第一項規定暫行釋放，未遵守同條第二項報到規定，自最後應報到之日

起算。

四、受刑人死亡者，依前條第一項、第三項通知或公告限期領回期滿之日起算。

於前項待領回、通知或公告期間，監獄得將易腐敗、有危險性、有害或不適於保管之物品予以毀棄或另為其他適當處理。

第十一章　獎懲及賠償

第83條

受刑人除依法規規定應予獎勵外，有下列各款行為之一者，得予以獎勵：

一、舉發受刑人圖謀脫逃、暴行或將為脫逃、暴行。

二、救護人命或捕獲脫逃。

三、於天災、事變或傳染病流行時，充任應急事務有勞績。

四、作業成績優良。

五、有特殊貢獻，足以增進監獄榮譽。

六、對作業技術、產品、機器、設備、衛生、醫藥等有特殊設計，足資利用。

七、對監內外管理之改進，有卓越建議。

八、其他優良行為確有獎勵必要。

第84條

前條情形，得給予下列一款或數款之獎勵：

一、公開表揚。

二、增給成績分數。

三、給與書籍或其他獎品。

四、增加接見或通信次數。

五、發給獎狀。

六、給與相當數額之獎金。

七、其他特別獎勵。

前項獎勵之基準、第七款特別獎勵之種類、對象、實施方式、程序及其他應遵行事項之辦法，由法務部定之。

第85條

監獄非依本法或其他法律規定，對於受刑人不得加以懲罰，同一事件不得重複懲罰。

第86條

受刑人有妨害監獄秩序或安全之行為時，得施以下列一款或數款之懲罰：

一、警告。

二、停止接受送入飲食三日至七日。

三、停止使用自費購買之非日常生活必需品七日至十四日。

四、移入違規舍十四日至六十日。

前項妨害監獄秩序或安全之行為態樣與應施予懲罰之種類、期間、違規舍之生活管理、限制、禁止及其他應遵行事項之辦法，由法務部定之。

第87條

監獄依本法或其他法律懲罰前，應給予受刑人陳述意見之機會，並告知其違規之原因事實及科處之懲罰。

受刑人違規情節輕微或顯堪憫恕者，得免其懲罰之執行或緩予執行。

受刑人罹患疾病或有其他特別事由者，得停止執行。

監獄為調查受刑人違規事項，得對相關受刑人施以必要之區隔，期間不得逾二十日。

第88條

依前條第二項規定免予執行或緩予執行後，如受懲罰者已保持一月以上之改悔情狀，得廢止其懲罰。

依前條第三項規定停止執行者，於其停止原因消滅後繼續執行。但停止執行逾六個月不再執行。

受懲罰者，在執行中有改悔情狀時，得終止其執行。

第89條

受刑人因故意或重大過失，致損害器具、成品、材料或其他物品時，應賠償之。

前項賠償之金額，受刑人未為給付者，得自其保管金或勞作金內扣還之。

第十二章　陳情、申訴及起訴

第90條

監獄對受刑人處分或管理措施之執行，不因提起陳情或申訴而停止。但監獄於必要時，得停止其執行。

第91條

監獄對於受刑人，不得因陳情、申訴或訴訟救濟之提出，而施以歧視待遇或藉故懲罰。

第92條

受刑人得以書面或言詞向監獄、視察小組或其他視察人員提出陳情。

監獄應於適當處所設意見箱，供受刑人提出陳情或提供意見使用。

監獄對於受刑人之陳情或提供意見，應為適當之處理。

第93條

受刑人因監獄行刑有下列情形之一者，得以書面或言詞向監獄提起申訴：

一、不服監獄所為影響其個人權益之處分或管理措施。

二、因監獄對其依本法請求之事件，拒絕其請求或於二個月內不依其請求作成決定，認為其權利或法律上利益受損害。

三、因監獄行刑之公法上原因發生之財產給付爭議。

前項第一款處分或管理措施、第二款、第三款拒絕請求之申訴，應自受刑人收受或知悉處分或管理措施之次日起，十日不變期間內為之。前項第二款、第三款不依請求作成決定之申訴，應自受刑人提出請求屆滿二個月之次日起，十日不變期間內為之。

監獄認為受刑人之申訴有理由者，應逕為立即停止、撤銷或變更原處分、管理措施之決定或執行，或依其請求或申訴作成決定。

以書面以外方式所為之處分或管理措施，其相對人有正當理由請求作成書面時，監獄不得拒絕。

前項書面應附記理由，並表明救濟方法、期間及受理機關。

第94條

受刑人提起前條申訴及第一百十一條第二項之訴訟救濟，得委任律師為代理人行之，並應向監獄或法院提出委任狀。

受刑人或代理人經監獄或法院之許可，得偕同輔佐人到場。

監獄或法院認為必要時，得命受刑人或代理人偕同輔佐人到場。

前二項之輔佐人，監獄或法院認為不適當時，得撤銷其許可或禁止其陳述。

輔佐人所為之陳述，受刑人或代理人未立即提出異議者，視為其所自為。

第95條

監獄為處理申訴事件，應設申訴審議小組（以下簡稱審議小組），置委員九人，經監督機關核定後，由典獄長指派之代表三人及學者專家或社會公正人士六人組成之，並由典獄長指定之委員為主席。其中任一性別委員不得少於三分之一。

第96條

以書面提起申訴者，應填具申訴書，載明下列事項，由申訴人簽名或捺印：

一、申訴人之姓名。有委任代理人或輔佐人者，其姓名、住居所。

二、申訴事實及發生時間。

三、申訴理由。

四、申訴年、月、日。

以言詞提起申訴者，由監獄人員代為填具申訴書，經向申訴人朗讀或使其閱覽，確認內容

無誤後，交其簽名或捺印。

第97條

審議小組認為申訴書不合法定程式，而其情形可補正者，應通知申訴人於五日內補正。

第98條

審議小組須有全體委員過半數之出席，始得開會；其決議以出席人數過半數同意行之，可否同數時，取決於主席。

審議小組決議時，迴避之委員不計入出席委員人數。

第99條

審議小組委員於申訴事件有下列情形之一者，應自行迴避，不得參與決議：

一、審議小組委員現為或曾為申訴人之配偶、四親等內之血親、三親等內之姻親或家長、家屬。

二、審議小組委員現為或曾為申訴人之代理人、辯護人、輔佐人。

三、審議小組委員現為申訴人、其申訴對象、或申訴人曾提起申訴之對象。

有具體事實足認審議小組委員就申訴事件有偏頗之虞者，申訴人得舉其原因及事實，向審議小組申請迴避。

前項申請，由審議小組決議之。不服審議小組之駁回決定者，得於五日內提請監督機關覆決，監督機關除有正當理由外，應於十日內為適當之處置。

申訴人不服監督機關所為覆決決定，僅得於對實體決定提起行政訴訟時一併聲明不服。

審議小組委員有第一項情形不自行迴避，而未經申訴人申請迴避者，應由監獄依職權命其迴避。

第100條

提起申訴後，於決定書送達申訴人前，申訴人得撤回之。申訴經撤回者，不得就同一原因事實重行提起申訴。

第101條

審議小組應自受理申訴之次日起三十日內作成決定，必要時得延長十日，並通知申訴人。

前項期間，於依第九十七條通知補正情形，自補正之次日起算。

審議小組屆期不為決定者，視為撤銷原處分。

第102條

審議小組進行審議時，應通知申訴人、委任代理人及輔佐人列席陳述意見。

申訴人因案收容於其他處所者，其陳述意見得以書面、影音、視訊、電話或其他方式為之。

前項以書面以外方式陳述意見者，監獄應作成紀錄，經向陳述人朗讀或使閱覽確認其內容

無誤後,由陳述人簽名或捺印;其拒絕簽名或捺印者,應記明其事由。陳述人對紀錄有異議者,應更正之。

第103條

申訴審議資料,不得含與申訴事項無關之罪名、刑期、犯次或之前違規紀錄等資料。

第104條

審議小組應依職權調查證據,不受申訴人主張之拘束,對申訴人有利及不利事項一律注意。

第105條

申訴人於申訴程序中,得申請審議小組調查事實及證據。審議小組認無調查必要者,應於申訴決定中敘明不為調查之理由。

第106條

審議小組應製作會議紀錄。

前項會議紀錄應載明到場人所為陳述之要旨及其提出之文書、證據。委員於審議中所持與決議不同之意見,經其請求者,亦應列入紀錄。

第107條

審議小組認申訴有下列情形之一者,監獄應為不受理之決定:

一、申訴內容非屬第九十三條第一項之事項。

二、提起申訴已逾第九十三條第二項所定期間。

三、申訴書不合法定程式不能補正,或經依第九十七條規定通知補正,屆期不補正。

四、對於已決定或已撤回之申訴事件,就同一原因事實重行提起申訴。

五、申訴人非受第九十三條第一項第一款處分或管理措施之相對人,或非第九十三條第一項第二款、第三款之請求人。

六、監獄已依第九十三條第三項為停止、撤銷或變更原處分、管理措施之決定或執行,或已依其請求或申訴作成決定。

第108條

審議小組認申訴有理由者,監獄應為停止、撤銷或變更原處分、管理措施之決定或執行,或依受刑人之請求或申訴作成決定。但不得為更不利益之變更、處分或管理措施。

審議小組認申訴無理由者,監獄應為駁回之決定。

原處分或管理措施所憑理由雖屬不當,但依其他理由認為正當者,應以申訴為無理由。

第109條

審議小組依前二條所為之決定,監獄應作成決定書。

申訴決定書,應載明下列事項:

一、申訴人姓名、出生年月日、住居所、身分證明文件字號。

二、有委任代理人或輔佐人者,其姓名、住居所。

三、主文、事實及理由。其係不受理決定者,得不記載事實。

四、附記如依本法規定得向法院起訴者,其救濟方法、期間及其受理機關。

五、決定機關及其首長。

六、年、月、日。

前項決定書應送達申訴人及委任代理人,並副知監督機關。

監督機關收受前項決定書後,應詳閱其內容,如認監獄之原處分或管理措施有缺失情事者,應督促其改善。

申訴決定書附記提起行政訴訟期間錯誤時,應由監獄以通知更正之,並自更正通知送達之日起,計算法定期間。

申訴決定書未依第二項第四款規定為附記,或附記錯誤而未依前項規定通知更正,致受刑人遲誤行政訴訟期間者,如自申訴決定書送達之日起三個月內提起行政訴訟,視為於法定期間內提起。

第110條

受刑人與監督機關間,因監獄行刑有第九十三條第一項各款情事,得以書面向監督機關提起申訴,並準用第九十條、第九十三條第二項至第五項、第九十四條第一項、第九十五條、第九十六條第一項、第九十七條至第一百零一條、第一百零二條第二項、第三項、第一百零五條至第一百零八條及前條第一項至第三項、第五項、第六項規定。

受刑人依前項規定提起申訴而不服其決定,或提起申訴逾三十日不為決定或延長申訴決定期間逾三十日不為決定者,準用第一百十一條至第一百十四條之規定。

第111條

受刑人因監獄行刑所生之公法爭議,除法律另有規定外,應依本法提起行政訴訟。

受刑人依本法提起申訴而不服其決定者,應向監獄所在地之地方法院行政訴訟庭提起下列各款訴訟:

一、認為監獄處分逾越達成監獄行刑目的所必要之範圍,而不法侵害其憲法所保障之基本權利且非顯屬輕微者,得提起撤銷訴訟。

二、認為前款處分違法,因已執行而無回復原狀可能或已消滅,有即受確認判決之法律上利益者,得提起確認處分違法之訴訟。其認為前款處分無效,有即受確認判決之法律上利益者,得提起確認處分無效之訴訟。

三、因監獄對其依本法請求之事件,拒絕其請求或未於二個月內依其請求作成決定,認為其權利或法律上利益受損害,或因監獄行刑之公法上原因發生財產上給付之爭議,

得提起給付訴訟。就監獄之管理措施認為逾越達成監獄行刑目的所必要之範圍，而不法侵害其憲法所保障之基本權利且非顯屬輕微者，亦同。

前項各款訴訟之提起，應以書狀為之。

第112條

前條訴訟，不得與其他訴訟合併提起，且不得合併請求損害賠償。

前條訴訟之提起，應於申訴決定書送達後三十日之不變期間內為之。

審議小組逾三十日不為決定或延長申訴決定期間逾十日不為決定者，受刑人自該應為決定期限屆滿後，得逕提起前條第二項第二款、第三款之訴訟。但自該應為決定期限屆滿後逾六個月者，不得提起。

第113條

受刑人於起訴期間內向監獄長官提出起訴狀，或於法院裁判確定前向監獄長官提出撤回書狀者，分別視為起訴期間內之起訴或法院裁判確定前之撤回。

受刑人不能自作起訴狀者，監獄人員應為之代作。

監獄長官接受起訴狀或撤回書狀後，應附記接受之年、月、日、時，儘速送交法院。

受刑人之起訴狀或撤回書狀，非經監獄長官提出者，法院之書記官於接受起訴狀或撤回書狀後，應即通知監獄長官。

監獄應依職權或依法院之通知，將與申訴案件有關之卷宗及證物送交法院。

第114條

依第一百十一條規定提起之訴訟，為簡易訴訟程序事件，除本法或其他法律另有規定外，適用行政訴訟法簡易訴訟程序之規定，其裁判費用減徵二分之一。

前項裁判得不經言詞辯論為之，並得引用申訴決定書所記載之事實、證據及理由，對案情重要事項申訴決定書未予論述，或不採受刑人之主張、有利於受刑人之證據，應補充記載其理由。

第十三章　假釋

第115條

監獄對於受刑人符合假釋要件者，應提報其假釋審查會決議後，報請法務部審查。

依刑法第七十七條第二項第三款接受強制身心治療或輔導教育之受刑人，應附具曾受治療或輔導之紀錄及個案自我控制再犯預防成效評估報告，如顯有再犯之虞，不得報請假釋。

前項強制身心治療或輔導教育之處理程序、評估機制及其他相關事項之辦法，由法務部定之。

第116條

假釋審查應參酌受刑人之犯行情節、在監行狀、犯罪紀錄、教化矯治處遇成效、更生計畫及其他有關事項,綜合判斷其悛悔情形。

法務部應依前項規定內容訂定假釋審查參考基準,並以適當方式公開之。

第117條

監獄召開假釋審查會前,應以適當之方式給予受刑人陳述意見之機會。

受刑人得向監獄請求閱覽、抄錄、複製假釋審查相關資料。但所涉資料屬政府資訊公開法第十八條第一項或檔案法第十八條所定情形者,不在此限。

第118條

法務部參酌監獄依第一百十五條第一項陳報假釋之決議,應為許可假釋或不予許可假釋之處分;如認原決議所載理由或所憑資料未臻完備,得通知監獄再行補正,其不能補正者,得予退回。

經法務部不予許可假釋之處分案,除進級者外,監獄應逾四月始得再行陳報。但該受刑人嗣後獲第八十四條第一項第五款至第七款所列之獎勵者,監獄得提前一個月陳報。

第119條

監獄應設假釋審查會,置委員七人至十一人,除典獄長及其指派監獄代表二人為當然委員外,其餘委員由各監獄遴選具有心理、教育、法律、犯罪、監獄學、觀護、社會工作或相關專門學識之人士,報請監督機關核准後聘任之。其中任一性別委員不得少於三分之一。

監獄得將所設分監受刑人假釋案件審查之事項,委託該分監所在之矯正機關辦理。

第一百十五條陳報假釋之程序、文件資料,與第一項假釋審查會委員任期、召開方式、審議要項、委員迴避、釋放程序及其他相關事項之辦法,由法務部定之。

第120條

假釋出監受刑人刑期變更者,監獄於接獲相關執行指揮書後,應依刑法第七十七條規定重新核算,並提報其假釋審查會決議後,報請法務部辦理維持或廢止假釋。

前項經維持假釋者,監督機關應通知該假釋案犯罪事實最後裁判法院相對應檢察署向法院聲請裁定假釋中付保護管束;經廢止假釋者,由監獄通知原指揮執行檢察署辦理後續執行事宜。

第一項情形,假釋期間已屆滿且假釋未經撤銷者,已執行保護管束日數全部計入刑期;假釋尚未期滿者,已執行保護管束日數,應於日後再假釋時,折抵假釋及保護管束期間。

受刑人於假釋核准後,未出監前,發生重大違背紀律情事,監獄應立即報請法務部停止其假釋處分之執行,並即提報假釋審查會決議後,再報請法務部廢止假釋,如法務部不同意廢止,停止假釋之處分即失其效力。

受刑人不服停止假釋處分時，僅得於對廢止假釋處分聲明不服時一併聲明之。

第121條

受刑人對於前條廢止假釋及第一百十八條不予許可假釋之處分，如有不服，得於收受處分書之翌日起十日內向法務部提起復審。假釋出監之受刑人以其假釋之撤銷為不當者，亦同。

前項復審無停止執行之效力。

在監之復審人於第一項所定期間向監獄提起復審者，視為已在復審期間內提起復審。

第122條

受刑人提起前條復審及第一百三十四條第一項之訴訟救濟，得委任律師為代理人行之，並應向法務部或法院提出委任狀。

受刑人或代理人經法務部或法院之許可，得偕同輔佐人到場。

法務部或法院認為必要時，得命受刑人或代理人偕同輔佐人到場。

前二項之輔佐人，法務部或法院認為不適當時，得撤銷其許可或禁止其陳述。

輔佐人所為之陳述，受刑人或代理人未立即提出異議者，視為其所自為。

第123條

法務部為處理復審事件，應設復審審議小組，置委員九人，由法務部或所屬機關代表四人、學者專家或社會公正人士五人組成之，由部長指定之委員為主席。其中任一性別委員不得少於三分之一。

第124條

復審應填具復審書，並載明下列事項，由復審人簽名或捺印：

一、復審人之姓名。有委任代理人或輔佐人者，其姓名、住居所。

二、復審事實。

三、復審理由。

四、復審年、月、日。

第125條

復審審議小組認為復審書不合法定程式，而其情形可補正者，應通知復審人於五日內補正。

第126條

復審審議小組須有全體委員過半數之出席，始得開會；其決議以出席人數過半數同意行之，可否同數時，取決於主席。

復審審議小組會議決議時，迴避之委員不計入出席委員人數。

第127條

復審審議小組委員於復審事件有下列情形之一者，應自行迴避，不得參與決議：

一、復審審議小組委員現為或曾為復審人之配偶、四親等內血親、三親等內姻親或家長、家屬。

二、復審審議小組委員現為或曾為復審人之代理人、辯護人、輔佐人。

三、復審審議小組委員現為復審人、其申訴對象、或復審人曾提起申訴之對象。

有具體事實足認復審審議小組委員就復審事件有偏頗之虞者，復審人應舉其原因及事實，向復審審議小組申請迴避。

前項申請，由復審審議小組決議之。

不服復審審議小組之駁回決定者，得於五日內提請法務部覆決，法務部除有正當理由外，應於十日內為適當之處置。

復審人不服法務部所為覆決決定，僅得於對實體決定提起行政訴訟時，一併聲明不服。

復審審議小組委員有第一項情形不自行迴避，而未經復審人申請迴避者，應由法務部依職權命其迴避。

第128條

提起復審後，於決定書送達復審人前，復審人得撤回之。復審經撤回者，不得就同一原因事實重行提起復審。

第129條

復審審議小組之決定，應自受理復審之次日起二個月內為之。

前項期間，於依第一百二十五條通知補正情形，自補正之次日起算。未為補正者，自補正期間屆滿之次日起算。

復審事件不能於第一項期間內決定者，得予延長，並通知復審人。延長以一次為限，最長不得逾二個月。

受刑人不服復審決定，或提起復審逾二個月不為決定，或延長復審決定期間逾二個月不為決定者，得依本法規定提起行政訴訟。

第130條

復審審議小組審議時，應通知復審人、委任代理人及輔佐人陳述意見，其陳述意見得以書面、影音、視訊、電話或其他方式為之。

前項以書面以外方式陳述意見者，應作成紀錄，經向陳述人朗讀或使閱覽確認其內容無誤後，由陳述人簽名或捺印；其拒絕簽名或捺印者，應記明其事由。陳述人對紀錄有異議者，應更正之。

第131條

復審有下列情形之一者,應為不受理之決定:

一、復審內容非屬第一百二十一條之事項。

二、提起復審已逾第一百二十一條所定期間。

三、復審書不合法定程式不能補正,或經依第一百二十五條規定通知補正,屆期不補正。

四、對於已決定或已撤回之復審事件,就同一原因事實重行提起復審。

五、復審人非受第一百二十一條處分之當事人。

六、原處分已撤銷或變更。

第132條

復審有理由者,應為撤銷或變更原處分。

復審無理由者,應為駁回之決定。

原處分所憑理由雖屬不當,但依其他理由認為正當者,應以復審為無理由。

第133條

復審決定書,應載明下列事項:

一、復審人姓名、出生年月日、住居所、身分證明文件字號。

二、有委任代理人或輔佐人者,其姓名、住居所。

三、主文、事實及理由。其係不受理決定者,得不記載事實。

四、附記如依本法規定得向法院起訴,其救濟方法、期間及其受理機關。

五、決定機關及其首長。

六、年、月、日。

前項決定書應送達復審人及委任代理人。

復審決定書附記提起行政訴訟期間錯誤時,應由法務部以通知更正之,並自更正通知送達之日起,計算法定期間。

復審決定書未依第一項第四款規定為附記,或附記錯誤而未依前項規定通知更正,致受刑人遲誤行政訴訟期間者,如自復審決定書送達之日起三個月內提起行政訴訟,視為於法定期間內提起。

第134條

受刑人對於廢止假釋、不予許可假釋或撤銷假釋之處分不服,經依本法提起復審而不服其決定,或提起復審逾二個月不為決定或延長復審決定期間逾二個月不為決定者,應向監獄所在地或執行保護管束地之地方法院行政訴訟庭提起撤銷訴訟。

前項處分因已執行而無回復原狀可能或已消滅,有即受確認判決之法律上利益者,得提起確認處分違法之訴訟。其認為前項處分無效,有即受確認判決之法律上利益者,得提起確

認處分無效之訴訟。

前二項訴訟之提起，應以書狀為之。

第135條

前條訴訟，不得與其他訴訟合併提起，且不得合併請求損害賠償。

前條訴訟之提起，應於復審決定書送達後三十日之不變期間內為之。

復審逾二個月不為決定或延長復審決定期間逾二個月不為決定者，前條訴訟自該應為決定期限屆滿後始得提起。但自該應為決定期限屆滿後逾六個月者，不得提起。

第136條

第一百十一條第一項、第一百十三條、第一百十四條之規定，於第一百三十四條之訴訟準用之。

第137條

法務部得將假釋之審查、維持、停止、廢止、撤銷、本章有關復審審議及其相關事項之權限，委任所屬矯正署辦理。

第十四章　釋放及保護

第138條

執行期滿者，應於其刑期終了之當日午前釋放之。

核准假釋者，應於保護管束命令送交監獄後二十四小時內釋放之。但有移交、接管、護送、安置、交通、銜接保護管束措施或其他安全顧慮特殊事由者，得於指定日期辦理釋放。

前項釋放時，由監獄給與假釋證書，並告知如不於特定時間內向執行保護管束檢察署檢察官報到，得撤銷假釋之規定，並將出監日期通知執行保護管束之機關。

受赦免者，應於公文到達後至遲二十四小時內釋放之。

第139條

釋放後之保護扶助事項，除法規另有規定外，應於受刑人執行期滿出監或提報假釋前先行調查，必要時，得於釋放前再予覆查。

第140條

受刑人依刑法第九十一條之一或性侵害犯罪防治法第二十二條之一規定，經鑑定、評估，認有再犯之危險，而有施以強制治療之必要者，監獄應於刑期屆滿前四月，將受刑人應接受強制治療之鑑定、評估報告等相關資料，送請該管檢察署檢察官，檢察官至遲應於受刑人刑期屆滿前二月，向法院聲請出監後強制治療之宣告。

前項強制治療宣告之執行，應於監獄以外之適當醫療機構為之。

第一項受刑人實際入監執行之刑期不足六月,無法進行評估者,監獄應檢具相關資料通知其戶籍所在地之直轄市、縣(市)主管機關,於受刑人出監後依性侵害犯罪防治法第二十條規定辦理。

第141條

釋放時,應斟酌被釋放者之健康,並按時令使其準備相當之衣類及出獄旅費。

前項衣類、旅費不敷時,監獄應通知當地更生保護團體或相關團體斟酌給與之。

第142條

釋放衰老、重病、身心障礙不能自理生活之受刑人前,應通知家屬或受刑人認為適當之人來監接回。無法通知或經通知後拒絕接回者,監獄應檢具相關資料通知受刑人戶籍所在地直轄市、縣(市)社會福利主管機關辦理轉介安置或為其他必要之處置。

依其他法規規定於受刑人釋放前應通知相關個人、法人、團體或機關(構)者,監獄應依規定辦理。

第十五章　死亡

第143條

受刑人於執行中死亡,監獄應即通知家屬或最近親屬,並逐報檢察署指派檢察官相驗。家屬或最近親屬有數人者,得僅通知其中一人。

監獄如知前項受刑人有委任律師,且其委任事務尚未處理完畢,亦應通知之。

第一項情形,監獄應檢附相關資料,陳報監督機關。

第144條

死亡者之屍體,經依前條相驗並通知後七日內無人請領或無法通知者,得火化之,並存放於骨灰存放設施。

第十六章　死刑之執行

第145條

死刑在監獄特定場所執行之。

執行死刑之方式、限制、程序及相關事項之規則,由法務部定之。

第146條

執行死刑,應於當日告知本人。

第147條

第一百四十四條之規定,於執行死刑之屍體準用之。

第148條

死刑定讞待執行者，應由檢察官簽發死刑確定待執行指揮書，交由監獄收容。

死刑定讞待執行者，得準用本法有關戒護、作業、教化與文康、給養、衛生及醫療、接見及通信、保管、陳情、申訴及訴訟救濟等規定。

監獄得適度放寬第一項之待執行者接見、通信，並依其意願提供作業及教化輔導之機會。

第十七章　附則

第149條

為使受刑人從事生產事業、服務業、公共建設或其他特定作業，並實施階段性處遇，使其逐步適應社會生活，得設外役監；其管理及處遇之實施另以法律定之。

第150條

依第六十條第二項及第六十二條第二項規定，應由受刑人自行負擔之交通費用，由監獄先行支付者，監獄得由受刑人保管金或勞作金中扣除，無可供扣除之款項，由監獄以書面行政處分命受刑人於三十日內償還；屆期未償還者，得移送行政執行。

第151條

本法中華民國一百零八年十二月十七日修正之條文施行前已受理之申訴事件，尚未作成決定者，適用修正施行後之規定。

本法中華民國一百零八年十二月十七日修正之條文施行前得提起申訴之事件，於修正施行日尚未逾法定救濟期間者，得於修正施行日之次日起算十日內，依本法規定提起申訴。

本法中華民國一百零八年十二月十七日修正之條文施行前，有第九十三條第一項第二款、第三款之情形，其按第九十三條第二項計算之申訴期間於修正施行日尚未屆滿者，其申訴自修正施行日之次日起算十日不變期間。

第152條

本法中華民國一百零八年十二月十七日修正之條文施行前，已受理之假釋訴願事件，尚未作成決定者，於修正施行後仍由原受理訴願機關依訴願法之規定決定之。訴願人不服其決定，或提起訴願逾三個月不為決定，或延長訴願決定期間逾二個月不為決定者，得依本法規定向管轄地方法院行政訴訟庭提起訴訟。

本法中華民國一百零八年十二月十七日修正之條文施行前得提起假釋訴願之事件，於修正施行日尚未逾法定救濟期間者，得於修正施行日之次日起算十日內，依本法規定提起復審。

本法中華民國一百零八年十二月十七日修正之條文施行前得提起假釋行政訴訟之事件，於修正施行日尚未逾法定救濟期間者，得於修正施行日之次日起算十日內，依本法規定向管

轄地方法院行政訴訟庭提起訴訟。

第153條

本法中華民國一百零八年十二月十七日修正之條文施行前，因撤銷假釋已繫屬於法院之聲明異議案件，尚未終結者，於修正施行後，仍由原法院依司法院釋字第六八一號解釋意旨，依刑事訴訟法之規定審理。

前項裁定之抗告、再抗告及本法中華民國一百零八年十二月十七日修正之條文施行前已由地方法院或高等法院終結之聲明異議案件之抗告、再抗告案件，尚未終結者，於修正施行後由高等法院或最高法院依司法院釋字第六八一號解釋意旨，依刑事訴訟法之規定審理。

本法中華民國一百零八年十二月十七日修正之條文施行前，因撤銷假釋得聲明異議之案件，得於修正施行日之次日起算三十日內，依本法規定向管轄地方法院行政訴訟庭提起訴訟。

本法中華民國一百零八年十二月十七日修正之條文施行前，因不予許可假釋而依司法院釋字第六九一號解釋已繫屬於高等行政法院之行政訴訟事件，於修正施行後，依下列規定辦理：

一、尚未終結者：由高等行政法院裁定移送管轄之地方法院行政訴訟庭，依本法規定審理；其上訴、抗告，亦同。

二、已終結者：其上訴、抗告，仍依原訴訟程序規定辦理，不適用修正施行後之規定。

本法中華民國一百零八年十二月十七日修正之條文施行前，因不予許可假釋而依司法院釋字第六九一號解釋已繫屬於最高行政法院，而於修正施行時，尚未終結之前項事件，仍依原訴訟程序規定辦理，不適用修正施行後之規定。如認上訴或抗告不合法或無理由者，應予駁回；有理由者，應為上訴人或抗告人勝訴之裁判；必要時，發交管轄之地方法院行政訴訟庭依修正施行後之條文審判之。

本法中華民國一百零八年十二月十七日修正之條文施行前確定之不予許可假釋行政訴訟事件裁判，其再審之提起或聲請，由高等行政法院、最高行政法院依原訴訟程序規定辦理，不適用修正施行後之規定。

第154條

依軍事審判法執行之軍事受刑人準用本法之規定。

第155條

本法施行細則，由法務部定之。

第156條

本法自公布日後六個月施行。

附錄2　監獄行刑法施行細則

民國64年3月5日司法行政部令訂定發布全文97條。

民國109年7月15日法務部令修正發布全文59條。

第一章　總則

第1條

本細則依監獄行刑法（以下簡稱本法）第一百五十五條規定訂定之。

第2條

本法之主管機關與監督機關及監獄，就執行本法事項，應於受刑人有利及不利之情形，一律注意。

第3條

本法及本細則用詞定義如下：

一、監獄：指法務部矯正署所屬監獄，及監獄設置之分監、女監。

二、監獄長官：指前款監獄之首長，及其授權之人。

三、監獄人員：指第一款監獄之相關承辦業務人員。

四、家屬：指依民法第一千一百二十二條及第一千一百二十三條規定，與受刑人有永久共同生活為目的同居一家之人。

五、最近親屬：指受刑人之配偶、直系血親、三親等內之旁系血親、二親等內之姻親。

第4條

受刑人於徒刑執行中、執行完畢或假釋後，接續執行拘役或罰金易服勞役者，不適用本法第三條第二項之規定。

第5條

本法所稱嚴為分界、分別監禁，其含義如下：

一、嚴為分界：指以監內建築物、同一建築物之不同樓層或圍牆隔離監禁之。

二、分別監禁：指於監獄內之不同舍房、工場或指定之區域分別監禁之。

第6條

依本法第六條第三項規定，監督機關應就相關法令規定，並因應各監獄場域狀況等因素，逐步訂定合理調整之指引。

第7條

民眾或媒體依本法第八條規定請求參觀時，應以書面為之。

前項書面格式由監督機關定之。

監獄應事先審慎規劃參觀動線,以避免侵害受刑人之隱私或其他權益。

監獄於民眾或媒體參觀前,應告知並請其遵守下列事項:

一、提出身分證明文件,並配合依本法第二十一條規定所為之檢查。

二、穿著適當服裝及遵守秩序,不得鼓譟及喧嘩。

三、未經監獄許可,不得攜帶、使用通訊、錄影、攝影及錄音器材。

四、依引導路線參訪,不得擅自行動或滯留。

五、禁止擅自與受刑人交談或傳遞物品。

六、不得違反監獄所為之相關管制措施或處置。

七、不得有其他妨害監獄秩序、安全或受刑人權益之行為。

參觀者有違反前項規定之行為者,監獄得停止其參觀。

未滿十八歲之人請求參觀者,應由其法定代理人、監護人、師長或其他適當之成年人陪同為之。

第8條

媒體依本法第八條請求採訪,應以書面申請,經監獄同意後為之。書面格式由監督機關定之。

境外媒體請求採訪或採訪內容於境外報導時,監獄應陳報監督機關核准後為之。

媒體採訪涉及監獄人員或個別受刑人者,監獄應取得受訪者之同意始得為之。

媒體採訪時,監獄得採取適當措施,維護受刑人或相關人員之尊嚴及權益。

媒體採訪對象或內容如涉及兒童或少年、性犯罪或家暴、疾病或其他法令有限制或禁止報導之規定者,應遵循其規定。

媒體進行採訪時,如有影響監獄安全或秩序之情形,得停止其採訪。

媒體採訪後報導前應事先告知監獄或受刑人。報導如有不符合採訪內容及事實情形,監獄或受刑人得要求媒體更正或以適當方式澄清。

第二章　入監

第9條

受刑人入監時,無指揮書者,應拒絕收監;裁判書及其他應備文件有欠缺時,得通知補正。

第10條

本法第十一條第一項所稱新入監者,係指監獄依本法第十條辦理受刑人入監,不包含本法第十七條由其他監獄移監之情形。

第11條

依本法第十一條第三項為受刑人訂定之個別處遇計畫,於入監後,由監獄所設之調查小組擬具,提調查審議會議審議後,由相關單位人員執行之,並應告知受刑人。個別處遇計畫修正時,亦同。

第12條

依本法第十三條第一項拒絕收監者,監獄應記明其原因,並依同條第六項規定處理之。

第13條

受刑人入監後應編列號數,並編製身分簿及名籍資料。

前項身分簿及名籍資料得以書面、電子或其他適當方式為之。

第三章　監禁

第14條

監獄依其管理需要,依本法第十六條第二項分配舍房時,應注意本法第六條第二項之規定,並避免發生欺凌情事。

第15條

監獄應將受刑人監禁區域依其活動性質,劃分為教區、工場、舍房或其他特定之區域。

監獄應按監內設施情形,劃分區域,實施受刑人分區管理教化工作;指派監內教化、作業、戒護及相關人員組成分區教輔小組,執行有關受刑人管理、教化及其他處遇之事項。

前項教輔小組,應每月至少開會一次,就所屬分區內之管理、教化、輔導或其他重要事務等,研商合理性、公平性之處遇方式並執行之。

監獄應每季邀集分區教輔小組成員,舉行全監聯合教輔小組會議,處理前項事務。

第16條

監獄應安排受刑人作業、教化、文康、飲食、醫療、運動及其他生活起居作息。

前項作息時程表,監獄應以適當方式公開,使受刑人得以知悉。

第17條

本法第十九條第一項各款得給予和緩處遇情形,應參酌診斷書、身心障礙證明、健康檢查報告或相關醫囑證明文件,並由醫師評估受刑人之身心狀況後認定之。必要時,監獄得委請其他專業人士協助評估。

前項情形,監獄應將有關資料及名冊報請監督機關核定之。如監督機關認不符合者,應回復一般處遇。

第一項文件,除明列效期者外,以提出前三個月內開立者為限。

第四章　戒護

第18條

監獄為達本法第二十一條第一項嚴密戒護之目的，應依警備、守衛、巡邏、管理、檢查等工作之性質，妥善部署。

出入戒護區者應接受檢查。但有緊急狀況或特殊事由，經監獄長官之准許，得免予檢查。

監獄人員或經監獄准予進入戒護區之人員，除依法令或經許可攜入，或因其進入戒護區目的所需之物品外，應將其攜帶之其他物品，存置於監獄指定之處所。

前項人員有下列各款情形之一者，監獄得禁止其進入戒護區或命其離開：

一、拒絕或逃避檢查。

二、未經許可攜帶或使用通訊、攝影、錄影或錄音器材。

三、酒醉或疑似酒醉或身心狀態有異常情形。

四、規避、妨害或拒絕監獄依傳染病防治法令所為之傳染病監控防疫措施。

五、有其他妨害監獄秩序或安全之行為。

第19條

本法第十四條第一項、第三項、第七十二條第二項及第七十四條第一項所稱違禁物品，指在監獄禁止或限制使用之物品。監督機關得考量秩序、安全及管理等因素，訂定違禁物品之種類及管制規範。

監獄應將前項違禁物品及其管制規範，以適當方式公開，使受刑人、監獄人員及其他准予進入戒護區之人員知悉。

第20條

為維護監獄秩序及安全，監獄得要求受刑人穿著一定之外衣，以利人員辨識。

第21條

監獄依本法第二十四條第一項核准施用戒具者，應於外出施用戒具紀錄表記明受刑人施用戒具之日期、起訖時間、施用原因與戒具種類及數量，並陳送監獄長官核閱。

監獄人員應隨時觀察受刑人之行狀，無施用戒具必要者，應即解除。

第22條

本法第二十三條第三項所稱暴動，指受刑人集體達三人以上，以強暴、脅迫方式，而有下列行為之一，造成監獄戒護管理失控或無法正常運作：

一、實施占據重要設施。

二、控制監獄管制鑰匙，通訊或其他重要安全設備。

三、奪取攻擊性器械或其他重要器材。

四、脅持受刑人、監獄人員或其他人員。

五、造成人員死亡或重大傷害。

六、其他嚴重妨害監獄秩序或安全之行為。

本法第二十三條第三項及第二十五條第一項第三款所稱騷動，指受刑人聚集三人以上，以作為或不作為方式，遂行妨害監獄秩序或安全之行為，其規模已超越一般暴行或擾亂秩序，經命其停止而不遵從，尚未達暴動所定之情狀者。

前二項情形是否達於本法第二十三條第三項繼續施用戒具之程度，監獄仍應斟酌各項狀況綜合判斷之，不得逾越必要之程度。

第23條

監獄應依本法第二十六條第一項規定與警察機關或其他相關機關保持聯繫。必要時，並得洽訂聯繫、支援或協助之相關計畫或措施，以利實際運作。

第五章　作業

第24條

監獄為辦理本法第三十一條所定之作業或職業訓練，得使具有專門知識或技能之受刑人，協助辦理相關作業或職業訓練事務。

第25條

監獄得依本法第三十四條及相關法令規定，承攬公、私立機關（構）、團體或個人之勞務或成品產製。

第26條

監獄辦理本法第三十四條之委託加工，應定期以公開方式徵求委託加工廠商，並注意廠商財務、履約能力及加工產品之市價情形，以取得委託加工之合理價格。

承攬委託加工前，得先行試作，以測試作業適性及勞動能率。

第27條

監獄辦理自營、委託加工、承攬、指定監外作業或其他作業，得組成自營作業成品及勞務承攬評價會議，評估相關價格，報監獄長官核定後為之。

前項情形，監獄得預先行派員進行訪價，以供前項評價會議評估價格之參考。

第28條

外役監受刑人關於作業收入之分配方式，於外役監條例第二十三條修正施行前，準用本法第三十七條之規定。

強制工作受處分人關於作業收入之分配方式，於保安處分執行法第五十七條之一修正施行前，準用本法第三十七條之規定。

第六章　教化及文康

第29條

本法第四十條第三項所稱集體、類別及個別輔導,辦理之方式如下:

一、集體輔導:以群體為單位實施輔導,以授課、演講、視聽教材或其他適當之方式行
　　之。

二、類別輔導:依共通性處遇需求,分類實施之輔導,以分組授課、團體工作、小組討論
　　或其他適當之方式行之。

三、個別輔導:輔導人員針對受刑人個別狀況,以晤談或其他適當方式行之。

前項輔導,應於適當場所為之,並留存紀錄。

第30條

監獄得自行或邀請外界團體或個人,辦理有助於受刑人社會生活及人格發展之教化課程。

監獄得使具有專門知識之受刑人,協助辦理參與、實施或指導相關教化事務。

第31條

監獄自行或結合外界舉辦各種活動,應注意受刑人及家屬隱私之維護。

第32條

監獄應尊重受刑人宗教信仰自由,不得強制受刑人參與宗教活動或為宗教相關行為。

監獄應允許受刑人以符合其宗教信仰及合理方式進行禮拜,維護受刑人宗教信仰所需。

第33條

監督機關應依本法第四十二條規定擬定計畫,推動辦理調解及修復事宜,以利監獄執行
之。

第34條

監獄依本法第四十四條第四項規定,提供之適當資訊設備,包括相關複印設備,由受刑人
申請自費使用之。

第35條

監獄依本法第四十五條第一項規定,於提供廣播、電視設施、資訊設備或視聽器材實施教
化時,教材或內容應妥慎審查,並依保護智慧財產及相關法令辦理。

第36條

監獄應依本法第四十五條第三項規定,就有關身心障礙受刑人的視、聽、語等特殊需求採
取適當及必要措施。

監獄就不通中華民國語言或有其他理由,致其難以了解監獄所為相關事務內容之意涵者,
得提供適當之協助。

第七章　給養

第37條

受刑人飲食之營養，應足敷其保健需要，品質須合衛生標準，適時調製，按時供餐，並備充足之飲用水。

疾患、高齡受刑人之飲食，得依健康或醫療需求調整之。無力自備飲食之受刑人所攜帶入監或在監生產子女之飲食，亦同。

監獄辦理前二項飲食得參考衛生福利部國民健康署發布之飲食指南建議；必要時，得諮詢營養師之意見。

第38條

監獄依本法第四十六條第一項提供必要之衣類、寢具、物品及其他器具，不得違反相關衛生、環境保護或其他法令之規定。

第39條

依第二十條規定受刑人所須穿著之外衣，其顏色、式樣，由監督機關定之；並基於衛生保健需求，採用涼爽透氣或符合保暖所需之質料。

因應氣溫或保健上有必要者，經監獄許可，受刑人得使用自備或送入之衣類、帽、襪、寢具及適當之保暖用品。

第40條

受刑人因經濟狀況欠佳，缺乏日常生活必需品者，得請求監獄提供之；其經濟狀況欠佳之認定基準及提供之品項、數量，由監督機關定之。

受刑人因急需日常生活必需品者，得請求監獄提供之，監獄得於其原因消滅時，指定原物、作價或其他方式返還之。

非一次性使用之日常生活必需品，如提供予不同受刑人使用，監獄應注意維持其清潔衛生。

第八章　衛生及醫療

第41條

監獄應注意環境衛生。依本法第五十一條定期舉行之環境衛生檢查，其期間由各監獄依當地狀況定之，每年不得少於二次。

前項環境衛生檢查，監獄得請當地衛生、環境保護機關（單位）或相關機關（單位）協助辦理；並就衛生、環境保護及其他有關設備（施）之需求，即時或逐步採取必要、可行之改善措施。

受刑人應配合監獄執行環境清潔工作，維持公共及個人衛生。

第42條

監獄依本法第五十三條要求受刑人沐浴及理剃鬚髮,以維持公共衛生或個人健康為原則。

第43條

監獄為依本法第五十五條第一項推動受刑人自主健康管理,應實施衛生教育,並得請當地衛生主管機關或醫療機構協助辦理。

除管制藥品、醫囑或經監獄人員觀察結果,須注意特定受刑人保管藥物及服藥情形者外,監獄得依本法第五十五條第一項推行自主健康管理規定,使受刑人自行管理及服用其藥物。

受刑人依本法第五十五條第五項請求自費購入或送入低風險性醫療器材或衛生保健物品,不得提供他人使用。

第44條

受刑人或其最近親屬及家屬依本法第五十五條第三項規定,請求於監獄內實施健康檢查,依下列規定辦理:

一、應以書面敘明申請理由、欲自費延請之醫事人員,並檢附經醫師評估認有實施檢查必要之文件。

二、經監獄審查核准後,受刑人得自行或由其最近親屬或家屬自費延請醫事人員進入監獄進行健康檢查。

三、自費延請之醫事人員進入監獄提供醫療服務時,應向監獄出示執業執照及核准至執業場所以外處所執行業務之證明文件,必要時,監獄得向其執業場所確認。

四、自費延請之醫事人員應依醫療法及相關醫事人員法規規定製作及保存紀錄,並將檢查紀錄交付監獄留存。開立之檢查報告應秉持醫療專業,依檢查結果記載。

五、自費實施健康檢查所需之費用,由醫事人員所屬之醫療機構開立收據,由受刑人之最近親屬或家屬支付為原則,必要時得由監獄自受刑人之保管金或勞作金中扣繳轉付。

六、自費延請醫事人員於監獄內實施健康檢查之實施時間、地點、方式,由監獄依其特性與實際情形決定之。

第45條

受刑人就醫時,應據實說明症狀,並配合醫囑接受治療,不得要求醫師加註與病情無關之文字。受刑人如提出非治療必須之處置或要求特定處遇,醫師應予拒絕。

第46條

本法第六十四條所稱相關資料,應包括醫療需求與照護計畫及期程。

監獄對於無法依本法第六十三條規定辦理具保、責付、限制住居時,應即依本法第六十四

條規定通知直轄市、縣（市）社會福利主管機關辦理轉介安置或為其他必要之處置。於相當時間內，未接獲回復者，監獄應再行函催辦理。

監獄應檢具直轄市、縣（市）社會福利主管機關所回復預定辦理前項安置之文件資料，報請檢察官辦理釋放，並通知該管社會福利主管機關，派員護送至特定安置處所完成接收；必要時，監獄得協助派員護送。

第九章　接見及通信

第47條

視覺、聽覺或語言障礙受刑人接見及發信，得使用手語、點字或其他適當輔助方式。

受刑人不識字或因故不能書寫信件者，得徵得其他受刑人或適當之人同意後代為書寫，經本人確認並簽名或按捺指印後依規定發送之。

第十章　賞罰與賠償

第48條

監獄依本法第八十七條第四項規定，為調查受刑人違規事項，對相關受刑人施以必要之區隔者，其區隔期間不得逾必要之程度。區隔期間，相關受刑人之教化、給養、衛生醫療、接見通信及其他處遇，仍應依本法相關規定辦理。

第十一章　陳情及申訴

第49條

監獄依本法第九十三條第三項規定作成決定或執行者，應通知申訴審議小組。

第50條

受刑人與監督機關間，因依本法第一百十條規定提起申訴時，除依該條所定準用相關規定外，其申訴審議資料不得含與申訴事項無關之罪名、刑期、犯次或之前違規紀錄等資料；且監督機關申訴審議小組應依職權調查證據，不受申訴人主張之拘束。

第十二章　假釋

第51條

監獄辦理維持或廢止受刑人假釋中，發現已有刑法第七十八條或保安處分執行法第七十四條之三所定應撤銷或得撤銷假釋之情形者，應僅辦理撤銷假釋，其餘不予以處理。

第52條

監獄接獲依本法第一百二十條第一項假釋出監受刑人因刑期變更之相關執行指揮書，辦理重新核算假釋，如新併入之刑期有本法第一百十五條第二項不得報請假釋之情形者，應層

報法務部廢止原假釋。

第53條

依本法第一百二十條第一項規定，廢止受刑人之假釋，有本法第一百二十條第三項後段假釋尚未期滿之情形，嗣後再假釋時，監獄應將原執行指揮書所載前案假釋已執行保護管束日數相關文件，通知嗣後執行保護管束機關辦理折抵假釋及保護管束期間。

第54條

本法第一百二十條第四項所稱未出監前，指受刑人尚未離開監獄而言，包含在監內接續執行拘役或罰金易服勞役等刑罰，尚未出監者；所稱發生重大違背紀律情事，指受刑人發生依本法第八十六條第一項所定妨害監獄秩序或安全之行為，經依同條第一項第四款規定，受移入違規舍之懲罰。

第十三章　釋放及保護

第55條

本法第一百三十八條第三項假釋證書內容，應記載受刑人姓名、身分證明文件字號、許可假釋日期文號、假釋起訖期間及其他經指定之內容。

監獄依本法第一百三十八條第三項辦理釋放時，應於釋放當日通知執行保護管束機關，監獄人員並應告知假釋出監受刑人於假釋期間應遵守事項，作成紀錄使其簽名。

第56條

釋放受刑人時應查對名籍，核驗相片、指紋或其他身體特徵。

第十四章　死亡

第57條

監獄應商請地方政府機關提供骨灰存放設施處所，以供本法第一百四十四條之死亡受刑人火化後存放骨灰之用。

第十五章　附則

第58條

有關少年矯正學校、少年輔育院、技能訓練所、戒治所辦理少年受刑人、感化教育受處分人、強制工作受處分人及受戒治人之相關執行業務，得準用本細則之規定。

第59條

本細則自中華民國一百零九年七月十五日施行。

附錄3　外役監條例

民國51年6月5日總統令制定公布全文25條。

民國109年6月10日總統令修正公布第4條條文。

第1條

本條例依監獄行刑法第九十三條制定之。

本條例未規定者，適用監獄行刑法、監獄組織條例、行刑累進處遇條例，及其他有關法令之規定。

第2條

外役監由法務部設立之。

第3條

外役監置典獄長一人，承監督長官之命，綜理全監事務；必要時得設副典獄長一人，輔助典獄長處理全監事務。

第4條

外役監受刑人，應由法務部矯正署就各監獄受刑人中，合於下列各款規定者遴選之：

一、受有期徒刑之執行逾二個月。

二、刑期七年以下，或刑期逾七年未滿十五年而累進處遇進至第三級以上，或刑期十五年以上而累進處遇進至第二級以上。無期徒刑累進處遇應進至第一級。

三、有悛悔實據，身心健康適於外役作業。

受刑人有下列各款情形之一者，不得遴選：

一、犯刑法第一百六十一條之罪。

二、犯毒品危害防制條例之罪。

三、累犯。但已執行完畢之前案均為受六月以下有期徒刑之宣告者，不在此限。

四、因犯罪而撤銷假釋。

五、另有保安處分待執行。

六、犯性侵害犯罪防治法第二條第一項所列各款之罪或家庭暴力防治法第二條第二款所稱之家庭暴力罪。

遴選外役監受刑人之辦理方式、程序、遴調條件、審查基準及其他應遵行事項之辦法，由法務部定之。

第5條

國家遇有緊急需要時，法務部得選調有期徒刑之受刑人撥交外役監執行，不受前條第一

項、第二項之限制。

第6條

外役監辦理作業,應注意配合農作、公共建設及經濟開發計畫。

第7條

受刑人外役作業每十人以上、二十人以下為一組,由典獄長擇優指定其中一人為組長。

第8條

受刑人作業成績優良或有專長技能者,得令其擔任輔導作業。

第9條

受刑人以分類群居為原則。但典獄長認為必要時,得令獨居。

典獄長視受刑人行狀,得許與眷屬在指定區域及期間內居住;其辦法由法務部定之。

第10條

受刑人在離監較遠地區工作,得設臨時食宿處所。

第11條

外役監之管理、戒護事項,於必要時,得商請地方軍警協助之。

第12條

典獄長及有關主管人員,應隨時前往外役作業地區巡視,並加督導。

第13條

受刑人工作時,不得施用聯鎖。

第14條

受刑人經遴選至外役監執行者,除到監之當月,仍依行刑累進處遇條例第二十八條之一之規定辦理縮短刑期外,自到監之翌月起,每執行一個月,依下列各款之規定,縮短其刑期:

一、第四級或未編級受刑人,每月縮短刑期四日。

二、第三級受刑人,每月縮短刑期八日。

三、第二級受刑人,每月縮短刑期十二日。

四、第一級受刑人,每月縮短刑期十六日。

前項縮短之刑期,應經監務委員會議決議後,告知本人,並報請法務部矯正署備查。

受刑人經縮短刑期執行期滿釋放前,由典獄長將受刑人實際服刑執行完畢日期,函知指揮執行之檢察官。

第15條

受刑人如工作成績低劣,不守紀律或受降級處分時,按其情節輕重,仍留外役監者,當月不縮短刑期;被解送其他監獄者,其前已縮短之日數,應全部回復之。

前項處分，應經監務委員會議決議後，告知本人，並報請法務部核備。

第16條

受刑人經縮短應執行之刑期者，其累進處遇或假釋之刑期，應以其縮短後之刑期計算之。

前項假釋經撤銷者，回復其縮短前之刑期。

第17條

外役監每日工作八小時，必要時，典獄長得令於例假日及紀念日照常工作。

第18條

受刑人有左列各款情形之一者，應經監務委員會議之決議，報請法務部核准後，解送其他監獄執行：

一、違背紀律或怠於工作，情節重大，屢誡不悛者。

二、其他重大事故，不宜於外役監繼續執行者。

前項經核准解送其他監獄執行之受刑人，並得依監獄行刑法之規定，施以懲罰。

第19條

受刑人違背紀律，或怠於工作，情節輕微者，得經監務委員會議之決議，施以左列一款或數款之懲罰：

一、訓誡。

二、停止戶外活動一日至七日。

第20條

受刑人因工作受傷或罹病有療養之必要者，應即移送適當處所治療。

第21條

受刑人作業成績優良者，得許於例假日或紀念日返家探視。

受刑人遇有祖父母、父母、配偶之父母、配偶、子女或兄弟姊妹喪亡時，得許其返家探視。

受刑人經依前二項規定許其返家探視，無正當理由未於指定期日回監者，其在外日數不算入執行刑期。其故意者，並以脫逃論罪。

受刑人返家探視之辦法，由法務部定之。

第22條

作業者給予勞作金，其金額斟酌作業者之行狀及作業成績給付。

前項給付辦法，由法務部定之。

第23條

外役監之作業收入，扣除作業支出後，提百分之五十充勞作金；勞作金總額，提百分之二十五充犯罪被害人補償費用。

前項作業賸餘提百分之四十補助受刑人飲食費用；百分之十充受刑人獎勵費用；百分之十充作業管理人員獎勵費用；年度賸餘應循預算程序以百分之三十充作改善受刑人生活設施之用，其餘百分之七十撥充作業基金；其獎勵辦法，由法務部定之。

第一項提充犯罪被害人補償之費用，於犯罪被害人補償法公布施行後提撥，專戶存儲；第二項改善受刑人生活設施購置之財產設備免提折舊。

第24條

外役監之承攬作業，應視同監獄作業工廠，免徵營業稅。

第25條

其他監獄如遇承攬外役作業時，得準用本條例第四條、第六條至第八條、第十條至第十三條、第十七條、第十九條、第二十條及第二十四條之規定。

第26條

本條例自公布日施行。

附錄4　少年矯正學校設置及教育實施通則

民國86年5月28日總統令制定公布全文86條。

民國99年5月19日總統令修正公布第39條條文。

第一章　總則

第1條

為使少年受刑人及感化教育受處分人經由學校教育矯正不良習性，促其改過自新，適應社會生活，依少年事件處理法第五十二條第二項及監獄行刑法第三條第四項規定，制定本通則。

第2條

少年矯正學校（以下簡稱矯正學校）之設置及矯正教育之實施，依本通則之規定；本通則未規定者，適用其他有關法律之規定。

第3條

本通則所稱矯正教育之實施，係指少年徒刑、拘役及感化教育處分之執行，應以學校教育方式實施之。

未滿十二歲之人，受感化教育處分之執行，適用本通則之有關規定，並得視個案情節及矯正需要，交其他適當兒童教養處所及國民小學執行之。

第4條

矯正學校隸屬於法務部，有關教育實施事項，並受教育部督導。

檢察官及地方法院少年法庭就有關刑罰、感化教育之執行事項，得隨時考核矯正學校。

第一項督導辦法，由教育部會同法務部定之。前項考核辦法，由行政院會同司法院定之。

第5條

教育部應會同法務部設矯正教育指導委員會並遴聘學者專家參與，負責矯正學校之校長、教師遴薦，師資培育訓練，課程教材編撰、研究、選用及其他教育指導等事宜。

前項委員會之設置辦法，由教育部會同法務部定之。

第6條

矯正學校分一般教學部及特別教學部實施矯正教育，除特別教學部依本通則規定外，一般教學部應依有關教育法令，辦理高級中等教育及國民中、小學教育，兼受省（市）主管教育行政機關之督導。

矯正學校之學生（以下簡稱學生），除依本通則規定參與特別教學部者外，應參與一般教學部，接受教育。

第一項一般教學部學生之學籍，應報請省（市）主管教育行政機關備查。

其為國民教育階段者，由學生戶籍所在地學校為之；其為高級中等教育階段者，由學生學籍所屬學校為之。

前項學生學籍管理辦法，由教育部定之。

第7條

學生對矯正學校所實施各項矯正教育措施，得陳述意見，矯正學校對於學生陳述之意見未予採納者，應以書面告知。

第8條

學生於其受不當侵害或不服矯正學校之懲罰或對其生活、管教之不當處置時，其本人或法定代理人得以言詞或書面向矯正學校申訴委員會申訴。

申訴委員會對前項申訴，除依監獄行刑法第七十八條、第七十九條或保安處分執行法第六十一條規定外，認有理由者，應予撤銷或變更原懲罰或處置；認無理由者，應予駁回。

學生對申訴委員會之決定仍有不服時，得向法務部再申訴。法務部得成立再申訴委員會處理。學生並不得因其申訴或再申訴行為，受更不利之懲罰或處置。

申訴委員會由校長、副校長、秘書、教務主任、訓導主任及輔導主任組成之，並邀請社會公正人士三至五人參與，以校長為主席；法務部成立之再申訴委員會，應邀請總人數三分之一以上之社會公正人士參與。

申訴、再申訴案件處理辦法，由法務部定之。

第9條

原懲罰或處置之執行,除有前條第二項之情形外,不因申訴或再申訴而停止。但再申訴提起後,法務部於必要時得命矯正學校停止其執行。

申訴、再申訴案件經審查為有理由者,除對受不當侵害者,應予適當救濟外,對原懲罰或處置已執行完畢者,矯正學校得視情形依下列規定處理之:

一、消除或更正不利於該學生之紀錄。

二、以適當之方法回復其榮譽。

申訴、再申訴案件經審查為有理由者,對於違法之處置,應追究承辦人員之責任。

第二章　矯正學校之設置

第10條

法務部應分就執行刑罰者及感化教育處分者設置矯正學校。

前項學校之設置及管轄,由法務部定之。

第11條

矯正學校應以中學方式設置,必要時並得附設職業類科、國民小學部,其校名稱某某中學。

矯正學校得視需要會同職業訓練主管機關辦理職業訓練。

第12條

矯正學校設教務、訓導、輔導、總務四處、警衛隊及醫護室;各處事務較繁者,得分組辦事。

第13條

教務處掌理事項如下:

一、教育實施計畫之擬訂事項。

二、學生之註冊、編班、編級及課程之編排事項。

三、學生實習指導及建教合作事項。

四、學生技能訓練、技能檢定之規劃及執行事項。

五、學生課業及技訓成績之考核事項。

六、圖書管理及學生閱讀書刊之審核事項。

七、校內出版書刊之設計及編印事項。

八、教學設備、教具圖書資料供應及教學研究事項。

九、與輔導處配合辦理輔導業務事項。

十、其他有關教務事項。

第14條

訓導處掌理事項如下：

一、訓育實施計畫之擬訂事項。

二、學生生活、品德之指導及管教事項。

三、學生累進處遇之審查事項。

四、學生假釋、免除或停止執行之建議、陳報等事項。

五、學生紀律及獎懲事項。

六、學生體育訓練事項。

七、學生課外康樂活動事項。

八、與輔導處配合實施生活輔導事項。

九、其他有關訓導事項。

第15條

輔導處掌理事項如下：

一、輔導實施計畫之擬訂事項。

二、建立學生輔導資料事項。

三、學生個案資料之調查、蒐集及研究事項。

四、學生智力、性向與人格等各種心理測驗之實施及解析事項。

五、學生個案資料之綜合研判與分析及鑑定事項。

六、實施輔導及諮商事項。

七、學生輔導成績之考核事項。

八、輔導性刊物之編印事項。

九、學生家庭訪問、親職教育、出校後之追蹤輔導及更生保護等社會聯繫事項。

十、輔導工作績效報告、檢討及研究事項。

十一、其他有關學生輔導暨社會資源運用之規劃及執行事項。

第16條

總務處掌理事項如下：

一、文件收發、撰擬及保管事項。

二、印信典守事項。

三、學生指紋、照相、名籍簿、身分簿之編製及管理事項。

四、經費出納事項。

五、學生制服、書籍供應及給養事項。

六、房屋建築及修繕事項。

七、物品採購、分配及保管事項。

八、技訓器械、材料之購置及保管事項。

九、學生入校、出校之登記事項。

十、學生死亡及遺留物品處理事項。

十一、其他不屬於各處、隊、室之事項。

第17條

警衛隊掌理事項如下：

一、矯正學校之巡邏查察及安全防護事項。

二、學生戒護及校外護送事項。

三、天災事變、脫逃及其他緊急事故發生時之處置事項。

四、武器、戒具之保管及使用事項。

五、警衛勤務之分配及執行事項。

六、其他有關戒護事項。

第18條

醫護室掌理事項如下：

一、學校衛生計畫之擬訂及其設施與環境衛生清潔檢查指導事項。

二、學生之健康檢查、疾病醫療、傳染病防治及健康諮詢事項。

三、學生健康資料之管理事項。

四、學生心理衛生之指導及矯治事項。

五、藥品之調劑、儲備與醫療、檢驗器材之購置及管理事項。

六、病舍管理及看護訓練事項。

七、學生疾病與死亡之陳報及通知事項。

八、其他有關醫護事項。

第19條

矯正學校置校長一人，聘任，綜理校務，應就曾任高級中學校長或具有高級中學校長任用資格，並具有關於少年矯正之學識與經驗者遴任之。

校長之聘任，由法務部為之，並準用教育人員任用條例及其有關之規定。

第20條

矯正學校置副校長一人，職務列薦任第九職等，襄理校務，應就具有下列資格之一者遴任之：

一、曾任或現任矯正機構副首長或秘書，並具有少年矯正之學識與經驗，成績優良者。

二、曾任中等學校主任三年以上，並具有公務人員任用資格，成績優良者。

三、曾任司法行政工作薦任三年以上，並具有關於少年矯正之學識與經驗者。

第21條

矯正學校置教務主任、訓導主任、輔導主任各一人，分由教師及輔導教師中聘兼之。

第22條

矯正學校一般教學部及特別教學部置教師、輔導教師，每班二人，均依教師法及教育人員任用條例之規定聘任。但法務部得視需要增訂輔導教師資格。

每班置導師一人，由前項教師兼任之。

矯正學校得視教學及其他特殊需要，聘請兼任之教師、軍訓教官、護理教師及職業訓練師。

第23條

教導員負責學生日常生活指導、管理及課業督導業務，並協助輔導教師從事教化考核、性行輔導及社會連繫等相關事宜。

教導員應就具備下列資格之一者，優先遴任之：

一、具有少年矯正教育專長者。

二、具有社會工作專長或相當實務經驗者。

第24條

矯正學校置秘書一人，職務列薦任第八職等至第九職等；總務主任、隊長各一人，職務均列薦任第七職等至第九職等；教導員三十人至四十五人，職務列薦任第六職等至第八職等；組員七人至十三人、技士一人，職務均列委任第五職等或薦任第六職等至第七職等；主任管理員三人至五人，職務列委任第四職等至第五職等，其中二人，得列薦任第六職等；管理員二十一人至三十五人、辦事員四人至六人，職務均列委任第三職等至第五職等；書記三人至五人，職務列委任第一職等至第三職等。

醫護室置主任一人，職務列薦任第七職等至第九職等；醫師一人，職務列薦任第六職等至第八職等；醫事檢驗師、藥師、護理師各一人，職務均列委任第五職等或薦任第六職等至第七職等；護士一人，職務列委任第三職等至第五職等。

第25條

依第十二條規定分組辦事者，各置組長一人，由教師或薦任人員兼任，不另列等。但訓導處設有女生組者，其組長應由女性教導員兼任。

第26條

矯正學校設人事室，置主任一人，職務列薦任第七職等至第九職等；事務較簡者，置人事管理員，職務列委任第五職等至薦任第七職等，依法辦理人事管理事項；其餘所需工作人員，就本通則所定員額內派充之。

第27條

矯正學校設會計室，置會計主任一人，職務列薦任第七職等至第九職等；事務較簡者，置會計員一人，職務列委任第五職等至薦任第七職等，依法辦理歲計、會計及統計事項；其餘所需工作人員，就本通則所定員額內派充之。

第28條

矯正學校設政風室，置主任一人，職務列薦任第七職等至第九職等，依法辦理政風事項；其餘所需工作人員，就本通則所定員額內派充之。事務較簡者，其政風業務由其上級機關之政風機構統籌辦理。

第29條

聘任人員之權利義務及人事管理事項，均適用或準用教育人事法令之規定辦理。

前項從事矯正教育者，應給予特別獎勵及加給；其獎勵及加給辦法，由教育部會同法務部擬訂，報行政院核定。

第30條

第二十條、第二十四條、第二十六條至第二十八條所定列有官等、職等人員，其職務所適用之職系，依公務人員任用法第八條之規定，就有關職系選用之。

第31條

本通則施行前，少年輔育院原聘任之導師四十九人、訓導員三十人，其未具任用資格者，得占用第二十四條教導員之職缺，以原進用方式繼續留用至其離職或取得任用資格為止。

前項人員之留用，應先經法務部之專業訓練合格。訓練成績不合格者，其聘約於原聘任之輔育院完成矯正學校之設置前到期者，得續任至其聘約屆滿為止；其聘約於該矯正學校完成設置後到期者，得續任至該矯正學校完成設置為止。

前項之專業訓練，由法務部於本法公布後三年內分次辦理之，每人以參加一次為限；其專業訓練辦法，由法務部定之。

本通則施行前，原任少年輔育院之技師十二人、技術員九人，其未具任用資格者，得占用第二十四條技士、管理員、辦事員或書記之職缺，以原進用方式繼續留用至其離職或取得任用資格為止。

第一項及第四項人員於具有其他職務之任用資格者，應優先改派。

本通則施行前，原任少年輔育院之雇員九十六人，其未具公務人員任用資格者，得占用第二十四條管理員、書記之職缺，繼續其僱用至離職時為止。

第一項、第四項及前項人員之留用、改派，應依第八十三條矯正學校之分階段設置，分別處理。

第32條

矯正學校設校務會議，由校長、副校長、秘書、各處、室主管及全體專任教師、輔導教師或其代表及教導員代表組成之，以校長為主席，討論校務興革事宜。每學期至少開會一次，必要時得召開臨時會議。

第33條

矯正學校設學生處遇審查委員會，由校長、副校長、秘書、教務主任、訓導主任、輔導主任、總務主任、醫護室主任及四分之一導師代表組成之，以校長為主席。

關於學生之累進處遇、感化教育之免除或停止執行之聲請及其他重大處遇事項，應經學生處遇審查委員會之決議；必要時，得請有關之教導員列席說明。但有急速處分之必要時，得先由校長行之，提報學生處遇審查委員會備查。

學生處遇審查委員會會議規則，由法務部定之。

第33-1條

矯正學校設假釋審查委員會，置委員七人至十一人，除校長、訓導主任、輔導主任為當然委員外，其餘委員由校長報請法務部核准後，延聘心理、教育、社會、法律、犯罪、監獄學等學者專家及其他社會公正人士擔任之。

關於學生之假釋事項，應經假釋審查委員會之決議，並報請法務部核准後，假釋出校。

第34條

矯正學校設教務會議，由教務主任、訓導主任、輔導主任及專任教師、輔導教師代表組成之，以教務主任為主席，討論教務上重要事項。

第35條

矯正學校設訓導會議，由訓導主任、教務主任、輔導主任、醫護室主任、全體導師、輔導教師及教導員代表組成之，以訓導主任為主席，討論訓導上重要事項。

第36條

矯正學校設輔導會議，由輔導主任、教務主任、訓導主任、醫護室主任、全體輔導教師、導師及教導員代表組成之，以輔導主任為主席，討論輔導上重要事項。

第三章　矯正學校之實施

第一節　入校出校

第37條

學生入校時，矯正學校應查驗其判決書或裁定書、執行指揮書或交付書、身分證明及其他應備文件。

執行徒刑者，指揮執行機關應將其犯罪原因、動機、性行、境遇、學歷、經歷、身心狀況及可供處遇參考之事項通知矯正學校；執行感化教育處分者，少年法庭應附送該少年與其家庭及事件有關之資料。

第38條

學生入校時，矯正學校應依規定個別製作其名籍調查表等基本資料。

第39條

學生入校時，應行健康檢查；其有下列情形之一者，應令其暫緩入校，並敘明理由，請指揮執行機關或少年法庭斟酌情形送交其父母、監護人、醫院或轉送其他適當處所：

一、心神喪失。

二、現罹疾病，因執行而有喪生之虞。

三、罹法定傳染病、後天免疫缺乏症候群或其他經中央衛生主管機關指定之傳染病。

四、懷胎五月以上或分娩未滿二月。

五、身心障礙不能自理生活。

發現前項第三款情事時，應先為必要之處置。

第40條

學生入校時，應檢查其身體及衣物。女生之檢查，由女性教導員為之。

第41條

學生入校時，應告以應遵守之事項，並應將校內各主管人員姓名及接見、通訊等有關規定，告知其父母或監護人。

第42條

學生入校後，依下列規定編班：

一、學生入校後之執行期間，得以完成一學期以上學業者，應編入一般教學部就讀。

二、學生入校後之執行期間，無法完成一學期學業者，或具有相當於高級中等教育階段之學力者，編入特別教學部就讀。但學生願編入一般教學部就讀者，應儘量依其意願。

三、學生已完成國民中學教育，不願編入一般教學部就讀，或已完成高級中等教育者，編入特別教學部就讀。

未滿十五歲國民教育階段之學生，除有第三條第二項之情形外，應儘量編入一般教學部就讀。

第43條

學生入校後，應由輔導處根據各有關處、室提供之調查資料，作成個案分析報告。但對於一年內分期執行或多次執行而入校者，得以覆查報告代之。

前項個案分析報告，應依據心理學、教育學、社會學及醫學判斷。一般教學部者，應於一個月內完成；特別教學部者，應於十五日內完成後，提報學生處遇審查委員會決定分班、分級施教方法。

第44條

學生出校時，應於核准命令預定出校日期或期滿之翌日午前，辦畢出校手續離校。

第45條

學生出校後之就學、就業及保護等事項，應於出校六週前完成調查並預行籌劃。但對執行期間為四個月以內者，得於行第四十三條之調查時，一併為之。

矯正學校應於學生出校前，將其預定出校日期通知其父母、監護人或最近親屬；對應付保護管束者，並應通知觀護人。

矯正學校對於出校後就學之學生，應通知地方主管教育行政機關，並應將學生人別資料由主管教育行政機關納入輔導網路，優先推介輔導；主管教育行政機關對於學生之相關資料，應予保密。

矯正學校對於出校後就業之學生，應通知地方政府或公立就業服務機構協助安排技能訓練或適當就業機會。

矯正學校對於出校後未就學、就業之學生，應通知其戶籍地或所在地之地方政府予以適當協助或輔導。

矯正學校對於出校後因經濟困難、家庭變故或其他情形需要救助之學生，應通知更生保護會或社會福利機構協助；該等機構對於出校之學生請求協助時，應本於權責盡力協助。

第二項至第六項之通知，應於學生出校一個月前為之。矯正學校對於出校後之學生，應於一年內定期追蹤，必要時，得繼續連繫相關機關或機構協助。

第46條

矯正學校對於因假釋或停止感化教育執行而付保護管束之學生，應於其出校時，分別報知該管地方法院檢察署或少年法庭，並附送其在校之鑑別、學業及言行紀錄。

第47條

學生在校內死亡者，矯正學校應即通知其父母、監護人或最近親屬，並即報知檢察官相驗，聽候處理。

前項情形如無法通知或經通知無人請領屍體者，應冰存屍體並公告三個月招領。屆期無人請領者，埋葬之。

前二項情形，應專案報告法務部。

第48條

死亡學生遺留之金錢及物品，矯正學校應通知其父母或監護人具領；其無父母或監護人

者，通知其最近親屬具領。無法通知者，應公告之。

前項遺留物，經受通知人拋棄或經通知逾六個月或公告後逾一年無人具領者，如係金錢，其所有權歸屬國庫；如係物品，得於拍賣後將其所得歸屬國庫；無價值者毀棄之。

第49條

學生脫逃者，矯正學校除應分別情形報知檢察官偵查或少年法庭調查外，並應報告法務部。

前項情形如有必要者，應函告主管教育行政機關。

第50條

脫逃學生遺留之金錢及物品，自脫逃之日起，經過一年尚未緝獲者，矯正學校應通知其父母或監護人具領；其無父母或監護人者，通知其最近親屬具領。無法通知者，應公告之。

前項遺留物，經受通知人拋棄或經通知或公告後逾六個月無人具領者，依第四十八條第二項規定辦理。

第二節　教學實施

第51條

矯正學校之教學，應以人格輔導、品德教育及知識技能傳授為目標，並應強化輔導工作，以增進其社會適應能力。

一般教學部應提供完成國民教育機會及因材適性之高級中等教育環境，提昇學生學習及溝通能力。

特別教學部應以調整學生心性、適應社會環境為教學重心，並配合職業技能訓練，以增進學生生活能力。

第52條

矯正學校之一般教學部為一年兩學期；特別教學部為一年四期，每期以三個月為原則。

第53條

矯正學校每班學生人數不超過二十五人。但一班之人數過少，得行複式教學。

男女學生應分別管理。但教學時得合班授課。

第54條

矯正學校應依矯正教育指導委員會就一般教學部及特別教學部之特性所指導、設計之課程及教材，實施教學，並對教學方法保持彈性，以適合學生需要。

矯正學校就前項之實施教學效果，應定期檢討，並送請矯正教育指導委員會作調整之參考。

一般教學部之課程，參照高級中學、高級職業學校、國民中學、國民小學課程標準辦理。

職業訓練課程，參照職業訓練規範辦理。

為增進學生重返社會之適應能力，得視學生需要，安排法治、倫理、人際關係、宗教與人生及生涯規劃等相關課程。

第55條

矯正學校對學生之輔導，應以個別或團體輔導之方式為之。一般教學部，每週不得少於二小時；特別教學部，每週不得少於十小時。

前項個別輔導應以會談及個別諮商方式進行；團體輔導應以透過集會、班會、聯誼活動、社團活動及團體諮商等方式進行。

輔導處為實施輔導，應定期召開會議，研討教案之編排、實施並進行專業督導。

第56條

矯正學校應儘量運用社會資源，舉辦各類教化活動，以增進學生學習機會，提昇輔導功能。

第57條

矯正學校得視實際需要，辦理校外教學活動；其辦法由法務部會同教育部定之。

第58條

矯正學校之一般教學部得依實際需要辦理國中技藝教育班、實用技能班及特殊教育班等班級。

一般教學部之學生，於寒暑假期間，得依其意願參與特別教學部；必要時並得命其參與。

第59條

矯正學校各級教育階段學生之入學年齡，依下列規定：

一、國民教育階段：六歲以上十五歲未滿。

二、高級中學、高級職業教育階段：十五歲以上十八歲未滿。

前項入學年齡得針對個別學生身心發展狀況或學習、矯正需要，予以提高或降低。

前項入學年齡之提高或降低，應由矯正學校報請省（市）主管教育行政機關備查。

第60條

矯正學校對於入校前曾因特殊情形遲延入學或休學之學生，應鑑定其應編入之適當年級，向主管教育行政機關申請入學或復學，並以個別或特別班方式實施補救教學。

原主管教育行政機關或原就讀學校於矯正學校索取學生學歷證明或成績證明文件時，應即配合提供。

第61條

矯正學校對於學生於各級教育階段之修業年限，認為有延長必要者，得報請主管教育行政機關核定之。但每級之延長，不得超過二年或其執行期限。

第62條

學生於完成各級教育階段後，其賸餘在校時間尚得進入高一級教育階段者，逕行編入就讀。

矯正學校對於下列學生得輔導其轉讀職業類科、特別教學部或其他適當班級就讀：

一、已完成國民義務教育，不適於或不願接受高級中學教育者。

二、已完成高級中等教育者。

第63條

學生於各級教育階段修業期滿或修畢應修課程，成績及格者，國民教育階段，由學生戶籍所在地學校發給畢業證書；高級中等教育階段，由學生學籍所屬學校發給畢業證書，併同原校畢（結）業生冊報畢（結）業資格，送請各該主管教育行政機關備查。

第64條

矯正學校得依學生之興趣及需要，於正常教學課程外，辦理課業或技藝輔導。

第65條

學生符合出校條件而未完成該教育階段者，學生學籍所屬學校應許其繼續就讀；其符合出校條件時係於學期或學年終了前者，矯正學校亦得提供食、宿、書籍許其以住校方式繼續就讀至學期或學年終了為止或安排其轉至中途學校寄讀至畢業為止。

第66條

前條學生欲至學籍所屬以外之學校繼續就讀者，得於其出校前，請求矯正學校代向其學籍所屬之學校申請轉學證明書。

學生之轉學相關事宜，各該主管教育行政機關應於其權責範圍內協助辦理。

第67條

矯正學校畢（肄）業學生，依其志願，報考或經轉學編級試驗及格進入其他各級學校者，各該學校不得以過去犯行為由拒其報考、入學。

前項學生之報考、入學事宜，各該主管教育行政機關應於其權責範圍內協助辦理。

第68條

第五十九條至第六十一條、第六十二條第一項、第六十三條及第六十五條至第六十七條規定，於特別教學部學生不適用之。

第三節　生活管教

第69條

學生之生活及管教，應以輔導、教化方式為之，以養成良好生活習慣，增進生活適應能力。

學生生活守則之訂定或修正，得由累進處遇至第二級（等）以上之學生推派代表參與；各班級並得依該守則之規定訂定班級生活公約。

第70條

學生之住宿管理，以班級為範圍，分類群居為原則；對於未滿十二歲學生之住宿管理，以採家庭方式為原則。

執行拘役之學生，應與執行徒刑之學生分別住宿。

十二歲以上之學生，有違反團體生活紀律之情事而情形嚴重者，得使獨居；其獨居期間，每次不得逾五日。

第71條

學生禁用菸、酒及檳榔。

第72條

矯正學校對於送入予學生或學生持有之書刊，經檢查後，認無妨害矯正教育之實施或學生之學習者，得許閱讀。

第73條

學生得接見親友。但有妨害矯正教育之實施或學生之學習者，得禁止或限制之；學生接見規則，由法務部定之。

學生得發、受書信。矯正學校並得檢閱之，如認有前項但書情形，學生發信者，得述明理由並經其同意刪除後再行發出；學生受信者，得述明理由並經其同意刪除再交學生收受；學生不同意刪除者，得禁止其發、受該書信。

第74條

對於執行徒刑、拘役或感化教育處分六個月以上之學生，為促其改悔向上，適於社會生活，應將其劃分等級，以累進方法處遇之。

學生之累進處遇，應分輔導、操行及學習三項進行考核，其考核人員及分數核給辦法，由法務部另定之。

第一項之處遇，除依前項規定辦理外，受徒刑、拘役之執行者，依監獄行刑法、行刑累進處遇條例及其相關規定辦理；受感化育之執行者，依保安處分執行法及其相關規定辦理。

第75條

矯正學校對於罹患疾病之學生，認為在校內不能為適當之醫治者，得斟酌情形，報請法務部許可戒送醫院或保外醫治。但有緊急情形時，得先行處理，並即報請法務部核示。

前項情形，戒送醫院就醫者，其期間計入執行期間；保外就醫者，其期間不計入執行期間。

為第一項處理時，應通知學生之父母、監護人或最近親屬。

第76條

前條所定患病之學生，請求自費延醫至校內診治者，應予許可。

第四節　獎懲

第77條

學生有下列各款行為之一時，予以獎勵：

一、行為善良，足為其他學生之表率者。

二、學習成績優良者。

三、有特殊貢獻，足以增進榮譽者。

四、有具體之事實，足認其已有顯著改善者。

五、有其他足資獎勵之事由者。

第78條

前條獎勵方法如下：

一、公開嘉獎。

二、發給獎狀或獎章。

三、增給累進處遇成績分數。

四、給與書籍或其他獎品。

五、給與適當數額之獎學金。

六、其他適當之獎勵。

第79條

執行徒刑、拘役之學生，有違背紀律之行為時，得施以下列一款或數款之懲罰：

一、告誡。

二、勞動服務一日至五日，每日以二小時為限。

三、停止戶外活動一日至三日。

執行感化教育之學生，有前項之行為時，得施以下列一款或二款之懲罰：

一、告誡。

二、勞動服務一日至五日，每日以二小時為限。

前二項情形，輔導教師應立即對受懲罰之學生進行個別輔導。

第80條

學生受獎懲時，矯正學校應即通知其父母、監護人或最近親屬。

第四章　附則

第81條

學生之教養相關費用，由法務部編列預算支應之。

第82條

矯正學校應視需要，定期舉辦親職教育或親子交流活動，導正親職觀念，強化學生與家庭溝通。

第83條

本通則施行後，法務部得於六年內就現有之少年輔育院、少年監獄分階段完成矯正學校之設置。

第84條

本通則施行後，原就讀少年監獄、少年輔育院補習學校分校者或就讀一般監獄附設補習學校之未滿二十三歲少年受刑人應配合矯正學校之分階段設置，將其原學籍轉入依第六條第三項所定之學籍所屬學校，並由矯正學校鑑定編入適當年級繼續就讀。

第85條

少年輔育院條例於法務部依本通則規定就少年輔育院完成矯正學校之設置後，不再適用。

第86條

本通則施行日期，由行政院以命令定之。

附錄5　行刑累進處遇條例

民國35年3月6日國民政府制定公布全文77條。

民國95年6月14日總統令修正公布第19、19-1、77條條文；增訂第19-2條條文。

第一章　總則

第1條

依監獄行刑法第二十條受累進處遇者，適用本條例之規定。

第2條

關於累進處遇之事項，本條例未規定者，仍依監獄行刑法之規定。

第二章　受刑人之調查及分類

第3條

對於新入監者,應就其個性、心身狀況、境遇、經歷、教育程度及其他本身關係事項,加以調查。

前項調查期間,不得逾二月。

第4條

調查受刑人之個性及心身狀況,應依據醫學、心理學、教育學及社會學等判斷之。

第5條

為調查之必要,得向法院調閱訴訟卷宗,並得請自治團體、警察機關、學校或與有親屬、雇傭或保護關係者為報告。

第6條

調查事項,應記載於調查表。

第7條

調查期間內之受刑人,除防止其脫逃、自殺、暴行或其他違反紀律之行為外,應於不妨礙發見個性之範圍內施以管理。

第8條

調查期間內,對於與受刑人接近之人,均應注意其語言、動作,如發見有影響受刑人個性或心身狀況之情形,應即報告主管人員。

第9條

調查期間內之受刑人,應按其情形使從事作業,並考察其體力、忍耐、勤勉、技巧、效率,以定其適當之工作。

第10條

調查完竣後,關於受刑人應否適用累進處遇,由典獄長迅予決定,其適用累進處遇者,應將旨趣告知本人,不適宜於累進處遇者,應報告監務委員會議。

第11條

適用累進處遇之受刑人,應分別初犯、再犯、累犯,並依其年齡、罪質、刑期,及其他調查所得之結果為適當之分類,分別處遇。

受刑人調查分類辦法,由法務部定之。

第12條

對於第一級、第二級之受刑人,得不為前條之分類。

第三章　累進處遇

第13條

累進處遇分左列四級，自第四級依次漸進：

第四級。

第三級。

第二級。

第一級。

第14條

受刑人如富有責任觀念，且有適於共同生活之情狀時，經監務委員會議之議決，得不拘前條規定，使進列適當之階級。

第15條

各級受刑人應佩標識。

第16條

受刑人由他監移入者，應照原級編列。

第17條

因撤銷假釋或在執行中脫逃後又入監者，以新入監論。

第18條

受刑人遇有移轉他監時，應將關於累進審查之一切文件，一併移轉。

第19條

累進處遇依受刑人之刑期及級別，定其責任分數如下：

類別	刑名及刑期	第一級	第二級	第三級	第四級
一	有期徒刑六月以上一年六月未滿	三六分	三〇分	二四分	一八分
二	有期徒刑一年六月以上三年未滿	六〇分	四八分	三六分	二四分
三	有期徒刑三年以上六年未滿	一四四分	一〇八分	七二分	三六分
四	有期徒刑六年以上九年未滿	一八〇分	一四四分	一〇八分	七二分
五	有期徒刑九年以上十二年未滿	二一六分	一八〇分	一四四分	一〇八分
六	有期徒刑十二年以上十五年未滿	二五二分	二一六分	一八〇分	一四四分
七	有期徒刑十五年以上十八年未滿	二八八分	二五二分	二一六分	一八〇分

類別	刑名及刑期	第一級	第二級	第三級	第四級
八	有期徒刑十八年以上二十一年未滿	三二四分	二八八分	二五二分	二一六分
九	有期徒刑二十一年以上二十四年未滿	三六〇分	三二四分	二八八分	二五二分
十	有期徒刑二十四年以上二十七年未滿	三九六分	三六〇分	三二四分	二八八分
十一	有期徒刑二十七年以上三十年未滿	四三二分	三九六分	三六〇分	三二四分
十二	有期徒刑三十年以上三十三年未滿	四六八分	四三二分	三九六分	三六〇分
十三	有期徒刑三十三年以上三十六年未滿	五〇四分	四六八分	四三二分	三九六分
十四	期徒刑三十六年以上三十九年未滿	五四〇分	五〇四分	四六八分	四三二分
十五	期徒刑三十九年以上	五七六分	五四〇分	五〇四分	四六八分
十六	無期徒刑	六一二分	五七六分	五四〇分	五〇四分

前項表列責任分數，於少年受刑人減少三分之一計算。

累犯受刑人之責任分數，按第一項表列標準，逐級增加其責任分數三分之一。

撤銷假釋受刑人之責任分數，按第一項表列標準，逐級增加其責任分數二分之一。

第19-1條

於中華民國八十六年十一月二十八日刑法第七十七條修正生效前犯罪者，其累進處遇責任分數，適用八十三年六月八日修正生效之本條例第十九條規定。但其行為終了或犯罪結果之發生在八十六年十一月二十八日後者，其累進處遇責任分數，適用八十六年十一月二十八日修正生效之本條例第十九條規定。

因撤銷假釋執行殘餘刑期，其撤銷之原因事實發生在八十六年十一月二十八日刑法第七十九條之一修正生效前者，其累進處遇責任分數，適用八十三年六月八日修正生效之本條例第十九條規定。但其原因事實行為終了或犯罪結果之發生在八十六年十一月二十八日後者，其累進處遇責任分數，適用八十六年十一月二十八日修正生效之本條例第十九條規定。

第19-2條

於中華民國八十六年十一月二十八日刑法第七十七條修正生效後，九十五年七月一日刑法第七十七條修正生效前犯罪者，其累進處遇責任分數，適用八十六年十一月二十八日修正生效之本條例第十九條規定。但其行為終了或犯罪結果之發生在九十五年七月一日後者，其累進處遇責任分數，適用九十五年七月一日修正生效之本條例第十九條規定。

因撤銷假釋執行殘餘刑期，其撤銷之原因事實發生在八十六年十一月二十八日刑法第七十九條之一修正生效後，九十五年七月一日刑法第七十九條之一修正生效前者，其累進處遇責任分數，適用八十六年十一月二十八日修正生效之本條例第十九條規定。但其原因事實行為終了或犯罪結果之發生在九十五年七月一日後者，其累進處遇責任分數，適用九十五年七月一日修正生效之本條例第十九條規定。

第20條

各級受刑人每月之成績分數，按左列標準分別記載：

一、一般受刑人：

（一）教化結果最高分數四分。

（二）作業最高分數四分。

（三）操行最高分數四分。

二、少年受刑人：

（一）教化結果最高分數五分。

（二）操行最高分數四分。

（三）作業最高分數三分。

第21條

各級受刑人之責任分數，以其所得成績分數抵銷之，抵銷淨盡者，令其進級。

本級責任分數抵銷淨盡後，如成績分數有餘，併入所進之級計算。

第22條

進級之決定，至遲不得逾應進級之月之末日。

前項決定，應即通知本人。

第23條

對於進級者，應告以所進之級之處遇，並令其對於應負之責任具結遵行。

第24條

責任分數雖未抵銷淨盡，而其差數在十分之一以內，操行曾得最高分數者，典獄長如認為必要時，得令其假進級，進級之月成績佳者，即為確定，否則令復原級。

第25條

對於受刑人應給以定式之記分表，使本人記載其每月所得之分數。

第四章　監禁及戒護

第26條

第四級及第三級之受刑人，應獨居監禁。但處遇上有必要時，不在此限。

第27條

第二級以上之受刑人，晝間應雜居監禁，夜間得獨居監禁。

第28條

第一級受刑人，應收容於特定處所，並得為左列之處遇：

一、住室不加鎖。

二、不加監視。

三、准與配偶及直系血親在指定處所及期間內同住。

前項第三款實施辦法，由法務部定之。

第28-1條

累進處遇進至第三級以上之有期徒刑受刑人，每月成績總分在十分以上者，得依左列規定，分別縮短其應執行之刑期：

一、第三級受刑人，每執行一個月縮短刑期二日。

二、第二級受刑人，每執行一個月縮短刑期四日。

三、第一級受刑人，每執行一個月縮短刑期六日。

前項縮短刑期，應經監務委員會決議後告知其本人，並報法務部核備。

經縮短應執行之刑期者，其累進處遇及假釋，應依其縮短後之刑期計算。

受刑人經縮短刑期執行期滿釋放時，由典獄長將受刑人實際服刑執行完畢日期，函知指揮執行之檢察官。

第29條

第一級之少年受刑人，遇有直系血親尊親屬病危或其他事故時，得經監務委員會議決議，限定期間，許其離監。

前項許其離監之少年受刑人，在指定期間內未回監者，其在外日數，不算入執行刑期。

第30條

典獄長得使各工場之受刑人，於第二級受刑人中選舉有信望者若干人，由典獄長圈定，使其整理工場或從事其他必要任務，但每一工場不得超過二人。

第31條

第二級受刑人至少每月一次從事於監內之灑掃、整理事務，不給勞作金。

第32條

對於第一級受刑人，非有特別事由，不得為身體及住室之搜檢。

第33條

第一級受刑人於不違反監獄紀律範圍內許其交談，並在休息時間得自由散步於監獄內指定之處所。

第34條

第一級受刑人，為維持全體之紀律及陳述其希望，得互選代表。

前項代表人數，至多不得逾三人，經受刑人加倍互選後，由典獄長圈定之。

第35條

第一級受刑人關於其本級全體受刑人住室之整理及秩序之維持，對典獄長連帶負責。

前項受刑人有不履行責任者，得經監務委員會議之決議，於一定期間，對於其全體或一部停止本章所定優待之一種或數種。

第五章　作業

第36條

受刑人於調查完竣後，應即使其作業。

第37條

第四級及第三級之受刑人不許轉業，但因處遇上或其他有轉業之必要時，不在此限。

第38條

第四級受刑人，得准其於每月所得作業勞作金五分之一範圍內，第三級受刑人於四分之一範圍內，自由使用。

第39條

第二級受刑人，得使用自備之作業用具，並得以其所得之作業勞作金購用之。

第40條

第二級受刑人中，如有技能而作業成績優良者，得使其為作業指導之輔助。

前項受刑人，得於作業時間外，為自己之勞作，但其勞作時間，每日以二小時為限。

第41條

第二級受刑人，得准其於每月所得作業勞作金三分之一範圍內，自由使用。

第42條

第二級受刑人作業熟練者，得許其轉業。

第43條

第一級受刑人作業時，得不加監視。

第44條

第一級受刑人中，如有技能而作業成績優良者，得使為作業之指導或監督之輔助。

第45條

第一級受刑人，得准其於每月所得作業勞作金二分之一範圍內，自由使用。

第46條

第三十九條、第四十條第二項及第四十二條之規定，於第一級受刑人準用之。

第六章　教化

第47條

對於第一級及第四級之受刑人，應施以個別教誨。

第48條

第三級以上之受刑人，得聽收音機及留聲機。

第49條

第二級以上之受刑人得為集會。但第二級每月以一次，第一級每月以二次為限。

少年受刑人得不受前項限制。

集會時，典獄長及教化科職員均應到場。

第50條

第一級之受刑人，許其在圖書室閱覽圖書。

圖書室得備置適當之報紙及雜誌。

第51條

第二級以上之受刑人，於不違反監獄紀律範圍內，許其閱讀自備之書籍，對於第三級以下之受刑人，於教化上有必要時，亦同。

第52條

第二級以上之受刑人，得使其競技遊戲或開運動會，但第二級每月以一次，第一級每月以二次為限。

少年受刑人，得不受前項之限制。

第53條

第二級以上受刑人之獨居房內，得許其置家屬照片，如教化上認為有必要時，得許其置家屬以外之照片。

第七章　接見及寄發書信

第54條

第四級受刑人，得准其與親屬接見及發受書信。

第55條

第三級以上之受刑人，於不妨害教化之範圍內，得准其與非親屬接見，並發受書信。

第56條

各級受刑人接見及寄發書信次數如左：

一、第四級受刑人每星期一次。

二、第三級受刑人每星期一次或二次。

三、第二級受刑人每三日一次。

四、第一級受刑人不予限制。

第57條

第二級以下之受刑人，於接見所接見。

第一級受刑人，得准其於適當場所接見。

第58條

第二級以上之受刑人，於接見時，得不加監視。

第59條

典獄長於教化上或其他事由，認為必要時，得准受刑人不受本章之限制。

第八章　給養

第60條

受刑人之飲食及其他保持健康所必需之物品，不因級別而有差異。

第61條

第一級受刑人，得准其著用所定之普通衣服。

第62條

第一級受刑人，得准其在住室內備置花草或書畫，對於第二級以下之少年受刑人亦同。

第63條

對於第一級受刑人，得供用共同食器或其他器具，第二級以下之少年受刑人亦同。

第64條

依本條例所得自由使用之物品，以經法務部核定者為限。

前項物品之種類及數量，由典獄長依其級別定之。

第九章　累進處遇之審查

第65條

監獄設累進處遇審查會，審查關於交付監務委員會會議之累進處遇事項。

累進處遇審查會，審查受刑人之個性、心身狀況、境遇、經歷、教育程度、人格成績及其分類編級與進級、降級等事項，並得直接向受刑人考詢。

第66條

累進處遇審查會以教化科、調查分類科、作業科、衛生科、戒護科及女監之主管人員組織之，由教化科科長擔任主席，並指定紀錄。

第67條

累進處遇審查會認第二級以上之受刑人有獨居之必要時，應聲敘理由，報請典獄長核准，但獨居期間不得逾一月。

第68條

累進處遇審查會每月至少開會一次，其審查意見取決於多數。

前項審查意見，應速報告典獄長，提交監務委員會議。

第十章　留級及降級

第69條

受刑人違反紀律時，得斟酌情形，於二個月內停止進級，並不計算分數；其再違反紀律者，得令降級。

前項停止進級期間，不得縮短刑期；受降級處分者，自當月起，六個月內不予縮短刑期。

第70條

應停止進級之受刑人，典獄長認為情有可恕，得於一定期間內，不為停止進級之宣告，但在指定期間內再違反紀律者，仍應宣告之。

第71條

被停止進級之受刑人，於停止期間有悛悔實據時，得撤銷停止進級之處分。

被降級之受刑人，有悛悔實據時，得不按分數，令復原級，並重新計算分數。

第72條

留級之受刑人，有紊亂秩序之情事者，得予降級。

第73條

在最低級之受刑人有紊亂秩序情事，認為不適宜於累進處遇者，得不為累進處遇。

第74條

關於本章之處分，由監務委員會議議決之。

第十一章　假釋

第75條

第一級受刑人合於法定假釋之規定者，應速報請假釋。

第76條

第二級受刑人已適於社會生活，而合於法定假釋之規定者，得報請假釋。

第76-1條

本條例施行細則，由法務部定之。

第十二章　附則

第77條

本條例自公布日施行。

本條例中華民國九十五年五月十九日修正之第十九條、第十九條之一及第十九條之二，自中華民國九十五年七月一日施行。

附錄6　行刑累進處遇條例施行細則

民國64年8月18日司法行政部令訂定發布全文58條。

民國109年7月31日法務部令修正發布刪除第7、16、31、33、34、40、43、56條；修正第58條。

第一章　通則

第1條

本細則依行刑累進處遇條例（以下簡稱本條例）第七十六條之一訂定之。

第2條

對受刑人之調查及各項成績考核記分，應分別由調查員及本細則所定人員親自辦理。

第二章　受刑人之調查及分類

第3條

調查人員對於新入監之受刑人，應依受刑人調查分類辦法之規定，於二個月內完成各項調查事項，並繕具副本送總務科訂入身分簿存查。其調查內容有增減變更時，由調查分類科通知總務科登記。

第4條

調查時應按部頒各項調查表所載事項詳細記載，不得遺漏。

第5條

監獄應劃定部分監房收容新入監之受刑人，在調查期間，於不妨礙發見個性之範圍內，施以集中管理，注意其語言動作，就其個性、心身狀況有關之情形予以紀錄，以供調查人員

之參考。

第6條

監獄對調查期間內之受刑人，應依初步擬訂之作業處遇計畫，使其從事作業，以考察其體力、忍耐、勤勉、技巧、效率，以定其適當之作業。

第7條（刪除）

第8條

調查人員對於適用累進處遇之受刑人，應依據有關資料，分別初犯、再犯、累犯，並依其年齡、罪質、刑期及其他調查所得之結果，作為研議處遇計畫之基礎。

前項稱初犯者，指無犯罪前科者而言。

稱再犯者，指有犯罪前科，但不合刑法第四十七條之規定者而言。稱累犯者，指合於刑法第四十七條之規定者而言。

在執行中發覺受刑人為累犯或撤銷假釋者，自發覺之月起更正其責任分數。

再犯者責任分數與初犯者相同。

第9條（刪除）

第三章　累進處遇

第10條

對於入監前曾受羈押之受刑人，應依看守所移送之被告性行考核表等資料，於調查期間內切實考核其行狀，如富有責任觀念，且有適於共同生活之情狀時，經監務委員會之決議，得使其進列適當之階級。但不得進列二級以上。

依前項規定進列適當之階級者，應檢具有關資料及監務委員會會議紀錄報請法務部核定。

第11條

監獄對於各級受刑人，應按其階級運用教室、工場、監房等現有設備，予以分別處遇。

第12條

本條例第十五條所規定之「標識」，使用布質長方型。長四公分，寬八公分，以紅色為第一級，藍色為第二級，黃色為第三級，白色為第四級，由各級受刑人於胸前右上方佩帶之。

第13條

受累進處遇之受刑人，遇有移送他監時，應將關於累進處遇審查之一切文件一併移送，受移送之監獄，對原監移送之成績記分總表應繼續使用，用畢後接用新表，以保持原始資料完整，而利查考。

第14條

在執行中脫逃後又入監者，應依前案殘餘刑期及後案刑期合併計算之刑期定其責任分數。但其中一案為無期徒刑者，應依無期徒刑定其分數。

撤銷假釋執行殘餘刑期，不適用合併計算刑期定責任分數之規定。

第15條

對有二以上刑期之受刑人，應本分別執行合併計算之原則，由指揮執行之檢察官於執行指揮書上註明合併計算之刑期，以定其責任分數。

二以上之刑期分別有本條例第十九條各項所定之情事者，應先依同條規定分別定其責任分數後，合併計算其責任分數。

第16條（刪除）

第17條

本條例第十九條第四項所稱「撤銷假釋受刑人」，指執行撤銷假釋殘餘刑期之受刑人而言。撤銷假釋受刑人之殘餘刑期，如有本條例第十九條第三項之情形者，其殘餘刑期應依本條例第十九條第四項定其責任分數。

第18條

在監已受累進處遇之各級受刑人，應於本條例公布施行後之次月，按其刑期依本條例第十九條之規定調整其類別，但其原級不變。調整後責任分數變更者，依受刑人在原級已抵銷之責任分數與原類別所定責任分數之比率，換算為調整類別後受刑人已抵銷之責任分數。

第19條

在監已受累進處遇各級受刑人之成績記分標準，應於本條例公布實施後之次月，依本條例第二十條之規定辦理。

第20條

受刑人遇有減刑，縮短刑期而應調整類別時，其已抵銷之責任分數，應按其比率依本條例第十九條之規定予以換算。

第21條

監獄管理人員對各級受刑人之成績分數，應依照累進處遇由嚴而寬之原則，嚴加核記。各級受刑人每月教化、操行成績分數，在下列標準以上者，應提出具體事證，監務委員會並得複查核減之。

一、一般受刑人：

（一）第四級受刑人教化、操行各二‧五分。

（二）第三級受刑人教化、操行各三‧○分。

（三）第二級受刑人教化、操行各三‧五分。

（四）第一級受刑人教化、操行各四‧○分。

二、少年受刑人：

（一）第四級受刑人教化三‧五分、操行二‧五分。

（二）第三級受刑人教化四‧○分、操行三‧○分。

（三）第二級受刑人教化四‧五分、操行三‧五分。

（四）第一級受刑人教化五‧○分、操行四‧○分。

第21-1條

受刑人適用本條例第十九條之一定其累進處遇責任分數者，其教化、操行成績分數核記標準，適用中華民國八十三年六月二十五日修正生效之本細則第二十一條規定。

受刑人適用本條例第十九條之二定其累進處遇責任分數者，其教化、操行成績分數核記標準，適用中華民國八十六年十二月十九日修正生效之本細則第二十一條規定。

受刑人執行二以上之徒刑，有分別依本條例第十九條、第十九條之一第一項、第十九條之二第一項規定定其累進處遇責任分數者，其教化、操行成績分數核記標準，適用中華民國八十六年十二月十九日修正生效之本細則第二十一條規定。

第22條

受刑人之教化、作業、操行各項成績分數，分別由左列人員依平日實際情形考核記分：

一、作業成績分數：由作業導師會同工場主管考查登記，由作業科長初核。

二、教化成績分數：由教誨師會同監房及工場主管考查登記，由教化科長初核。

三、操行成績分數：由監房及工場主管考查登記，由戒護科長初核。

前項各成績分數經初核後，由累進處遇審查會覆核，監務委員會審定之。

第23條

受刑人記分表之種類如左：

一、教化結果記分表。

二、作業記分表。

三、操行記分表。

四、少年受刑人學業成績記分表。

五、各項成績記分總表。

第24條

本條例第二十二條所稱「應進級之月」，指本級責任分數抵銷淨盡或有餘之次月而言。

第25條

受累進處遇之受刑人，因患病需要較長期間治療，無法參加作業，經衛生科證明，提經監

務委員會決議者，其作業成績依本條例第二十條所定作業最高分數二分之一計算。

第26條

辦理累進處遇除依照規定表式外，並應備置左列文書，分別裝訂，以備查閱。

一、審查會議紀錄。

二、監務委員會會議紀錄。

三、作業課程表。

四、受刑人入監調查表。

五、編級名冊。

六、進級名冊。

七、不編級名冊。

監獄派遣受刑人外役時，應由該管人員攜帶前項有關文書隨時記載，以便彙製總表。

第四章　監禁及戒護

第27條

監獄應選擇適當環境與設備較為完善之監房，以供一、二級受刑人獨居或雜居之用。

一級受刑人住室得不加鎖，不加監視，但管理人員對其言行應注意考核，並予紀錄。

第28條

辦理受刑人縮短刑期依月曆計算，每執行一個月，按本條例第二十八條之一所定縮短刑期日數，分別縮短各級受刑人應執行之刑期。

殘餘刑期不滿一個月者，不得辦理縮短刑期。

第29條

經縮短刑期之受刑人，監獄應於次月十五日以前造具名冊一份，連同監務委員會之決議紀錄，報請法務部核備。

縮短刑期名冊格式另訂之。

第30條

教化科應將合於縮短刑期受刑人之資料，交由總務科製作縮短刑期名冊二份，一份報部，一份附卷，並辦理名籍登記。

辦理受刑人縮短刑期，應備置紀錄總表，其表式另訂之。

前項紀錄總表應裝訂於身分簿內之首頁，由辦理名籍人員按月依表式逐欄登記，不得遺漏。

第31條（刪除）

第32條

受刑人操行成績應依左列標準記分，每月每款最高四分，遞減至零分。

一、服從指揮，遵守規章。

二、誠實守信，毫不虛偽。

三、態度和平，舉止正常。

四、節用守儉，確知自勵。

五、其他可嘉許之行為。

前項記分，應以獎懲紀錄、書信、接見紀錄，日記、自傳、言行表現及教誨紀錄等為依據，主管人員平時並應注意觀察考核。

第一項分數於月末相加後以五相除，為本月之操行成績分數。

第33條（刪除）

第34條（刪除）

第五章　作業

第35條

本條例第三十六條所稱「受刑人於調查完竣後，應即使其作業」，指受刑人由接收組擬訂之個別處遇計畫核定後，應即依其處遇參加作業而言。

第36條

本條例第三十七條所稱「處遇上或其他有轉業之必要時」，指受刑人不適於初訂個別處遇計畫所指定之作業，提經累進處遇審查會複核變更原處遇，有使其從事其他適當作業之必要者而言。

第37條

作業成績記分標準如左：

一、一般受刑人作業以一般勞動能率（工作數量）為課程時，其每日成績分數依左列標準記分：

（一）課程超過者四分。

（二）課程終結者三‧五分。

（三）課程完成十分之八以上未終結者三分。

（四）課程完成十分之六以上未滿十分之八者二‧五分。

（五）課程完成十分之四以上未滿十分之六者二分。

（六）課程完成十分之二以上未滿十分之四者一分。

（七）課程完成十分之二者零分。

二、一般受刑人作業以工作時間為課程時，其每日成績依左列標準記分：

（一）提前完工繼續工作者四分。

（二）按時完工者三・五分。

（三）定時工作延誤一小時未滿者三分。

（四）定時工作延誤二小時未滿二・五分。

（五）定時工作延誤三小時未滿者二分。

（六）定時工作延誤四小時未滿者一分。

（七）定時工作延誤五小時者零分。

三、作業成績不能以等級規定者（例如工場雜役清理工作等），參酌其勤惰記分。

四、少年受刑人作業成績，比照一般受刑人記分標準四分之三比率計算。

第38條

少年刑人因學業依規定不參加作業者，以每月之學業成績分數為其作業分數，依左列標準記分：

一、月考成績總平均在八十分以上者二・五分至三分。

二、月考成績總平均在七十分至七十九分者，二分至二・四分。

三、月考成績總平均在六十分至六十九分者，一・五分至一・九分。

四、月考成績總平均在五十分至五十九分者，一分至一・四分。

五、月考成績總平均在四十分至四十九分者，零・五分至零・九分。

六、月考成績總平均在三十九分以下者，零分至○・四分。

第39條

受刑人每日作業得分於月末相加後，以該月之就業日數相除，所得分數為本月作業成績分數。

停止作業之日數應予扣除。但受刑人無故不作業者，不在此限。

第40條（刪除）

第六章　教化

第41條

對於編級及進級受刑人，應施以個別教誨，告以累進處遇旨趣及應遵守事項。

第42條

教化結果依左列標準記分：

一、一般受刑人依左列各目記分，每月最高四分，遞減至零分。

（一）省悔向上，心情安定。

（二）思想正確，不受誘惑。

（三）克己助人，適於群處。

（四）刻苦耐勞，操作有恆。

（五）愛護公物，始終不渝。

二、少年受刑人依前款各目記分時，每目每月最高五分，遞減至零分。

前項記分，應以獎懲紀錄、書信、接見紀錄、言行表現、教誨紀錄、學業成績等為依據。

第一項分數相加後，以五相除，為本月成績分數。

第43條（刪除）

第44條

本條例第四十九條所稱「集會」，指左列集會而言：

一、級會：依各級教育班次舉行之。討論學習心得或教化人員所指定之題目。

二、工作檢討會：依作業或工場類別舉行之。討論作業之得失，作業技術心得之交換，工場設施之改進等事項。

三、生活檢討會：依管教區為單位舉行之。討論有關本身之學業、娛樂、飲食、起居事項，作為自我檢討之依據。

前項集會之時間、地點、方式，應由教化、戒護兩科會商報請典獄長核准。

第七章　接見及寄發書信

第45條

第一級受刑人之接見及寄發書信，不予限制。但不得影響監獄管理及監獄紀律。

第46條

本條例第五十七條第二項所稱「適當場所」，指接見室以外經指定之場所而言。

第八章　給養

第47條

本條例第六十一條所稱「普通衣服」，指由監獄許可穿著之自備衣服，如汗衫、襯衣、棉衣、毛衣、西裝、大衣等屬之。

第48條

本條例第六十二條所稱「花草」，指盆景花草而言。並應作適當之佈置。

同條所稱書畫，應於佈置前經教化科之審閱。

第九章　累進處遇之審查

第49條

監獄管教小組應於累進處遇審查會開會前，將受刑人各項成績及有關提會審查事項資料，妥善準備，以便提會審查。

第50條

累進處遇審查會應於監務委員會會期前開會，其決議應經監務委員會期決議辦理之。

第51條

累進處遇審查會對於受刑人之成績分數、編級、進級、降級、違規事件等項應切實審核，必要時得請承辦人員列席備詢。

前項會議紀錄提經監務委員會審定後，一併報請法務部核備。

第十章　留級及降級

第52條

本條例所定留級依左列程序辦理：

一、停止進級之受刑人，典獄長認為情有可恕者，得於一定期間內不為停止進級之宣告。

二、前款所稱一定期間，應經監務委員會決定，但不得超過三個月。

三、留級期間仍應計算其成績分數。

四、留級期間所在級之責任分數抵銷後，仍不予進級，予以原級處遇，如有餘分，於其留級屆滿後，准予抵銷所進級之責任分數。

五、留級期間內再有違反紀律時，應為停止進級，並不計算分數之宣告，有紊亂秩序之情事者，得予降級。

第53條

本條例第七十二條所稱「紊亂秩序之情事」，指意圖脫逃、暴行、喧嘩或其他重大事故而言。

第54條

降級之受刑人，以在原級已抵銷之責任分數抵銷降級後本級之責任分數，如有餘分不予計算，但視為抵銷淨盡降級後本級之責任分數。

第55條

被降級之受刑人有悛悔實據時，經監務委員會審定後，令復原級，並回復銷除之成績分數，如回復銷除之成績分數，連同降級期間所得分數，合計超過令復原級之責任分數者，於准予進級時，可抵銷所進級之責任分數。

第十一章　假釋

第56條（刪除）

第57條

依本條例第七十五條及七十六條之規定為受刑人辦理假釋時，一般受刑人最近三個月內教化、作業、操行各項分數，均應在三分以上，少年受刑人最近三個月內教化分數應在四分以上，操行分數在三分以上，作業分數應在二分以上。

第十二章　附則

第58條

本細則自發布日施行。

本細則中華民國九十五年九月一日修正發布之第二十一條之一，自中華民國九十五年七月一日施行。

本細則中華民國一百零九年七月三十一日修正之條文，自一百零九年七月十五日施行。

附錄7　受刑人外出實施辦法

民國88年10月21日法務部令訂定發布全文16條。

民國109年7月15日法務部令修正發布全文15條。

第1條

本辦法依監獄行刑法（以下簡稱本法）第二十九條第五項規定訂定之。

第2條

本辦法用詞定義如下：

一、監獄：法務部矯正署所屬監獄，及監獄設置之分監、女監。

二、監獄長官：指前款監獄之首長，及其授權之人。

第3條

本法第二十九條第一項得報請監督機關核准外出之受刑人，應具下列資格：

一、無期徒刑執行逾十五年，或有期徒刑執行逾三分之一，且在監執行期間逾三個月以上。

二、行狀善良，指受刑人執行中最近六個月內無妨害監獄秩序或安全之行為而受懲罰。

三、無下列情形之一者：

（一）因撤銷假釋而入監執行。

（二）犯刑法第一百六十一條所列之罪。

（三）犯毒品危害防制條例之罪。但初犯或犯同條例第十條及第十一條之罪，不在此限。

（四）犯刑法第九十一條之一第一項所列之罪。

（五）犯家庭暴力防治法第二條第二款所稱之家庭暴力罪或同法第六十一條所稱違反保護
　　　令罪。

第4條

依本法第二十九條第一項得報請監督機關核准於一定期間內外出之條件者如下：

一、就學：指參加由教育主管機關或其授權單位統一舉辦之各級學校入學考試，取得就學
　　資格而須至監外就讀。

二、職業訓練：監獄未開設相關職類，認須外出至職業訓練機構受訓，並參加證照檢定。

三、參與公益服務：指政府各級機關或民間團體與監獄合作辦理之公益服務工作方案。

四、參與社區矯治處遇：指公私立社會福利或戒癮治療機構與監獄合作，基於處遇需要，
　　認須外出參與家庭支持或物質濫用者復健方案。

五、其他經監督機關審酌認為宜予外出之特別情事。

第5條

受刑人外出之申請，應以書面提出，並具體載明其外出規劃，包含外出目的之處所、聯絡
人、期間、行程計畫，與個別處遇計畫之間的關聯性等事項。

監獄受理前項之申請，除依第三條審核後而不予核准者外，應儘速檢附相關文件並加具審
核意見陳報監督機關辦理。

有下列情形之一者，監督機關得不予核准外出：

一、不符合第三條外出之資格或第四條外出之條件。

二、執行中有脫逃行為或有事實足認有脫逃之虞。

三、有事實足認核准外出，有嚴重危害公共秩序、社會安全之虞。

四、外出規劃與個別處遇計畫間缺乏適切關聯性。

五、其他經監督機關認不適合外出之情事。

經核准外出者，應發給證明文件，並載明受刑人應遵守之事項。

受刑人申請外出資格或條件有變更者，依前四項規定辦理。

申請外出經核准後，受刑人撤回其申請者，由監獄報監督機關備查。

第6條

受刑人外出時無須戒護，並應遵守下列規定：

一、不得有違反法令之行為。

二、未經監獄許可，不得從事與其外出條件不符之活動。如須變更時，應依前條辦理。

三、應主動與監獄保持聯繫，不得無故失聯。

四、不得對被害人、告訴人、告發人、證人或其他利害關係人實施危害、恐嚇、騷擾、跟
　　蹤、糾纏或其他不法行為。

五、不得違反外出目的之處所所規定之相關事項。

六、其他經監獄認為應遵守之事項。

監獄如認為有於外出期間隨時掌握受刑人行蹤之必要，在不妨礙外出目的之限度內，得依
本法第二十四條第二項規定，對受刑人施以電子監控措施。

第7條

受刑人有不符第三條、第四條之情形，監獄得經審核後報監督機關變更其外出；受刑人違
反前條第一項之規定者，經審核後報監督機關取消其外出，其在外期間不計入刑期。

前項情形，應通知外出目的處所之聯絡人。

有急迫狀況者，監獄得暫時先行停止該受刑人外出，再行報監督機關處理。

第8條

受刑人每日外出時間，自當日上午六時至下午九時之間為原則，由監獄依受刑人申請外出
條件，斟酌實際需要決定之。

外出受刑人有於監外留宿必要者，監獄得指定其留宿處所，並報監督機關核准。

前項留宿處所以監獄為限。

第9條

核准外出之受刑人，監獄得依其管理需要配房。外出回監時，應檢查其身體、衣類及攜帶
物品，並得實施毒（藥）物、酒精檢測及尿液檢驗。

第10條

監獄應派員考核外出受刑人之情狀，將其在監服刑情形告知外出目的處所之聯絡人並保持
聯繫，以協助考核及管理受刑人。

監獄應依核准外出案之性質，決定是否派員查訪外出受刑人之情狀，或請外出目的處所所
在地之警察機關，協助查訪或其他事項。

外出目的處所應協助考核受刑人外出時之情狀，由監獄記明之。

第11條

受刑人外出期間所需費用，應自行負擔。

受刑人參與公益服務，不得收取任何報酬，其必要費用得由監獄或相關機關（構）、團體
負擔。

第12條

依本法第二十九條第四項，受刑人有正當理由不能於指定時間內回監或向指定處所報到

者，受刑人應儘速報告監獄長官。監獄長官接獲報告後，應另行指定受刑人回監或報到之時間，必要時得指定暫行報到處所，並報監督機關備查。

第13條

受刑人有本法第二十九條第四項之情形時，監獄應陳報監督機關及通知當地警察機關，並移送該管檢察機關偵辦。

第14條

有關少年受刑人之外出事項，除法規另有規定外，得準用本辦法之規定。

第15條

本辦法自中華民國一百零九年七月十五日施行。

附錄8 受刑人作業實施辦法

民國36年10月11日行政院令訂定發布全文23條。

民國109年7月15日法務部令修正發布名稱及全文38條。

第1條

本辦法依監獄行刑法（以下簡稱本法）第三十一條第五項規定訂定之。

第2條

本辦法用詞定義如下：

一、監獄：指法務部矯正署所屬監獄，及監獄設置之分監、女監。

二、監獄長官：指前款監獄之首長，及其授權之人。

三、監內作業：指受刑人於監獄管理之固定作業場所工作，作業場所包含於戒護區內之監內工場及戒護區外之監外工場。監內作業方式包含委託加工、自營作業、視同作業及舍房作業。

四、視同作業：指受刑人從事炊事、打掃、營繕、看護及其他由監獄指定之事務。

五、舍房作業：指因特殊情形無法參加工場作業之受刑人，監獄安排一定之作業項目使其在舍房內作業。

六、監外作業：指受刑人在非監獄管理之其他特定場所工作。

七、戒護監外作業：指監獄須派員戒護受刑人之監外作業。

八、自主監外作業：指受刑人自主往返作業及監禁處所，監獄無須派人戒護之監外作業。

九、作業協力單位：指監獄承攬公私經營單位之作業定作者，或其他經與監獄協議而接受受刑人勞務提供之公私經營單位。

第3條

監督機關及監獄對作業項目之選定，宜考量經濟發展及市場供需狀況，徵詢勞動、產業或相關之公私立機關（構）、團體之意見後為之，並尋求其協助或合作。

第4條

監獄對作業應注意維護受刑人健康及安全，並促進其復歸社會。

監獄或作業協力單位應依實際作業之項目，在合理可行範圍內提供職業安全衛生相關法規所要求之設備及措施。

受刑人應依其實際作業之項目，遵守相關之衛生、安全、職業訓練、專業證照、職業倫理等從業規範。

第5條

監獄與作業協力單位訂定作業契約，應考量為受刑人爭取較優之待遇及福利。

監獄訂定作業契約應注意事項如下：

一、作業人數及報酬給付。

二、依本法第三十二條第一項規定訂定作業時間。

三、缺料停工期間應給付最低基本報酬。

四、廠商履約能力及保證金。

五、攜帶違禁物品進入戒護區域之違約責任。

六、遵守出口規定，產品不得銷往禁止受刑人製造加工物品輸入之國家。

七、遵守智慧財產權相關法規。

第6條

受刑人作業之分派，依個別處遇計畫為之。如作業項目有調整之必要，個別處遇計畫應修正並敘明作業項目調整之理由。

監獄應對作業受刑人加以管理及考核。如受刑人不適於該項作業，得另予配業。

第7條

受刑人作業依其性質得採編組作業，各組人數依實際需要定之。

第8條

監獄應指定受刑人之作業場所，並明確劃定其活動範圍，於作業前告知受刑人不可逾越。

第9條

作業成品之產製應符合相關法規規定，並注意其品質及銷路。

監獄得單獨或聯合設置作業成品銷售處所。

第10條

監獄辦理作業，應有通盤妥善之經營計畫，採用企業管理方法，並注意資源及人力之有效

運用。

第11條

監內作業安全管理，應注意下列事項：

一、作業工具及危險物料應妥善保管，列冊定期保養清點。

二、訂定作業科目相關安全規定，並實施教育訓練。

三、建立標準作業流程，作業場所及機具設備張貼警語。

四、發生重大傷病事故立即通報勤務中心及監督機關，並妥為處置。

第12條

受刑人作業時，應遵守該作業場所之規範，服從場舍管理人員及作業指導人員之指示。

第13條

受刑人未被分派自營作業、視同作業、舍房作業及監外作業項目者，監獄得安排其從事適當之委託加工作業。

第14條

監獄應事先於各場舍公開關於遴選自營作業受刑人之報名資訊，並就具有下列各款條件之一者遴選之：

一、具備特殊知識、技能，符合作業需求。

二、曾參與相關職業訓練課程，表現良好。

三、因監獄未開設相關職業訓練課程而未能參與課程，但具學習意願。

第15條

遴選視同作業受刑人之人數及配置，由監獄視實際需要報監督機關核定後為之。

第16條

受刑人有下列情形之一者，不得遴選擔任視同作業：

一、有脫逃紀錄或有事實足認有脫逃之虞。

二、幫派分子。

三、最近三個月內曾因妨害監獄秩序或安全之行為而受懲罰。

四、有妨害監獄秩序或安全之行為而受懲罰二次以上。

監獄得依作業性質及其需求，將視同作業受遴選人所需之專長、能力或適宜條件，以適當方式公開，並得視需用單位之需求揭露報名資訊。

第17條

監獄得因業務需要，由相關單位簽報監獄長官核定後，暫時遴選具有特殊專長之受刑人擔任視同作業，期間不得逾三個月，不受前二條規定之限制。

第18條

監獄應將各作業單位視同作業者名冊公開於該作業之場舍,遇有人員異動時應即時更新。

第19條

受刑人因特殊情形無法參加工場作業,監獄得分派其參加舍房作業。

監獄應依參加舍房作業受刑人之條件,安排合適之作業項目。

第20條

被告志願作業,除法規另有規定外,得準用第一條至前條之規定。

第21條

受刑人從事監外作業,以監獄指定之作業協力單位者為限。

從事監外作業之受刑人,得在監獄同意下,由作業協力單位協助投保相關保險。

第22條

監獄承攬工程,需用作業人數不敷時,得報請監督機關核准向鄰近監獄調撥。

第23條

監外作業受刑人在離監較近地區作業者,得視作業情形回本監或於監外用餐。

監外作業受刑人在離監較遠地區作業,有於監外留宿必要者,監獄得指定其留宿處所,並報監督機關核准。

前項留宿處所以監獄設置者為限。

第24條

從事監外作業受刑人遇有急病或重大意外傷害時,在場監獄人員或作業協力單位應立即護送醫療機構治療,並即通知監獄。

第25條

監外作業受刑人,監獄得依其管理需要配房。回監時,應檢查其身體、衣類及攜帶物品,並得實施毒(藥)物、酒精檢測及尿液檢驗。

第26條

監外作業受刑人得酌增副食費,在監外作業支出項下開支。

第27條

受刑人從事戒護監外作業,應就具有下列各款條件者遴選之:

一、在監執行逾一個月。

二、健康情形適於監外作業。

三、最近六個月內無妨害監獄秩序或安全之行為而受懲罰。

拘役或易服勞役之受刑人具有前項第二款及第三款之條件,得遴選其從事戒護監外作業。

第28條

受刑人從事自主監外作業，應就具有下列各款條件者遴選之：

一、符合前條第一項第二款、第三款規定。

二、於本監執行已逾二個月。

三、刑期七年以下，殘餘刑期未逾二年或二年內可達陳報假釋條件；或刑期逾七年，殘餘
　　刑期未逾一年或一年內可達陳報假釋條件。

四、具參加意願。

拘役或易服勞役之受刑人具有前條第一項第二款、第三款及前項第二款與第四款之條件，
得遴選其從事自主監外作業。

第29條

受刑人有下列各款情形之一者，不得從事監外作業：

一、執行中有脫逃行為或有事實足認有脫逃之虞。

二、犯刑法第一百六十一條所列之罪。

三、犯毒品危害防制條例之罪。但初犯或犯同條例第十條及第十一條之罪，不在此限。

四、犯刑法第九十一條之一第一項所列之罪。

五、犯家庭暴力防治法第二條第二款所稱之家庭暴力罪或同法第六十一條所稱違反保護令
　　罪。

第30條

實施自主監外作業時，應將訂立之契約書、受刑人名冊及相關文件，報請監督機關核准。

第31條

監獄應與自主監外作業協力單位保持聯繫，以利監獄及作業協力單位掌握受刑人狀況。如
作業協力單位有需監獄協助處理之事項，監獄應派員前往處理。

監獄應定期或不定期派員向自主監外作業協力單位查訪受刑人在外行狀。

自主監外作業協力單位應協助考核受刑人監外作業時之行狀，由監獄記明之。

第32條

受刑人自主監外作業時，應遵守下列規定：

一、不得有違反法令之行為。

二、未經監獄許可，不得從事與其監外作業事由不符之活動。

三、不得對被害人、告訴人、告發人、證人或其他利害關係人實施危害、恐嚇、騷擾、跟
　　蹤、糾纏或其他不法行為。

四、不得違反作業協力單位之處所所規定之相關事項。

五、其他經監獄認為應遵守之事項。

第33條

自主監外作業受刑人有下列情形之一者，停止其監外作業，並報監督機關備查：

一、發現其不符合第二十八條遴選規定。

二、發現其有第二十九條不得遴選之情形。

三、違反前條規定情節重大。

四、其他不適宜從事監外作業之情形。

第34條

監獄對於從事自主監外作業受刑人，應指定其每日在外時段，必要時得令受刑人向指定處所報到。

前項指定時段，自當日上午六時至下午九時之間，由監獄斟酌實際需要規定之。但經監獄、作業協力單位及受刑人同意，不在此限。

從事自主監外作業受刑人有本法第三十一條第四項後段之情形時，監獄應陳報監督機關及通知當地警察機關，並移送該管檢察機關偵辦。

從事自主監外作業受刑人遇有天災或其他不可避免之事變，事實上無法於指定時段回監者，應儘速報告監獄。

監獄接獲前項報告後，應另行指定受刑人回監時間，並報監督機關備查。

第35條

自主監外作業受刑人，應自理其出外期間交通及飲食，必要時監獄得給予協助。

第36條

自主監外作業受刑人，符合下列各款條件者，得向監獄申請核准於適當期日返家探視：

一、於監外作業屆滿三個月。

二、申請前三個月作業成績均達法定最高分數額百分之八十以上。

三、申請前三個月無妨害監獄秩序或安全之行為而受懲罰。

前項返家探視，每一個月以一次為限，每次最多不得超過四十小時。

自主監外作業受刑人，於監外作業屆滿一個月，得經監獄核准與配偶或直系血親在指定之宿舍同住，每一個月一次，每次不逾七日為原則。

外役監受刑人返家探視辦法、監獄受刑人與眷屬同住辦法關於返家探視及與眷屬同住之規定，與前三項規定不相牴觸者，準用之。

第37條

強制工作受處分人，除法規另有規定外，得準用本辦法之規定。

第38條

本辦法自中華民國一百零九年七月十五日施行。

附錄9　監獄及看守所作業勞作金給與辦法

民國62年5月24日司法行政部令訂定發布全文9條。

民國109年7月15日法務部令修正發布名稱及全文12條。

第1條

本辦法依監獄行刑法第三十六條第二項、外役監條例第二十二條第二項及羈押法第二十九條第二項之規定訂定之。

第2條

監獄及看守所作業勞作金（以下簡稱勞作金）之給與，除法律另有規定外，依本辦法之規定。

第3條

本辦法用詞定義如下：

一、機關：指法務部矯正署所屬監獄或看守所，及監獄設置之分監、女監，看守所設置之分所、女所。

二、作業收入：指銷貨收入、勞務收入、租金收入及其他作業收入等。

三、作業支出：指銷貨成本、勞務成本項下之材料及製造費用、出租資產成本、其他作業成本、行銷、業務、管理及總務費用等。

四、作業謄餘：指作業收入扣除作業支出。

五、作業單位：指機關開辦之自營單位、委託加工單位、承攬單位、指定監外作業單位、視同作業單位及其他作業單位。

六、作業時間勞作金：指按實際作業時間計算給與之勞作金。

七、勞動能率勞作金：指按實際勞動能率計算給與之勞作金。

第4條

勞作金總額計算方式，應按監獄行刑法第三十七條第一項第一款或羈押法第三十條第一項第一款規定，作業收入扣除作業支出後，提百分之六十計算之。

第5條

作業時間勞作金總額計算方式，按勞作金總額提百分之三十計算之。

前項之分配方式採點數制，以每日作業時間四小時以內為一點；超過四小時至八小時以內為二點；超過八小時至十二小時以內為四點。

第6條

勞動能率勞作金總額計算方式，按勞作金總額提百分之七十計算之。

前項之分配方式採勞動能率制,依下列方式擇一辦理:

一、按實際完成工作數量。

二、按實際工作日數。

三、無法依前二款辦理者,由作業承辦人員斟酌作業性質、難易程度、作業產能、作業者辛勞程度及其他情形,提教輔小組審議。

第7條

作業者勞作金之計算步驟如下:

一、作業時間勞作金:

(一)先按作業時間勞作金總額及機關點數總和,計算每點數平均額。

(二)再按作業者應得點數,依每點數平均額計算其個別額。

二、勞動能率勞作金:

(一)先按各作業單位賸餘計算占總作業賸餘之比率。

(二)次按勞動能率勞作金總額,依各作業單位賸餘所占比率,計算各作業單位分配額。

(三)再按作業者勞動能率之情形,依各作業單位分配額,計算其個別額。

三、前二款計算之總和為作業者勞作金。

第8條

勞作金給與清冊應由機關審議通過後,於適當地點公布周知。

前項勞作金應存入受刑人或被告個別保管專戶。

第9條

受刑人或被告釋放時,如當月損益未及結算,應按其實際作業情形,於離開機關當日結清並給與勞作金。

前項勞作金,可得依第七條規定計算者,按其實際作業情形為之;無法依第七條規定計算者,應依下列方式為之:

一、自營作業部分:依該作業單位上一年度參與作業者,每人每月平均勞作金,乘當月實際作業日數占應作業日數之比率,取至整數,小數點後無條件捨去。

二、委託加工、承攬、指定監外作業、視同作業或其他作業部分:依該作業單位之前三個月參與作業者,每人每月平均勞作金,乘當月實際作業日數占應作業日數之比率,取至整數,小數點後無條件捨去。

第10條

外役監受刑人關於作業收入之分配方式,於外役監條例第二十三條修正施行前,得準用監獄行刑法第三十七條之規定。

強制工作受處分人關於作業收入之分配方式,於保安處分執行法第五十七條之一修正施行

前，得準用監獄行刑法第三十七條之規定。

第11條

有關強制工作受處分人勞作金之計算及給與事項，得準用本辦法之規定。

第12條

本辦法自中華民國一百零九年七月十五日施行。

附錄10　受刑人及被告補償金發給辦法

民國88年6月30日法務部令訂定發布全文6條。

民國109年7月15日法務部令修正發布名稱及全文9條。

第1條

本辦法依監獄行刑法第三十八條第二項及羈押法第三十一條第二項規定訂定之。

第2條

本辦法用詞定義如下：

一、機關：指法務部矯正署所屬監獄或看守所，及監獄設置之分監、女監，看守所設置之分所、女所。

二、收容人：指受刑人或受羈押被告。

三、作業：指從事機關內、外工場或其他特定場所作業。

四、職業訓練：指參加機關開辦之技能訓練課程。

五、受傷：指重傷、失能以外之身體損傷。

六、罹病：指罹患疾病並符合勞工保險條例第三十四條職業病種類。

七、重傷：指失能以外其他於身體或健康有重大不治或難治之傷害。

八、失能：指受傷而經治療後症狀固定，再行治療仍不能期待其治療效果，經醫院診斷為永久失能，並符合勞工保險失能給付標準。

第3條

補償金種類分為醫療補償金、失能補償金及死亡補償金。醫療補償金指收容人因就醫而自付金額，但不包含自費項目。

收容人因作業或職業訓練致死亡者，發給死亡補償金新臺幣（以下同）一百萬元；致失能者，發給失能補償金最高金額不得逾四十五萬元，依勞工保險失能給付標準之等級給付之；致重傷者，發給醫療補償金最高金額不得逾三十萬元；致受傷或罹病者，發給醫療補償金最高金額不得逾二十萬元。

前項有二種以上情形者，得合併發給之。

第4條

醫療補償金應檢具下列文件向原執行機關申請，由機關作業基金業務外費用項下支付：

一、醫療機構出具之診斷書。

二、醫療相關收據正本。

申請失能或死亡補償金應由機關檢具下列文件報請法務部矯正機關作業基金管理會核准後發給：

一、申請補償金報告表。

二、醫療機構出具之失能等級證明書或死亡證明書及載有死亡日期之戶籍證明資料。

前項申請報告表應敘明失能或死亡原因及處理情形。

第5條

補償金應由收容人本人或最近親屬領受，死亡者機關應通知繼承人領受，無法通知者，應公告之。

前項補償金之發給，經受通知人拋棄或通知後逾六個月或公告後逾一年無人領受者，歸入作業基金。

補償金由最近親屬領受時，應按收容人之配偶、直系血親卑親屬、父母、兄弟姊妹、祖父母之順序發給之。

第6條

意外事故係因收容人故意所致者，不予發給補償金；因重大過失所致者，減發百分之五十。

故意或重大過失認定，由監督機關依事實調查或依有關機關之鑑定報告辦理。

第7條

有下列情形之一者，應自補償金中減除之：

一、受有損害賠償給付。

二、受訂約廠商或機關為其投保之相關保險給付。

三、職業訓練勞保給付。

前項若有二款以上者，合併減除之。

第8條

有關強制工作受處分人補償金發給之事項，得準用本辦法之規定。

第9條

本辦法自中國民國一百零九年七月十五日施行。

附錄11　受刑人教育實施辦法

民國109年10月14日法務部、教育部令會銜訂定發布全文14條。

第1條

本辦法依監獄行刑法第四十條第四項規定訂定之。

第2條

監獄得自行或與學校合作，辦理國民補習教育及高級中等學校進修教育（以下簡稱監獄補習及進修教育）。

監獄得委託大專校院或空中大學，依大學法及空中大學設置條例等相關規定辦理推廣教育或其他型態之教育。

前二項教育應以在監方式為之，屬合作辦理者應由監獄與合作者簽訂合作協議，報請法務部矯正署（以下簡稱矯正署）核准之。

第一項終止辦理或變更類科、學程，應於學年度開始六個月前提出，並由監獄報請矯正署及該主管教育行政機關核准之。

第3條

中央及監獄所在地方主管教育行政機關應協調監獄鄰近學校合適教師支援授課，並給予參與協助與合作之學校及教師適當獎勵。

第4條

監獄補習及進修教育教師應由具有各該教育階段、類科合格教師證書者擔任。

監獄委託大專校院或空中大學辦理推廣教育之師資，應由具有專科以上學校教師、專業技術人員或專業技術教師資格之一者擔任。

第5條

監獄補習及進修教育應以面授或結合廣播、電視設施、資訊設備或視聽器材等傳輸媒體於監獄內實施教學，並參考中央主管教育行政機關公布之課程規範訂定課程計畫。

前項課程計畫之訂定及實施，中央及監獄所在地方主管教育行政機關應依學校所提需求，提供教育訓練、諮詢輔導及相關專業資源之協助。

監獄委託大專校院或空中大學辦理推廣教育，以面授或結合廣播、電視設施、資訊設備或視聽器材等傳輸媒體於監內實施教學，由合作學校規劃課程並審查每學年度各班次開班計畫。

監獄各級教育課程計畫之實施，得考量監獄安全管理、學生學習需求及矯正教育之目的，合理調整計畫內容。

第6條

監獄補習及進修教育所需教材、學習評量、修業期限、學籍管理及證書之頒發、撤銷、廢止等相關事項，準用中央及監獄所在地方主管教育行政機關之相關教育法令。但監獄相關法規另有規定，或與監獄行刑性質相牴觸者，不在此限。

監獄委託大專校院或空中大學辦理推廣教育之修讀或學分證明等相關事項，依大學法及空中大學設置條例等相關教育法令辦理，並應將監獄行刑之相關需求，載明於合作協議。

第7條

監獄辦理各級教育所需經費，由監獄按實際需要，寬列年度預算支應。

第8條

監獄辦理各級教育得審酌監獄資源設備、監獄性質、受刑人行狀及其他因素，於每學年度招生簡章中訂定受刑人參與各級教育所需之條件，並擇適合者予以錄取。

前項每學年度各級教育之招生簡章及錄取名冊應報矯正署備查。

第9條

教師對學生之成績、輔導及操行考核等相關紀錄，應留存於監獄，供個別處遇之依據或參考。

第10條

與監獄合作辦理各級教育之學校所定學則或相關校務事項之規定，除監獄相關法規另有規定或與監獄行刑性質相牴觸者外，得準用之，並於入學時告知學生。

學生學習或生活情形，依監獄相關法規與中央及監獄所在地方主管教育行政機關之相關教育法令經評估已不適合繼續就學者，得停止就學並移回原監獄繼續執行。

前項停止就學得由監獄函請合作學校辦理學籍相關事宜，並同時以書面敘明理由並附記救濟程序通知當事人。

第11條

學生學期成績優良者，監獄得依監獄相關法規給予獎勵。

第12條

監獄應建立及更新各級合作學校所派之教師名冊，並告知教師在監授課應遵守事項及維護教師授課之安全。

第13條

監獄所聘之教師如有違反在監授課應遵守事項，應依聘約及相關法規辦理。

前項情事涉及各級合作學校所派之教師時，應儘速通知該校依合作協議及相關法規處理。

第14條

本辦法自中華民國一百零九年七月十五日施行。

附錄12　受刑人與被告吸菸管理及戒菸獎勵辦法

民國82年8月16日法務部令訂定發布全文17條。

民國109年7月15日法務部令修正發布名稱及全文17條。

第1條

本辦法依監獄行刑法第四十八條第三項及羈押法第四十三條第三項規定訂定之。

第2條

本辦法用詞定義如下：

一、機關：指法務部矯正署所屬監獄或看守所，及監獄設置之分監、女監，看守所設置之分所、女所。

二、收容人：指受刑人或受羈押被告。

三、機關人員：指第一款機關之戒護、教化、輔導、衛生醫療人員。

第3條

對於新入機關之收容人，機關應就其吸菸習慣、戒菸意願及是否有第五條應禁止其吸菸之情形，加以調查，並作成紀錄。

收容人入機關後，如變更吸菸習慣或有戒菸意願者，機關人員得依職權，或依收容人所提出之說明予以記錄，作為處遇之審酌。

第4條

有吸菸習慣之收容人應依本辦法規定，於機關指定之時間、處所吸菸。

第5條

收容人有下列各款情形之一，應禁止其吸菸：

一、懷胎期間。

二、依菸害防制法規定應禁止吸菸。

三、依監獄行刑法、羈押法或其他矯正法規規定應禁止吸菸。

第6條

機關病舍、監獄附設之病監及有孕婦或未滿三歲兒童在場之室內場所，全面禁止吸菸，並應於入口處設置禁菸標示。

前項以外之場所，機關得設置吸菸區。吸菸區應明顯標示，並適時檢討與加強通風及消防設備，以維護相關人員之健康。非屬設置吸菸區之場所，禁止吸菸。

第7條

機關得依狀況指定吸菸時間。非於指定之時間，禁止收容人吸菸。

第8條

收容人購買及吸食之香菸，以機關依法成立之合作社依市價販售或由機關代購之菸品為限，不得由外界送入或自行攜入。

前項販售或代購之香菸，得限品牌，並以包為計量單位。

依第三條第一項調查結果所列之不吸菸者，及依第五條所定禁止吸菸者，不得購菸。

收容人購菸，以二週五包為限，機關得視收容人保管香菸之數量及存放空間，增減之。收容人所購之香菸，不得轉讓、轉售他人。

收容人於移出機關前購買之未拆封香菸，經移入機關檢查允許後得予攜入。

購菸價款由收容人保管金或勞作金中扣除之。

第9條

點菸器具應由機關負責管制，收容人非於設置之吸菸區及指定之吸菸時間，不得使用。

收容人所購之香菸，應由機關依第七條指定之吸菸時間管制及發放。

收容人領用之香菸，每日合計至多十支，不得私自囤積或為其他不法行為。

第10條

機關應加強吸菸與防火關聯性之宣導，以為應變。

第11條

機關應訂定收容人吸菸管理及戒菸獎勵實施計畫，陳報監督機關核定後實施，修正時亦同。

第12條

機關應對收容人施以菸害防制、衛生教育及宣導，積極鼓勵收容人戒菸。

前項教育及宣導，得邀請醫療機構、心理衛生輔導機構或公益團體以開辦戒菸門診或提供服務之方式辦理。

第13條

機關對收容人不吸菸及戒菸紀錄，每三個月考評一次。

前項考評，機關得使用科技設備輔助之。

對於第一項不吸菸及戒菸之受刑人，監獄得給予下列一款或數款之獎勵：

一、增給當月成績總分一分。

二、增加接見或通信一次至三次。

三、不吸菸及戒菸之紀錄滿一年者，發給獎狀。

對於第一項不吸菸及戒菸之被告，看守所得給予下列一款或數款之獎勵：

一、增加接見次數一次至三次。

二、不吸菸及戒菸之紀錄滿一年者，發給獎狀。

第14條

機關人員對於入機關前或第三條第二項之收容人，原不吸菸者轉變為吸菸或已戒菸者復行吸菸，應予以記錄並積極鼓勵戒菸。

第15條

各機關應按月將收容人吸菸管理及戒菸獎勵辦理情形，於次月十日前陳報監督機關備查。

第16條

有關受觀察、勒戒人、受戒治人、強制工作受處分人及被管收人之吸菸管理及戒菸獎勵事項，得準用本辦法之規定。

第17條

本辦法自中華民國一百零九年七月十五日施行。

附錄13　監獄及看守所收容人金錢與物品保管及管理辦法

民國21年1月1日司法行政部令訂定發布全文。
民國109年7月15日法務部令修正發布名稱及全文22條。

第1條

本辦法依監獄行刑法第七十六條第五項及羈押法第六十八條第五項規定訂定之。

第2條

本辦法用詞定義如下：

一、機關：指法務部矯正署所屬監獄或看守所，及監獄設置之分監、女監，看守所設置之分所、女所。

二、收容人：指受刑人或受羈押被告。

三、機關長官：指第一款機關之首長，及其授權之人。

四、金錢：指機關代收容人保管於專戶中之款項，其存入款項以新臺幣、或中華郵政股份有限公司簽發之匯票及國內其他金融機構簽發之本票兌付後為限。

五、保管金：指收容人攜帶、外界送入之金錢，及在機關內除勞作金以外之其他所得，在機關所設專戶中保管者。

六、勞作金：指收容人在機關參加作業之所得，在機關所設專戶中保管者。

第3條

收容人攜入機關、在機關取得或外界送入之金錢，機關應與收容人或送入人核對及登記。

第4條

機關應將收容人之保管金收入及支出資料（以下稱保管金手摺），及勞作金收入及支出資料（以下稱勞作金手摺），交付收容人保管。

第5條

收容人使用保管金或勞作金，應敘明用途、品項、使用額度或其他事由，送經機關長官核准後始得動支。

監督機關得基於安全秩序及機關管理等因素考量，訂定收容人在機關內每日購物使用金錢額度上限或其他限制使用事項，由各機關據以執行，並於各機關內場舍公開，使收容人知悉。

第6條

機關辦理收容人各項扣款或匯款支出，應登錄於保管金手摺或勞作金手摺，與收容人核對，並將相關收據或憑證，交由收容人收執。

第7條

收容人因故借提或寄禁至其他矯正機關者，機關得考量其往返時間及生活需求等因素，准予攜帶部分現金至移入機關。

前項情形，應使收容人於領取現金之文件（一式三聯）簽名或捺印，第一聯交收容人收執，第二聯連同所攜現金由收容人交付移入機關，第三聯由原機關留存，並依第三條及第四條規定辦理。收容人移回原機關時，亦同。

第8條

收容人釋放時，機關應結算其保管金及勞作金交付之，並使收容人於領取文件（一式二聯）簽名或捺印，第一聯交收容人收執，第二聯由機關留存。

前項交付之結餘款合計超過新臺幣十萬元者，機關得以代購郵政匯票或開立國庫支票方式交付。

第9條

機關應每月不定期抽查收容人保管金及勞作金手摺，並將查核結果作成紀錄，陳送機關長官核閱，並告知收容人。收容人對保管金及勞作金之帳目有疑義時，亦同。

第10條

監獄行刑法第七十六條第四項及羈押法第六十八條第四項規定，機關金錢管理專戶所孳生之利息，得統籌運用於增進收容人生活福利事項如下：

一、飲食給養。

二、生活設施改善。

三、疾病醫療改善。

四、貧困救助。

五、教化輔導。

六、死亡慰問。

七、攜帶或在機關生產子女生活補助。

八、其他關於收容人福利事項。

第11條

機關應每月檢討前條專戶所孳生利息之運用方式及收支情形，並邀請收容人代表參加，作成紀錄於各場舍公開，使收容人知悉。

第12條

監獄行刑法第七十六條第三項及羈押法第六十八條第三項所定週轉金保留額度，得依下列基準提列，經機關長官核定後為之，其最高金額如下（以新臺幣計）：

一、收容人數未滿一千人者，二十萬元。

二、收容人數一千人以上未滿二千人者，四十萬元。

三、收容人數二千人以上未滿三千人者，六十萬元。

四、收容人數三千人以上未滿四千人者，八十萬元。

五、收容人數四千人以上未滿五千人者，一百萬元。

六、收容人數五千人以上者，一百二十萬元。

機關於必要時，得報經監督機關核准後，不受前項提列週轉金最高金額之限制。

第13條

收容人攜帶入機關、在機關取得或外界送入之物品，機關認應代為保管者，應與收容人或送入人核對及登記，登記於物品保管文件（一式二聯），經收容人確認後簽名或捺印，第一聯交收容人收執，第二聯由機關留存。代為保管之物品如發還收容人使用或交由他人領回者，亦同。

機關應將代收容人保管之物品，收置於指定之處所妥適保管。其屬貴重物品者，得勸諭收容人自行寄回或交由其指定之人領回，未予寄回或領回者，應經收容人簽名或捺印確認封緘後，另於適當處所保管之。

前項之貴重物品，指下列物品：

一、契證印章類：房（地）契、存摺、戶口名簿、戶籍謄本、身分證明文件、全民健康保險保險憑證、護照、行（駕）照、印（鑑）章或其他具有相關財產證明及身分識別之物品。

二、票券卡幣類：支票、有價證券、金融卡、信用卡、現金卡、外幣及其他具有交易或流通性之物品。

三、電子物品類：電子手錶、手機、電腦、錄音（影）機、隨身碟、消費性電子產品、電腦設備、通訊電子設備及其他相關電子類之物品。

四、飾品配件類：機械型手錶、各式鍊（環）、戒指、金（玉）飾、鑰匙及其他具有財產性、紀念性價值之物品。

第14條

前條之物品屬易腐敗、有危險性、有害或不適於保管者，機關得不予代為保管。

前項機關不予代為保管之物品，應通知收容人限期處理、交由其指定之人領回、由收容人自費寄至指定之處所。如收容人逾期不為處理，機關得將物品逕為毀棄、送交合適之機關（構）或個人保管或送養，或為其他適當之處理。

第15條

收容人攜帶之下列物品，得准許收容人於機關內使用，其種類如下：

一、衣、褲、帽、襪、內衣及內褲。

二、被、毯、床單、枕頭、肥皂、牙膏、牙刷及毛巾。

三、圖書雜誌。

四、信封、信紙、郵票、筆。

五、親友照片。

六、眼鏡。

七、全民健康保險保險憑證或其他身分證明文件。

八、報紙或點字讀物。

九、宗教信仰有關之物品或典籍。

十、教化輔導處遇所需使用之物品。

十一、因衰老、身心障礙、罹病或其他生活所需使用之輔具。

十二、收容人攜入機關或在機關生產之子女所需食物、衣類及必需用品。

十三、女性收容人之生理用品。

十四、其他經機關認定有使用必要之物品。

前項收容人攜帶之物品，如收容人擁有之數量顯超過收容人所需，或囿於收容人生活或場舍保管空間，機關得限制攜帶之數量。

前項物品有下列情形之一者，機關得禁止收容人使用，並得代為保管，其不能或不適合保管者依前條第二項規定處理：

一、經機關檢查夾帶違禁物品、有無法檢查、檢查後可能變質無法食（使）用、易腐敗、有危險性、有害、不適於保管或有礙衛生疑慮。

二、無法檢查或檢查後可能變質而無法使用。

三、依監獄行刑法、羈押法或其他法規所定不得或不宜攜入之情形。

四、有事實足認有妨害機關秩序或安全。

第一項之物品，如經施以檢查可能破壞原有之外觀或減損功能者，機關應主動告知收容人就該物品檢查之方式及可能造成之破壞或減損結果，經收容人同意檢查者，得於檢查後准許在機關內使用。

機關准許收容人攜帶、外界送入及在機關取得之物品，如其合計擁有之數量顯超過收容人日常所需，或其個人物品保管空間所能保存之限度，機關得限制其使用之數量，並就超過部分，依前條第二項規定處理。

第16條

收容人攜帶之藥品，應備有藥袋包裝或處方箋可供辨識，始得攜入。必要時，機關得向其領藥之藥局確認。

前項藥袋包裝之標載，應符合藥品優良調劑作業準則第二十條規定。

收容人攜帶之藥品不符合前二項之規定，或藥品種類或數量不正確者，機關得依第十四條第二項規定處理。

第17條

機關准許收容人使用之物品，得基於維護秩序或安全之必要，就其使用時機、方式或其他相關事項作合理必要之禁止或限制，並使收容人知悉。

第18條

收容人移至其他機關時，移出及移入機關應分別與收容人核對代為保管之物品。

收容人移至其他機關時，原經移出機關核准使用之物品，除移入機關認收容人對該物品之使用有妨害秩序或安全之虞者外，應許其使用之。

第19條

收容人釋放時，機關應將代為保管之物品交還收容人，並使其於物品保管文件（一式二聯）簽名或捺印，第一聯交收容人收執，第二聯由機關留存。

第20條

機關應每月不定期抽查物品保管文件、保管庫房及貴重物品保管情形，並將查核結果作成紀錄，陳送機關長官核閱。收容人對於其被代為保管之物品種類或數量有疑義時，亦同。

第21條

有關受觀察、勒戒人、受戒治人、強制工作受處分人、感化教育受處分人、收容少年及被管收人之金錢與物品保管及管理事項，得準用本辦法之規定。

第22條

本辦法自中華民國一百零九年七月十五日施行。

附錄14　妨害性自主罪與妨害風化罪受刑人強制身心治療及輔導
教育實施辦法

民國87年4月1日法務部令訂定發布全文9條。

民國109年7月15日法務部令修正發布名稱及全文12條。

第1條

本辦法依監獄行刑法（以下簡稱本法）第一百十五條第三項規定訂定之。

第2條

本辦法用詞定義如下：

一、監獄：法務部矯正署所屬監獄，及監獄設置之分監、女監。

二、執行機關：指對受刑人施以強制身心治療或輔導教育之監獄或少年矯正學校。

第3條

本辦法所定受強制身心治療或輔導教育之適用對象，為刑法第九十一條之一所列之罪之受
刑人。

第4條

執行機關應充實各項相關設施與資源，以符合辦理強制身心治療或輔導教育之專業需求。

第5條

執行機關應訂定受刑人強制身心治療及輔導教育實施計畫報請監督機關核定，並將辦理情
形每年報請監督機關備查。

第6條

執行機關得委由下列機構、團體或個人實施受刑人輔導教育：

一、經中央衛生主管機關公告醫院評鑑合格設有精神科門診或精神科病房。

二、經中央衛生主管機關公告精神科醫院評鑑合格者。

三、領有醫事、社工相關專業證照之人員。

四、具有性侵害犯罪防治實務經驗之專業人員。

五、經政府立案且具性侵害犯罪防治實務經驗之機構、團體。

執行機關得委由前項第一款至第三款之機構或個人實施受刑人強制身心治療。

執行強制身心治療或輔導教育處遇之人員，應依中央性侵害犯罪防治主管機關所定之性侵
害犯罪加害人身心治療及輔導教育處遇人員訓練課程基準，完成相關教育訓練。

第7條

監獄無相應之資源以對第三條所定對象施以強制身心治療或輔導教育時，應於下列期間內

報請監督機關核定後，將受刑人移至經核定之執行機關辦理：

一、入監後，符合刑法第七十七條所定假釋條件前二年六個月。

二、入監後，刑期將屆滿前二年六個月。

第8條

執行機關應成立篩選評估小組、治療評估小組及輔導評估小組。

篩選評估小組由執行機關副首長或秘書、教化、醫事或社工人員計三人，及精神科專科醫師、心理師、社會工作師、觀護人、少年保護官、法律或犯罪防治專家學者、犯罪被害人保護團體人員計四人組成之，其中任一性別委員不得少於三分之一，並由副首長或秘書擔任主席，定期或遇案召開會議，以篩選受刑人須受強制身心治療或輔導教育之處遇。

治療評估小組由執行機關遴聘精神科專科醫師、心理師、社會工作師、觀護人、少年保護官、特殊教育、犯罪防治、專業醫事人員及監獄管教人員至少七人以上組成，其中任一性別委員不得少於三分之一，並由該小組委員推選主席，定期或遇案召開會議，以評估實施身心治療之成效。

輔導評估小組由執行機關副首長或秘書、管教人員計三人，精神科專科醫師、心理師、社會工作師、觀護人、少年保護官、特殊教育、犯罪防治、專業醫事人員計四人組成之，其中任一性別委員不得少於三分之一，並由副首長或秘書擔任主席，定期或遇案召開會議，以評估實施輔導教育之成效。

前三項之小組委員，由執行機關遴聘，任期一年，期滿得續聘之，並報請監督機關備查。

第9條

執行機關應於對受刑人施以強制身心治療或輔導教育前二個月召開篩選評估會議，並參酌受刑人之犯行、在機關情狀、家庭成長背景、人際互動關係、就學歷程、生理與精神狀態或治療及其他相關資料進行評估。

前項篩選評估完成後，執行機關至遲應於符合刑法第七十七條假釋條件或刑期將屆滿前二年，開始對受刑人施以強制身心治療或輔導教育，每月不得少於二小時。每屆滿一年應至少評估成效一次為原則，至通過強制身心治療或輔導教育為止。

治療評估或輔導評估小組開會時，應參酌受刑人之犯行、在機關情狀、治療或輔導成效、再犯危險程度、社會網絡保護因子、受刑人陳述意見及其他相關資料進行評估，參與治療或輔導人員並應列席報告個案治療或輔導狀況。

前三項之評估結果，如有事實足認得予變更者，應遇案召開前條各該評估小組會議決議變更之。

前四項評估及變更之結果，應附理由以書面通知受刑人。

第10條

辦理受刑人假釋案件,應附具曾受強制身心治療或輔導教育之紀錄及個案自我控制再犯預防成效評估報告,並由治療評估或輔導評估小組會議認定其再犯危險已顯著降低者,始得提報假釋。

受刑人依本法第一百四十條第一項規定,經治療評估或輔導評估小組會議認有再犯之危險,而有施以強制治療之必要者,執行機關應將鑑定、評估報告及其他相關資料,送請該管檢察署檢察官,向法院聲請出監後強制治療之宣告。

第11條

執行機關應依性侵害犯罪防治法第二十條第六項授權訂定之性侵害犯罪加害人身心治療及輔導教育辦法第六條第二項規定,落實受刑人釋放前資料轉銜,並加強與地方性侵害犯罪防治主管機關聯繫。

第12條

本辦法自中華民國一百零九年七月十五日施行。

附錄15 執行死刑規則

民國37年7月30日司法行政部令訂定發布全文10條。
民國109年7月15日法務部令修正發布全文12條。

第1條

本規則依監獄行刑法第一百四十五條第二項規定訂定之。

第2條

法務部收受最高檢察署陳報之死刑案件時,應注意審核下列事項:

一、檢察官、被告及其辯護人有無已收受確定判決之判決書。

二、確定判決書送達被告及其辯護人有無已逾二十日。

三、有無非常上訴、再審程序在進行中。

四、有無聲請司法院大法官解釋程序在進行中。

五、有無書面回覆經赦免。

六、有無收受依赦免法規定為大赦、特赦或減刑之研議之書面。

七、有無刑事訴訟法第四百六十五條之事由。

法務部審核結果認有前項情形或事由之一者,不得於相關程序終結前令准執行。

有第一項第三款之情形或理由之疑義者,法務部得將該案件函請最高檢察署再為審核。

第3條

法務部令准死刑案件之執行後，應即函送最高檢察署轉送相關之高等檢察署或其檢察分署指派執行檢察官於三日內依法執行死刑。但執行檢察官發現案情確有合於再審、非常上訴之理由者，得於三日內電請法務部再加審核。

法務部對於執行檢察官依前項但書電請審核後，應將該案件函請最高檢察署再為審核。

第4條

執行死刑，由檢察官會同監獄典獄長或其職務代理人，或該管分監監長蒞視驗明，確認受刑人之身分。

檢察官應訊問受刑人下列事項，並由在場之書記官製作筆錄：

一、受刑人之姓名、出生年月日、身分證明文件編號。

二、告以當日執行死刑。

三、有無最後留言及是否通知其指定之家屬或親友。但指定通知之人不得逾三人。

四、其他認有訊問之必要。

前項第三款，受刑人之最後留言，得以錄音或錄影方式為之，時間不得逾十分鐘。

前項最後留言，應由書記官立即交付監獄，於執行後二十四小時內以適當方式通知受刑人指定之家屬或親友。但不能或無法通知，或經檢察官認留言內容有脅迫、恐嚇他人、違反法令或其他不適宜通知之具體事由者，免予通知。

除依前項規定通知之家屬或親友者外，第二項第三款之最後留言不公開之。

第一項筆錄，應由檢察官及在場之典獄長或其職務代理人或該管分監監長簽名。

第5條

監獄應依受刑人之意願，安排適當之宗教師，於受刑人進入刑場執行前，在合理範圍內為其舉行宗教儀式。

第6條

執行死刑，用槍決、藥劑注射或其他符合人道之適當方式為之。

執行槍決時，應由法醫師先對受刑人以施打或其他適當方式使用麻醉劑，俟其失去知覺後，再執行之。

執行槍決時，應對受刑人使用頭罩，使其背向行刑人，行刑時射擊部位定為心部，於受刑人背後定其目標。行刑人與受刑人距離，不得逾二公尺。

第一項藥劑注射或其他符合人道之適當方式執行方法，由法務部公告後為之。

第7條

行刑人，由高等檢察署或其檢察分署之法警擔任。

高等檢察署或其檢察分署對於法警，平日應給予適當之教育訓練；於執行後，對於相關人

員應予輔導或心理諮商。

第8條

執行死刑逾二十分鐘後,由蒞場檢察官會同法醫師立即覆驗。

執行死刑後,執行死刑機關應將執行經過及法醫師覆驗結果,併同訊問筆錄、鑑定書、執行照片與相關資料,層報法務部備查。

受刑人經覆驗確認死亡,監獄應將執行完畢結果立即通知受刑人家屬或最近親屬。家屬或最近親屬有數人者,得僅通知其中一人。

受刑人之屍體,經依前項規定通知後七日內無人請領或無法通知者,得由監獄協助辦理火化之,並存放於骨灰存放設施。

第9條

執行死刑於監獄內擇定適當特定場所行之。

第10條

行刑應嚴守秘密,除經檢察官、典獄長或其職務代理人或該管分監監長許可者外,不得進入行刑場內。

第11條

國定例假日及受刑人之配偶、直系親屬或三親等內旁系親屬喪亡七日內,不執行死刑。

前項喪亡,以該管檢察官或監獄經受刑人之家屬或親屬通知,或已知悉者為限。

第12條

本規則自中華民國一百零九年七月十五日施行。

附錄16　監獄受刑人與眷屬同住辦法

民國68年5月25日司法行政部令訂定發布全文9條。

民國84年2月8日法務部令修正發布第2條條文。

第1條

本辦法依行刑累進處遇條例第二十八條第二項,及外役監條例第九條第二項之規定訂定之。

第2條

各監獄累進處遇第一級受刑人及外役監受刑人,在最近一個月,成績分數在九分以上,且未受停止戶外活動之懲罰者,經監務委員會決議,得准與配偶或直系血親在指定之宿舍同住。

前項受刑人有另案在偵查或審理中者，監務委員會應予詳查後決定之。

第3條

各監獄累進處遇第一級受刑人及外役監受刑人，與眷屬同住，以每月一次、每次不逾七日為原則。但有特殊事由者，每次得准延長一日至三日。

前項期間之延長，應經監務委員會之決議。

第4條

監獄之管教人員，經典獄長核准後，得訪問與受刑人同住之眷屬，並將訪問情形列入記錄，報告典獄長。

第5條

各監獄累進處遇第一級受刑人及外役監受刑人，與其同住之眷屬，均應遵守左列事項：

一、與受刑人同住之眷屬，應提出國民身分證或其他足以證明其身分之證件，辦理登記。

二、宿舍內設備應妥為保管，離開宿舍時，並應負責點交管理人員，如有損壞或短少，應照價賠償。

三、出入宿舍，應遵守啟閉時間。

四、受刑人應按照作息時間工作休息。

五、宿舍內，不得有賭博、飲酒或其他不正當之行為。

六、居住人應自行打掃宿舍內外及其周圍，保持環境整潔。

七、居住不得持有違禁物品，私有財物應自行檢點保管。

八、同住期間屆滿，應即按時離開宿舍，不得藉故拖延。

九、各監獄累進處遇第一級受刑人，與眷屬同住之宿舍，無廚房設置者，不得在宿舍內自炊。

十、與受刑人同住之眷屬，應依戶籍法規定，自行向戶政機關申報流動人口登記。

第6條

各監獄累進處遇第一級受刑人及外役監受刑人，與其同住之眷屬，如有行為不檢，或不遵守前條規定情事，典獄長得隨時撤銷其同住之許可，並提報監務委員會。

第7條

與受刑人同住之眷屬，應自備飲食。

第8條

受刑人與眷屬同住之名冊，各監獄應於每月底報請法務部備查。

第9條

本辦法自發布日施行。

附錄17　外役監受刑人返家探視辦法

民國63年8月30日司法行政部令訂定發布全文12條。

民國105年11月8日法務部令修正發布第2、4條條文。

第1條

本辦法依外役監條例（以下簡稱本條例）第二十一條第四項規定訂定之。

第2條

外役監受刑人有配偶、親屬或家屬而合於下列各款規定者，得依申請准於例假日或紀念日返家探視：

一、移入外役監執行期間，作業成績連續二個月均達法定最高額百分之八十以上。

二、申請返家探視前二個月均無違規紀錄且教化、操行成績均無減分紀錄。

第3條

本辦法所稱例假日或紀念日，指下列各款之日：

一、星期六、日。

二、應放假之紀念日及其他經中央人事主管機關規定應放假之日。

第4條

受刑人依第二條申請返家探視之次數如下：

一、刑期未滿三年，每月一次。

二、刑期三年以上七年以下，每二個月一次。但累進處遇進至第二級以上，得每月一次。

三、刑期逾七年未滿十五年而累進處遇第三級，每三個月一次。但累進處遇進至第二級，得每二個月一次；其進至第一級，得每月一次。

四、刑期十五年以上而累進處遇第二級，每三個月一次。但累進處遇進至第一級，得每二個月一次。

五、無期徒刑，每三個月一次。

六十五歲以上之受刑人，得每月申請返家探視一次，不受前項第二款至第四款規定之限制。

依本條例第二十一條第二項申請返家探視，同一事由以一次為原則。

前三項返家探視由外役監指定期日並發給返家探視證明書。

第5條

受刑人返家探視期間，每次最多不得超過四十小時。但例假日或紀念日有連續三日以上時，得延長二十四小時。

前項期間不包括在途期間。外役監應依受刑人返家探視路程訂定在途期間，並告知受刑人。

第6條

受刑人申請返家探視須附家屬同意書，獲准返家探視後應持返家探視證明書向返家當地警察機關報到。

前項返家探視之活動範圍，除往返行程所必要外，以申請所在地之直轄市或縣（市）境內為限。

受刑人返家探視前，外役監應辦理講習，發給返家探視應遵守事項及家屬聯絡簿供其持用，並發函返家當地警察機關，請其協助查訪。

前項家屬聯絡簿應由家屬記載受刑人返家期間之生活情形及到、離家時間。

外役監應按在途期間規定返家探視受刑人到家及離家時回報時間，並抽查其在家活動情形。

第7條

返家探視受刑人有下列各款正當理由之一，未於指定期日回監時，應於原指定回監期日內向原執行外役監報告：

一、因天災或其他不可避之事變，致交通中斷或急需處理者。

二、突染疾病，經公、私立醫院證明住院醫療或隔離者。

外役監接獲前項報告後，應另行指定受刑人回監期日，並令其定時回報。

前項回監期日，以外役監認定已無正當理由後之八小時為限。

第一項及第二項事由，外役監應陳報法務部矯正署備查。

第8條

返家探視之受刑人無正當理由，未於指定期日內回監者，外役監應即移送該管法院檢察署偵辦及通知返家當地警察機關，並陳報法務部矯正署。

受刑人有前項情形時，應依本條例第十八條規定處理，並將其逐月逐級縮短之日數全部回復。

第9條

外役監應按月將受刑人返家探視名冊，陳報法務部矯正署。

前項名冊應記載受刑人姓名、編號、罪名、刑期、級別、作業成績、行狀、共同生活之親屬、返家日期，指定返監時間，前往地點，過去返家次數等項。

第10條

返家探視旅費應由受刑人自理，必要時得請求更生保護會資助。

第11條

本辦法自發布日施行。

國家圖書館出版品預行編目資料

監獄行刑法／林茂榮，楊士隆，黃維賢著.
 ─ ─八版. ─ ─臺北市：五南圖書出版股份
 有限公司, 2021.05
 面； 公分
 ISBN 978-986-522-664-0（平裝）

1.獄政法規

589.82   110004942

4T30

監獄行刑法

作　　者 ─ 林茂榮(128)、楊士隆(312)、黃維賢(304.3)

發 行 人 ─ 楊榮川

總 經 理 ─ 楊士清

總 編 輯 ─ 楊秀麗

副總編輯 ─ 劉靜芬

責任編輯 ─ 黃郁婷

封面設計 ─ 王麗娟

出 版 者 ─ 五南圖書出版股份有限公司

地　　址：106台北市大安區和平東路二段339號4樓

電　　話：(02)2705-5066　　傳　　真：(02)2706-6100

網　　址：https://www.wunan.com.tw

電子郵件：wunan@wunan.com.tw

劃撥帳號：01068953

戶　　名：五南圖書出版股份有限公司

法律顧問　林勝安律師事務所　林勝安律師

出版日期　2005年 5 月初版一刷
　　　　　2006年10月二版一刷
　　　　　2007年10月三版一刷
　　　　　2010年 7 月四版一刷
　　　　　2011年 3 月五版一刷
　　　　　2013年 3 月五版二刷
　　　　　2014年 8 月六版一刷
　　　　　2020年 4 月七版一刷
　　　　　2021年 5 月八版一刷

定　　價　新臺幣620元

經典永恆・名著常在

五十週年的獻禮——經典名著文庫

五南，五十年了，半個世紀，人生旅程的一大半，走過來了。
思索著，邁向百年的未來歷程，能為知識界、文化學術界作些什麼？
在速食文化的生態下，有什麼值得讓人雋永品味的？

歷代經典・當今名著，經過時間的洗禮，千錘百鍊，流傳至今，光芒耀人；
不僅使我們能領悟前人的智慧，同時也增深加廣我們思考的深度與視野。
我們決心投入巨資，有計畫的系統梳選，成立「經典名著文庫」，
希望收入古今中外思想性的、充滿睿智與獨見的經典、名著。
這是一項理想性的、永續性的巨大出版工程。
不在意讀者的眾寡，只考慮它的學術價值，力求完整展現先哲思想的軌跡；
為知識界開啟一片智慧之窗，營造一座百花綻放的世界文明公園，
任君遨遊、取菁吸蜜、嘉惠學子！